Evangelio

Ciclo A

2020

Camino, verdad y vida

SAN PABLO

Preparado por el Equipo San Pablo
Comentarios y oraciones de *Pepa Torres Pérez*
Los textos litúrgicos oficiales en su versión castellana utilizados en esta obra han sido aprobados por la Conferencia Episcopal Española y han recibido la *recognitio* de la Santa Sede.

Con licencia del Arzobispado de Madrid
13 de marzo de 2019

Distribución: SAN PABLO. División Comercial
Resina, 1. 28021 Madrid
Tel. 917 987 375 - Fax 915 052 050
E-mail: ventas@sanpablo.es
ISBN: 978-84-285-5746-7
Depósito legal: M. 16.328-2019
Printed in Italy. Impreso en Italia

Presentación

La palabra de Dios es fuente de vida y alternatividad que pide ser personalizada y encarnada como le sucedió a Lucía Peláez, la protagonista de una historia narrada por Eduardo Galeano:

> Cuando Lucía Peláez era muy niña, leyó un libro a escondidas. Lo leyó a pedacitos, noche tras noche. Mucho caminó Lucía [...] en busca de gente. Y a lo largo de los años en sus viajes iba siempre acompañada por los ecos de aquellas lejanas voces que ella había escuchado, con sus ojos en la infancia. Lucía no ha vuelto a leer ese libro. Ya no lo reconocería. Tanto le ha crecido dentro que ahora es otro, ahora es suyo» (E. GALEANO, *El libro de los abrazos).*

También el poeta León Felipe nos recuerda que el sentido de la «palabra» es interiorizarla, introducirla en lo más hondo de uno mismo: «Quien tenga una palabra, quien tenga una doctrina, que se la coma», que la haga carne de su carne, que se deje transformar internamente por ella. Así es la palabra de Dios, una palabra hecha carne, cuerpo, pueblo, historia, cultura, una palabra que pide ser interpretada existencialmente y una *hermenéutica del espíritu.* Por eso abrirnos a ella es dejarnos conducir por el dinamismo encarnatorio que la habita, que es siempre una provocación a nuestra libertad y solidaridad.

Desde los santos Padres es conocida la clásica distinción entre los tres sentidos bíblicos: *el literal, el histórico y el espiritual o existencial.* El texto bíblico nos revela la palabra de Dios, pero también nos revela dónde y cómo Dios se revela hoy en nuestra historia. Cuando el texto realiza este discernimiento hay una producción de sentido espiritual que se opone radicalmente al fundamentalismo bíblico que reduce la Palabra al sentido puramente literal de la Biblia o al historicismo bíblico que la reduce a su sentido puramente histórico. Hay un texto muy bello de san Agustín que ilustra muy bien lo que puede ser el sentido espiritual-existencial de la Biblia: «La Biblia, el segundo libro de Dios, fue escrito para ayudarnos a descifrar el mundo para devolvernos la mirada de la fe y de la contemplación y para transformar toda la realidad en una gran revelación de Dios».

Por eso tener este libro en tus manos es una invitación a exponernos *a la Palabra* y dejarnos conducir y transformar por ella, para lo cual es necesario cuidar algunas actitudes:

- *Acogerla como Palabra encarnada y actuante en cada momento de la historia y en cada cultura y disponernos a participar en su dinamismo creador y transformador de forma integral, porque en Dios no hay dualismos.* Dios no tiene por un lado un discurso y por otro una praxis. Dios *al hablar «hace»* y nos invita a *hacer con Él.* En Dios no hay separación, sino inclusión e integralidad. La palabra de Dios es una palabra que obra, y que nos invita también a nosotros a que nuestro decir sea un hacer, que nuestra teoría o nuestra teología sea una teo-praxis.
- *Aceptar entrar en su movimiento relacional.* La palabra de Dios es dialogal. Invita a la reciprocidad. Dios no se impone, se expone a nuestra libertad, a nuestra escucha honda y acogida. Así la palabra actúa de partera de la novedad del reino en cada persona y «nos va haciendo amigos de Dios y profetas» (Sab 7,27).
- *Hacernos conscientes de que si podemos ser «oyentes de la palabra» es porque la Palabra mora en nosotros y la encarnación de Dios preña*

toda la realidad. Ello pide el cuidado de la interioridad, porque la vida en el espíritu exige no solo «salir» sino «entrar», porque todo éxodo nace de una aventura interior que tiene como protagonista la acción de Dios en el corazón humano. Por eso, necesitamos *vivir con oído atento al murmullo de los pobres* y con atención suma al *murmullo interior* del poso que esa escucha deja en nosotros para experimentar y vivir con actitud agradecida el misterio de amor en el que «somos, nos movemos y existimos» (He 17,28) y desde él acoger la fuerza y la esperanza que nos capacita para afrontar y combatir el sufrimiento y la injusticia.

Por eso la palabra es en nuestra vida *fuente de solidaridad y compromiso,* porque no es una palabra neutra, sino a favor de las víctimas. Es universal, pero desde este lugar hermenéutico, que es también un lugar social, un lugar afectivo, un lugar espiritual: el de los excluidos y excluidas, el de todos aquellos y aquellas que anhelan una humanidad, un cielo y una tierra nueva. Por eso la Palabra es fuente de alternatividad.

PEPA TORRES

Abreviaturas

Bta. / Bto.	Beata / Beato
c.	conmemoración
comp.	compañeros mártires
f.	fiesta
m.l.	memoria libre
m.o.	memoria obligatoria
Nª Sra.	Nuestra Señora
S.	San
s.	solemnidad
Sta. / Stas.	Santa / Santas
Stmo.	Santísimo
Sto. / Stos.	Santo / Santos
Vol.	Volumen de los nuevos Leccionarios

Lectura dialogada de la Pasión

✠ Jesús;
C Cronista;
S Otros personajes.

Santoral

◆ Delante de un santo indica que es memoria litúrgica, libre u obligatoria

Calendario litúrgico enero

X	1	STA. MARÍA, MADRE DE DIOS	s.
J	2	Stos. Basilio Magno y Gregorio Nacianceno	m.o.
V	3	Stmo. Nombre de Jesús	m.l.
S	4		
D	5	II de Navidad	
L	6	EPIFANÍA DEL SEÑOR	s.
M	7	S. Raimundo de Peñafort	m.l.
X	8		
J	9	S. Eulogio de Córdoba	m.l.
V	10		
S	11		
D	12	BAUTISMO DEL SEÑOR	f.
L	13	San Hilario	m.l.
M	14		
X	15		
J	16		
V	17	S. Antonio, abad	m.o.
S	18		
D	19	II del Tiempo Ordinario	
L	20	Stos. Fructuoso, Augurio y Eulogio / S. Fabián / S. Sebastián	m.l.
M	21	Sta. Inés	m.o.
X	22	S. Vicente	m.o.
J	23	S. Ildefonso	m.o.
V	24	S. Francisco de Sales	m.o.
S	25	Conversión de S. Pablo	f.
D	26	III del Tiempo Ordinario	
L	27	Sta. Ángela de Mérici	m.l.
M	28	Sto. Tomás de Aquino	m.o.
X	29		
J	30		
V	31	S. Juan Bosco	m.o.

febrero

S	1		
D	2	Presentación del Señor	f.
L	3	S. Blas / S. Óscar	m.l.
M	4		
X	5	Sta. Águeda	m.o.
J	6	Stos. Pablo Miki y comp.	m.o.
V	7		
S	8	S. Jerónimo Emiliani / Sta. Josefina Bakhita	m.l.
D	9	V del Tiempo Ordinario	
L	10	Sta. Escolástica	m.o.
M	11	Bienaventurada Virgen María de Lourdes	m.l.
X	12		
J	13		
V	14	Stos. Cirilo y Metodio	f.
S	15		
D	16	VI del Tiempo Ordinario	
L	17	Siete santos Fundadores	m.l.
M	18		
X	19		
J	20		
V	21	S. Pedro Damián	m.l.
S	22	Cátedra de S. Pedro	f.
D	23	VII del Tiempo Ordinario	
L	24		
M	25		
X	26	MIÉRCOLES DE CENIZA	
J	27		
V	28		
S	29		

marzo

D	1	I de Cuaresma	
L	2		
M	3		
X	4	S. Casimiro	c.
J	5		
V	6		
S	7	Stas. Perpetua y Felicidad	c.
D	8	II de Cuaresma	
L	9	Sta. Francisca Romana	c.
M	10		
X	11		
J	12		
V	13		
S	14		
D	15	III de Cuaresma	
L	16		
M	17	S. Patricio	c.
X	18	S. Cirilo de Jerusalén	c.
J	19	S. JOSÉ, ESPOSO DE LA VIRGEN MARÍA	s.
V	20		
S	21		
D	22	IV de Cuaresma «Laetare»	
L	23	Sto. Toribio de Mogrovejo	c.
M	24		
X	25	ANUNCIACIÓN DEL SEÑOR	s.
J	26		
V	27		
S	28		
D	29	V de Cuaresma	
L	30		
M	31		

X	1		
J	2	S. Francisco de Paula	c.
V	3		
S	4		
D	5	DOMINGO DE RAMOS EN LA PASIÓN DEL SEÑOR	
L	6	Lunes santo	
M	7	Martes santo	
X	8	Miércoles santo	
J	9	JUEVES SANTO EN LA CENA DEL SEÑOR	
V	10	VIERNES SANTO EN LA PASIÓN DEL SEÑOR	
S	11	SÁBADO SANTO DE LA SEPULTURA DEL SEÑOR	
D	12	PASCUA DE RESURRECCIÓN DEL SEÑOR	
L	13	Octava de Pascua	
M	14	Octava de Pascua	
X	15	Octava de Pascua	
J	16	Octava de Pascua	
V	17	Octava de Pascua	
S	18	Octava de Pascua	
D	19	II de Pascua o de la Divina Misericordia	
L	20		
M	21	S. Anselmo de Canterbury	m.l.
X	22		
J	23	S. Jorge / S. Adalberto	m.l.
V	24	S. Fidel de Sigmaringa	m.l.
S	25	S. Marcos	f.
D	26	III de Pascua	
L	27		
M	28	S. Pedro Chanel / S. Luis María Grignion de Montfort	m.l.
X	29	Sta. Catalina de Siena	f.
J	30	S. Pío V	m.l.

mayo

V	1	S. José Obrero	m.l.
S	2	S. Atanasio	m.o.
D	3	IV de Pascua	
L	4		
M	5		
X	6		
J	7		
V	8		
S	9		
D	10	V de Pascua	
L	11		
M	12	Stos. Nereo y Aquiles / S. Pancracio	m.l.
X	13	Bienaventurada Virgen María de Fátima	m.l.
J	14	S. Matías, apóstol	f.
V	15	S. Isidro labrador	m.o.
S	16		
D	17	VI de Pascua	m.l.
L	18	S. Juan I	m.l.
M	19		
X	20	S. Bernardino de Siena	m.l.
J	21	Stos. Cristóbal Magallanes y comp.	m.l.
V	22	Sta. Joaquina Vedruna / Sta. Rita de Casia	m.l.
S	23		
D	24	ASCENSIÓN DEL SEÑOR	s.
L	25	S. Beda / S. Gregorio VII / Sta. Mª Magdalena de Pazzi	m.l.
M	26	S. Felipe Neri	m.o.
X	27	S. Agustín de Canterbury	m.l.
J	28		
V	29	S. Pablo VI	m.l.
S	30	S. Fernando	m.l.
D	31	PASCUA DE PENTECOSTÉS	s.

junio

L	1	S. Justino / Virgen María, Madre de la Iglesia	m.o.
M	2	Stos. Marcelino y Pedro	m.l.
X	3	Stos. Carlos Luanga y comp.	m.o.
J	4	Ntro. Señor Jesucristo, sumo y eterno sacerdote	f.
V	5	S. Bonifacio	m.o.
S	6	S. Norberto	m.l.
D	7	SANTÍSIMA TRINIDAD	s.
L	8		
M	9	S. Efrén	m.l.
X	10		
J	11	S. Bernabé, apóstol	m.o.
V	12		
S	13	S. Antonio de Padua	m.o.
D	14	SANTÍSIMO CUERPO Y SANGRE DE CRISTO	s.
L	15	Sta. María Micaela del Santísimo Sacramento	m.l.
M	16		
X	17		
J	18		
V	19	SAGRADO CORAZÓN DE JESÚS	s.
S	20	Inmaculado Corazón de la Virgen María	m.o.
D	21	XII del Tiempo Ordinario	
L	22	S. Paulino de Nola / Stos. Juan Fisher y Tomás Moro	m.l.
M	23		
X	24	NATIVIDAD DE S. JUAN BAUTISTA	s.
J	25		
V	26	S. Pelayo	m.l.
S	27	S. Cirilo de Alejandría	m.l.
D	28	XIII del Tiempo Ordinario	
L	29	STOS. PEDRO Y PABLO	s.
M	30	Stos. Protomártires romanos	m.l.

julio

X	1		
J	2		
V	3	Sto. Tomás	f.
S	4	Sta. Isabel de Portugal	m.l.
D	5	XIV del Tiempo Ordinario	
L	6	Sta. María Goretti	m.l.
M	7		
X	8		
J	9	Stos. Agustín Zhao Rong y comp.	m.l.
V	10		
S	11	S. Benito	f.
D	12	XV del Tiempo Ordinario	
L	13	S. Enrique	m.l.
M	14	S. Camilo de Lelis	m.l.
X	15	S. Buenaventura	m.o.
J	16	Bienaventurada Virgen María del Monte Carmelo	m.o.
V	17		
S	18		
D	19	XVI del Tiempo Ordinario	
L	20	S. Apolinar	m.l.
M	21	S. Lorenzo de Brindis	m.l.
X	22	Sta. María Magdalena	f.
J	23	Sta. Brígida	f.
V	24	S. Sarbelio Makhlûf	m.l.
S	25	SANTIAGO, APÓSTOL	s.
D	26	XVII del Tiempo Ordinario	
L	27		
M	28		
X	29	Sta. Marta	m.o.
J	30	S. Pedro Crisólogo	m.l.
V	31	S. Ignacio de Loyola	m.o.

agosto

S	1	S. Alfonso María de Ligorio	m.o.
D	2	XVIII del Tiempo Ordinario	
L	3		
M	4	S. Juan María Vianney	m.o.
X	5	Dedicación de la basílica de Sta. María	m.l.
J	6	Transfiguración del Señor	f.
V	7	Stos. Sixto II y comp. / S. Cayetano	m.l.
S	8	Sto. Domingo de Guzmán	m.o.
D	9	XIX del Tiempo Ordinario	
L	10	S. Lorenzo	f.
M	11	Sta. Clara	m.o.
X	12	Sta. Juana Francisca de Chantal	m.l.
J	13	Stos. Ponciano e Hipólito	m.l.
V	14	S. Maximiliano Mª Kolbe	m.o.
S	15	ASUNCIÓN DE LA BIENAVENTURADA VIRGEN MARÍA	s.
D	16	XX del Tiempo Ordinario	
L	17		
M	18		
X	19	S. Juan Eudes / S. Ezequiel Moreno Díaz	m.l.
J	20	S. Bernardo	m.o.
V	21	S. Pío X	m.o.
S	22	Bienaventurada Virgen María Reina	m.o.
D	23	XXI del Tiempo Ordinario	
L	24	S. Bartolomé	f.
M	25	S. Luis de Francia / S. José de Calasanz	m.l.
X	26	Sta. Teresa de Jesús Jornet e Ibars	m.o.
J	27	Sta. Mónica	m.o.
V	28	S. Agustín	m.o.
S	29	Martirio de S. Juan Bautista	m.o.
D	30	XXII del Tiempo Ordinario	
L	31		

septiembre

M	1		
X	2		
J	3	S. Gregorio Magno	m.o.
V	4		
S	5		
D	6	XXIII del Tiempo Ordinario	
L	7		
M	8	Natividad de la Bienaventurada Virgen María	f.
X	9	S. Pedro Claver	m.l.
J	10		
V	11		
S	12	Dulce Nombre de María	m.l.
D	13	XXIV del Tiempo Ordinario	
L	14	Exaltación de la Sta. Cruz	f.
M	15	Bienaventurada Virgen María de los Dolores	m.o.
X	16	Stos. Cornelio y Cipriano	m.o.
J	17	S. Roberto Belarmino	m.l.
V	18		
S	19	S. Jenaro	m.l.
D	20	XXV del Tiempo Ordinario	
L	21	S. Mateo	f.
M	22		
X	23	S. Pío de Pietrelcina	m.o.
J	24	Bienaventurada Virgen María de la Merced	m.l.
V	25		
S	26	Stos. Cosme y Damián	m.l.
D	27	XXVI del Tiempo Ordinario	
L	28	S. Wenceslao / Stos. Lorenzo Ruiz y comp.	m.l.
M	29	Stos. Arcángeles Miguel, Gabriel y Rafael	f.
X	30	S. Jerónimo	m.o.

octubre

J	1	Sta. Teresa del Niño Jesús	m.o.
V	2	Stos. Ángeles Custodios	m.o
S	3	S. Francisco de Borja	m.l.
D	4	XXVII del Tiempo Ordinario	
L	5	Témporas de acción de gracias y de petición	feria
M	6	S. Bruno	m.l.
X	7	Bienaventurada Virgen María del Rosario	m.o.
J	8		
V	9	Stos. Dionisio y comp. / S. Juan Leonardi	m.l.
S	10	Sto. Tomás de Villanueva	m.l.
D	11	XXVIII del Tiempo Ordinario	
L	12	Bienaventurada Virgen María del Pilar	f.
M	13		
X	14	S. Calixto I	m.l.
J	15	Sta. Teresa de Jesús	f.
V	16	Sta. Eduvigis / Sta. Margarita Mª Alacoque	m.l.
S	17	S. Ignacio de Antioquía	m.o.
D	18	XXIX del Tiempo Ordinario	
L	19	S. Pedro de Alcántara / Stos. Juan de Brébeuf e Isaac Jogues / S. Pablo de la Cruz	m.l.
M	20		
X	21		
J	22	S. Juan Pablo II	m.l.
V	23	S. Juan de Capistrano	m.l.
S	24	S. Antonio María Claret	m.l.
D	25	XXX del Tiempo Ordinario	
L	26		
M	27		
X	28	Stos. Simón y Judas	f.
J	29		
V	30		
S	31		

D	1	TODOS LOS SANTOS	s.
L	2	Conmemoración de todos los fieles difuntos	
M	3	S. Martín de Porres	m.l.
X	4	S. Carlos Borromeo	m.o.
J	5	Sta. Ángela de la Cruz	m.l.
V	6	Stos. Pedro Poveda e Inocencio de la Inmaculada y comp.	m.o.
S	7		
D	8	XXXII del Tiempo Ordinario	
L	9	Dedicación de la basílica de Letrán	f.
M	10	S. León Magno	m.o.
X	11	S. Martín de Tours	m.o.
J	12	S. Josafat	m.o.
V	13	S. Leandro	m.l.
S	14		
D	15	XXXIII del Tiempo Ordinario	
L	16	Sta. Margarita de Escocia / Sta. Gertrudis	m.l.
M	17	Sta. Isabel de Hungría	m.o.
X	18	Dedicación de las basílicas de los Stos. Pedro y Pablo	m.l.
J	19		
V	20		
S	21	Presentación de la Bienaventurada Virgen María	m.o.
D	22	JESUCRISTO, REY DEL UNIVERSO	s.
L	23	S. Clemente I / S. Columbano	m.l.
M	24	Stos. Andrés Dung-Lac y compañeros	m.o.
X	25	Sta. Catalina de Alejandría	m.l.
J	26		
V	27		
S	28		
D	29	I de Adviento. Comienza el Ciclo B	
L	30	S. Andrés, apóstol	f.

diciembre

M	1		
X	2		
J	3	S. Francisco Javier	m.o.
V	4	S. Juan Damasceno	m.l.
S	5		
D	6	II de Adviento	
L	7	S. Ambrosio	m.o.
M	8	INMACULADA CONCEPCIÓN DE LA VIRGEN MARÍA	s.
X	9	S. Juan Diego Cuauhtlatoatzin	m.l.
J	10	Sta. Eulalia de Mérida	m.l.
V	11	S. Dámaso I	m.l.
S	12	Bienaventurada Virgen María de Guadalupe	m.l.
D	13	III de Adviento «Gaudete»	
L	14	S. Juan de la Cruz	m.o.
M	15		
X	16		
J	17		
V	18		
S	19		
D	20	IV de Adviento	
L	21	S. Pedro Canisio	c.
M	22		
X	23	S. Juan de Kety	c.
J	24		
V	25	NATIVIDAD DEL SEÑOR	s.
S	26	S. Esteban	f.
D	27	LA SAGRADA FAMILIA	f.
L	28	Los Santos Inocentes	f.
M	29	Sto. Tomás Becket	c.
X	30		
J	31	S. Silvestre I	c.

JORNADA MUNDIAL POR LA PAZ

Sta. María, Madre de Dios, s.
Fulgencio; Guillermo de Volpiano; Odilón; Manuel

Oficio de la s.
Vol. I (A)
Núm 6,22-27
Sal 66 / Gál 4,4-7 / Lc 2,16-21

Lucas 2,16-21

En aquel tiempo, los pastores fueron corriendo hacia Belén y encontraron a María y a José, y al niño acostado en el pesebre. Al verlo, contaron lo que se les había dicho de aquel niño. Todos los que lo oían se admiraban de lo que les habían dicho los pastores. María, por su parte, conservaba todas estas cosas, meditándolas en su corazón. Y se volvieron los pastores dando gloria y alabanza a Dios por todo lo que habían oído y visto, conforme a lo que se les había dicho. Cuando se cumplieron los ocho días para circuncidar al niño, le pusieron por nombre Jesús, como lo había llamado el ángel antes de su concepción.

Abrirnos al asombro

La capacidad de asombro de los pastores puede ser una buena disposición para iniciar el nuevo año. Lo contrario del asombro es la rutina. El *ya me lo sé* o el *siempre ha sido así*, que nos hace inmunes al milagro cotidiano de la vida y sus señales. Necesitamos seguir aprendiendo cada día a mirar con hondura la realidad en sus gestos más pequeños e insignificantes y poner especial atención en lo que el poder y su lógica invisibiliza o desprecia. Quizás solo así captemos el misterio de Amor que la habita. El Dios encarnado, vulnerable, hecho *niño, acostado en un pesebre,* que se nos revela en Jesús de Nazaret nos urge en este nuevo año a no cansarnos de seguir posando nuestra mirada y sensibilidad no en los primeros planos de la historia, ni en los personajes principales, sino en los secundarios y en el revés de la historia. La salvación, la liberación que anhelamos, acontece en lo cotidiano y desde los últimos y últimas. Como María de Nazaret guardemos también nuestras perplejidades en el corazón.

Enséñanos, Señor, a posar la mirada sobre el revés de la historia.

Stos. Basilio Magno y Gregorio Nacianceno, m.o.
Nª Sra., Auxilio de los cristianos; Serafín de Sarov

Feria de Navidad
Oficio propio
Vol. II
1Jn 2,22-28 / Sal 97 / Jn 1,19-28

Juan 1,19-28

Este es el testimonio de Juan, cuando los judíos enviaron desde Jerusalén sacerdotes y levitas a que le preguntaran: «¿Tú quién eres?». Él confesó y no negó; confesó: «Yo no soy el Mesías». Le preguntaron: «¿Entonces, qué? ¿Eres tú Elías?». Él dijo: «No lo soy». «¿Eres tú el Profeta?». Respondió: «No». Y le dijeron: «¿Quién eres, para que podamos dar una respuesta a los que nos han enviado? ¿Qué dices de ti mismo?». Él contestó: «Yo soy la voz que grita en el desierto: "Allanad el camino del Señor", como dijo el profeta Isaías». Entre los enviados había fariseos y le preguntaron: «Entonces, ¿por qué bautizas si tú no eres el Mesías, ni Elías, ni el Profeta?». Juan les respondió: «Yo bautizo con agua; en medio de vosotros hay uno que no conocéis, el que viene detrás de mí, y al que no soy digno de desatar la correa de la sandalia». Esto pasaba en Betania, en la otra orilla del Jordán, donde Juan estaba bautizando.

Suscitar condiciones de posibilidad

El grito de Juan Bautista en el desierto: *Preparad el camino al Señor* es una provocación que nos saca de nuestra *zona de confort* y nos lleva a preguntarnos cuáles son hoy *los desiertos* donde se hace necesario *suscitar condiciones de posibilidad* para que la Palabra encarnada de Dios sea reconocida y acogida. ¿Cómo identificar las necesidades de salvación de las personas que nos rodean en el corazón de nuestros ambientes secularizados y en los que los lenguajes y símbolos religiosos han dejado de significar, pero no por ello exentos de búsqueda de sentido y de anhelo por otro mundo posible? ¿Qué nuevos lenguajes, gestos, signos, somos urgidos a poner en práctica? Suscitar condiciones de posibilidad para el acceso a la fe requiere también no cansarnos de echarle creatividad y paciencia en el arte de acompañar procesos, porque la fe más que doctrina es experiencia, y en identificar en lo más hondo de los clamores de la humanidad el clamor de Dios mismo en su encarnación.

Danos, Señor, paciencia y creatividad para acompañar procesos de cambio.

Stmo. Nombre de Jesús, m.l.
Genoveva; Antero; Daniel de Padua; Ciríaco Elías Chavara

Feria de Navidad
Oficio propio
1Jn 2,29–3,6 /
Sal 97 /
Jn 1,29-34

Juan 1,29-34

Al día siguiente, al ver Juan a Jesús que venía hacia él, exclamó: «Este es el Cordero de Dios, que quita el pecado del mundo. Este es aquel de quien yo dije: "Tras de mí viene un hombre que está por delante de mí, porque existía antes que yo". Yo no lo conocía, pero he salido a bautizar con agua, para que sea manifestado a Israel». Y Juan dio testimonio diciendo: «He contemplado al Espíritu que bajaba del cielo como una paloma, y se posó sobre él. Yo no lo conocía, pero el que me envió a bautizar con agua me dijo: "Aquel sobre quien veas bajar el Espíritu y posarse sobre él, ese es el que bautiza con Espíritu Santo". Y yo lo he visto y he dado testimonio de que este es el Hijo de Dios».

La fuerza del testimonio

El testimonio interpreta los signos y hace creíble la fe. El testimonio de Juan Bautista como el de tantos *hombres y mujeres testigos* en la historia de la Iglesia nos mueve a la autenticidad en el seguimiento de Jesús y a dar razón de nuestra esperanza. Pero el testimonio para ser veraz requiere la hondura y la gratuidad de la experiencia. Las palabras se tornan huecas si antes no han sido pasadas por el corazón. Por eso el cultivo de la interioridad y la personalización son condiciones imprescindibles para un testimonio profético. La Buena Noticia del Evangelio más que *apalabrar* se *encuerpa* y da testimonio de ella más que un imperativo ético, es un don del Espíritu que nace del agradecimiento y la alegría, aunque conlleve costes. Por eso el hombre y la mujer *testigo* lo son desde una experiencia de radical humildad y confianza en un Amor mayor que les sostiene y sobrepasa.

Ayúdanos, Señor, a acoger las posibilidades que nos ofrece la vida para vivir con mayor desnudez y humildad.

Genoveva Torres Morales; Isabel Ana Bayley Seton; Ángela de Foligno; Manuel González García

Feria de Navidad
Oficio propio
1Jn 3,7-10 / Sal 97 / Jn 1,35-42

Juan 1,35-42

En aquel tiempo, estaba Juan con dos de sus discípulos y, fijándose en Jesús que pasaba, dice: «Este es el Cordero de Dios». Los dos discípulos oyeron sus palabras y siguieron a Jesús. Jesús se volvió y, al ver que lo seguían, les pregunta: «¿Qué buscáis?». Ellos le contestaron: «Rabí (que significa Maestro), ¿dónde vives?». Él les dijo: «Venid y veréis». Entonces fueron, vieron dónde vivía y se quedaron con él aquel día; era como la hora décima. Andrés, hermano de Simón Pedro, era uno de los dos que oyeron a Juan y siguieron a Jesús; encuentra primero a su hermano Simón y le dice: «Hemos encontrado al Mesías (que significa Cristo)». Y lo llevó a Jesús. Jesús se le quedó mirando y le dijo: «Tú eres Simón, el hijo de Juan; tú te llamarás Cefas (que se traduce: Pedro)».

Maestro, ¿dónde vives?

Esta pregunta sigue viva en nuestros ambientes hoy aunque no se exprese en lenguajes religiosos. El anhelo de sentido y de plenitud de nuestro mundo se expresa en códigos culturales que necesitamos interpretar. Más allá de las crisis de los sistemas religiosos el corazón humano está sediento de una experiencia honda que le colme y le dé fundamento. El Evangelio tiene capacidad para conmovernos y transformar radicalmente nuestras vidas si nos abrimos a su novedad desinstaladora. Hay encuentros que nos modifican, que marcan *un antes y un después* en nuestra existencia, como les sucedió a los primeros discípulos. Hay diálogos que contagian y animan a la esperanza y la utopía del Reino. ¿Cómo cultivamos en nuestras comunidades cristianas el *sacramento del encuentro* y estamos atentos a los deseos que despierta?

Ayúdanos, Señor, a estar atentos y practicar el sacramento del encuentro.

Juan Nepomuceno Neumann; Telesforo; Carlos de San Andrés Houben

Oficio propio
Eclo 24,1-2.8-12 / Sal 147 / Ef 1,3-6.15-18 / Jn 1,1-18 (breve: Jn 1,1-5.9-14)

Eclesiástico 24,1-2.8-12

La sabiduría hace su propia alabanza, encuentra su honor en Dios y se gloría en medio de su pueblo. En la asamblea del Altísimo abre su boca y se gloría ante el Poderoso. «El Creador del universo me dio una orden, el que me había creado estableció mi morada y me dijo: "Pon tu tienda en Jacob, y fija tu heredad en Israel". Desde el principio, antes de los siglos, me creó, y nunca jamás dejaré de existir. Ejercí mi ministerio en la Tienda santa delante de él, y así me establecí en Sion. En la ciudad amada encontré descanso, y en Jerusalén reside mi poder. Arraigué en un pueblo glorioso, en la porción del Señor, en su heredad».

Salmo 147, 12-13.14-15.19-20

R. El Verbo se hizo carne y habitó entre nosotros. (O bien: Aleluya).

Efesios 1,3-6.15-18

Bendito sea Dios, Padre de nuestro Señor Jesucristo, que nos ha bendecido en Cristo con toda clase de bendiciones espirituales en los cielos. Él nos eligió en Cristo antes de la fundación del mundo para que fuésemos santos e intachables ante él por el amor. Él nos ha destinado por medio de Jesucristo, según el beneplácito de su voluntad, a ser sus hijos, para alabanza de la gloria de su gracia, que tan generosamente nos ha concedido en el Amado. Por eso, habiendo oído hablar de vuestra fe en Cristo y de vuestro amor a todos los santos, no ceso de dar gracias por vosotros, recordándoos en mis oraciones, a fin de que el Dios de nuestro Señor Jesucristo, el Padre de la gloria, os dé espíritu de sabiduría y revelación para conocerlo, e ilumine los ojos de vuestro corazón para que comprendáis cuál es la esperanza a la que os llama, cuál la riqueza de gloria que da en herencia a los santos.

Juan 1,1-18

En el principio existía el Verbo, y el Verbo estaba junto a Dios, y el Verbo era Dios. Él estaba en el principio junto a Dios. Por medio de él se hizo todo, y sin él no se hizo nada de cuanto se ha hecho. En él estaba la vida, y la vida era la luz de los hombres. Y la luz brilla en la tiniebla, y la tiniebla no lo recibió. Surgió un hombre enviado por Dios, que se llamaba Juan: este venía como testigo, para dar testimonio de la luz, para que todos creyeran por medio de él. No era él la luz, sino el que daba testimonio de la luz. El Verbo era la luz verdadera, que alumbra a todo hombre, viniendo al mundo. En el mundo estaba; el mundo se hizo por medio de él, y el mundo no lo conoció. Vino a su casa, y los suyos no lo recibieron. Pero a cuantos lo recibieron, les dio poder de ser hijos de Dios, a los que creen en su nombre. Estos no han nacido de sangre, ni de deseo de carne, ni de deseo de varón, sino que han nacido de Dios. Y el Verbo se hizo carne y habitó entre nosotros, y hemos contemplado su gloria: gloria como del Unigénito del Padre, lleno de gracia y de verdad. Juan da testimonio de él y grita diciendo: «Este es de quien dije: el que viene detrás de mí se ha puesto delante de mí, porque existía antes que yo». Pues de su plenitud todos hemos recibido, gracia tras gracia. Porque la ley se dio por medio de Moisés, la gracia y la verdad nos han llegado por medio de Jesucristo. A Dios nadie lo ha visto jamás: Dios unigénito, que está en el seno del Padre, es quien lo ha dado a conocer.

En el principio existía la Palabra

Dios es Palabra creadora y amorosa. No es Palabra vacía separada de la acción. En Él no hay dualismo. Dios *al hablar «hace»* y nos invita a *hacer con Él.* En Él no hay separación, sino inclusión e integralidad. La palabra de Dios es una palabra que obra y que nos invita también a nosotros y a nosotras a que *nuestro decir sea un hacer.* Por eso es *Palabra encarnada* que en Jesús se nos revela en plenitud. Es ofrecimiento y nunca imposición ni violencia. Por eso abrirnos a ella exige nuestra libertad. Podemos acogerla o cerrarle las puertas de nuestra sensibilidad y nuestro corazón: *vino a los suyos y los suyos no lo recibieron,* pero para quienes la reciben es fuente de libertad, creatividad amorosa y solidaridad.

Epifanía del Señor, s.
Adoración; Melchor, Gaspar y Baltasar; Bta. Rita Amada de Jesús

Oficio de la s.
Is 60,1-6 / Sal 71 / Ef 3,2-3a.5-6 / Mt 2,1-12

Mateo 2,1-12

Habiendo nacido Jesús en Belén de Judea en tiempos del rey Herodes, unos magos de Oriente se presentaron en Jerusalén preguntando: «¿Dónde está el Rey de los judíos que ha nacido? Porque hemos visto salir su estrella y venimos a adorarlo». Al enterarse el rey Herodes, se sobresaltó y toda Jerusalén con él; convocó a los sumos sacerdotes y a los escribas del país, y les preguntó dónde tenía que nacer el Mesías. Ellos le contestaron: «En Belén de Judea, porque así lo ha escrito el profeta: "Y tú, Belén, tierra de Judá, no eres ni mucho menos la última de las poblaciones de Judá, pues de ti saldrá un jefe que pastoreará a mi pueblo Israel"». Entonces Herodes llamó en secreto a los magos para que le precisaran el tiempo en que había aparecido la estrella, y los mandó a Belén, diciéndoles: «Id y averiguad cuidadosamente qué hay del niño y, cuando lo encontréis, avisadme, para ir yo también a adorarlo». Ellos, después de oír al rey, se pusieron en camino y, de pronto, la estrella que habían visto salir comenzó a guiarlos hasta que vino a pararse encima de donde estaba el niño. Al ver la estrella, se llenaron de inmensa alegría. Entraron en la casa, vieron al niño con María, su madre, y cayendo de rodillas lo adoraron; después, abriendo sus cofres, le ofrecieron regalos: oro, incienso y mirra. Y habiendo recibido en sueños un oráculo, para que no volvieran a Herodes, se retiraron a su tierra por otro camino.

Reconocer la estrella

La universalidad del Evangelio nos saca de nuestra comodidad e instalación y como a los Magos nos urge a *salir hacia las periferias* para encontramos con la encarnación de Dios. Lo que para unos es causa de profunda alegría, para otros resulta amenazante por miedo a perder sus privilegios. El mesianismo pobre y vulnerable de Jesús es signo de contradicción desde el principio de su vida hasta el fin. Por eso, como los Magos necesitamos estar atentos y reconocer las señales de su manifestación entre nosotros. ¿Qué estrellas orientan hoy nuestro camino como comunidades cristianas en la salida?

S. Raimundo de Peñafort, m.I.
Luciano de Antioquía;
Bta. Mª Teresa Haze

Feria de Navidad
Oficio propio
1Jn 3,22–4,6 /
Sal 2 /
Mt 4,12-17.23-25

Mateo 4,12-17.23-25

En aquel tiempo, al enterarse Jesús de que habían arrestado a Juan se retiró a Galilea. Dejando Nazaret se estableció en Cafarnaún, junto al mar, en el territorio de Zabulón y Neftalí, para que se cumpliera lo dicho por medio del profeta Isaías: «Tierra de Zabulón y tierra de Neftalí, camino del mar, al otro lado del Jordán, Galilea de los gentiles. El pueblo que habitaba en tinieblas vio una luz grande; a los que habitaban en tierra y sombras de muerte, una luz les brilló». Desde entonces comenzó Jesús a predicar diciendo: «Convertíos, porque está cerca el reino de los cielos». Jesús recorría toda Galilea enseñando en sus sinagogas, proclamando el evangelio del reino y curando toda enfermedad y toda dolencia en el pueblo. Su fama se extendió por toda Siria y le traían todos los enfermos aquejados de toda clase de enfermedades y dolores, endemoniados, lunáticos y paralíticos. Y él los curó. Y lo seguían multitudes venidas de Galilea, Decápolis, Jerusalén, Judea y Transjordania.

El profetismo entrañable de Jesús

La vida es mucho más que una coyuntura, pero las coyunturas son importantes en ella. Nos ayudan a tomar decisiones. La detención de Juan urgió a Jesús a su vida pública. Pero su profetismo no es sacrificial sino *entrañable.* De la sinagoga a las fronteras y periferias de Israel, Jesús queda afectado por el sufrimiento del pueblo y anuncia la Buena Nueva del Reino sanando y liberando a *quienes no pueden más,* devolviéndoles la esperanza y la dignidad arrebatada. Jesús es la *misericordia de Dios en acción,* la *misericordia de Dios en relación.* En sus gestos de ternura y reconciliación el Reino se actualiza y urge a nuestra conversión y seguimiento comunitario, como aquellos primeros discípulos que dejándolo todo le siguieron.

Regálanos, Señor, una mirada afectada y comprometida con la realidad.

Alberto de Cashel; Gúdula; Severino; Bta. Eurosia Fabris

Feria de Navidad
Oficio propio
1Jn 4,7-10 /
Sal 71 /
Mc 6,34-44

Marcos 6,34-44

En aquel tiempo, Jesús vio una multitud y se compadeció de ella, porque andaban como ovejas que no tienen pastor; y se puso a enseñarles muchas cosas. Cuando se hizo tarde se acercaron sus discípulos a decirle: «Estamos en despoblado y ya es muy tarde. Despídelos, que vayan a los cortijos y aldeas de alrededor y se compren de comer». Él les replicó: «Dadles vosotros de comer». Ellos le preguntaron: «¿Vamos a ir a comprar doscientos denarios de pan para darles de comer?». Él les dijo: «¿Cuántos panes tenéis? Id a ver». Cuando lo averiguaron le dijeron: «Cinco, y dos peces». Él les mandó que la gente se recostara sobre la hierba verde en grupos. Ellos se acomodaron por grupos de cien y de cincuenta. Y tomando los cinco panes y los dos peces, alzando la mirada al cielo, pronunció la bendición, partió los panes y se los iba dando a los discípulos para que se los sirvieran. Y repartió entre todos los dos peces. Comieron todos y se saciaron, y recogieron las sobras: doce cestos de pan y de peces. Los que comieron eran cinco mil hombres.

La lógica de lo común

La economía del Evangelio no es la lógica del cálculo ni la del atesorar, sino la lógica del don y el milagro del compartir bienes y recursos. Ante el hambre de la gente el texto refleja dos tipos de miradas o enfoques. La mirada de los discípulos y la mirada de Jesús. La mirada de los discípulos es una mirada *carencial,* que les incapacita para ver los recursos que tienen las personas de cara al abordaje de su situación. Su lógica es capitalista, en tanto que no se les ocurre otra alternativa que no sea la del dinero para resolver la situación. Sin embargo, la mirada de Jesús es una mirada que descubre potencialidades y no solo carencias en las personas afectadas y por tanto detecta que en ellos mismos puede estar la alternativa a su situación. En este texto se revela *la economía del Reino como la lógica de lo común.* En el compartir de dones, bienes y servicios acontece el milagro que hace posible que haya vida en abundancia para todos y aun sobre.

S. Eulogio de Córdoba, m.l.
Adrián de Canterbury; Gregorio X

Feria de Navidad
Oficio propio
1Jn 4,11-18 / Sal 71 / Mc 6,45-52

Marcos 6,45-52

Después de haberse saciado los cinco mil hombres, Jesús enseguida apremió a los discípulos a que subieran a la barca y se le adelantaran hacia la orilla de Betsaida, mientras él despedía a la gente. Y después de despedirse de ellos, se retiró al monte a orar. Llegada la noche, la barca estaba en mitad del mar y Jesús, solo, en tierra. Viéndolos fatigados de remar, porque tenían viento contrario, a eso de la cuarta vigilia de la madrugada, fue hacia ellos andando sobre el mar, e hizo ademán de pasar de largo. Ellos, viéndolo andar sobre el mar, pensaron que era un fantasma y dieron un grito, porque todos lo vieron y se asustaron. Pero él habló enseguida con ellos y les dijo: «Ánimo, soy yo, no tengáis miedo». Entró en la barca con ellos y amainó el viento. Ellos estaban en el colmo del estupor, pues no habían comprendido lo de los panes, porque tenían la mente embotada.

No tengáis miedo

En el oleaje de la vida no estamos solos. Como a los discípulos, Jesús se nos hace presente *caminando sobre las aguas,* recordándonos que, *aunque corran vientos contrarios,* Él es el Señor de la vida y llegaremos a buen puerto, porque su fidelidad y amor son inquebrantables. Desde el corazón mismo de las dificultades emerge una esperanza que es más fuerte que el miedo, aunque conviva con el desconcierto. Es la esperanza de la fe, porque creer es confiar y reconocer la voz del Viviente diciéndonos: *Ánimo, soy yo, no tengáis miedo.* En el espesor de los acontecimientos de nuestra vida, ¿cómo y a través de quiénes escuchamos hoy estas palabras de Jesús? ¿Qué puede más en nosotros, la fe o la desconfianza, la desesperación y el miedo?

Ayúdanos, Señor, a confiar y arriesgar por amor como tú.

Agatón; Bta. Ana de los Ángeles Monteagudo; Bta. Mª Dolores Rodríguez

Feria de Navidad
Oficio propio
1Jn 4,19–5,4 / Sal 71 / Lc 4,14-22a

Lucas 4,14-22a

En aquel tiempo, Jesús volvió a Galilea con la fuerza del Espíritu; y su fama se extendió por toda la comarca. Enseñaba en las sinagogas, y todos lo alababan. Fue a Nazaret, donde se había criado, entró en la sinagoga, como era su costumbre los sábados, y se puso en pie para hacer la lectura. Le entregaron el rollo del profeta Isaías y, desenrollándolo, encontró el pasaje donde estaba escrito: «El Espíritu del Señor está sobre mí, porque él me ha ungido. Me ha enviado a evangelizar a los pobres, a proclamar a los cautivos la libertad, y a los ciegos, la vista; a poner en libertad a los oprimidos; a proclamar el año de gracia del Señor». Y, enrollando el rollo y devolviéndolo al que lo ayudaba, se sentó. Toda la sinagoga tenía los ojos clavados en él. Y él comenzó a decirles: «Hoy se ha cumplido esta Escritura que acabáis de oír». Y todos le expresaban su aprobación y se admiraban de las palabras de gracia que salían de su boca.

Hoy se ha cumplido esta Escritura

Jesús es la Palabra plena de Dios y la confirmación de sus promesas hecha carne, historia, pueblo, pobre. El sentido de su existencia es hacer histórico el sueño de Dios: la liberación de los oprimidos y que la vida sea una buena noticia para todos, empezando por los últimos, y no una pesadilla. Esa es la misión de Jesús y esa es la misión de la Iglesia. Al igual que sus contemporáneos, aquella mañana en la sinagoga de Nazaret necesitamos *fijar los ojos en Jesús* y dejarnos sorprender por su misericordia entrañable y liberadora para *ponernos con él,* con la fuerza del Espíritu, en la tarea de humanizar la vida y ser cauce de la solidaridad amorosa de Dios en nuestros contextos. ¿Cómo actualizar hoy esta misión desde nuestras comunidades cristianas en un mundo que sigue clamando por su liberación?

Gracias, Señor, por invitarnos a «humanizar» la vida, contigo y «a tu modo».

Higinio; Paulino de Aquilea; Bta. Ana María Janer; Bto. Francisco Rogaczewski

Feria de Navidad
Oficio propio
1Jn 5,5-13 / Sal 147 / Lc 5,12-16

Lucas 5,12-16

Sucedió que, estando Jesús en una de las ciudades, se presentó un hombre lleno de lepra; al ver a Jesús, cayendo sobre su rostro, le suplicó diciendo: «Señor, si quieres, puedes limpiarme». Y extendiendo la mano, lo tocó diciendo: «Quiero, queda limpio». Y enseguida la lepra se le quitó. Y él le ordenó no comunicarlo a nadie; y le dijo: «Ve, preséntate al sacerdote y ofrece por tu purificación según mandó Moisés, para que les sirva de testimonio». Se hablaba de él cada vez más, y acudía mucha gente a oírlo y a que los curara de sus enfermedades. Él, por su parte, solía retirarse a despoblado y se entregaba a la oración.

Los milagros, signos del Reino

Los milagros de Jesús son un signo de la irrupción del Reino. No podemos entenderlos como acciones mágicas extraordinarias, sino más bien como obra del amor y del encuentro liberador de Jesús con las personas. Jesús queda afectado por el sufrimiento del prójimo, especialmente por los más excluidos y excluidas, como le sucedió con el leproso al que menciona el Evangelio. Sus manos se convierten en sacramento de *projimidad* sobre aquel cuerpo maldito, sin miedo a quedar contagiado por su mal e impureza. Es este trato reconocedor, libre de todo temor y prejuicio, lo que le devuelve la dignidad y la salud y le reintegra en la comunidad. Pero Jesús no queda preso en las expectativas del pueblo sobre él a partir de los signos que realiza, sino que todas sus palabras y hechos remiten a su *Abba, todo compasivo,* con el que necesita estar en permanente contacto. Jesús es *contemplativo en la acción, contemplativo en la relación.*

Ayúdanos, Señor, a ser testigos de tu liberación desde los pequeños gestos.

Antonio Mª Pucci; Benito Biscop; Tatiana, Elredo de Rievaulx

Oficio de la f.
Is 42,1-4.6-7 / Sal 28 / He 10,34-38 / Mt 3,13-17

Isaías 42,1-4.6-7

Esto dice el Señor: «Mirad a mi siervo, a quien sostengo; mi elegido, en quien me complazco. He puesto mi espíritu sobre él, manifestará la justicia a las naciones. No gritará, no clamará, no voceará por las calles. La caña cascada no la quebrará, la mecha vacilante no la apagará. Manifestará la justicia con verdad. No vacilará ni se quebrará, hasta implantar la justicia en el país. En su ley esperan las islas. Yo, el Señor, te he llamado en mi justicia, te cogí de la mano, te formé e hice de ti alianza de un pueblo y luz de las naciones, para que abras los ojos de los ciegos, saques a los cautivos de la cárcel, de la prisión a los que habitan en tinieblas».

Salmo 28, 1b y 2. 3ac-4.3b y 9c-10

R. El Señor bendice a su pueblo con la paz.

Hechos 10,34-38

En aquellos días, Pedro tomó la palabra y dijo: «Ahora comprendo con toda verdad que Dios no hace acepción de personas, sino que acepta al que lo teme y practica la justicia, sea de la nación que sea. Envió su palabra a los hijos de Israel, anunciando la Buena Nueva de la paz que traería Jesucristo, el Señor de todos. Vosotros conocéis lo que sucedió en toda Judea, comenzando por Galilea, después del bautismo que predicó Juan. Me refiero a Jesús de Nazaret, ungido por Dios con la fuerza del Espíritu Santo, que pasó haciendo el bien y curando a todos los oprimidos por el diablo, porque Dios estaba con él».

Mateo 3,13-17

En aquel tiempo, vino Jesús desde Galilea al Jordán y se presentó a Juan para que lo bautizara. Pero Juan intentaba disuadirlo diciéndole: «Soy yo el que necesito que tú me bautices, ¿y tú acudes a mí?». Jesús le contestó: «Déjalo ahora. Conviene que así cumplamos toda justicia». Entonces Juan se lo permitió. Apenas se bautizó Jesús, salió del agua; se abrieron los cielos y vio que el Espíritu de Dios bajaba como una paloma y se posaba sobre él. Y vino una voz de los cielos que decía: «Este es mi Hijo amado, en quien me complazco».

Bautismo de Espíritu

El bautismo de Jesús supone la inauguración de su vida pública. Juan le bautiza con agua pero su bautismo es un *bautismo de Espíritu* en el que Dios le confirma como Hijo Amado cubriéndole con su Espíritu. Dios irrumpe en la vida de la humanidad rompiendo toda distancia. Jesús es su lenguaje, su Palabra encarnada. Jesús es la *complacencia de Dios* y por él y en él se nos regala la experiencia de filiación que nos ayuda a vivir arraigados en el amor, como origen y fuente de la vida. También el Espíritu está vivo hoy en nuestro mundo. ¿Dónde detectamos hoy su presencia en nuestra vida? ¿En qué y en quiénes se *complace* hoy Dios en nuestros contextos? Por nuestro bautismo nos incorporamos a la misión de Cristo, ¿cómo la concretamos en el aquí y el ahora de nuestras vidas?

Gracias, Señor, por la invitación que nos haces a seguirte con libertad y radicalidad.

S. Hilario, m.l.
Leoncio; Remigio; Bto. Francesco Greco

I del T.O.
1ª del salterio
Vol. III año par
1Sam 1,1-8 / Sal 115 / Mc 1,14-20

Marcos 1,14-20

Después de que Juan fue entregado, Jesús se marchó a Galilea a proclamar el Evangelio de Dios; decía: «Se ha cumplido el tiempo y está cerca el reino de Dios. Convertíos y creed en el Evangelio». Pasando junto al mar de Galilea, vio a Simón y a Andrés, el hermano de Simón, echando las redes en el mar, pues eran pescadores. Jesús les dijo: «Venid en pos de mí y os haré pescadores de hombres». Inmediatamente dejaron las redes y lo siguieron. Un poco más adelante vio a Santiago, el de Zebedeo, y a su hermano Juan, que estaban en la barca repasando las redes. A continuación los llamó, dejaron a su padre Zebedeo en la barca con los jornaleros y se marcharon en pos de él.

Dejar redes y soltar amarras

Como a aquellos primeros discípulos, Jesús nos invita hoy en la cotidianidad de nuestra vida a ser sus compañeros y compañeras. Etimológicamente compañeros viene de *«cum-panis»*, es decir, compartir el pan de la vida, su sueño, su proyecto de inclusión y fraternidad, empezando por los últimos. La cotidianidad es lugar de reconocimiento y encuentro. Jesús sabe mirarla en profundidad y por eso capta los deseos más hondos de aquellos pescadores que desde la sencillez de sus vidas nunca habían intuido otro horizonte. Como a ellos, si nos dejamos, el Evangelio nos abre a nuevas perspectivas de vida, nos trasforma la sensibilidad y nos convierte en servidores y servidoras del Reino, pero para ello tenemos que dejar las redes y soltar amarras. ¿Qué seguridades tenemos que soltar para recuperar la vitalidad y la alegría profunda de nuestro seguimiento a Jesús hoy?

Ayúdanos, Señor, a abandonar nuestras zonas de confort para seguirte con mayor libertad y generosidad.

Félix de Nola; Juan de Ribera; Malaquías; Odorico de Pordenone; Sabas

I del T.O.
1ª del salterio
1Sam 1,9-20 / Sal 1Sam 2,1. 4-5.6-7.8abcd / Mc 1,21b-28

Marcos 1,21b-28

En la ciudad de Cafarnaún, el sábado entra Jesús en la sinagoga a enseñar; estaban asombrados de su enseñanza, porque les enseñaba con autoridad y no como los escribas. Había precisamente en su sinagoga un hombre que tenía un espíritu inmundo y se puso a gritar: «¿Qué tenemos que ver nosotros contigo, Jesús Nazareno? ¿Has venido a acabar con nosotros? Sé quién eres: el Santo de Dios». Jesús lo increpó: «¡Cállate y sal de él!». El espíritu inmundo lo retorció violentamente y, dando un grito muy fuerte, salió de él. Todos se preguntaron estupefactos: «¿Qué es esto? Una enseñanza nueva expuesta con autoridad. Incluso manda a los espíritus inmundos y lo obedecen». Su fama se extendió enseguida por todas partes, alcanzando la comarca entera de Galilea.

Libertad y autoridad de Jesús

Desde el inicio del evangelio de Marcos, Jesús mueve a posicionamiento. Sus obras y sus palabras no dejan indiferentes. Provocan admiración o desconcierto, sospecha o agradecimiento. Así sucede ante la curación que realiza en sábado en la sinagoga de Cafarnaún. Su autoridad y libertad para anteponer la compasión y la justicia a los preceptos de Israel, cuando lo que está en juego es el sufrimiento humano, provoca interrogantes incómodos a su alrededor. Para Jesús la autoridad de Dios es inseparable de la autoridad de quienes sufren. Se siente *movido a compasión* por el Espíritu de su *Abba* que le envía y sostiene en la tarea de aliviar el sufrimiento y generar liberación.

Regálanos, Señor, tu Espíritu para vivir más compasiva y fraternalmente.

Arnaldo Janssen; Cosme; Macario; Francisco de Capillas; Pablo Ermitaño; Habacuc; Bto. Valentín Palencia

I del T.O.
1ª del salterio
1Sam 3,1-10.19-20 / Sal 39 / Mc 1,29-39

Marcos 1,29-39

En aquel tiempo, al salir Jesús de la sinagoga, fue con Santiago y Juan a la casa de Simón y Andrés. La suegra de Simón estaba en cama con fiebre, e inmediatamente le hablaron de ella. Él se acercó, la cogió de la mano y la levantó. Se le pasó la fiebre y se puso a servirles. Al anochecer, cuando se puso el sol, le llevaron todos los enfermos y endemoniados. La población entera se agolpaba a la puerta. Curó a muchos enfermos de diversos males y expulsó muchos demonios; y como los demonios lo conocían, no les permitía hablar. Se levantó de madrugada, cuando todavía estaba muy oscuro, se marchó a un lugar solitario y allí se puso a orar. Simón y sus compañeros fueron en su busca y, al encontrarlo, le dijeron: «Todo el mundo te busca». Él les responde: «Vámonos a otra parte, a las aldeas cercanas, para predicar también allí; que para eso he salido». Así recorrió toda Galilea, predicando en sus sinagogas y expulsando los demonios.

Misericordia en acción, misericordia en relación

Jesús rompe la separación entre lo sagrado y lo profano. Toda la realidad es ámbito de salvación y lugar de misión. Jesús sale de la sinagoga, se encuentra con la gente en la cotidianidad de su existencia, en sus casas, como le sucede a la suegra de Pedro, comparte con ellos sus lugares de vida. La salvación no acontece en lo extraordinario, sino en escenarios vitales aparentemente «irrelevantes». Es el clamor del sufrimiento humano y las ansias de liberación de quienes anhelan otra humanidad posible, otras relaciones, lo que desencadena que la misericordia de Jesús se convierta en *misericordia en acción, misericordia en relación*. Quien queda tocado por ella, como la suegra de Pedro, se siente también movido a la diaconía del Reino, a ser testigo de su compasión entrañable.

Ayúdanos, Señor, a estar atentos y atentas a lo pequeño y a lo concreto, como lugares privilegiados de tu revelación.

Hilaria de Constantinopla; José Vaz; Marcelo I; Priscila; Bta. Juana Mª Condesa Lluch

I del T.O.
1ª del salterio
1Sam 4,1b-11/ Sal 43 / Mc 1,40-45

Marcos 1,40-45

En aquel tiempo, se acerca a Jesús un leproso, suplicándole de rodillas: «Si quieres, puedes limpiarme». Compadecido, extendió la mano y lo tocó diciendo: «Quiero: queda limpio». La lepra se le quitó inmediatamente y quedó limpio. Él lo despidió, encargándole severamente: «No se lo digas a nadie; pero para que conste, ve a presentarte al sacerdote y ofrece por tu purificación lo que mandó Moisés, para que les sirva de testimonio». Pero cuando se fue, empezó a pregonar bien alto y a divulgar el hecho, de modo que Jesús ya no podía entrar abiertamente en ningún pueblo; se quedaba fuera, en lugares solitarios; y aun así acudían a él de todas partes.

Jesús sana y libera

Los relatos de sanación del evangelio de Marcos constituyen un itinerario compasivo en el que las manos ocupan un papel fundamental. Los verbos *poner sobre, tocar* y *extender* se repiten para significar la acción liberadora de Jesús al entrar en contacto con los cuerpos considerados malditos, impuros, «indignos de Dios» en Israel. Sus manos son fuente de conocimiento y reconocimiento. Jesús al tocar «empodera». En sus relaciones y trato humanizador con los más excluidos de Israel les confirma como imagen y semejanza del Creador. Las manos de Jesús se abren en gesto de comunión y reconciliación y la impureza queda invalidada en su poder de contagio. El tacto de Jesús les hace recuperar su identidad negada, hace de ellos criaturas nuevas. Su modo de *tocar la vida* y relacionarse con las personas revela la compasión y la ternura de un Dios que invita, no a cumplir preceptos, sino a humanizar la vida desde los últimos y últimas. De esta experiencia brota el agradecimiento y el anuncio.

Ayúdanos, Señor, a no ser indiferentes ante el dolor de las víctimas de la violencia, la injusticia y el desamor humano. Ayúdanos a no acostumbrarnos.

S. Antonio, abad, m.o.
Sulpicio Pío; Leonila; Jenaro Sánchez Delgadillo

I del T.O.
1ª del salterio
1Sam 8,4-7. 10-22a / Sal 88 / Mc 2,1-12

Marcos 2,1-12

Cuando a los pocos días entró Jesús en Cafarnaún, se supo que estaba en casa. Acudieron tantos que no quedaba sitio ni a la puerta. Y les proponía la palabra. Y vinieron trayéndole un paralítico llevado entre cuatro y, como no podían presentárselo por el gentío, levantaron la techumbre encima de donde él estaba, abrieron un boquete y descolgaron la camilla donde yacía el paralítico. Viendo Jesús la fe que tenían, le dice al paralítico: «Hijo, tus pecados te son perdonados». Unos escribas, que estaban allí sentados, pensaban para sus adentros: «¿Por qué habla este así? Blasfema. ¿Quién puede perdonar pecados, sino solo uno, Dios?». Jesús se dio cuenta enseguida de lo que pensaban y les dijo: «¿Por qué pensáis eso? ¿Qué es más fácil, decir al paralítico: "Tus pecados te son perdonados", o decir: "Levántate, coge la camilla y echa a andar"? Pues, para que veáis que el Hijo del hombre tiene autoridad en la tierra para perdonar pecados –dice al paralítico–: "Te digo: levántate, coge tu camilla y vete a tu casa"». Se levantó, cogió inmediatamente la camilla y salió a la vista de todos. Se quedaron atónitos y daban gloria a Dios, diciendo: «Nunca hemos visto una cosa igual».

Resiliencia y compasión

Allí donde parece que no hay salida, la esperanza que brota de la fe es siempre fuente de creatividad y resiliencia. Jesús queda conmovido por la de este paralítico y sus acompañantes y obra el milagro. Pero no todos lo entienden. La libertad y la compasión de Jesús son percibidas como amenazantes para quienes viven atados a la ley y la anteponen a la dignidad de la persona. El Dios de Jesús es *todo misericordia* y su lógica no es preceptual, sino amorosa y entrañable con el sufrimiento humano. Desde esta clave entendemos los milagros de Jesús como signos del Reino. En ellos Jesús nunca suple la libertad humana, sino que cuenta con ella porque Dios no se impone al ser humano, sino que se expone a su libertad y acogida. ¿Cuáles son hoy nuestras parálisis y de qué camillas tenemos que levantarnos, con la fuerza de Jesús, para recuperar la libertad y la alegría del Evangelio?

Margarita de Hungría; Librada; Prisca; Jaime Hilario Barbal

I del T.O.
1ª del salterio
1Sam 9,1-4. 17-19; 10,1a / Sal 20 / Mc 2,13-17

Marcos 2,13-17

En aquel tiempo, Jesús salió de nuevo a la orilla del mar; toda la gente acudía a él y les enseñaba. Al pasar vio a Leví, el de Alfeo, sentado al mostrador de los impuestos, y le dice: «Sígueme». Se levantó y lo siguió. Sucedió que, mientras estaba él sentado a la mesa en casa de Leví, muchos publicanos y pecadores se sentaban con Jesús y sus discípulos, pues eran ya muchos los que lo seguían. Los escribas de los fariseos, al ver que comía con pecadores y publicanos, decían a sus discípulos: «¿Por qué come con publicanos y pecadores?». Jesús lo oyó y les dijo: «No necesitan médico los sanos, sino los enfermos. No he venido a llamar a justos, sino a pecadores».

Jesús y las periferias

Las periferias sociales y existenciales son cita obligada para encontrarnos hoy con Cristo vivo. Jesús transita por ellas y comparte mesa y vida con los excluidos. Esta práctica de la *comensalidad* abierta de Jesús es un escándalo para quienes se sienten *expertos en Dios* y presumen de tener vidas intachables. El Dios que nos revela Jesús no es un *contable de méritos,* sino *pura gratuidad y desmesura.* Por eso, allí donde hay debilidad humana, precariedad y *herida,* hay lugar para la buena noticia del Evangelio y el encuentro se convierte en sacramento y signo de liberación. ¿Desde qué periferias sociales y existenciales, como a Leví, Jesús nos urge hoy en nuestros ambientes a vivir el sacramento del encuentro y a compartir la mesa de la vida en abundancia con los excluidos y excluidas?

Danos, Señor, la gratuidad y la desmesura de tu corazón.

19 domingo enero

Canuto IV;
Bto. Marcelo Spínola

2ª del salterio
Is 49,3.5-6 /
Sal 39 /
1Cor 1,1-3 /
Jn 1,29-34 /

Isaías 49,3.5-6

Me dijo el Señor: «Tú eres mi siervo, Israel, por medio de ti me glorificaré». Y ahora dice el Señor, el que me formó desde el vientre como siervo suyo, para que le devolviese a Jacob, para que le reuniera a Israel; he sido glorificado a los ojos de Dios. Y mi Dios era mi fuerza: «Es poco que seas mi siervo para restablecer las tribus de Jacob y traer de vuelta a los supervivientes de Israel. Te hago luz de las naciones, para que mi salvación alcance hasta el confín de la tierra».

Salmo 39,2 y 4ab.7-8a.8b-9.10

R. Aquí estoy, Señor, para hacer tu voluntad.

1 Corintios 1,1-3

Pablo, llamado a ser apóstol de Jesucristo por voluntad de Dios, y Sóstenes, nuestro hermano, a la Iglesia de Dios que está en Corinto, a los santificados por Jesucristo, llamados santos con todos los que en cualquier lugar invocan el nombre de nuestro Señor Jesucristo, Señor de ellos y nuestro: a vosotros, gracia y paz de parte de Dios nuestro Padre y del Señor Jesucristo.

Juan 1,29-34

En aquel tiempo, al ver Juan a Jesús que venía hacia él, exclamó: «Este es el Cordero de Dios, que quita el pecado del mundo. Este es aquel de quien yo dije: "Tras de mí viene un hombre que está por delante de mí, porque existía antes que yo". Yo no lo conocía, pero he salido a bautizar con agua, para que sea manifestado a Israel». Y Juan dio testimonio diciendo: «He contemplado al Espíritu que bajaba del cielo como una paloma, y se posó sobre él. Yo no lo conocía, pero el que me envió a bautizar con agua me dijo: "Aquel sobre quien veas bajar el Espíritu y posarse sobre él, ese es el que bautiza con Espíritu Santo". Y yo lo he visto y he dado testimonio de que este es el Hijo de Dios».

Un mesianismo entrañable

El mesianismo de Jesús no es sacrificial como el de Juan Bautista sino un *mesianismo entrañable.* Jesús es la máxima recepción de la ternura y la compasión de Dios. Por eso su modo de afrontar la violencia, la injusticia, la experiencia del mal y el pecado pasa por la bondad del corazón y la oferta de la conversión y la reconciliación desde los últimos. Su mesianismo es también un *mesianismo descalzo,* desde la sencillez de vida, la vulnerabilidad asumida y compartida y el espíritu de la no violencia. Por eso Juan le reconoce como «el cordero de Dios que quita el pecado de mundo». Jesús es también signo de contradicción y su misericordia «escandaliza» a quienes han encerrado a Dios en una moral preceptual olvidando que su entraña no es otra que la del amor y la justicia.

Ayúdanos, Señor, a no escandalizarnos del Evangelio, sino a dejarnos seducir por él.

Stos. Fructuoso, Augurio y Eulogio / S. Fabián / S. Sebastián, m.l.
Eustoquia Calafato; María Cristina Brando

II del T.O.
2ª del salterio
1Sam 15,16-23 / Sal 49 / Mc 2,18-22

Marcos 2,18-22

En aquel tiempo, como los discípulos de Juan y los fariseos estaban ayunando, vinieron unos y le preguntaron a Jesús: «Los discípulos de Juan y los discípulos de los fariseos ayunan. ¿Por qué los tuyos no?». Jesús les contesta: «¿Es que pueden ayunar los amigos del esposo, mientras el esposo está con ellos? Mientras el esposo está con ellos, no pueden ayunar. Llegarán días en que les arrebatarán al esposo, y entonces ayunarán en aquel día. Nadie echa un remiendo de paño sin remojar a un manto pasado; porque la pieza tira del manto –lo nuevo de lo viejo– y deja un roto peor. Tampoco se echa vino nuevo en odres viejos; porque el vino revienta los odres, y se pierden el vino y los odres; a vino nuevo, odres nuevos».

¿Ayuno o fiesta?

El Evangelio es la Buena Noticia de libertad y alegría. Su novedad radical consiste en que el amor y no la ley son el camino de acceso a Dios y que, por tanto, *donde hay amor allí está Dios.* El cristianismo no es una religión de ayunos sino de *projimidad* y misericordia entrañable. Jesús rompe con una imagen del Dios de la retribución: *«Te doy para que me des»*, e inaugura otra: la desmesura y el derroche de amor de su *Abba* por todas las criaturas, especialmente para las más desvalidas y vulneradas. Este salto cualitativo en el modo de entender a Dios lo es también en la comprensión del culto. El culto cristiano es banquete, celebración gozosa de la buena noticia de Dios, que no se cansa de ofrecernos nuevas oportunidades de cambio y renovación profunda para humanizar la vida. Pero el Evangelio es siempre propuesta generosa, no se impone, sino que se expone a nuestra libertad y acogida. ¿Cómo captamos hoy la novedad retadora del Evangelio y a qué renovaciones profundas nos urge en nuestras vidas y en nuestros contextos?

Ayúdanos, Señor, a agradecer cada día como oportunidad de crecimiento y cambio.

Sta. Inés, m.o.
Nª Sra. de Altagracia;
Bto. Juan Bautista
Turpin y comp.

II del T.O.
2ª del salterio
1Sam 16,1-13 /
Sal 88 /
Mc 2,23-28

Marcos 2,23-28

Sucedió que un sábado Jesús atravesaba un sembrado, y sus discípulos, mientras caminaban, iban arrancando espigas. Los fariseos le preguntan: «Mira, ¿por qué hacen en sábado lo que no está permitido?». Él les responde: «¿No habéis leído nunca lo que hizo David, cuando él y sus hombres se vieron faltos y con hambre, cómo entró en la casa de Dios, en tiempo del sumo sacerdote Abiatar, comió de los panes de la proposición, que solo está permitido comer a los sacerdotes, y se los dio también a quienes estaban con él?». Y les decía: «El sábado se hizo para el hombre y no el hombre para el sábado; así que el Hijo del hombre es señor también del sábado».

El Evangelio, escuela de libertad

La libertad de Jesús es radical porque alcanza hasta las mismas raíces de su ser. Jesús es pura disponibilidad y apertura al proyecto de Dios y esa es la única seguridad que sostiene su vida. Por eso el origen de su libertad es la confianza y el saberse en manos de su *Abba*. Jesús denuncia las tradiciones y el culto religioso que anteponen la observancia a la justicia y a la misericordia. Por ello escandaliza a los fariseos de todos los tiempos, incluido al que podemos llevar en el propio corazón. El Evangelio es una escuela de libertad. Libertad de egos, de culpas, de miedos. Libertad también de seguridades que nos atan o de las expectativas de los demás sobre nosotros mismos que nos dejan prisioneros en la imagen o el prestigio. Pero el Evangelio es también escuela de libertad frente a toda forma de poder e instrumentalización de lo humano al servicio de los intereses del *statu quo.*

Que aprendamos de Jesús a vivir con libertad y confianza evangélicas.

S. Vicente, m.o.
Vicente Pallotti;
Gaudencio;
Anastasio el Persa;
Domingo de Sora;
Bta. Laura Vicuña

II del T.O.
2ª del salterio
1Sam 17,32-33.37.
40-51 / Sal 143 /
Mc 3,1-6

Marcos 3,1-6

En aquel tiempo, Jesús entró otra vez en la sinagoga y había allí un hombre que tenía una mano paralizada. Lo estaban observando, para ver si lo curaba en sábado y acusarlo. Entonces le dice al hombre que tenía la mano paralizada: «Levántate y ponte ahí en medio». Y a ellos les pregunta: «¿Qué está permitido en sábado?, ¿hacer lo bueno o lo malo?, ¿salvarle la vida a un hombre o dejarlo morir?». Ellos callaban. Echando en torno una mirada de ira y dolido por la dureza de su corazón, dice al hombre: «Extiende la mano». La extendió y su mano quedó restablecida. En cuanto salieron, los fariseos se confabularon con los herodianos para acabar con él.

Culto cristiano y sacramento de la projimidad

Este texto del evangelio de Marcos delinea ya la trayectoria de la vida de Jesús desde su inicio y su compasión transgresora. Jesús es *misericordia en acción, misericordia en relación,* por eso mira la realidad siempre desde la perspectiva de los últimos y últimas, por eso capta el sufrimiento del *hombre de la mano paralizada,* que la sinagoga había seguramente naturalizado. Se acerca a él y le pide que se ubique en el centro donde todos lo vean, visibilizando su situación, señalando de este modo que el culto a Dios, si es verdadero, no puede nunca dar la espalda al sufrimiento de quienes son condenados a la exclusión. Por eso, pese al escándalo de quienes anteponen la ley a la misericordia y la dignidad de las personas, Jesús sana a este hombre haciéndole también consciente de su responsabilidad en ella, implicándole en su propia liberación, desinstalándole de su condición de víctima. Jesús señala así cuál es el culto que Dios quiere y la projimidad como lugar de encuentro y adoración con el Misterio. Por eso su misericordia resulta amenazante para quienes en nombre de Dios legitiman la indiferencia y la pasividad ante el sufrimiento de los otros en nombre de la seguridad de la ley y los preceptos.

Señor, contágianos tu misericordia y prácticas compasivas.

S. Ildefonso, m.o.
Emerenciana;
Juan el Limosnero;
Bta. Benedetta Bianchi

II del T.O.
2ª del salterio
1Sam 18,6-9; 19,1-7 / Sal 55 / Mc 3,7-12

Marcos 3,7-12

En aquel tiempo, Jesús se retiró con sus discípulos a la orilla del mar y lo siguió una gran muchedumbre de Galilea. Al enterarse de las cosas que hacía, acudía mucha gente de Judea, Jerusalén, Idumea, Transjordania y cercanías de Tiro y Sidón. Encargó a sus discípulos que le tuviesen preparada una barca, no lo fuera a estrujar el gentío. Como había curado a muchos, todos los que sufrían de algo se le echaban encima para tocarlo. Los espíritus inmundos, cuando lo veían, se postraban ante él y gritaban: «Tú eres el Hijo de Dios». Pero él les prohibía severamente que lo diesen a conocer.

Jesús, la Palabra de la vida

La capacidad de atraer y convocar que tiene Jesús no es por sus palabras o discursos, sino que, como dice el texto, la gente acude a su encuentro *«al enterarse de las cosas que hacía»*. Es la Palabra de la vida y el testimonio lo que hace creíble a Jesús y suscita en la gente deseos de estar con él y participar de su Buena Noticia. Sus gestos y sus acciones provocan liberación y sanación entre a quienes les resulta la vida una carga demasiado pesada y anhelan un mundo y unas relaciones alternativas. Por eso ser sus testigos nos compromete en ser *agentes* de ese *otro mundo y otras relaciones posibles* y hacerlo al modo de Jesús, desde su ternura y su cuidado amoroso.

Gracias, Señor, porque es en la vida donde nos llamas y nos citas al encuentro contigo para acoger tu liberación y ser testigos de ella en nuestros ambientes.

S. Francisco de Sales, m.o.
Nª Sra. de la Paz; Babilas; Tirso; Xenia

II del T.O.
2º del salterio
1Sam 24,3-21 /
Sal 56 /
Mc 3,13-19

Marcos 3,13-19

En aquel tiempo, Jesús subió al monte, llamó a los que quiso y se fueron con él. E instituyó doce para que estuvieran con él y para enviarlos a predicar, y que tuvieran autoridad para expulsar a los demonios: Simón, a quien puso el nombre de Pedro, Santiago el de Zebedeo, y Juan, el hermano de Santiago, a quienes puso el nombre de Boanerges, es decir, los hijos del trueno, Andrés, Felipe, Bartolomé, Mateo, Tomás, Santiago el de Alfeo, Tadeo, Simón el de Caná y Judas Iscariote, el que lo entregó.

Estar con Jesús y anunciar su liberación

Como a los doce, Jesús nos sigue llamando hoy a *estar con él y anunciar su liberación*. Lo hace desde la originalidad de nuestras propias biografías, desde nuestros dones y también precariedades. Acoger esta llamada nos abre a posibilidades insospechadas de transformaciones internas y externas aunque al principio nos parezcan imperceptibles. El seguimiento a Jesús es siempre un proceso inacabado y sostenido en la confianza en Aquel que nos ha salido al encuentro y nos ha llamado por nuestro nombre. Pero Jesús nos llama y nos convoca en comunidad, en iglesia. Una comunidad que lo es para el servicio al mundo, y no para protegerse de él, y que tiene en su centro el Evangelio. ¿Qué centralidad ocupa el Evangelio en nuestras vidas y en las vidas de nuestras comunidades? ¿Cómo ayudarnos a encarnarlo en las situaciones concretas de nuestro cada día?

Ayúdanos, Señor, a distinguir tu llamada entre tantas consignas del sistema que nos ensordecen y bloquean la sensibilidad.

Conversión de S. Pablo, f.
Elvira; Ananías Donato; Bto. Enrique Suso; Bto. Antonio Swiadek

Oficio de la f.
Vol. IV
He 22,3-16
(o bien: He 9,1-22) /
Sal 116 /
Mc 16,15-18

Marcos 16,15-18

En aquel tiempo, Jesús se apareció a los once y les dijo: «Id al mundo entero y proclamad el Evangelio a toda la creación. El que crea y sea bautizado se salvará; el que no crea será condenado. A los que crean, les acompañarán estos signos: echarán demonios en mi nombre, hablarán lenguas nuevas, cogerán serpientes en sus manos y, si beben un veneno mortal, no les hará daño. Impondrán las manos a los enfermos, y quedarán sanos».

Proclamad el Evangelio a toda la creación

La Buena Noticia del Evangelio lo es para toda la humanidad, por eso somos invitados a proclamarla a toda la creación. La Resurrección de Cristo tiene también una dimensión cósmica. Creer en el Resucitado nos compromete a humanizar y cuidar la vida en todas sus dimensiones. El mundo es el cuerpo de Dios y el ser humano no es «amo» sino que forma parte de la comunidad de la vida, de la comunidad cósmica. Por eso el Evangelio tiene también una dimensión ecológica que hemos de redescubrir, porque *el clamor de los pobres y el clamor de la tierra son un mismo clamor.* Creer en Jesús nos compromete también con un estilo de vida cuidadoso con la paz, la justicia y la integridad de la creación, que garantice la sostenibilidad de la vida, sobre todo de la más amenazada y vulnerada, que ayude a sanar y liberar la tierra de la depredación y violencia a la que es sometida por los intereses del lucro y el poder y en complicidad con nuestra indiferencia.

Queremos, Señor, estar atentos a la vida y comprometernos contigo en el cuidado de lo más frágil y amenazado de nuestro mundo.

JORNADA Y COLECTA DE LA INFANCIA MISIONERA

Timoteo y Tito;
Paula Romana;
Bto. Michal Kozal

3ª del salterio
Is 8,23b–9,3 /
Sal 26 /
1Cor 1,10-13.17 /
Mt 4,12-23 (breve:
Mt 4,12-17)

Isaías 8,23b–9,3

En otro tiempo, humilló el Señor la tierra de Zabulón y la tierra de Neftalí, pero luego ha llenado de gloria el camino del mar, el otro lado del Jordán, Galilea de los gentiles. El pueblo que caminaba en tinieblas vio una luz grande; habitaba en tierra y sombras de muerte, y una luz les brilló. Acreciste la alegría, aumentaste el gozo; se gozan en tu presencia, como gozan al segar, como se alegran al repartirse el botín. Porque la vara del opresor, el yugo de su carga, el bastón de su hombro, los quebrantaste como el día de Madián.

Salmo 26,1bcde.4.13-14

R. El Señor es mi luz y mi salvación.

1 Corintios 1,10-13.17

Os ruego, hermanos, en nombre de nuestro Señor Jesucristo, que digáis todos lo mismo y que no haya divisiones entre vosotros. Estad bien unidos con un mismo pensar y un mismo sentir. Pues, hermanos, me he enterado por los de Cloe de que hay discordias entre vosotros. Y os digo esto porque cada cual anda diciendo: «Yo soy de Pablo, yo soy de Apolo, yo soy de Cefas, yo soy de Cristo». ¿Está dividido Cristo? ¿Fue crucificado Pablo por vosotros? ¿Fuisteis bautizados en nombre de Pablo? Pues no me envió Cristo a bautizar, sino a anunciar el Evangelio, y no con sabiduría de palabras, para no hacer ineficaz la cruz de Cristo.

Mateo 4,12-23

Al enterarse Jesús de que habían arrestado a Juan se retiró a Galilea. Dejando Nazaret se estableció en Cafarnaún, junto al mar, en el territorio de Zabulón y Neftalí, para que se cumpliera lo dicho por medio del profeta Isaías: «Tierra de Zabulón y tierra de Neftalí, camino del mar, al otro lado del Jordán, Galilea de los gentiles. El pueblo que habitaba en tinieblas vio una luz grande; a los que habitaban en tierra y sombras de muerte, una luz les brilló». Desde entonces comenzó Jesús a predicar diciendo: «Convertíos, porque está cerca el reino de los cielos». Paseando junto al mar de Galilea vio a dos hermanos, a Simón, llamado Pedro, y a Andrés, que estaban echando la red en el mar, pues eran pescadores. Les dijo: «Venid en pos de mí y os haré pescadores de hombres». Inmediatamente dejaron las redes y lo siguieron. Y pasando adelante vio a otros dos hermanos, a Santiago, hijo de Zebedeo, y a Juan, su hermano, que estaban en la barca repasando las redes con Zebedeo, su padre, y los llamó. Inmediatamente dejaron la barca y a su padre y lo siguieron. Jesús recorría toda Galilea enseñando en sus sinagogas, proclamando el evangelio del reino y curando toda enfermedad y toda dolencia en el pueblo.

Identificar hoy los signos del Reino

En el espesor de la realidad y sus noches se mantiene siempre una luz que señala que el amanecer está en camino. El Evangelio es nuestra luz. Señala siempre alternativas posibles cuando parece que no hay salida y nos sostiene en la búsqueda del bien común en activa espera. Jesús es la Buena Noticia de Dios que irrumpe en nuestro mundo quebrado y anhelante de liberación. Él es el Reino y las semillas del verbo habitan la entraña de la realidad y el corazón humano, aunque es necesario *cavar hondo* para descubrirlas. El Reino es el Amor hecho historia, gesto, inclusión, justicia, comunión y *está ya entre nosotros,* aunque convive con el desamor, la violencia, la injusticia. Por eso es importante perforar la realidad para identificar sus signos en nuestro mundo y ponernos de su parte, alentando con nuestra vida su crecimiento. Es necesario convertirnos y *volver a Jesús* y su *mesianismo entrañable* que *desde abajo y desde lo pequeño* nos invita a revertir la historia a favor de los últimos. Hoy nos sigue llamando para ello como a los primeros discípulos.

Señor, quiero acoger la luz del Evangelio en nuestra vida y contagiarla.

Sta. Ángela de Mérici, m.l.
Enrique de Ossó y Cervelló; Vitaliano

III del T.O.
3ª del salterio
2Sam 5,1-7.10/
Sal 88 /
Mc 3,22-30

Marcos 3,22-30

En aquel tiempo, los escribas que habían bajado de Jerusalén decían: «Tiene dentro a Belzebú y expulsa a los demonios con el poder del jefe de los demonios». Él los invitó a acercarse y les hablaba en parábolas: «¿Cómo va a echar Satanás a Satanás? Un reino dividido internamente no puede subsistir; una familia dividida no puede subsistir. Si Satanás se rebela contra sí mismo, para hacerse la guerra, no puede subsistir, está perdido. Nadie puede meterse en casa de un hombre forzudo para arramblar con su ajuar, si primero no lo ata; entonces podrá arramblar con la casa. En verdad os digo, todo se les podrá perdonar a los hombres: los pecados y cualquier blasfemia que digan; pero el que blasfeme contra el Espíritu Santo no tendrá perdón jamás, cargará con su pecado para siempre». Se refería a los que decían que tenía dentro un espíritu inmundo.

Evangelio y conflicto

Desde el inicio del evangelio de Marcos la Buena Noticia de Jesús va a entrar en conflicto con los escribas y fariseos. Su acusación hacia él es demoledora y destructiva porque su misericordia se escapa al control de las tradiciones más rígidas que en nombre de Dios legitiman el sufrimiento humano y sus intereses particulares. Los escribas usan la fuerza de la calumnia para intentar acabar con él, manipulando y dándole la vuelta al origen de su autoridad, acusándole de demoníaco, de promotor del mal y la división. Su juicio es provocador y categórico, pero Jesús va a responder, como hace tantas veces, desde el lenguaje indirecto y la sugerencia. Jesús es asertivo en desmontar la acusación. No reproduce la cadena de la violencia en su respuesta, aunque lo hace con claridad y radicalidad. Su misericordia es siempre liberadora y cauce de reconciliación, pero tiene un límite: la propia libertad y responsabilidad humana. El pecado contra el Espíritu Santo se refiere a la cerrazón ante el cambio y la conversión.

Que aprendamos de Jesús a abordar los conflictos con espíritu evangélico.

Sto. Tomás de Aquino, m.o.
Pedro Nolasco;
Bta. Mª Luisa Montesinos;
Bta. Olimpia

III del T.O.
3ª del salterio
2Sam 6,12b-15. 17-19 / Sal 23 / Mc 3,31-35

Marcos 3,31-35

En aquel tiempo, llegaron la madre de Jesús y sus hermanos y, desde fuera, lo mandaron llamar. La gente que tenía sentada alrededor le dice: «Mira, tu madre y tus hermanos y tus hermanas están fuera y te buscan». Él les pregunta: «¿Quiénes son mi madre y mis hermanos?». Y mirando a los que estaban sentados alrededor, dice: «Estos son mi madre y mis hermanos. El que haga la voluntad de Dios, ese es mi hermano y mi hermana y mi madre».

¿Quiénes son mi madre y mis hermanos?

La libertad de Jesús y la radicalidad de su mensaje afectan también a la concepción de la familia. Los vínculos de la sangre son poderosos, pero por encima de ellos está la universalidad de la fraternidad y la centralidad del Evangelio y su envío. La Buena Noticia va más allá de los intereses de la propia familia o clan. La escucha compartida y comprometida de la palabra de Dios en la historia es partera de vínculos y relaciones nuevas que amplían el sentido de la fraternidad y la maternidad humanas resignificándolas. ¿Quiénes son para nosotros *nuestra madre y nuestros hermanos y hermanas?* ¿Cómo testificar hoy en nuestros ambientes con *hechos y palabras* la universalidad de los vínculos del amor cristiano, más allá de la raza, el sexo, la religión, la situación socio-económica o el lugar donde se ha nacido? ¿A qué nos reta?

Señor, que creamos familia humana y fraternidad más allá de toda frontera.

Gildas; Julián el Hospitalario; Valero; Bto. Manuel Domingo y Sol; Bta. Boleslawa Mª Lament

III del T.O.
3ª del salterio
2Sam 7,4-17 / Sal 88 / Mc 4,1-20

Marcos 4,1-20

En aquel tiempo, Jesús se puso a enseñar otra vez junto al mar. Acudió un gentío tan enorme, que tuvo que subirse a una barca y, ya en el mar, se sentó; y el gentío se quedó en tierra junto al mar. Les enseñaba muchas cosas con parábolas y les decía instruyéndolos: «Escuchad: salió el sembrador a sembrar; al sembrar, algo cayó al borde del camino, vinieron los pájaros y se lo comieron. Otra parte cayó en terreno pedregoso, donde apenas tenía tierra; como la tierra no era profunda, brotó enseguida; pero en cuanto salió el sol, se abrasó y, por falta de raíz, se secó. Otra parte cayó entre abrojos; los abrojos crecieron, la ahogaron y no dio grano. El resto cayó en tierra buena; nació, creció y dio grano; y la cosecha fue del treinta o del sesenta o del ciento por uno». Y añadió: «El que tenga oídos para oír, que oiga». Cuando se quedó a solas, los que lo rodeaban y los Doce le preguntaban el sentido de las parábolas. Él les dijo: «A vosotros se os ha dado el misterio del reino de Dios; en cambio a los de fuera todo se les presenta en parábolas, para que "por más que miren, no vean, por más que oigan, no entiendan, no sea que se conviertan y sean perdonados"». Y añadió: «¿No entendéis esta parábola? ¿Pues cómo vais a conocer todas las demás? El sembrador siembra la palabra. Hay unos que están al borde del camino donde se siembra la palabra; pero en cuanto la escuchan, viene Satanás y se lleva la palabra sembrada en ellos. Hay otros que reciben la semilla como terreno pedregoso; son los que al escuchar la palabra enseguida la acogen con alegría, pero no tienen raíces, son inconstantes, y cuando viene una dificultad o persecución por la palabra, enseguida sucumben. Hay otros que reciben la semilla entre abrojos; estos son los que escuchan la palabra, pero los afanes de la vida, la seducción de las riquezas y el deseo de todo lo demás los invaden, ahogan la palabra, y se queda estéril. Los otros son los que reciben la semilla en tierra buena; escuchan la palabra, la aceptan y dan una cosecha del treinta o del sesenta o del ciento por uno».

Adelelmo (Lesmes) de Burgos; Alejandro de Jerusalén; Muciano Mª Wiaux; Batilde; Bta. Carmela García; Bta. Maria Bolognesi

III del T.O.
3ª del salterio
2Sam 7,18-19. 24-29 /Sal 131 / Mc 4,21-25

Marcos 4,21-25

Jesús dijo al gentío: «¿Se trae la lámpara para meterla debajo del celemín o debajo de la cama?, ¿no es para ponerla en el candelero? No hay nada escondido, sino para que sea descubierto; no hay nada oculto, sino para que salga a la luz. El que tenga oídos para oír, que oiga». Les dijo también: «Atención a lo que estáis oyendo: la medida que uséis la usarán con vosotros, y con creces. Porque al que tiene se le dará, y al que no tiene se le quitará hasta lo que tiene».

Dimensión pública de la fe

La fe es un don y es nuestro referente de sentido. El Evangelio tiene capacidad de conmover, seducir y provocar cambios en nuestras vidas y en las vidas de otras personas, y nos mueve a *dar razón de nuestra esperanza.* La comunicación del Evangelio no es tanto una cuestión de proselitismo como de *contagio.* Creer en la Buena Noticia del Evangelio es una experiencia personal que se arraiga en el seno de una comunidad y conlleva una dimensión pública. Por eso la fe no puede ser reducida a la sacristía, ni puede ser vivida ni testimoniada en escenarios estrictamente religiosos o privados, sino que allá donde se jueguen los intereses y anhelos más hondos de la humanidad será siempre un lugar privilegiado para el testimonio cristiano. El Evangelio tiene vocación de plaza pública.

Danos, Señor, creatividad y libertad para comunicar tu Palabra hecha vida en nuestros ambientes.

S. Juan Bosco, m.o.
Francisco Javier Bianchi; Geminiano; Bta. María Cristina de Saboya

III del T.O.
3ª del salterio
2Sam 11,1-4a. 4c-10a.13-17 / Sal 50 / Mc 4,26-34

Marcos 4,26-34

En aquel tiempo, Jesús decía al gentío: «El reino de Dios se parece a un hombre que echa semilla en la tierra. Él duerme de noche y se levanta de mañana; la semilla germina y va creciendo, sin que él sepa cómo. La tierra va produciendo fruto sola: primero los tallos, luego la espiga, después el grano. Cuando el grano está a punto, se mete la hoz, porque ha llegado la siega». Dijo también: «¿Con qué podemos comparar el reino de Dios? ¿Qué parábola usaremos? Con un grano de mostaza: al sembrarlo en la tierra es la semilla más pequeña, pero después de sembrada crece, se hace más alta que las demás hortalizas y echa ramas tan grandes que los pájaros del cielo pueden anidar a su sombra». Con muchas parábolas parecidas les exponía la palabra, acomodándose a su entender. Todo se lo exponía con parábolas, pero a sus discípulos se lo explicaba todo en privado.

La fecundidad de lo que no se ve

Vivimos en la cultura de la apariencia y de la post-verdad. Lo que no sale en los medios de comunicación de masas no existe y la realidad se inventa o se deforma en base a su visibilidad mediática. Pero lo esencial empieza siempre de forma casi imperceptible. Lo nuevo siempre nace pequeño y en vulnerabilidad. Tiene forma de semilla. De ella toma su simplicidad y también su potencia misteriosa, porque en la semilla ya está la flor. El Evangelio es experto en semillas más que en grandes plantaciones. Por eso la Buena Noticia irrumpe y se revela con una fuerza misteriosa en el mundo de lo invisible, en las realidades que el sistema decide declarar sobrante, inútil, descartable. La Buena Noticia se dice en pequeños gestos que *desde abajo y desde dentro* tienen el poder de ir transformando la vida y el corazón humano. Por eso el Evangelio nos desafía también a ser expertos en procesos y a superar la *mentalidad microondas* que se nos impone. Pero guarda también otro misterio: la de ser puro don, gratuidad y confianza. Porque aunque pide de nosotros y nosotras cuidado, trabajo, vigilancia, etc., su crecimiento no depende de nuestras fuerzas y esfuerzos, sino de un Amor mayor que nos supera y trasciende.

Marcos 4,35-41

Aquel día, al atardecer, dice Jesús a sus discípulos: «Vamos a la otra orilla». Dejando a la gente, se lo llevaron en barca, como estaba; otras barcas lo acompañaban. Se levantó una fuerte tempestad y las olas rompían contra la barca hasta casi llenarla de agua. Él estaba en la popa, dormido sobre un cabezal. Lo despertaron, diciéndole: «Maestro, ¿no te importa que perezcamos?». Se puso en pie, increpó al viento y dijo al mar: «¡Silencio, enmudece!». El viento cesó y vino una gran calma. Él les dijo: «¿Por qué tenéis miedo? ¿Aún no tenéis fe?». Se llenaron de miedo y se decían unos a otros: «¿Pero quién es este? ¡Hasta el viento y el mar lo obedecen!».

¿Por qué tenéis miedo?

Lo contrario al miedo no es la valentía, sino la fe, aventurar la vida en la osadía de creer. Pero creer en Dios no es una fórmula mágica ni un salvoconducto. No nos ahorra nada ni soluciona nada, aunque nos sostiene en todo, nos da fundamento y suelo, cuando sentimos que perdemos pie ante la densidad de los acontecimientos. Creer en Dios es creer a Dios, es decir, dar crédito a que las promesas de Dios se cumplen en Jesús de Nazaret, en el *«ya sí, pero todavía no del Reino»* y abandonamos la vida en la confianza activa de que esa promesa se siga haciendo historia, gesto, solidaridad, palabra viva en nuestros ambientes. ¿Cuáles son nuestros principales miedos como comunidades cristianas en este momento? ¿Cuáles nuestras esperanzas y a qué riesgo nos urgen y con quiénes?

Danos, Señor, confianza y riesgo para amar y transformar la vida.

JORNADA DE LA VIDA CONSAGRADA

Nª Sra. de Candelaria; Juana de Lestonnac; Aída

Oficio de la f.
Mal 3,1-4 /
Sal 23 /
Heb 2,14-18 /
Lc 2,22-40

Malaquías 3,1-4

Esto dice el Señor Dios: «Voy a enviar a mi mensajero para que prepare el camino ante mí. De repente llegará a su santuario el Señor a quien vosotros andáis buscando; y el mensajero de la alianza en quien os regocijáis, mirad que está llegando, dice el Señor del universo. ¿Quién resistirá el día de su llegada? ¿Quién se mantendrá en pie ante su mirada? Pues es como fuego de fundidor, como lejía de lavandera. Se sentará como fundidor que refina la plata; refinará a los levitas y los acrisolará como oro y plata, y el Señor recibirá ofrenda y oblación justas. Entonces agradará al Señor la ofrenda de Judá y de Jerusalén, como en tiempos pasados, como antaño».

Salmo 23,7.8.9.10

R. El Señor, Dios del universo, él es el Rey de la gloria.

Hebreos 2,14-18

Lo mismo que los hijos participan de la carne y de la sangre, así también participó Jesús de nuestra carne y sangre, para aniquilar mediante la muerte al señor de la muerte, es decir, al diablo, y liberar a cuantos, por miedo a la muerte, pasaban la vida entera como esclavos. Notad que tiende una mano a los hijos de Abrahán, no a los ángeles. Por eso tenía que parecerse en todo a sus hermanos, para ser sumo sacerdote misericordioso y fiel en lo que a Dios se refiere, y expiar los pecados del pueblo. Pues, por el hecho de haber padecido sufriendo la tentación, puede auxiliar a los que son tentados.

Lucas 2,22-40

Cuando se cumplieron los días de la purificación, según la ley de Moisés, los padres de Jesús lo llevaron a Jerusalén para presentarlo al Señor, de acuerdo con lo escrito en la ley del Señor: «Todo varón primogénito será consagrado al Señor», y para entregar la oblación, como dice la ley del Señor: «un par de tórtolas o dos pichones». Había entonces en Jerusalén un hombre llamado Simeón, hombre justo y piadoso, que aguardaba el consuelo de Israel; y el Espíritu Santo estaba con él. Le había sido revelado por el Espíritu Santo que no vería la muerte antes de ver al Mesías del Señor. Impulsado por el Espíritu, fue al templo. Y cuando entraban con el niño Jesús sus padres para cumplir con él lo acostumbrado según la ley, Simeón lo tomó en brazos y bendijo a Dios diciendo: «Ahora, Señor, según tu promesa, puedes dejar a tu siervo irse en paz. Porque mis ojos han visto a tu Salvador, a quien has presentado ante todos los pueblos: luz para alumbrar a las naciones y gloria de tu pueblo Israel». Su padre y su madre estaban admirados por lo que se decía del niño. Simeón los bendijo y dijo a María, su madre: «Este ha sido puesto para que muchos en Israel caigan y se levanten; y será como un signo de contradicción –y a ti misma una espada te traspasará el alma–, para que se pongan de manifiesto los pensamientos de muchos corazones». Había también una profetisa, Ana, hija de Fanuel, de la tribu de Aser, ya muy avanzada en años. De joven había vivido siete años casada, y luego viuda hasta los ochenta y cuatro; no se apartaba del templo, sirviendo a Dios con ayunos y oraciones noche y día. Presentándose en aquel momento, alababa también a Dios y hablaba del niño a todos los que aguardaban la liberación de Jerusalén. Y, cuando cumplieron todo lo que prescribía la ley del Señor, se volvieron a Galilea, a su ciudad de Nazaret. El niño, por su parte, iba creciendo y robusteciéndose, lleno de sabiduría; y la gracia de Dios estaba con él.

Ayúdanos, Señor, a reconocerte en la hondura de cada corazón humano y en el espesor de la realidad cotidiana.

3
lunes

S. Blas / S. Óscar, m.l.
Claudina Thévenet; Azarías; Olivia

IV del T.O.
4º del salterio
2Sam 15,13-14.30; 16,5-13a / Sal 3 / Mc 5,1-20

Marcos 5,1-20

En aquel tiempo, Jesús y sus discípulos llegaron a la otra orilla del mar, a la región de los gerasenos. Apenas desembarcó, le salió al encuentro, de entre los sepulcros, un hombre poseído de espíritu inmundo. Y es que vivía entre los sepulcros; ni con cadenas podía ya nadie sujetarlo; muchas veces lo habían sujetado con cepos y cadenas, pero él rompía las cadenas y destrozaba los cepos, y nadie tenía fuerza para dominarlo. Se pasaba el día y la noche en los sepulcros y en los montes, gritando e hiriéndose con piedras. Viendo de lejos a Jesús, echó a correr, se postró ante él y gritó con voz potente: «¿Qué tienes que ver conmigo, Jesús, Hijo de Dios altísimo? Por Dios te lo pido, no me atormentes». Porque Jesús le estaba diciendo: «Espíritu inmundo, sal de este hombre». Y le preguntó: «¿Cómo te llamas?». Él respondió: «Me llamo Legión, porque somos muchos». Y le rogaba con insistencia que no los expulsara de aquella comarca. Había cerca una gran piara de cerdos paciendo en la falda del monte. Los espíritus le rogaron: «Envíanos a los cerdos para que entremos en ellos». Él se lo permitió. Los espíritus inmundos salieron del hombre y se metieron en los cerdos; y la piara, unos dos mil, se abalanzó acantilado abajo al mar y se ahogó en el mar. Los porquerizos huyeron y dieron la noticia en la ciudad y en los campos. Y la gente fue a ver qué había pasado. Se acercaron a Jesús y vieron al endemoniado que había tenido la legión, sentado, vestido y en su juicio. Y se asustaron. Los que lo habían visto les contaron lo que había pasado al endemoniado y a los cerdos. Ellos le rogaban que se marchase de su comarca. Mientras se embarcaba, el que había estado poseído por el demonio le pidió que le permitiese estar con él. Pero no se lo permitió, sino que le dijo: «Vete a casa con los tuyos y anúnciales lo que el Señor ha hecho contigo y que ha tenido misericordia de ti». El hombre se marchó y empezó a proclamar por la Decápolis lo que Jesús había hecho con él; todos se admiraban.

Andrés Corsini;
Juana de Valois

IV del T.O.
4ª del salterio
2Sam 18, 9-10.
14b.24-25a.
30–19,3 /
Sal 85 /
Mc 5,21-43

Marcos 5,21-43

En aquel tiempo, Jesús atravesó de nuevo en barca a la otra orilla, se le reunió mucha gente a su alrededor y se quedó junto al mar. Se acercó un jefe de la sinagoga, que se llamaba Jairo, y, al verlo, se echó a sus pies, rogándole con insistencia: «Mi niña está en las últimas; ven, impón las manos sobre ella, para que se cure y viva». Se fue con él y lo seguía mucha gente que lo apretujaba. Había una mujer que padecía flujos de sangre desde hacía doce años. Había sufrido mucho a manos de los médicos y se había gastado en eso toda su fortuna; pero, en vez de mejorar, se había puesto peor. Oyó hablar de Jesús y, acercándose por detrás, entre la gente, le tocó el manto, pensando: «Con solo tocarle el manto curaré». Inmediatamente se secó la fuente de sus hemorragias y notó que su cuerpo estaba curado. Jesús, notando que había salido fuerza de él, se volvió enseguida, en medio de la gente y preguntaba: «¿Quién me ha tocado el manto?». Los discípulos le contestaban: «Ves cómo te apretuja la gente y preguntas: "¿Quién me ha tocado?"». Él seguía mirando alrededor, para ver a la que había hecho esto. La mujer se acercó asustada y temblorosa, al comprender lo que le había ocurrido, se le echó a los pies y le confesó toda la verdad. Él le dice: «Hija, tu fe te ha salvado. Vete en paz y queda curada de tu enfermedad». Todavía estaba hablando, cuando llegaron de casa del jefe de la sinagoga para decirle: «Tu hija se ha muerto. ¿Para qué molestar más al maestro?». Jesús alcanzó a oír lo que hablaban y le dijo al jefe de la sinagoga: «No temas; basta que tengas fe». No permitió que lo acompañara nadie, más que Pedro, Santiago y Juan, el hermano de Santiago. Llegan a casa del jefe de la sinagoga y encuentra el alboroto de los que lloraban y se lamentaban a gritos y después de entrar les dijo: «¿Qué estrépito y qué lloros son estos? La niña no está muerta; está dormida». Se reían de él. Pero él los echó fuera a todos y, con el padre y la madre de la niña y sus acompañantes, entró donde estaba la niña... (vv. 41-43).

Sta. Águeda, m.o.
Avito de Vienne;
Jesús Méndez;
Bta. Isabel
Canori Mora

IV del T.O.
4º del salterio
2Sam 24,2.9-17 /
Sal 31 /
Mc 6,1-6

Marcos 6,1-6

En aquel tiempo, Jesús se dirigió a su ciudad y lo seguían sus discípulos. Cuando llegó el sábado, empezó a enseñar en la sinagoga; la multitud que lo oía se preguntaba asombrada: «¿De dónde saca todo eso? ¿Qué sabiduría es esa que le ha sido dada? ¿Y esos milagros que realizan sus manos? ¿No es este el carpintero, el hijo de María, hermano de Santiago y José y Judas y Simón? Y sus hermanas ¿no viven con nosotros aquí?». Y se escandalizaban a cuenta de él. Les decía: «No desprecian a un profeta más que en su tierra, entre sus parientes y en su casa». No pudo hacer allí ningún milagro, solo curó algunos enfermos imponiéndoles las manos. Y se admiraba de su falta de fe. Y recorría los pueblos de alrededor enseñando.

¿De Nazaret puede salir algo bueno?

Jesús es rechazado en Nazaret, su lugar de origen. Con frecuencia tendemos a despreciar lo que nos es familiar, lo próximo, como si lo relevante de la vida fuera lo extraordinario en lugar de lo cotidiano. Los ojos de la rutina y la costumbre pueden cegarnos para descubrir la grandeza de la vida y las personas que están a nuestro alrededor. Solemos también tener asociado lo importante a lo complejo y lo distante. La sencillez, la cercanía de Jesús, su pobreza, escandaliza a sus contemporáneos y a sus paisanos porque contradice su imagen y sus expectativas sobre Dios. Sin embargo, la Buena Noticia del Evangelio lo es precisamente por eso. Revela un nuevo rostro de Dios. Un Dios «humanado», hecho pobre, vecino sencillo de un *lugar del que no se espera nada bueno,* encarnado en los insignificantes, denominado *el hijo de María,* aludiendo a unos orígenes poco respetables. La universalidad del Evangelio es salvadora e inclusiva porque empieza por aquellos que el mundo desprecia, incluidos sus propios paisanos.

Gracias, Jesús, por la provocación y el reto que el Evangelio nos hace hoy a nuestras vidas.

Stos. Pablo Miki y comp., m.o.
Amando; Dorotea; Mateo Correa; Alfonso Mª del Fusco; Francisco Spinelli

IV del T.O.
4ª del salterio
1Re 2,1-4.10-12 / Sal 1Crón 29,10-12 / Mc 6,7-13

Marcos 6,7-13

En aquel tiempo, Jesús llamó a los Doce y los fue enviando de dos en dos, dándoles autoridad sobre los espíritus inmundos. Les encargó que llevaran para el camino un bastón y nada más, pero ni pan, ni alforja, ni dinero suelto en la faja; que llevasen sandalias, pero no una túnica de repuesto. Y decía: «Quedaos en la casa donde entréis, hasta que os vayáis de aquel sitio. Y si un lugar no os recibe ni os escucha, al marcharos sacudios el polvo de los pies, en testimonio contra ellos». Ellos salieron a predicar la conversión, echaban muchos demonios, ungían con aceite a muchos enfermos y los curaban.

Jesús nos llama y nos envía

También Jesús nos envía hoy como comunidades cristianas a *expulsar demonios,* a sanar la vida y las relaciones allá donde el egoísmo, el poder, la violencia y la injusticia fracturan lo humano y la creación. Es un envío desde la sencillez de nuestras vidas y la solidaridad con los vulnerados y vulneradas. Es un envío humilde, pues nuestra fortaleza es Jesús mismo y la confianza en que él tenemos, urgiéndonos a salir de los caminos trillados para abrirnos a la novedad del Evangelio en las periferias sociales y existenciales de las que a veces preferimos huir. En este envío somos sanados por el poder liberador del sacramento del encuentro y la *projimidad* humana, donde el rostro de Dios se nos revela con más nitidez y nos abraza como un misterio accesible en la cotidianidad de nuestra vida.

Ayúdanos, Señor, a ser comunidades en salida.

Fidel; Bto. Anselmo Polanco; Bto. Felipe Ripoll; Bto. Pío IX; Bto. Pedro Verhun

IV del T.O.
4ª del salterio
Eclo 47,2-13 /
Sal 17 /
Mc 6,14-29

Marcos 6,14-29

En aquel tiempo, como la fama de Jesús se había extendido, el rey de Herodes oyó hablar de él. Unos decían: «Juan el Bautista ha resucitado de entre los muertos y por eso las fuerzas milagrosas actúan en él». Otros decían: «Es Elías». Otros: «Es un profeta como los antiguos». Herodes, al oírlo, decía: «Es Juan, a quien yo decapité, que ha resucitado». Es que Herodes había mandado prender a Juan y lo había metido en la cárcel encadenado. El motivo era que Herodes se había casado con Herodías, mujer de su hermano Filipo, y Juan le decía que no le era lícito tener a la mujer de su hermano. Herodías aborrecía a Juan y quería matarlo, pero no podía, porque Herodes respetaba a Juan, sabiendo que era un hombre justo y santo, y lo defendía. Al escucharlo quedaba muy perplejo, aunque lo oía con gusto. La ocasión llegó cuando Herodes, por su cumpleaños, dio un banquete a sus magnates, a sus oficiales y a la gente principal de Galilea. La hija de Herodías entró y danzó, gustando mucho a Herodes y a los convidados. El rey le dijo a la joven: «Pídeme lo que quieras, que te lo daré». Y le juró: «Te daré lo que me pidas, aunque sea la mitad de mi reino». Ella salió a preguntarle a su madre: «¿Qué le pido?». La madre le contestó: «La cabeza de Juan el Bautista». Entró ella enseguida, a toda prisa, se acercó al rey y le pidió: «Quiero que ahora mismo me des en una bandeja la cabeza de Juan el Bautista». El rey se puso muy triste; pero por el juramento y los convidados no quiso desairarla. Enseguida le mandó a uno de su guardia que trajese la cabeza de Juan. Fue, lo decapitó en la cárcel, trajo la cabeza en una bandeja y se la entregó a la joven; la joven se la entregó a su madre. Al enterarse sus discípulos fueron a recoger el cadáver y lo pusieron en un sepulcro.

Señor, que nos dejemos tocar y nos movamos buscando otro mundo posible.

S. Jerónimo Emiliani / Sta. Josefina Bakhita, m.l.
Juan de Mata; Bta. Madre Esperanza

IV del T.O.
4ª del salterio
1Re 3,4-13 / Sal 118 / Mc 6,30-34

Marcos 6,30-34

En aquel tiempo, los apóstoles volvieron a reunirse con Jesús, y le contaron todo lo que habían hecho y enseñado. Él les dijo: «Venid vosotros a solas a un lugar desierto a descansar un poco». Porque eran tantos los que iban y venían, que no encontraban tiempo ni para comer. Se fueron en barca a solas a un lugar desierto. Muchos los vieron marcharse y los reconocieron; entonces de todas las aldeas fueron corriendo por tierra a aquel sitio y se les adelantaron. Al desembarcar, Jesús vio una multitud y se compadeció de ella, porque andaban como ovejas que no tienen pastor; y se puso a enseñarles muchas cosas.

La lógica del compartir frente a la del guardar

Jesús es la compasión de Dios en acción. Por eso ante el hambre de pan y de sentido de una multitud hambrienta queda conmovido y responde con misericordia. Pero lo hace contando con la gente, no supliéndoles, sino implicándoles desde la dinámica del intercambio de dones y la circularidad de bienes. Es entonces cuando acontece el milagro de la multiplicación. La lógica del Evangelio no es mercantilista sino del don y la gratuidad. El bien común ha de construirse y cuidarse entre todos, desde la diversidad de dones y ministerios. Por eso desde esta lógica *lo que no se da se pierde.* Frente a *la lógica del guardar* o el *atesorar,* Jesús propone *la lógica del compartir y la desmesura* para que haya para todos en abundancia.

Señor, ayúdanos a vivir desde la lógica del don frente a la del «atesorar».

Apolonia; Marón; Miguel Febres; Bto. Leopoldo de Alpandeire; Bta. Eusebia Palomino; Bta. Anna Katharina Emmerich

1ª del salterio
Is 58,7-10 / Sal 111 / 1Cor 2, 1-5 / Mt 5,13-16

Isaías 58,7-10

Esto dice el Señor: «Parte tu pan con el hambriento, hospeda a los pobres sin techo, cubre a quien ves desnudo y no te desentiendas de los tuyos. Entonces surgirá tu luz como la aurora, enseguida se curarán tus heridas, ante ti marchará la justicia, detrás de ti la gloria del Señor. Entonces clamarás al Señor y te responderá; pedirás ayuda y te dirá: "Aquí estoy". Cuando alejes de ti la opresión, el dedo acusador y la calumnia, cuando ofrezcas al hambriento de lo tuyo y sacies al alma afligida, brillará tu luz en las tinieblas, tu oscuridad como el mediodía».

Salmo 111,4-5.6-7.8a y 9

R. El justo brilla en las tinieblas como una luz.

1 Corintios 2,1-5

Yo mismo, hermanos, cuando vine a vosotros a anunciaros el misterio de Dios, no lo hice con sublime elocuencia o sabiduría, pues nunca entre vosotros me precié de saber cosa alguna, sino a Jesucristo, y este crucificado. También yo me presenté a vosotros débil y temblando de miedo; mi palabra y mi predicación no fue con persuasiva sabiduría humana, sino en la manifestación y el poder del Espíritu, para que vuestra fe no se apoye en la sabiduría de los hombres, sino en el poder de Dios.

Mateo 5,13-16

En aquel tiempo, dijo Jesús a sus discípulos: «Vosotros sois la sal de la tierra. Pero si la sal se vuelve sosa, ¿con qué la salarán? No sirve más que para tirarla fuera y que la pise la gente. Vosotros sois la luz del mundo. No se puede ocultar una ciudad puesta en lo alto de un monte. Tampoco se enciende una lámpara para meterla debajo del celemín, sino para ponerla en el candelero y que alumbre a todos los de casa. Brille así vuestra luz ante los hombres, para que vean vuestras buenas obras y den gloria a vuestro Padre que está en los cielos».

Luz y sal

Ser luz y ser sal, más que una pretensión que depende de nuestra voluntad, es consecuencia de vivir descentradamente, de modo que lo que esté en el centro de nuestra vida sea el sueño de Dios, su proyecto de fraternidad, plenitud e inclusión. De lo contrario, puede convertirse en un acto de prepotencia y orgullo. La humildad es la verdad. Por eso somos invitados e invitadas a compartir la verdad que somos y los dones que tenemos al servicio de la fraternidad y la justicia y no a esconderlos debajo del celemín. La luz que cada persona portamos no es una propiedad particular sino un don al servicio del bien común. El sentido de la luz que somos y portamos no es otro que alumbrar. No hacerlo es cerrarnos al don y apropiárnoslo. De igual modo sucede con la sal. Su sentido es mezclarse con otros alimentos. Al hacerlo pierde su visibilidad pero no su sabor. Ser colaboradores y colaboradoras del Reino al modo de Jesús no es tanto buscar visibilidad, sino que lo que brille sea el reino de Dios y su justicia, señalar la presencia viva del Espíritu de Jesús en nuestro mundo, aunque para ello nos tengamos que disolver como la sal en la masa del pan que, aunque no se ve, se saborea y se ofrece como alimento para el mundo.

Que seamos luz y sal en nuestra vida cotidiana sin miedo a mezclarnos con quienes tienen hambre y sed de justicia.

Sta. Escolástica, m.o.
Guillermo de Malavalle; José Sánchez del Río; Bto. Alojzije Viktor

V del T.O.
1ª del salterio
1Re 8,1-7.9-13 / Sal 131 / Mc 6,53-56

Marcos 6,53-56

En aquel tiempo, terminada la travesía, Jesús y sus discípulos llegaron a Genesaret y atracaron. Apenas desembarcados, lo reconocieron y se pusieron a recorrer toda la comarca; cuando se enteraba la gente dónde estaba Jesús, le llevaba los enfermos en camillas. En los pueblos, ciudades o aldeas donde llegaba colocaban a los enfermos en la plaza y le rogaban que les dejase tocar al menos la orla de su manto; y los que lo tocaban se curaban.

Jesús transita caminos y periferias

El Evangelio se vive en camino y en desinstalación. Jesús vive en itinerancia permanente. No solo en itinerancia física, sino también mental y cordial, porque está siempre abierto a la realidad y a los gozos y sufrimientos de la gente más excluida y empobrecida, lo cual va a configurar su existencia hasta el final. Por eso, como afirma el papa Francisco, nuestra fe es una *fe camino, una fe histórica*. Toda la vida de Jesús es un salir a los caminos de quienes no pueden más. Por eso los enfermos, las mujeres, los niños, los pobres, le buscan y salen también a su encuentro para entrar en relación con él y participar de la Buena Noticia de que en el corazón de Dios no hay periferias y la salvación alcanza a todos los que se abren a ella, empezando por los últimos y últimas. ¿Qué realidades son las que como comunidades cristianas nos desinstalan hoy y nos retan a vivir una fe cada vez más camino y más histórica?

Señor, que vivamos una fe histórica, una fe camino, no una fe laboratorio. El Evangelio es permanente desinstalación.

Virgen María de Lourdes, m.l.
Benito de Aniano; Gregorio II; Pascual I; Bto. Tobías Borrás

V del T.O.
1ª del salterio
1Re 8,22-23.27-30 / Sal 83 / Mc 7,1-13

Marcos 7,1-13

En aquel tiempo, se reunieron junto a Jesús los fariseos y algunos escribas venidos de Jerusalén; y vieron que algunos discípulos comían con manos impuras, es decir, sin lavarse las manos. (Pues los fariseos, como los demás judíos, no comen sin lavarse antes las manos, restregando bien, aferrándose a la tradición de sus mayores, y al volver de la plaza no comen sin lavarse antes, y se aferran a otras muchas tradiciones, de lavar vasos, jarras y ollas). Y los fariseos y los escribas le preguntaron: «¿Por qué no caminan tus discípulos según las tradiciones de los mayores y comen el pan con manos impuras?». Él les contestó: «Bien profetizó Isaías de vosotros, hipócritas, como está escrito: "Este pueblo me honra con los labios, pero su corazón está lejos de mí. El culto que me dan está vacío, porque la doctrina que enseñan son preceptos humanos". Dejáis a un lado el mandamiento de Dios para aferraros a la tradición de los hombres». Y añadió: «Anuláis el mandamiento de Dios por mantener vuestra tradición. Moisés dijo: "Honra a tu padre y a tu madre" y "el que maldiga a su padre o a su madre es reo de muerte". Pero vosotros decís: "Si uno le dice al padre o a la madre: los bienes con que podría ayudarte son 'corbán', es decir, ofrenda sagrada", ya no le permitís hacer nada por su padre o por su madre; invalidando la palabra de Dios con esa tradición que os transmitís; y hacéis otras muchas cosas semejantes».

Tradiciones farisaicas

Jesús denuncia en este texto la hipocresía de los fariseos y escribas que interpretan y exigen el cumplimiento de las tradiciones religiosas en beneficio de sus propios intereses y del templo. El Evangelio es una Buena Noticia de humanización. Evangelizar pasa por humanizar la vida, las relaciones, etc. Por eso la misericordia entrañable está por encima de cualquier precepto y tradición, cuando lo que está en juego es la dignidad de las personas como hijos e hijas de Dios y su participación en el banquete de la vida. Jesús enfrentó el fariseísmo y su doble moral y por eso fue acusado de blasfemo.

Melecio;
Gaudencio;
Modesto

V del T.O.
1ª del salterio
1Re 10,1-10 /
Sal 36 /
Mc 7,14-23

Marcos 7,14-23

En aquel tiempo, llamó Jesús de nuevo a la gente y les dijo: «Escuchad y entended todos: nada que entre de fuera puede hacer al hombre impuro; lo que sale de dentro es lo que hace impuro al hombre». Cuando dejó a la gente y entró en casa, le pidieron sus discípulos que les explicara la parábola. Él les dijo: «¿También vosotros seguís sin entender? ¿No comprendéis? Nada que entre de fuera puede hacer impuro al hombre, porque no entra en el corazón sino en el vientre y se echa en la letrina». (Con esto declaraba puros todos los alimentos). Y siguió: «Lo que sale de dentro del hombre, eso sí hace impuro al hombre. Porque de dentro, del corazón del hombre, salen los pensamientos perversos, las fornicaciones, robos, homicidios, adulterios, codicias, malicias, fraudes, desenfreno, envidia, difamación, orgullo, frivolidad. Todas esas maldades salen de dentro y hacen al hombre impuro».

Pureza e impureza según Jesús

La Buena Noticia de liberación anunciada por Jesús entra en conflicto con quienes se sienten *expertos en Dios,* quienes convierten el amor y la ternura inclusiva de Dios en costumbre y precepto. Jesús denuncia con sus gestos y palabras la doctrina sobre lo que es puro e impuro a los ojos de los hombres porque contradice la misericordia del *Abba.* Jesús abre una nueva vía de acceso a Dios que no está basada en los ritos externos sino en ese gran baluarte de lo humano que es el corazón de las personas, sede de la interioridad y lo más profundo de sí mismas. Por eso Jesús coloca lo puro y lo impuro más allá de las apariencias externas, desde las motivaciones hondas de las personas.

Ayúdanos, Señor, a vivir y relacionarnos desde la transparencia del corazón.

Catalina de Ricci;
Jordán de Sajonia;
Engracia

V del T.O.
1ª del salterio
1Re 11,4-13 /
Sal 105 /
Mc 7,24-30

Marcos 7,24-30

En aquel tiempo, Jesús fue a la región de Tiro. Entró en una casa procurando pasar desapercibido, pero no logró ocultarse. Una mujer que tenía una hija poseída por un espíritu impuro se enteró enseguida, fue a buscarlo y se le echó a los pies. La mujer era pagana, una fenicia de Siria, y le rogaba que echase el demonio de su hija. Él le dijo: «Deja que se sacien primero los hijos. No está bien tomar el pan de los hijos y echárselo a los perritos». Pero ella replicó: «Señor, pero también los perros, debajo de la mesa, comen las migajas que tiran los niños». Él le contestó: «Anda, vete, que por eso que has dicho, el demonio ha salido de tu hija». Al llegar a su casa, se encontró a la niña echada en la cama; el demonio se había marchado.

Un encuentro en la frontera

Las fronteras son una realidad que Jesús de Nazaret transita no para legitimarlas, sino para convertirlas en lugares de reconciliación y encuentro. Así le sucedió en la región de Tiro con la mujer sirofenicia. El modo que tiene esta mujer de acercarse a Jesús le *descoloca* por la transgresión que supone. La mujer actúa de una manera que desde el esquema religioso-cultural-androcéntrico judío es inadmisible y que lleva a Jesús a creer y afirmar: «No he sido enviado más que a las ovejas perdidas de la casa de Israel». Podríamos decir que en un primer momento Jesús no entiende la pretensión de esta mujer, por eso contesta tan duramente. Sin embargo, más allá de esta primera reacción espontánea, la realidad concreta de esta mujer le amplía su visión de la realidad. Su fuerza argumentativa, con toda su dignidad, su sufrimiento y su modo de encararlo somete a crisis los marcos de comprensión de Jesús y le cambia sus esquemas. Este texto representa la fisura con el exclusivismo de Israel. De ahí que todos los textos que siguen a continuación resalten el nuevo orden instaurado por Jesús, que rompe con toda frontera y elitismo.

Que vivamos una fe que salta fronteras y se compromete con quienes las cruzan.

Stos. Cirilo y Metodio, f.
Juan Bautista de la Concepción; Valentín

Oficio de la f.
He 13,46-49 / Sal 116 / Lc 10,1-9

Lucas 10,1-9

En aquel tiempo, designó el Señor otros setenta y dos, y los mandó delante de él, de dos en dos, a todos los pueblos y lugares adonde pensaba ir él. Y les decía: «La mies es abundante y los obreros pocos; rogad, pues, al dueño de la mies que envíe obreros a su mies. ¡Poneos en camino! Mirad que os envío como corderos en medio de lobos. No llevéis bolsa, ni alforja, ni sandalias; y no saludéis a nadie por el camino. Cuando entréis en una casa, decid primero: "Paz a esta casa". Y si allí hay gente de paz, descansará sobre ellos vuestra paz; si no, volverá a vosotros. Quedaos en la misma casa, comiendo y bebiendo de lo que tengan: porque el obrero merece su salario. No andéis cambiando de casa en casa. Si entráis en una ciudad y os reciben, comed lo que os pongan, curad a los enfermos que haya en ella, y decidles: "El reino de Dios ha llegado a vosotros"».

Anunciar que el reino de Dios está cerca

El Evangelio requiere testigos, pero solo podemos anunciar aquello que previamente hemos experimentado en la hondura del corazón. Por eso la misión del cristiano ha de caracterizarse por la humildad, la sencillez de vida y la libertad frente al poder o la apariencia. Anunciar el Evangelio no es *ser pájaro de malos agüeros,* sino detectar y señalar los signos de la presencia de Dios en el mundo, allí donde hay hombres y mujeres que *«buenean»* y humanizan la vida, allí donde el amor se hace presente. El reino de Dios está cerca y pide una mirada contemplativa y agradecida para detectar su presencia seminal en nuestros ambientes y en el corazón humano. Pero también es signo de contradicción y rechazo porque Dios respeta profundamente la libertad y nunca se impone, sino que se expone y arriesga a la acogida y a la responsabilidad humana.

Ayúdanos, Señor, a tener una mirada contemplativa y agradecida como la tuya para detectar los signos del Reino en lo cotidiano.

Claudio de la Colombière; Faustino y Jovita; Bto. Vicente Vilar

V del T.O.
1ª del salterio
1Re 12,26-32; 13,33-34 / Sal 105 / Mc 8,1-10

Marcos 8,1-10

Por aquellos días, como de nuevo se había reunido mucha gente y no tenían qué comer, Jesús llamó a sus discípulos y les dijo: «Siento compasión de la gente, porque llevan ya tres días conmigo y no tienen qué comer, y si los despido a sus casas en ayunas, van a desfallecer por el camino. Además, algunos han venido desde lejos». Le replicaron sus discípulos: «¿Y de dónde se puede sacar pan, aquí, en despoblado, para saciar a tantos?». Él les preguntó: «¿Cuántos panes tenéis?». Ellos contestaron: «Siete». Mandó que la gente se sentara en el suelo y tomando los siete panes, dijo la acción de gracias, los partió y los fue dando a sus discípulos para que los sirvieran. Ellos los sirvieron a la gente. Tenían también unos cuantos peces; y Jesús pronunció sobre ellos la bendición, y mandó que los sirvieran también. La gente comió hasta quedar saciada y de los trozos que sobraron llenaron siete canastas; eran unos cuatro mil y los despidió; y enseguida montó en la barca con sus discípulos y se fue a la región de Dalmanuta.

Compartir: Partir-con

El bien común solo puede sostenerse desde la lógica del compartir y el intercambio de bienes y dones. El hambre de justicia y sentido en nuestro mundo sigue siendo hoy un grito al que como cristianos y cristianas no podemos ser insensibles. Pero frecuentemente el desafío mayor está en la fuerza que le damos a la preposición *con*. Podemos *partir algo para el otro,* pero *compartir* significa hacerlo no solo para, sino con el otro, reconociéndole como sujeto de potencialidades, valores, recursos, porque reducir al otro a solo carencia le inutiliza y genera relaciones marcadas por el arriba y abajo. El milagro de la multiplicación remite a otra lógica, la de poner en común al servicio del Reino lo que cada uno y cada una es y tiene. Jesús inaugura de este modo la circularidad del Reino.

Ayúdanos, Señor, a pasar en nuestra vida del «partir para» al «compartir con».

febrero

Camila de San José Rolón; Bto. José Allamano

2ª del salterio
Eclo 15,15-20
Sal 118 /
1Cor 2,6-10 /
Mt 5,17-37 (breve: Mt 5,20-22a. 27-28.33-34a.37)

Eclesiástico 15,15-20

Si quieres, guardarás los mandamientos y permanecerás fiel a su voluntad. Él te ha puesto delante fuego y agua, extiende tu mano a lo que quieras. Ante los hombres está la vida y la muerte, y a cada uno se le dará lo que prefiera. Porque grande es la sabiduría del Señor, fuerte es su poder y lo ve todo. Sus ojos miran a los que le temen, y conoce todas las obras del hombre. A nadie obligó a ser impío, y a nadie dio permiso para pecar.

Salmo 118,1-2.4-5.17-18.33-34

R. Dichoso el que camina en la ley del Señor.

1 Corintios 2,6-10

Hermanos: Hablamos de sabiduría entre los perfectos; pero una sabiduría que no es de este mundo ni de los príncipes de este mundo, condenados a perecer, sino que enseñamos una sabiduría divina, misteriosa, escondida, predestinada por Dios antes de los siglos para nuestra gloria. Ninguno de los príncipes de este mundo la ha conocido, pues, si la hubiesen conocido, nunca hubieran crucificado al Señor de la gloria. Sino que, como está escrito: «Ni el ojo vio, ni el oído oyó, ni el hombre puede pensar lo que Dios ha preparado para los que lo aman». Y Dios nos lo ha revelado por el Espíritu; pues el Espíritu lo sondea todo, incluso lo profundo de Dios.

Mateo 5,17-37

En aquel tiempo, dijo Jesús a sus discípulos: «No creáis que he venido a abolir la Ley y los Profetas: no he venido a abolir, sino a dar plenitud. En verdad os digo que antes pasarán el cielo y la tierra que deje de cumplirse hasta la última letra o tilde de la ley. El que se salte uno solo de los preceptos menos importantes y se lo enseñe así a los hombres será el menos importante en el reino de los cielos. Pero quien los cumpla y enseñe será grande en el reino de los cielos. Porque os digo que si vuestra justicia no es mayor que la de los escribas y fariseos, no entraréis en el reino de los cielos. Habéis oído que se dijo a los antiguos: "No matarás", y el que mate será reo de juicio. Pero yo os digo: todo el que se deja llevar de la cólera contra su hermano será procesado. Y si uno llama a su hermano "imbécil", tendrá que comparecer ante el Sanedrín, y si lo llama "necio", merece la condena de la "gehenna" del fuego. Por tanto, si cuando vas a presentar tu ofrenda sobre el altar, te acuerdas allí mismo de que tu hermano tiene quejas contra ti, deja allí tu ofrenda ante el altar y vete primero a reconciliarte con tu hermano, y entonces vuelve a presentar tu ofrenda. Con el que te pone pleito procura arreglarte enseguida, mientras vais todavía de camino, no sea que te entregue al juez y el juez al alguacil, y te metan en la cárcel. En verdad te digo que no saldrás de allí hasta que hayas pagado el último céntimo. Habéis oído que se dijo: "No cometerás adulterio". Pero yo os digo: todo el que mira a una mujer deseándola, ya ha cometido adulterio con ella en su corazón. Si tu ojo derecho te induce a pecar, sácatelo y tíralo. Más te vale perder un miembro que ser echado entero en la "gehenna". Si tu mano derecha te induce a pecar, córtatela y tíra la, porque más te vale perder un miembro que ir a parar entero a la "gehenna". Se dijo: "El que repudie a su mujer, que le dé acta de repudio". Pero yo os digo que si uno repudia a su mujer –no hablo de unión ilegítima– la induce a cometer adulterio, y el que se casa con la repudiada comete adulterio. También habéis oído que se dijo a los antiguos: "No jurarás en falso" y "Cumplirás tus juramentos al Señor". Pero yo os digo que no juréis en absoluto: ni por el cielo, que es el trono de Dios; ni por la tierra, que es estrado de sus pies; ni por Jerusalén, que es la ciudad del Gran Rey. Ni jures por tu cabeza, pues no puedes volver blanco o negro un solo cabello. Que vuestro hablar sea sí, sí, no, no. Lo que pasa de ahí viene del Maligno».

lunes

Siete santos Fundadores, m.l.
Engracia de Braga; Bto. Antonio Lesczewicz

VI del T.O.
2ª del salterio
Sant 1,1-11 / Sal 118 / Mc 8,11-13

Marcos 8,11-13

En aquel tiempo, se presentaron los fariseos y se pusieron a discutir con Jesús; para ponerlo a prueba, le pidieron un signo del cielo. Jesús dio un profundo suspiro y dijo: «¿Por qué esta generación reclama un signo? En verdad os digo que no se le dará un signo a esta generación». Los dejó, se embarcó de nuevo y se fue a la otra orilla.

Las señales del Reino

Los fariseos exigen pruebas extraordinarias a Jesús para aceptar su mensaje y reconocerle como Mesías. A Jesús le duele su cerrazón y desconfianza y decide marcharse a *la otra orilla*. Las señales del Reino no son extraordinarias, sino que acontecen en lo cotidiano de la vida. Requieren una mirada abierta, con capacidad de dejarse sorprender e impactar ante los gestos de gratuidad, generosidad y belleza que nos rodean en medio de la sencillez de nuestras vidas y en el espesor de los acontecimientos. Una mirada que traspase la cáscara de la realidad y vaya más allá del juicio negativo y la desconfianza radical. Como comunidades cristianas, ¿cómo miramos la realidad y cuál es el fundamento de nuestra fe?

Ayúdanos, Señor, a captar tu presencia salvadora en la realidad, en lo más pequeño e insignificante.

Flaviano;
Bto. Angélico;
Bto. Jerzy Kaszyra

VI del T.O.
2ª del salterio
Sant 1,12-18 /
Sal 93 /
Mc 8,14-21

Marcos 8,14-21

En aquel tiempo, a los discípulos se les olvidó tomar pan y no tenían más que un pan en la barca. Y Jesús les ordenaba diciendo: «Estad atentos, evitad la levadura de los fariseos y de Herodes». Y discutían entre ellos sobre el hecho de que no tenían panes. Dándose cuenta, les dijo Jesús: «¿Por qué andáis discutiendo que no tenéis pan? ¿Aún no entendéis ni comprendéis? ¿Tenéis el corazón embotado? ¿Tenéis ojos y no veis, tenéis oídos y no oís? ¿No recordáis cuántos cestos de sobras recogisteis cuando repartí cinco panes entre cinco mil?». Ellos contestaron: «Doce». «¿Y cuántas canastas de sobras recogisteis cuando repartí siete entre cuatro mil?». Le respondieron: «Siete». Él les dijo: «¿Y no acabáis de comprender?».

Dificultades para entender a Jesús

Los discípulos tampoco terminan de entender a Jesús. Les puede la desconfianza y el miedo a perder seguridades. La novedad del Evangelio les descoloca y por eso *aun teniendo ojos no ven y teniendo oídos no oyen.* Desde la cercanía y la confianza Jesús les cuestiona su cerrazón y su torpeza y les remite a la incondicionalidad del amor de Dios y su cuidado en sus propias experiencias vitales. El Evangelio conlleva siempre riesgo e intemperie. Creer es arriesgar y comprometerse. También en nuestras comunidades el miedo y la desconfianza pueden impedir que nos abramos a la novedad y a la libertad del Evangelio. ¿Qué temores y desconfianzas necesitamos liberar y cómo ayudarnos para que así sea?

Que nos abramos como Jesús a la novedad radical de Dios en nuestro cada día.

Conrado Confalonieri;
Lucía Yi Zhenmei;
Bto. Álvaro
de Córdoba;
Bto. Jozef Zaplata;
Bto. John Sullivan

VI del T.O.
2ª del salterio
Sant 1,19-27 /
Sal 14 /
Mc 8,22-26

Marcos 8,22-26

En aquel tiempo, Jesús y sus discípulos llegaron a Betsaida. Y le trajeron a un ciego pidiéndole que lo tocase. Él lo sacó de la aldea, llevándolo de la mano, le untó saliva en los ojos, le impuso las manos y le preguntó: «¿Ves algo?». Levantando los ojos dijo: «Veo hombres, me parecen árboles, pero andan». Le puso otra vez las manos en los ojos; el hombre miró: estaba curado y veía todo con claridad. Jesús lo mandó a casa diciéndole que no entrase en la aldea.

Como el ciego de Betsaida

El ciego de Betsaida es un icono bíblico muy sugerente para remitirnos a nuestras propias cegueras. Si en los textos anteriores Marcos nos presenta la torpeza de visión, las resistencias para reconocer la novedad de Jesús y la libertad del Evangelio frente a la ley y las seguridades externas, en este texto se nos presenta algo que puede parecer obvio, pero que no lo es en absoluto. Recuperar la visión pasa por desear ver y no quedar instalados en la ceguera, aunque sea de un modo victimista. Así le sucede al ciego de Betsaida, cuyo deseo de ver le lleva a pedirle a Jesús que le toque y a poner toda su confianza en él. Es la postura contraria a los fariseos que en textos anteriores se nos dice que piden «señales extraordinarias». Recuperar la visión pasa también por salir del mundo propio y situarnos en lugares y espacios que pueden ayudarnos a ampliar perspectivas y horizontes vitales con capacidad de hacernos reaccionar. Pero también el ciego de Betsaida nos recuerda algo que es fundamental: la importancia de los procesos. No se ve *de repente,* sino que las transformaciones interiores y exteriores de las personas y de la realidad han de atravesar procesos, en los que inicialmente «no se ven más que sombras». La nitidez pide siempre no cansarse de seguir avanzando hacia la luz.

Con la fuerza de tu Espíritu quiero, Señor, liberar mi mirada cautiva.

Eleuterio; León; Mildred; Jacinta y Francisco Marto de Fátima; Bta. Julia Rodzinska

VI del T.O.
2ª del salterio
Sant 2,1-9 / Sal 33 / Mc 8,27-33

Marcos 8,27-33

En aquel tiempo, Jesús y sus discípulos se dirigieron a las aldeas de Cesarea de Filipo; por el camino preguntó a sus discípulos: «¿Quién dice la gente que soy yo?». Ellos le contestaron: «Unos, Juan el Bautista; otros, Elías, y otros, uno de los profetas». Él les preguntó: «Y vosotros, ¿quién decís que soy?». Tomando la palabra Pedro le dijo: «Tú eres el Mesías». Y les conminó a que no hablaran a nadie acerca de esto. Y empezó a instruirlos: «El Hijo del hombre tiene que padecer mucho, ser reprobado por los ancianos, sumos sacerdotes y escribas, ser ejecutado y resucitar a los tres días». Se lo explicaba con toda claridad. Entonces Pedro se lo llevó aparte y se puso a increparlo. Pero él se volvió y, mirando a los discípulos, increpó a Pedro: «¡Ponte detrás de mí, Satanás! ¡Tú piensas como los hombres, no como Dios!».

¿Quién decís que soy?

También Jesús nos pregunta hoy a nosotros: ¿Quién decís que soy? El modo de responder no es una mera formulación teórica sino una forma de situarnos en la vida y ante los demás al modo de Jesús. Confesarle como Cristo significa narrar en gestos y palabras su buena noticia de liberación en nuestros ambientes. Pero el mesianismo de Jesús no es triunfalista sino compasivo y kenótico y conlleva una dimensión conflictiva. A sus discípulos les cuesta entender y se resisten. Para Jesús, negar como hace Pedro, es edulcorar el seguimiento y *tentar a Dios*. Esta es quizás una de las principales paradojas del Evangelio, que es a la vez Bienaventuranza, Buena Noticia, pero también signo de contradicción. ¿Quién es para nosotros y nosotras Jesús hoy y qué aspectos de su mesianismo compasivo y kenótico se nos hacen más *cuesta arriba* en este momento de nuestra vida?

Quiero, Señor, con mi vida, decir bien de ti y anunciarte como fuente de vida y liberación.

S. Pedro Damián, m.l.
Secundino;
Bto. Noël Pinot

VI del T.O.
2ª del salterio
Sant 2,14-24.26 /
Sal 111 /
Mc 8,34–9,1

Marcos 8,34–9,1

En aquel tiempo, llamando a la gente y a sus discípulos, Jesús les dijo: «Si alguno quiere venir en pos de mí, que se niegue a sí mismo, tome su cruz y me siga. Porque, quien quiera salvar su vida, la perderá; pero el que pierda su vida por mí y por el Evangelio, la salvará. Pues ¿de qué le sirve a un hombre ganar el mundo entero y perder su alma? ¿O qué podrá dar uno para recobrarla? Quien se avergüence de mí y de mis palabras en esta generación adúltera y pecadora, también el Hijo del hombre se avergonzará de él cuando venga con la gloria de su Padre entre sus santos ángeles». Y añadió: «En verdad os digo que algunos de los aquí presentes no gustarán la muerte hasta que vean el reino de Dios en toda su potencia».

Paradojas evangélicas

El Evangelio es una Buena Noticia de liberación, pero tiene páginas incómodas que no podemos saltarnos y que exigen ser atravesadas en toda su densidad. Las paradojas y las oposiciones se concatenan en este texto. La paradoja es una figura de pensamiento y lenguaje que ofrece como contradictorias vivencias que en su fondo encierran una verdad más honda y tensional. Permite percibir aspectos de la realidad que no son evidentes, sugiere sin imponerse y expresa desbordamiento y desconcierto. La paradoja más radical del Evangelio aparece precisamente en este texto: *«Quien quiera salvar su vida la perderá, pero quien pierda su vida por el Evangelio la salvará»*. Jesús cambia radicalmente el sentido de lo que es *perder y ganar*. Perder la vida es agotarla en uno mismo y los propios intereses negando la projimidad. Ganarla es descubrir que somos en relación y en interdependencia y que no podemos vivir al margen del sufrimiento y la injusticia que afecta a nuestros hermanos y hermanas más vulnerados ni ser cómplices. Negarnos a nosotros mismos significa que la solidaridad y el amor tienen también costes que hay que asumir.

Señor, libérame de una fe light. *Ayúdame a comprometer mi vida con la hondura y la radicalidad de tu Evangelio.*

Cátedra de S. Pedro, f.
Margarita de Cortona; Papías; Leonor

Oficio de la f.
1Pe 5,1-4 / Sal 22 / Mt 16,13-19

Mateo 16,13-19

En aquel tiempo, al llegar a la región de Cesarea de Filipo, Jesús preguntó a sus discípulos: «¿Quién dice la gente que es el Hijo del hombre?». Ellos contestaron: «Unos que Juan el Bautista, otros que Elías, otros que Jeremías o uno de los profetas». Él les preguntó: «Y vosotros, ¿quién decís que soy yo?». Simón Pedro tomó la palabra y dijo: «Tú eres el Mesías, el Hijo del Dios vivo». Jesús le respondió: «¡Bienaventurado tú, Simón, hijo de Jonás!, porque eso no te lo ha revelado ni la carne ni la sangre, sino mi Padre que está en los cielos. Ahora yo te digo: tú eres Pedro, y sobre esta piedra edificaré mi iglesia, y el poder del infierno no la derrotará. Te daré las llaves del reino de los cielos; lo que ates en la tierra quedará atado en los cielos, y lo que desates en la tierra quedará desatado en los cielos».

Cuidado de la comunidad y ministerio petrino

En la región pagana de Cesarea Jesús pregunta a sus discípulos qué piensa la gente de él y pasa a continuación a preguntárselo a ellos mismos. Es en este contexto donde Simón le reconoce como el Cristo, el Hijo de Dios. Jesús, conmovido por su confesión de fe, le da un nombre nuevo: *Pedro* y le reconoce como piedra de la Iglesia. Pero la Iglesia no es edificación humana, sino del Espíritu. Pedro no la sostiene, sino que Cristo mismo es su fundamento. El ministerio otorgado a Pedro es el del cuidado de la comunidad para que no olvide cuál es su centro y su misión: que la universalidad del amor solidario de Cristo alcance a toda la humanidad y la creación empezando por los últimos y últimas.

Gracias, Señor, por la llamada en con-vocación comunitaria.

Policarpo; Marta de Astorga; Florencio; Bta. Rafaela Ybarra

3ª del salterio
Lev 19,1-2.17-18 / Sal 102 / 1Cor 3,16-23 / Mt 5,38-48

Levítico 19,1-2.17-18

El Señor habló así a Moisés: «Di a la comunidad de los hijos de Israel: "Sed santos, porque yo, el Señor, vuestro Dios, soy santo. No odiarás de corazón a tu hermano, pero reprenderás a tu prójimo, para que no cargues tú con su pecado. No te vengarás de los hijos de tu pueblo ni les guardarás rencor, sino que amarás a tu prójimo como a ti mismo. Yo soy el Señor"».

Salmo 102, 1bc-2.3-4.8 y 10.12-13

R. El Señor es compasivo y misericordioso.

1 Corintios 3,16-23

Hermanos: ¿No sabéis que sois templo de Dios y que el Espíritu de Dios habita en vosotros? Si alguno destruye el templo de Dios, Dios lo destruirá a él; porque el templo de Dios es santo: y ese templo sois vosotros. Que nadie se engañe. Si alguno de vosotros se cree sabio en este mundo, que se haga necio para llegar a ser sabio. Porque la sabiduría de este mundo es necedad ante Dios, como está escrito: «Él caza a los sabios en su astucia». Y también: «El Señor penetra los pensamientos de los sabios y conoce que son vanos». Así, pues, que nadie se gloríe en los hombres, pues todo es vuestro: Pablo, Apolo, Cefas, el mundo, la vida, la muerte, lo presente, lo futuro. Todo es vuestro, vosotros de Cristo y Cristo de Dios.

Mateo 5,38-48

En aquel tiempo, dijo Jesús a sus discípulos: «Habéis oído que se dijo: "Ojo por ojo, diente por diente". Pero yo os digo: no hagáis frente al que os agravia. Al contrario, si uno te abofetea en la mejilla derecha, preséntale la otra; al que quiera ponerte pleito para quitarte la túnica, dale también el manto; a quien te requiera para caminar una milla, acompáñale dos; a quien te pide, dale, y al que te pide prestado, no lo rehuyas. Habéis oído que se dijo: "Amarás a tu prójimo y aborrecerás a tu enemigo". Pero yo os digo: amad a vuestros enemigos y rezad por los que os persiguen, para que seáis hijos de vuestro Padre celestial, que hace salir su sol sobre malos y buenos, y manda la lluvia a justos e injustos. Porque, si amáis a los que os aman, ¿qué premio tendréis? ¿No hacen lo mismo también los publicanos? Y, si saludáis solo a vuestros hermanos, ¿qué hacéis de extraordinario? ¿No hacen lo mismo también los gentiles? Por tanto, sed perfectos, como vuestro Padre celestial es perfecto».

La Buena Noticia del perdón

El Evangelio es la Buena Noticia del perdón y la reconciliación con los enemigos. Pero esta Buena Noticia no es futo de la voluntad, sino del trabajo del Espíritu en el corazón humano. El perdón requiere proceso y exige también reparación, *para que no se repita* y en ese sentido el perdón solo lo pueden dar las víctimas. Por eso Jesús se pone en su lugar, para que no haya más víctimas de la violencia, del desamor ni de la injusticia humana. Desde ese lugar abre camino para que la reconciliación y el perdón sean posibles en el corazón humano y nuestro mundo, y nos anima a transitarlos. ¿Cómo significar desde nuestras comunidades cristianas la Buena Noticia del perdón y la reconciliación en nuestros ambientes, fracturados por las ideologías, la violencia, la xenofobia, la competitividad y el sálvese *quien pueda?*

Señor, reconcilia mi corazón y hazme testigo de tu misericordia en el corazón del mundo.

Modesto; Bta. Mª Josefa Naval; Bta. Ascensión del Corazón de Jesús

VII del T.O.
3ª del salterio
Sant 3,13-18 /
Sal 18 /
Mc 9,14-29

Marcos 9,14-29

En aquel tiempo, Jesús y los tres discípulos bajaron del monte y volvieron a donde estaban los demás discípulos, vieron mucha gente alrededor y a unos escribas discutiendo con ellos. Al ver a Jesús, la gente se sorprendió y corrió a saludarlo. Él les preguntó: «¿De qué discutís?». Uno de la gente le contestó: «Maestro, te he traído a mi hijo; tiene un espíritu que no lo deja hablar; y cuando lo agarra, lo tira al suelo, echa espumarajos, rechina los dientes y se queda rígido. He pedido a tus discípulos que lo echen y no han sido capaces». Él, tomando la palabra, les dice: «¡Generación incrédula! ¿Hasta cuándo estaré con vosotros? ¿Hasta cuándo os tendré que soportar? Traédmelo». Se lo llevaron. El espíritu, en cuanto vio a Jesús, retorció al niño; este cayó por tierra y se revolcaba echando espumarajos. Jesús preguntó al padre: «¿Cuánto tiempo hace que le pasa esto?». Contestó él: «Desde pequeño. Y muchas veces hasta lo ha echado al fuego y al agua para acabar con él. Si algo puedes, ten compasión de nosotros y ayúdanos». Jesús replicó: «¿Si puedo? Todo es posible al que tiene fe». Entonces el padre del muchacho se puso a gritar: «Creo, pero ayuda mi falta de fe». Jesús, al ver que acudía gente, increpó al espíritu inmundo, diciendo: «Espíritu mudo y sordo, yo te lo mando: sal de él y no vuelvas a entrar en él». Gritando y sacudiéndolo violentamente, salió. El niño se quedó como un cadáver, de modo que muchos decían que estaba muerto. Pero Jesús lo levantó cogiéndolo de la mano y el niño se puso en pie. Al entrar en casa, sus discípulos le preguntaron a solas: «¿Por qué no pudimos echarlo nosotros?». Él les respondió: «Esta especie solo puede salir con oración».

Señor, tú eres nuestro sustento y nuestra resistencia.

Walburga;
Luis Versiglia;
Calisto Caravario;
Bto. Roberto
de Arbrissel

VII del T.O.
3ª del salterio
Sant 4,1-10 /
Sal 54 /
Mc 9,30-37

Marcos 9,30-37

En aquel tiempo, Jesús y sus discípulos atravesaron Galilea; no quería que nadie se enterase, porque iba instruyendo a sus discípulos. Les decía: «El Hijo del hombre va a ser entregado en manos de los hombres y lo matarán; y después de muerto, a los tres días resucitará». Pero no entendían lo que decía, y les daba miedo preguntarle. Llegaron a Cafarnaún, y una vez en casa, les preguntó: «¿De qué discutíais por el camino?». Ellos callaban, pues por el camino habían discutido quién era el más importante. Jesús se sentó, llamó a los Doce y les dijo: «Quien quiera ser el primero, que sea el último de todos y el servidor de todos». Y tomando un niño, lo puso en medio de ellos, lo abrazó y les dijo: «El que acoge a un niño como este en mi nombre, me acoge a mí; y el que me acoge a mí, no me acoge a mí, sino al que me ha enviado».

Quien quiera ser el primero que sea el servidor de todos

Aunque los discípulos estaban cerca de Jesús y eran testigos privilegiados de sus acciones, gestos y palabras no terminaban de entenderle. Su comprensión de la salvación no coincide con la de Jesús. El mesianismo de Jesús es un mesianismo liberado de toda ansia de poder. Es un mesianismo compasivo y kenótico, descalzado de toda prepotencia y triunfalismo. Su radical libertad frente al dinero, el poder y el prestigio desconcierta también a los suyos, que discuten por el camino entre ellos sobre quién será el más influyente y el de mayor poder en el grupo constituido por Jesús. Pero Jesús, lejos de montar en cólera o de manifestarles su decepción, retoma con pedagogía su enseñanza, no a través de un discurso ni de una «bronca», sino con una paradoja llena de elocuencia y contraculturalidad: *quien quiera ser el primero, que sea el último y el servidor de todos.* La lógica de Dios es inversa a la lógica del sistema. Los últimos, los más pequeños y vulnerados son los preferidos de Dios.

SE INICIA EL TIEMPO DE CUARESMA

De Ceniza
Alejandro de Alejandría; Néstor; Paula Montal; Bta. Piedad de la Cruz Ortiz Real

4ª del salterio
Vol. II
Jl 2,12-18 / Sal 50 / 2Cor 5,20–6,2 / Mt 6,1-6.16-18

Mateo 6,1-6. 16-18

En aquel tiempo, dijo Jesús a sus discípulos: «Cuidad de no practicar vuestra justicia delante de los hombres para ser vistos por ellos; de lo contrario no tenéis recompensa de vuestro Padre celestial. Por tanto, cuando hagas limosna, no mandes tocar la trompeta ante ti, como hacen los hipócritas en las sinagogas y por las calles para ser honrados por la gente; en verdad os digo que ya han recibido su recompensa. Tú, en cambio, cuando hagas limosna, que no sepa tu mano izquierda lo que hace tu derecha; así tu limosna quedará en secreto y tu Padre, que ve en lo secreto, te recompensará. Cuando oréis, no seáis como los hipócritas, a quienes les gusta orar de pie en las sinagogas y en las esquinas de las plazas, para que los vean los hombres. En verdad os digo que ya han recibido su recompensa. Tú, en cambio, cuando ores, entra en tu cuarto, cierra la puerta y ora a tu Padre, que está en lo secreto, y tu Padre, que ve en lo secreto, te lo recompensará. Cuando ayunéis, no pongáis cara triste, como los hipócritas que desfiguran sus rostros para hacer ver a los hombres que ayunan. En verdad os digo que ya han recibido su paga. Tú, en cambio, cuando ayunes, perfúmate la cabeza y lávate la cara, para que tu ayuno lo note, no los hombres, sino tu Padre, que está en lo escondido; y tu Padre, que ve en lo escondido, te recompensará».

El valor de lo escondido

La lógica del Reino y su justicia no tiene nada que ver con la cultura de la apariencia y la imagen. Es en el interior del corazón humano donde anida su verdad más íntima. El Evangelio nos urge a vivir desde la autenticidad y la libertad interior, no de cara a la galería, pendientes del reconocimiento o de la plausibilidad. La oración, la solidaridad, la generosidad y el ayuno nacen *de dentro a fuera* y son expresiones de la humildad del ser, nunca de la prepotencia o del fariseísmo que tiende a mirar despreciativamente a aquellos cuyos comportamientos son diferentes. Es en el interior donde se juegan las transformaciones más importantes de la persona.

Gabriel de la Dolorosa; Juan de Gorze; Bta. Francisca Ana de los Dolores de María; Bta. Caridad; Bto. José Tous Soler

Después de Ceniza
4ª del salterio
Dt 30,15-20 /
Sal 1 /
Lc 9,22-25

Lucas 9,22-25

En aquel tiempo, dijo Jesús a sus discípulos: «El Hijo del hombre tiene que padecer mucho, ser desechado por los ancianos, sumos sacerdotes y escribas, ser ejecutado y resucitar al tercer día». Entonces decía a todos: «Si alguno quiere venir en pos de mí, que se niegue a sí mismo, tome su cruz cada día y me siga. Pues el que quiera salvar su vida la perderá; pero el que pierda su vida por mi causa la salvará. ¿De qué le sirve a uno ganar el mundo entero si se pierde o se arruina a sí mismo?».

Negarse a sí mismo y tomar la cruz

En una cultura donde se exalta el *culto al yo,* las palabras de Jesús resultan enormemente contraculturales. Seguir a Jesús es una invitación al descentramiento y a relativizarnos a nosotros mismos y nuestras necesidades como medida del mundo y ubicarnos en un proyecto más amplio que es el reino de Dios y su justicia. Esto no implica no amarse a uno mismo, sino que desde la propia libertad y amor es posible descubrir un bien mayor: la *projimidad* y la solidaridad humana, lo cual conlleva consecuencias. Por eso el valor de la vida no está en guardarla y pretender asegurarla de los riesgos del amor y su dinamismo descentrador, sino en compartirla. Negarse a sí mismo no es por tanto devaluar lo que somos ni los dones recibidos, sino ponerlos en común para la vida del mundo, y esto genera conflicto y exige magnanimidad de corazón, como así lo fue en Jesús. ¿Qué significa para nosotros y nosotras hoy *tomar la cruz en el seguimiento a Jesús?*

Ayúdanos, Señor, a vivir en actitud de descentramiento permanente y a abrirnos al desafío de la alteridad.

Nª Sra. Refugio de los Pecadores; Román; Rufino; Bto. Ciriaco María Sancha; Bta. Antonia de Florencia

Después de Ceniza
4ª del salterio
Is 58,1-9a /
Sal 50 /
Mt 9,14-15

Mateo 9,14-15

En aquel tiempo, los discípulos de Juan se le acercan a Jesús, preguntándole: «¿Por qué nosotros y los fariseos ayunamos a menudo y, en cambio, tus discípulos no ayunan?». Jesús les dijo: «¿Es que pueden guardar luto los amigos del esposo, mientras el esposo está con ellos? Llegarán días en que les arrebatarán al esposo, y entonces ayunarán».

¿Ayuno o alegría del Evangelio?

El Evangelio no es una doctrina ascética sino la Buena Noticia de la alegría y la cercanía solidaria de Dios con la humanidad y la creación. Por eso la experiencia cristiana no se define por el sacrificio o los ayunos, sino por la solidaridad y la inclusión en el banquete de la vida como signo de la presencia de Dios entre nosotros. Por eso aunque el Evangelio atraviesa los *viernes y los sábados santos de nuestra vida,* como así fue en la de Jesús, no termina ahí, sino que culmina en la mañana de Pascua. ¿Cómo resignificar como comunidades cristianas la alegría y la inclusión del Evangelio en nuestros barrios? ¿Cómo *custodiarlas* en nuestros contextos frente a la desesperanza y la fractura de la comunión?

Que seamos testigos, Señor, de la liberación y la alegría del Evangelio en nuestros ambientes.

Hilario; Augusto Chapdelaine; Osvaldo de Worcester; Emma

Después de Ceniza
4ª del salterio
Is 58,9b-14 / Sal 85 / Lc 5,27-32

Lucas 5,27-32

En aquel tiempo, vio Jesús a un publicano llamado Leví, sentado al mostrador de los impuestos, y le dijo: «Sígueme». Él, dejándolo todo, se levantó y lo siguió. Leví ofreció en su honor un gran banquete en su casa, y estaban a la mesa con ellos un gran número de publicanos y otros. Y murmuraban los fariseos y sus escribas diciendo a los discípulos de Jesús: «¿Cómo es que coméis y bebéis con publicanos y pecadores?». Jesús les respondió: «No necesitan médico los sanos, sino los enfermos. No he venido a llamar a los justos, sino a los pecadores a que se conviertan».

Amigo de pecadores y gentes de mala reputación

Las relaciones de Jesús con pecadores y personas de mala reputación, como era el caso de Leví, recaudador de impuestos, escandalizan a los fariseos y escribas, que representan a *las gentes de orden de Israel.* Jesús no hace acepción de personas, ni se deja llevar por los prejuicios o estereotipos dominantes, porque no se fija en lo exterior, sino en el corazón humano. Por eso invita a Leví al seguimiento y este responde con una prontitud y grandeza de corazón, de la que carecen los fariseos y publicanos. Esta libertad de Jesús escandaliza a las gentes de bien y les cierra al mensaje y al rostro nuevo de Dios que revela su comensalidad abierta e inclusiva: *«No he venido a llamar a los justos, sino a los pecadores a que se conviertan».* ¿Quiénes son nuestros amigos y amigas y a quiénes invitamos a compartir nuestras mesas? ¿A qué nos reta este texto como comunidades cristianas?

Que liberemos como Jesús nuestra mirada y nuestras relaciones de todo tipo de prejuicio, estereotipo o discriminación.

Rosendo; Félix III; León; David de Gales

1ª del salterio
Vol. I (A)
Gén 2,7-9; 3,1-7/ Sal 50/ Rom 5, 12-19 (breve: Rom 5,12.17-19) / Mt 4,1-11

DÍA Y COLECTA DE HISPANOAMÉRICA

Génesis 2,7-9; 3,1-7

El Señor Dios modeló al hombre del polvo del suelo e insufló en su nariz aliento de vida; y el hombre se convirtió en ser vivo. Luego el Señor Dios plantó un jardín en Edén, hacia oriente, y colocó en él al hombre que había modelado. El Señor Dios hizo brotar del suelo toda clase de árboles hermosos para la vista y buenos para comer; además, el árbol de la vida en mitad del jardín, y el árbol del conocimiento del bien y el mal. La serpiente era más astuta que las demás bestias del campo que el Señor había hecho. Y dijo a la mujer: «¿Conque Dios os ha dicho que no comáis de ningún árbol del jardín?». La mujer contestó a la serpiente: «Podemos comer los frutos de los árboles del jardín; pero del fruto del árbol que está en mitad del jardín nos ha dicho Dios: "No comáis de él ni lo toquéis, de lo contrario moriréis"». La serpiente replicó a la mujer: «No, no moriréis; es que Dios sabe que el día en que comáis de él, se os abrirán los ojos, y seréis como Dios en el conocimiento del bien y el mal». Entonces la mujer se dio cuenta de que el árbol era bueno de comer, atrayente a los ojos y deseable para lograr inteligencia; así que tomó de su fruto y comió. Luego se lo dio a su marido, que también comió. Se les abrieron los ojos a los dos y descubrieron que estaban desnudos; y entrelazaron hojas de higuera y se las ciñeron.

Salmo 50,3-4.5-6ab.12-13.14 y 17

R. Misericordia, Señor, hemos pecado.

Romanos 5,12.17-19 (breve)

Hermanos: Lo mismo que por un hombre entró el pecado en el mundo, y por el pecado la muerte, y así la muerte se propagó a todos los hombres, porque todos pecaron... Si por el delito de uno solo la muerte inauguró su reinado a través de uno solo, con cuánta más razón los que reciben a raudales el don gratuito de la justificación reinarán en la vida gracias a uno solo, Jesucristo. En resumen, lo mismo que por un solo delito resultó condena para todos, así también por un acto de justicia resultó justificación y vida para todos. Pues, así como por la desobediencia de un solo hombre, todos fueron constituidos pecadores, así también por la obediencia de uno solo, todos serán constituidos justos.

Mateo 4,1-11

En aquel tiempo, Jesús fue llevado al desierto por el Espíritu para ser tentado por el diablo. Y después de ayunar cuarenta días con sus cuarenta noches, al fin sintió hambre. El tentador se le acercó y le dijo: «Si eres Hijo de Dios, di que estas piedras se conviertan en panes». Pero él le contestó: «Está escrito: "No solo de pan vive el hombre, sino de toda palabra que sale de la boca de Dios"». Entonces el diablo lo llevó a la ciudad santa, lo puso en el alero del templo y le dijo: «Si eres Hijo de Dios, tírate abajo, porque está escrito: "Ha dado órdenes a sus ángeles acerca de ti y te sostendrán en sus manos, para que tu pie no tropiece con las piedras"». Jesús le dijo: «También está escrito: "No tentarás al Señor, tu Dios"». De nuevo el diablo lo llevó a un monte altísimo y le mostró los reinos del mundo y su gloria, y le dijo: «Todo esto te daré, si te postras y me adoras». Entonces le dijo Jesús: «Vete, Satanás, porque está escrito: "Al Señor, tu Dios, adorarás y a él solo darás culto"». Entonces lo dejó el diablo, y he aquí que se acercaron los ángeles y lo servían.

Líbranos, Señor, de la tentación de la suficiencia y del fariseísmo.

Simplicio; Absalón; Jenara; Inés de Praga; Bto. Carlos el Bueno

I de Cuaresma
1º del salterio
Lev 19,1-2.11-18 / Sal 18 / Mt 25,31-46

Mateo 25,31-46

En aquel tiempo, dijo Jesús a sus discípulos: «Cuando venga en su gloria el Hijo del hombre, y todos los ángeles con él, se sentará en el trono de su gloria y serán reunidas ante él todas las naciones. Él separará a unos de otros, como un pastor separa las ovejas de las cabras. Y pondrá las ovejas a su derecha y las cabras a su izquierda. Entonces dirá el rey a los de su derecha: "Venid vosotros, benditos de mi Padre; heredad el reino preparado para vosotros desde la creación del mundo. Porque tuve hambre y me disteis de comer, tuve sed y me disteis de beber, fui forastero y me hospedasteis, estuve desnudo y me vestisteis, enfermo y me visitasteis, en la cárcel y vinisteis a verme". Entonces los justos le contestarán: "Señor, ¿cuándo te vimos con hambre y te alimentamos, o con sed y te dimos de beber?; ¿cuándo te vimos forastero y te hospedamos, o desnudo y te vestimos?; ¿cuándo te vimos enfermo o en la cárcel y fuimos a verte?". Y el rey les dirá: "En verdad os digo que cada vez que lo hicisteis con uno de estos, mis hermanos más pequeños, conmigo lo hicisteis". Entonces dirá a los de su izquierda: "Apartaos de mí, malditos, id al fuego eterno preparado para el diablo y sus ángeles. Porque tuve hambre y no me disteis de comer, tuve sed y no me disteis de beber, fui forastero y no me hospedasteis, estuve desnudo y no me vestisteis, enfermo y en la cárcel y no me visitasteis". Entonces también estos contestarán: "Señor, ¿cuándo te vimos con hambre o con sed, o forastero o desnudo, o enfermo o en la cárcel, y no te asistimos?". Él les replicará: "En verdad os digo: lo que no hicisteis con uno de estos, los más pequeños, tampoco lo hicisteis conmigo". Y estos irán al castigo eterno y los justos a la vida eterna».

La autoridad de Dios se identifica con la autoridad de quienes sufren hoy en nuestro mundo.

Emeterio y Celedonio; Cunegunda de Luxemburgo; Katharine Drexel; Bta. Concepción Cabrera de Armida

I de Cuaresma
1ª del salterio
Is 55,10-11 / Sal 33 / Mt 6,7-15

Mateo 6,7-15

En aquel tiempo, dijo Jesús a sus discípulos: «Cuando recéis, no uséis muchas palabras, como los gentiles, que se imaginan que por hablar mucho les harán caso. No seáis como ellos, pues vuestro Padre sabe lo que os hace falta antes de que lo pidáis. Vosotros orad así: "Padre nuestro que estás en el cielo, santificado sea tu nombre, venga a nosotros tu reino, hágase tu voluntad en la tierra como en el cielo, danos hoy nuestro pan de cada día, perdona nuestras ofensas, como también nosotros perdonamos a los que nos ofenden, no nos dejes caer en la tentación, y líbranos del mal". Porque si perdonáis a los hombres sus ofensas, también os perdonará vuestro Padre celestial, pero si no perdonáis a los hombres, tampoco vuestro Padre perdonará vuestras ofensas».

Orar como Jesús

Jesús nos remite a su propia oración para dirigirnos a Dios. Una oración de desnudez del corazón que parte de una confianza básica. Dios es Padre de todos y todas. Por eso orar no es un acto individualista, aun cuando lo hagamos en la más profunda soledad. Orar es sumarnos al deseo de Dios, hecho historia en Jesús de Nazaret, para que nadie quede excluido de la mesa del Reino, empezando por los últimos y últimas. Orar el Padrenuestro es un compromiso con la universalidad del amor desde los más vulnerados por el desamor y la violencia. Por eso es también la oración de la reconciliación, de la necesidad de petición de perdón, porque cuando oramos nos hacemos también más conscientes de la fractura de la comunión en nuestro mundo y nuestra responsabilidad con ello. Por eso orar el Padrenuestro mueve siempre a agradecimiento y conversión. ¿A qué nos está moviendo concretamente en nuestras comunidades cristianas la oración del Padrenuestro?

Que oremos el Padrenuestro comprometiéndonos con la justicia y la reconciliación.

S. Casimiro, c.
Lucio I; Capitón; Giovanni Antonio Farina

I de Cuaresma
1ª del salterio
Jon 3,1-10 /
Sal 50 /
Lc 11,29-32

Lucas 11,29-32

En aquel tiempo, la gente se apiñaba alrededor de Jesús, y él se puso a decirles: «Esta generación es una generación perversa. Pide un signo, pero no se le dará más signo que el signo de Jonás. Pues como Jonás fue un signo para los habitantes de Nínive, lo mismo será el Hijo del hombre para esta generación. La reina del Sur se levantará en el juicio contra los hombres de esta generación y hará que los condenen, porque ella vino desde los confines de la tierra para escuchar la sabiduría de Salomón, y aquí hay uno que es más que Salomón. Los hombres de Nínive se alzarán en el juicio contra esta generación y harán que la condenen; porque ellos se convirtieron con la proclamación de Jonás, y aquí hay uno que es más que Jonás».

¿Creer es cuestión de señales o historia de una confianza?

Cuanto más nos aferramos a nuestras verdades como absolutas y nos cerramos al cuestionamiento y al diálogo con los diferentes, más se nos embota la sensibilidad y se nos nubla la mirada. Por eso este texto nos recuerda que el *Evangelio no es cuestión de señales sino de confianza* y que frecuentemente quienes se sienten más alejados y menos merecedores de él son quienes mejor pueden captar su Buena Noticia, como les sucedió a los ninivitas. Al igual que los fariseos y otros contemporáneos de Jesús tenían la sensibilidad blindada para acoger y reconocer la novedad de Dios en los gestos y palabras liberadoras de Jesús, por miedo al cuestionamiento radical que hacía de sus estilos de vida y de su comprensión de la religión. También nosotros podemos sufrir ceguera para reconocer los signos de Dios hoy en nuestro mundo. ¿Nuestra fe necesita señales o es la historia de una confianza?

Que reconozcamos, Señor, que el Evangelio no es cuestión de señales sino de confianza.

Adrián; Juan José de la Cruz; Eusebio; Teófilo

I de Cuaresma
1ª del salterio
Est 4,17k.l-z / Sal 137 / Mt 7,7-12

Mateo 7,7-12

En aquel tiempo, dijo Jesús a sus discípulos: «Pedid y se os dará, buscad y encontraréis, llamad y se os abrirá; porque todo el que pide recibe, quien busca encuentra y al que llama se le abre. Si a alguno de vosotros le pide su hijo pan, ¿le dará una piedra?; y si le pide pescado, ¿le dará una serpiente? Pues si vosotros, aun siendo malos, sabéis dar cosas buenas a vuestros hijos, ¡cuánto más vuestro Padre que está en los cielos dará cosas buenas a los que le piden! Así, pues, todo lo que deseáis que los demás hagan con vosotros, hacedlo vosotros con ellos; pues esta es la Ley y los Profetas».

Buscad y encontraréis

Una interpretación literalista de este texto ha conducido a una falsa imagen del Dios de Jesús como un *Dios tapagujeros,* que soluciona mágicamente los problemas de las personas y actúa saltando las mediaciones humanas. Imagen, quizás en parte superada, pero también todavía vigente en el inconsciente colectivo de muchos cristianos. Sin embargo, el significado de este texto nada tiene que ver con esta interpretación. Lo que nos recuerda este evangelio es que el encuentro y la relación con Dios requieren una actitud de pobreza y necesidad radical, de éxodo de seguridades y salida de sí, por eso la autocomplacencia y la suficiencia obstaculizan el encuentro con Dios. La fe es siempre anhelo, búsqueda, confianza y conciencia de la propia finitud y vulnerabilidad constitutiva de lo humano.

Danos, Señor, tu capacidad de búsqueda y de riesgo por amor.

Coleta Boylet; Olegario; Crodegango de Metz; Fridolino

I de Cuaresma
1º del salterio
Ez 18,21-28 / Sal 129 / Mt 5,20-26

Mateo 5,20-26

En aquel tiempo, dijo Jesús a sus discípulos: «Si vuestra justicia no es mayor que la de los escribas y fariseos, no entraréis en el reino de los cielos. Habéis oído que se dijo a los antiguos: "No matarás", y el que mate será reo de juicio. Pero yo os digo: todo el que se deja llevar de la cólera contra su hermano será procesado. Y si uno llama a su hermano "imbécil", tendrá que comparecer ante el Sanedrín, y si lo llama "necio", merece la condena de la "gehena" del fuego. Por tanto, si cuando vas a presentar tu ofrenda sobre el altar, te acuerdas allí mismo de que tu hermano tiene quejas contra ti, deja allí tu ofrenda ante el altar y vete primero a reconciliarte con tu hermano, y entonces vuelve a presentar tu ofrenda. Con el que te pone pleito procura arreglarte enseguida, mientras vais todavía de camino, no sea que te entregue al juez y el juez al alguacil, y te metan en la cárcel. En verdad te digo que no saldrás de allí hasta que hayas pagado el último céntimo».

Reparar la fraternidad rota

La mejor ofrenda para el Dios de Jesús es la reconciliación con los hermanos y hermanas, la reparación de la fraternidad rota. En un mundo quebrado por la ruptura de la comunión, por la violencia y la injusticia, el culto al Dios cristiano no se basa en ritualismos externos desconectados con la propia existencia y las relaciones con los demás, sino que pasa obligadamente por el sacramento de la *projimidad.* Pasa por abrir caminos, a través de gestos y palabras, que hagan posible la *cultura de la inclusión y el encuentro,* para *levantar puentes en lugar de muros* entre los corazones humanos, las culturas y los pueblos. ¿Qué pasos podemos ir dando como comunidades cristianas en nuestros entornos para hacer avanzar esta cultura del encuentro y la reconciliación y qué puentes creemos que son urgentes levantar y entre quiénes?

Ayúdanos, Señor, a construir cultura del encuentro en nuestros ambientes.

7

sábado

Stas. Perpetua y Felicidad, c.
Revocato; Antonino; Teresa Margarita Redi; Bto. José Olallo; Bta. Mª Antonia de San José

I de Cuaresma
1ª del salterio
Dt 26,16-19 / Sal 118 / Mt 5,43-48

Mateo 5,43-48

En aquel tiempo, dijo Jesús a sus discípulos: «Habéis oído que se dijo: "'Amarás a tu prójimo' y aborrecerás a tu enemigo". Pero yo os digo: amad a vuestros enemigos y rezad por los que os persiguen, para que seáis hijos de vuestro Padre celestial, que hace salir su sol sobre malos y buenos, y manda la lluvia a justos e injustos. Porque, si amáis a los que os aman, ¿qué premio tendréis? ¿No hacen lo mismo también los publicanos? Y, si saludáis solo a vuestros hermanos, ¿qué hacéis de extraordinario? ¿No hacen lo mismo también los gentiles? Por tanto, sed perfectos, como vuestro Padre celestial es perfecto».

Amar a los enemigos

Sin duda es esta una de las páginas más provocadoras del Evangelio. La experiencia de incondicionalidad del *Abba* le lleva a Jesús a experimentar la fuerza del *amor hasta el extremo* y a ser cauce de ese amor recibido. La gratuidad del amor alcanza su expresión máxima en el amor a los enemigos, allá donde se rompe toda lógica y cálculo: devolver bien donde lo que se recibe es mal. Solo así es posible romper la cadena de la violencia, la revancha o el odio. Se trata de amar más allá de toda justificación para no hacerlo. Por eso el Evangelio es contracultural.

Que amemos gratuita y generosamente como Jesús, siendo cauces de su perdón.

Juan de Dios; Veremundo de Irache; Faustino Míguez; Esteban de Obazine

2ª del salterio
Gén 12,1-4a / Sal 32 / 2Tim 1,8b-10 / Mt 17,1-9

Génesis 12,1-4a

En aquellos días, el Señor dijo a Abrán: «Sal de tu tierra, de tu patria, y de la casa de tu padre, hacia la tierra que te mostraré. Haré de ti una gran nación, te bendeciré, haré famoso tu nombre y serás una bendición. Bendeciré a los que te bendigan, maldeciré a los que te maldigan, y en ti serán benditas todas las familias de la tierra». Abrán marchó, como le había dicho el Señor.

Salmo 32.4-5.18-19.20 y 22

R. Que tu misericordia, Señor, venga sobre nosotros, como lo esperamos de ti.

2 Timoteo 1,8b-10

Querido hermano: Toma parte en los padecimientos por el Evangelio, según la fuerza de Dios. Él nos salvó y nos llamó con una vocación santa, no por nuestras obras, sino según su designio y según la gracia que nos dio en Cristo Jesús desde antes de los siglos, la cual se ha manifestado ahora por la aparición de nuestro Salvador, Cristo Jesús, que destruyó la muerte e hizo brillar la vida y la inmortalidad por medio del Evangelio.

Mateo 17,1-9

En aquel tiempo, Jesús tomó consigo a Pedro, a Santiago y a su hermano Juan, y subió con ellos aparte a un monte alto. Se transfiguró delante de ellos, y su rostro resplandecía como el sol, y sus vestidos se volvieron blancos como la luz. De repente se les aparecieron Moisés y Elías conversando con él. Pedro, entonces, tomó la palabra y dijo a Jesús: «Señor, ¡qué bueno es que estemos aquí! Si quieres, haré tres tiendas: una para ti, otra para Moisés y otra para Elías». Todavía estaba hablando cuando una nube luminosa los cubrió con su sombra y una voz desde la nube decía: «Este es mi Hijo, el amado, en quien me complazco. Escuchadlo». Al oírlo, los discípulos cayeron de bruces, llenos de espanto. Jesús se acercó y, tocándolos, les dijo: «Levantaos, no temáis». Al alzar los ojos, no vieron a nadie más que a Jesús, solo. Cuando bajaban del monte, Jesús les mandó: «No contéis a nadie la visión hasta que el Hijo del hombre resucite de entre los muertos».

Levantaos, no temáis

El mesianismo de Jesús es un mesianismo kenótico al que sus discípulos se resisten. El Evangelio es una Buena Noticia de amor y solidaridad que atraviesa la densidad de la historia desde los y las crucificadas, y esas páginas incómodas del Evangelio son signo de contradicción también entre quienes han quedado seducidos por la persona de Jesús. Por eso la Transfiguración forma parte de la pedagogía de Dios. Jesús se revela a los suyos desde la tradición profética que le ha precedido: Elías y Moisés para señalar que en su persona Dios ha dado cumplimiento a la esperanza de Israel. Jesús es la complacencia de Dios. La realización del sueño histórico de Dios hecho humanidad. En medio de las contradicciones y dificultades que el grupo de Jesús atraviesa, la Transfiguración acontece como *una consolación* en la densidad del camino de seguimiento, un momento de confirmación, una *experiencia clímax,* que ayuda a los discípulos a aceptar y entender mejor el modo de proceder de Jesús, su fidelidad al proyecto del *Abba*. Esta experiencia de sentido y de felicidad que viven es un estímulo en el camino del seguimiento y ha de afrontar siempre la tendencia a no instalarse en ella, a evadirse de la realidad, por eso Jesús les toca, les invita a levantarse y a seguir haciendo el camino sin miedo.

Que nuestra fe nos ayude a afrontar y nunca a evadir.

Sta. Francisca Romana, c.
Gregorio de Nisa; Paciano; Catalina de Bolonia

II de Cuaresma
2ª del salterio
Dan 9,4b-10 /
Sal 78 /
Lc 6,36-38

Lucas 6,36-38

En aquel tiempo, dijo Jesús a sus discípulos: «Sed misericordiosos como vuestro Padre es misericordioso; no juzguéis, y no seréis juzgados; no condenéis, y no seréis condenados; perdonad, y seréis perdonados; dad, y se os dará: os verterán una medida generosa, colmada, remecida, rebosante, pues con la medida con que midiereis se os medirá a vosotros».

El Dios todo compasivo de Jesús

Jesús anuncia con sus hechos y palabras el corazón todo compasivo de Dios y su oferta permanente de perdón y reconciliación para todo ser humano. Por eso nos invita a reproducir el amor y la compasión en nuestros ambientes y no el juicio cerrado ni la violencia. ¿Qué experiencia tenemos de la compasión de Dios en nuestra vida? ¿Cómo podemos significar como comunidades cristianas hoy en nuestro mundo el *corazón todo compasivo de Dios*? ¿Qué juicios, violencias cotidianas, sobreexigencias pueden estar obstaculizándolo?

Ayúdanos, Señor, a perdonar a los demás y a nosotros mismos.

Macario de Jerusalén; Juan Ogilvie; Mª Eugenia Milleret

II de Cuaresma
2ª del salterio
Is 1,10.16-20 / Sal 49 / Mt 23,1-12

Mateo 23,1-12

En aquel tiempo, Jesús habló a la gente y a los discípulos, diciendo: «En la cátedra de Moisés se han sentado los escribas y los fariseos: haced y cumplid todo lo que os digan; pero no hagáis lo que ellos hacen, porque ellos dicen, pero no hacen. Lían fardos pesados y se los cargan a la gente en los hombros, pero ellos no están dispuestos a mover un dedo para empujar. Todo lo que hacen es para que los vea la gente: alargan las filacterias y agrandan las orlas del manto; les gustan los primeros puestos en los banquetes y los asientos de honor en las sinagogas; que les hagan reverencias en las plazas y que la gente los llame "rabbí". Vosotros, en cambio, no os dejéis llamar "rabbí", porque uno solo es vuestro maestro y todos vosotros sois hermanos. Y no llaméis padre vuestro a nadie en la tierra, porque uno solo es vuestro Padre, el del cielo. No os dejéis llamar maestros, porque uno solo es vuestro maestro, el Mesías. El primero entre vosotros será vuestro servidor. El que se enaltece será humillado, y el que se humilla será enaltecido».

El primero entre vosotros será vuestro servidor

Jesús denuncia en este texto la doble moral de los fariseos y su culto centrado en las apariencias y el deseo de reconocimiento y poder. Frente a ellos propone la inclusividad del Reino, donde se rompe la lógica de *los de arriba y los de abajo, los de dentro y los de fuera,* porque la fraternidad nos iguala y nos convoca en torno a un único centro que es Cristo. Por eso no hay más maestro que él, ni la fraternidad se puede construir desde otro lado que no sea desde el servicio a los últimos. Por eso la señal de los cristianos y cristianas ha de ser la sencillez de vida, la complicidad con los pequeños y la humildad. ¿Cómo podemos ayudarnos como comunidades cristianas a no descafeinar este mensaje del Evangelio y a hacerlo palabra de vida hoy en nuestros contextos?

La fraternidad universal solo se puede construir empezando por los últimos y últimas; ayúdanos, Señor, a construirla.

Sofronio; Ramiro; Eutimio; Fermín; Heraclio

II de Cuaresma
2ª del salterio
Jer 18,18-20 / Sal 30 / Mt 20,17-28

Mateo 20,17-28

En aquel tiempo, subiendo Jesús a Jerusalén, tomando aparte a los Doce, les dijo por el camino: «Mirad, estamos subiendo a Jerusalén, y el Hijo del hombre va a ser entregado a los sumos sacerdotes y a los escribas, y lo condenarán a muerte y lo entregarán a los gentiles, para que se burlen de él, lo azoten y lo crucifiquen; y al tercer día resucitará». Entonces se le acercó la madre de los hijos de Zebedeo con sus hijos y se postró para hacerle una petición. Él le preguntó: «¿Qué deseas?». Ella contestó: «Ordena que estos dos hijos míos se sienten en tu reino, uno a tu derecha y el otro a tu izquierda». Pero Jesús replicó: «No sabéis lo que pedís. ¿Podéis beber el cáliz que yo he de beber?». Contestaron: «Podemos». Él les dijo: «Mi cáliz lo beberéis; pero sentarse a mi derecha o a mi izquierda no me toca a mí concederlo, es para aquellos para quienes lo tiene reservado mi Padre». Los otros diez, al oír aquello, se indignaron contra los dos hermanos. Y llamándolos, Jesús les dijo: «Sabéis que los jefes de los pueblos los tiranizan y que los grandes los oprimen. No será así entre vosotros: el que quiera ser grande entre vosotros, que sea vuestro servidor, y el que quiera ser primero entre vosotros, que sea vuestro esclavo. Igual que el Hijo del hombre no ha venido a ser servido sino a servir y a dar su vida en rescate por muchos».

Una Buena Noticia para los sin poder

Este texto plantea la radicalidad del seguimiento a Jesús y las propias contradicciones con su grupo, que no terminan de entender la ruptura que supone con el mesianismo triunfalista que ellos esperaban. Frente al deseo de poder e influencia que representa en este texto la madre de los Zebedeos, Jesús cuestiona radicalmente el poder-dominación y plantea la alternativa del Evangelio como *Buena Noticia para los sin poder.* El poder es fuente de dominación y exclusión, fuente de enfrentamiento y división y hace que *unas vidas valgan más que otras.* Frente a su lógica excluyente Jesús propone un orden nuevo: el del servicio desde abajo.

Simeón el Teólogo;
Luis Orione;
Bta. Ángela Salawa

II de Cuaresma
2ª del salterio
Jer 17,5-10 /
Sal 1 /
Lc 16,19-31

Lucas 16,19-31

En aquel tiempo, dijo Jesús a los fariseos: «Había un hombre rico que se vestía de púrpura y de lino y banqueteaba cada día. Y un mendigo llamado Lázaro estaba echado en su portal, cubierto de llagas, y con ganas de saciarse de lo que caía de la mesa del rico. Y hasta los perros venían y le lamían las llagas. Sucedió que murió el mendigo, y fue llevado por los ángeles al seno de Abrahán. Murió también el rico y fue enterrado. Y, estando en el infierno, en medio de los tormentos, levantó los ojos y vio de lejos a Abrahán, y a Lázaro en su seno, y gritando, dijo: "Padre Abrahán, ten piedad de mí y manda a Lázaro que moje en agua la punta del dedo y me refresque la lengua, porque me torturan estas llamas". Pero Abrahán le dijo: "Hijo, recuerda que recibiste tus bienes en tu vida, y Lázaro, a su vez, males: por eso ahora él es aquí consolado, mientras que tú eres atormentado. Y, además, entre nosotros y vosotros se abre un abismo inmenso, para que los que quieran cruzar desde aquí hacia vosotros no puedan hacerlo, ni tampoco pasar de ahí hasta nosotros". Él dijo: "Te ruego, entonces, padre, que le mandes a casa de mi padre, pues tengo cinco hermanos: que les dé testimonio de estas cosas, no sea que también ellos vengan a este lugar de tormento". Abrahán le dice: "Tienen a Moisés y a los profetas: que los escuchen". Pero él le dijo: "No, padre Abrahán. Pero si un muerto va a ellos, se arrepentirán". Abrahán le dijo: "Si no escuchan a Moisés y a los profetas, no se convencerán ni aunque resucite un muerto"».

Líbranos, Señor, del pecado de omisión ante la injusticia y de la complicidad con ella.

Rodrigo y Salomón; Nicéforo; Arabia; Sancha

II de Cuaresma
2ª del salterio
Gén 37,3-4. 12- 13a.17b-28 / Sal 104 / Mt 21,33-43.45-46

Mateo 21,33-43.45-46

En aquel tiempo, dijo Jesús a los sumos sacerdotes y a los ancianos del pueblo: «Escuchad otra parábola: "Había un propietario que plantó una viña, la rodeó con una cerca, cavó en ella un lagar, construyó una torre, la arrendó a unos labradores y se marchó lejos. Llegado el tiempo de los frutos, envió sus criados a los labradores para percibir los frutos que le correspondían. Pero los labradores, agarrando a los criados, apalearon a uno, mataron a otro y a otro lo apedrearon. Envió de nuevo otros criados, más que la primera vez, e hicieron con ellos lo mismo. Por último, les mandó a su hijo diciéndose: 'Tendrán respeto a mi hijo'. Pero los labradores, al ver al hijo se dijeron: 'Este es el heredero: venid, lo matamos y nos quedamos con su herencia'. Y agarrándolo, lo sacaron fuera de la viña y lo mataron. Cuando vuelva el dueño de la viña, ¿qué hará con aquellos labradores?"». Le contestan: «Hará morir de mala muerte a esos malvados y arrendará la viña a otros labradores que le entreguen los frutos a su tiempo». Y Jesús les dice: «¿No habéis leído nunca en la Escritura: "La piedra que desecharon los arquitectos es ahora la piedra angular. Es el Señor quien lo ha hecho, ha sido un milagro patente"? Por eso os digo que se os quitará a vosotros el reino de Dios y se dará a un pueblo que produzca sus frutos». Los sumos sacerdotes y los fariseos, al oír sus parábolas, comprendieron que hablaba de ellos. Y, aunque intentaban echarle mano, temieron a la gente, que lo tenía por profeta.

Señor, que nuestra riqueza sea la disponibilidad para hacer histórico tu proyecto de solidaridad amorosa entre los pobres.

Matilde; Florentina;
León; Pedro

II de Cuaresma
2ª del salterio
Miq 7,14-15.
18-20 /
Sal 102 /
Lc 15,1-3.11-32

Lucas 15,1-3.11-32

En aquel tiempo, se acercaron a Jesús todos los publicanos y los pecadores a escucharlo. Y los fariseos y los escribas murmuraban diciendo: «Ese acoge a los pecadores y come con ellos». Jesús les dijo esta parábola: «Un hombre tenía dos hijos; el menor de ellos dijo a su padre: "Padre, dame la parte que me toca de la fortuna". El padre les repartió los bienes. No muchos días después, el hijo menor, juntando todo lo suyo, se marchó a un país lejano, y allí derrochó su fortuna viviendo perdidamente. Cuando lo había gastado todo, vino por aquella tierra un hambre terrible, y empezó él a pasar necesidad. Fue entonces y se contrató con uno de los ciudadanos de aquel país que lo mandó a sus campos a apacentar cerdos. Deseaba saciarse de las algarrobas que comían los cerdos, pero nadie le daba nada. Recapacitando entonces, se dijo: "Cuántos jornaleros de mi padre tienen abundancia de pan, mientras yo aquí me muero de hambre. Me levantaré, me pondré en camino adonde está mi padre, y le diré: Padre, he pecado contra el cielo y contra ti; ya no merezco llamarme hijo tuyo: trátame como a uno de tus jornaleros". Se levantó y vino adonde estaba su padre; cuando todavía estaba lejos, su padre lo vio y se le conmovieron las entrañas; y, echando a correr, se le echó al cuello y lo cubrió de besos. Su hijo le dijo: "Padre, he pecado contra el cielo y contra ti; ya no merezco llamarme hijo tuyo". Pero el padre dijo a sus criados: "Sacad enseguida la mejor túnica y vestídsela; ponedle un anillo en la mano y sandalias en los pies; traed el ternero cebado y sacrificadlo; comamos y celebremos un banquete, porque este hijo mío estaba muerto y ha revivido; estaba perdido y lo hemos encontrado". Y empezaron a celebrar el banquete. Su hijo mayor estaba en el campo. Cuando al volver se acercaba a la casa, oyó la música y la danza, y llamando a uno de los criados, le preguntó qué era aquello. Este le contestó: "Ha vuelto tu hermano; y tu padre ha sacrificado el ternero cebado, porque lo ha recobrado con salud". Él se indignó y no quería entrar, pero su padre salió… (vv. 28-32).

Raimundo de Fitero; Clemente María Hofbauer; Vicenta de Coria

3ª del salterio
Éx 17,3-7 / Sal 94 / Rom 5,1-2.5-8 / Jn 4,5-42 (breve: Jn 4,5-15.19b-26. 39a.40-42)

Éxodo 17,3-7

En aquellos días, el pueblo, sediento, murmuró contra Moisés, diciendo: «¿Por qué nos has sacado de Egipto para matarnos de sed a nosotros, a nuestros hijos y a nuestros ganados?». Clamó Moisés al Señor y dijo: «¿Qué puedo hacer con este pueblo? Por poco me apedrean». Respondió el Señor a Moisés: «Pasa al frente del pueblo y toma contigo algunos de los ancianos de Israel; empuña el bastón con el que golpeaste el Nilo y marcha. Yo estaré allí ante ti, junto a la roca de Horeb. Golpea la roca, y saldrá agua para que beba el pueblo». Moisés lo hizo así a la vista de los ancianos de Israel. Y llamó a aquel lugar Masá y Meribá, a causa de la querella de los hijos de Israel y porque habían tentado al Señor, diciendo: «¿Está el Señor entre nosotros o no?».

Salmo 94,1-2.6-7c.7d-9

R. Ojalá escuchéis hoy la voz del Señor: «No endurezcáis vuestro corazón».

Romanos 5,1-2.5-8

Hermanos: Habiendo sido justificados en virtud de la fe, estamos en paz con Dios, por medio de nuestro Señor Jesucristo, por el cual hemos obtenido además por la fe el acceso a esta gracia, en la cual nos encontramos; y nos gloriamos en la esperanza de la gloria de Dios. Y la esperanza no defrauda, porque el amor de Dios ha sido derramado en nuestros corazones por el Espíritu Santo que se nos ha dado. En efecto, cuando nosotros estábamos aún sin fuerza, en el tiempo señalado, Cristo murió por los impíos; ciertamente, apenas habrá quien muera por un justo; por una persona buena tal vez se atrevería alguien a morir; pues bien: Dios nos demostró su amor en que, siendo nosotros todavía pecadores, Cristo murió por nosotros.

Juan 4,5-15.19b-26.39a.40-42 (breve)

En aquel tiempo, llegó Jesús a una ciudad de Samaría llamada Sicar, cerca del campo que dio Jacob a su hijo José; allí estaba el pozo de Jacob. Jesús, cansado del camino, estaba allí sentado junto al pozo. Era hacia la hora sexta. Llega una mujer de Samaría a sacar agua, y Jesús le dice: «Dame de beber». Sus discípulos se habían ido al pueblo a comprar comida. La samaritana le dice: «¿Cómo tú, siendo judío, me pides de beber a mí, que soy samaritana?» (porque los judíos no se tratan con los samaritanos). Jesús le contestó: «Si conocieras el don de Dios y quién es el que te dice "dame de beber", le pedirías tú, y él te daría agua viva». La mujer le dice: «Señor, si no tienes cubo, y el pozo es hondo, ¿de dónde sacas el agua viva?; ¿eres tú más que nuestro padre Jacob, que nos dio este pozo, y de él bebieron él y sus hijos y sus ganados?». Jesús le contestó: «El que bebe de esta agua vuelve a tener sed; pero el que beba del agua que yo le daré nunca más tendrá sed: el agua que yo le daré se convertirá dentro de él en un surtidor de agua que salta hasta la vida eterna». La mujer le dice: «Señor, dame esa agua: así no tendré más sed, ni tendré que venir aquí a sacarla. Veo que tú eres un profeta. Nuestros padres dieron culto en este monte, y vosotros decís que el sitio donde se debe dar culto está en Jerusalén». Jesús le dice: «Créeme, mujer: se acerca la hora en que ni en este monte ni en Jerusalén adoraréis al Padre. Vosotros adoráis a uno que no conocéis; nosotros adoramos a uno que conocemos, porque la salvación viene de los judíos. Pero se acerca la hora, ya está aquí, en que los verdaderos adoradores adorarán al Padre en espíritu y verdad, porque el Padre desea que lo adoren así. Dios es espíritu, y los que lo adoran deben hacerlo en espíritu y verdad». La mujer le dice: «Sé que va a venir el Mesías, el Cristo; cuando venga, él nos lo dirá todo». Jesús le dice: «Soy yo, el que habla contigo». En aquel pueblo muchos samaritanos creyeron en él por el testimonio que había dado la mujer: «Me ha dicho todo lo que he hecho». Así, cuando llegaron a verlo los samaritanos, le rogaban que se quedara con ellos. Y se quedó allí dos días. Todavía creyeron muchos más por su predicación, y decían a la mujer: «Ya no creemos por lo que tú dices; nosotros mismos lo hemos oído y sabemos que él es de verdad el Salvador del mundo».

Heriberto; Agapito; Esmeralda; Eusebia; José Gabriel Brochero

III de Cuaresma
3ª del salterio
2Re 5,1-15a / Sal 41 / Lc 4,24-30

Lucas 4,24-30

Habiendo llegado Jesús a Nazaret, le dijo al pueblo en la sinagoga: «En verdad os digo que ningún profeta es aceptado en su pueblo. Puedo aseguraros que en Israel había muchas viudas en los días de Elías, cuando estuvo cerrado el cielo tres años y seis meses y hubo una gran hambre en todo el país; sin embargo, a ninguna de ellas fue enviado Elías sino a una viuda de Sarepta, en el territorio de Sidón. Y muchos leprosos había en Israel en tiempos del profeta Eliseo, sin embargo, ninguno de ellos fue curado sino Naamán, el sirio». Al oír esto, todos en la sinagoga se pusieron furiosos y, levantándose, lo echaron fuera del pueblo y lo llevaron hasta un precipicio del monte sobre el que estaba edificado su pueblo, con intención de despeñarlo. Pero Jesús se abrió paso entre ellos y seguía su camino.

¿Como la viuda de Sarepta o como los hombres de la sinagoga?

El Evangelio es provocación e invitación, pero nunca imposición porque Dios es libertad y en Jesús, su Palabra hecha carne, se expone a nuestra libertad o a nuestra indiferencia. Así sucedió también en Nazaret. La novedad de su *mesianismo descalzo* chocó de frente con las expectativas triunfalistas de la sinagoga de Nazaret y levantó su perplejidad y su ira porque *ningún profeta es bien recibido en su pueblo.* Pero Jesús no responde con violencia, sino con asertividad. Frente a la cerrazón de quienes forman parte de su propia tradición, Jesús va a contrastar y poner como ejemplo la sensibilidad de quienes sin pertenecer a ella saben reconocer en la cotidianidad de la vida los signos y las acciones de Dios en sus profetas. ¿Qué signos y acciones proféticas reconocemos hoy en nuestros contextos y cómo nos situamos ante ellos? ¿Nos parecemos más a la viuda de Sarepta o a los hombres de la sinagoga de Nazaret?

Transforma, Señor, nuestra sensibilidad para ser cauce de tu solidaridad amorosa en nuestros ambientes.

S. Patricio, c.
Alejandro; Gabriel Lallemant; Gertrudis de Nivelles; Bto. Juan Nepomuceno Zegrí

III de Cuaresma
3ª del salterio
Dan 3,25.34-43 / Sal 24 / Mt 18,21-35

Mateo 18,21-35

En aquel tiempo, acercándose Pedro a Jesús le preguntó: «Señor, si mi hermano me ofende, ¿cuántas veces tengo que perdonarlo? ¿Hasta siete veces?». Jesús le contesta: «No te digo hasta siete veces, sino hasta setenta veces siete. Por esto, se parece el reino de los cielos a un rey que quiso ajustar las cuentas con sus criados. Al empezar a ajustarlas, le presentaron uno que debía diez mil talentos. Como no tenía con qué pagar, el señor mandó que lo vendieran a él con su mujer y sus hijos y todas sus posesiones, y que pagara así. El criado, arrojándose a sus pies, le suplicaba diciendo: "Ten paciencia conmigo y te lo pagaré todo". Se compadeció el señor de aquel criado y lo dejó marchar, perdonándole la deuda. Pero al salir, el criado aquel encontró a uno de sus compañeros que le debía cien denarios y, agarrándolo, lo estrangulaba diciendo: "Págame lo que me debes". El compañero, arrojándose a sus pies, le rogaba diciendo: "Ten paciencia conmigo y te lo pagaré". Pero él se negó y fue y lo metió en la cárcel hasta que pagara lo que debía. Sus compañeros, al ver lo ocurrido, quedaron consternados y fueron a contarle a su señor todo lo sucedido. Entonces el señor lo llamó y le dijo: "¡Siervo malvado! Toda aquella deuda te la perdoné porque me lo rogaste. ¿No debías tú también tener compasión de tu compañero, como yo tuve compasión de ti?". Y el señor, indignado, lo entregó a los verdugos hasta que pagara toda la deuda. Lo mismo hará con vosotros mi Padre celestial, si cada cual no perdona de corazón a su hermano».

Señor, que seamos testigos de la misericordia y la reconciliación en la densidad de lo humano.

S. Cirilo de Jerusalén, c.
Anselmo de Luca; Salvador de Horta

III de Cuaresma
3ª del salterio
Dt 4,1.5-9 / Sal 147 / Mt 5,17-19

Mateo 5,17-19

En aquel tiempo, dijo Jesús a sus discípulos: «No creáis que he venido a abolir la Ley y los Profetas: no he venido a abolir, sino a dar plenitud. En verdad os digo que antes pasarán el cielo y la tierra que deje de cumplirse hasta la última letra o tilde de la ley. El que se salte uno solo de los preceptos menos importantes y se lo enseñe así a los hombres será el menos importante en el reino de los cielos. Pero quien los cumpla y enseñe será grande en el reino de los cielos».

Des-idolatrar la ley

El evangelio de Mateo trata de dar respuesta al conflicto en las primeras comunidades, entre los cristianos más observantes de las tradiciones judías y los más rupturistas, buscando un equilibrio. De ahí que presente a Jesús en continuidad con las tradiciones e insertado en ellas pero desde *el espíritu de la ley* y no desde su literalidad. Por eso cuestiona su vaciamiento de *projimidad y reacciona* frente a su idolatrización. Como comunidades cristianas, ¿qué ídolos «bajo capa de bien» sustituyen en nuestra fe al Dios vivo y justifican nuestra indiferencia ante el rostro de los hermanos y hermanas más sufrientes?

Ayúdanos, Señor, a no idolatrar leyes ni costumbres.

S. José, esposo de la Virgen María, s.
Amancio; Ida; Juan

Oficio de la s.
2Sam 7,4-5a. 12-14a.16 / Sal 88 / Rom 4, 13.16-18.22 / Mt 1,16.18-21. 24a (o bien: Lc 2,41-51a)

Mateo 1,16.18-21.24a

Jacob engendró a José, el esposo de María, de la cual nació Jesús, llamado Cristo. La generación de Jesucristo fue de esta manera: María, su madre, estaba desposada con José y, antes de vivir juntos, resultó que ella esperaba un hijo por obra del Espíritu Santo. José, su esposo, como era justo y no quería difamarla, decidió repudiarla en privado. Pero, apenas había tomado esta resolución, se le apareció en sueños un ángel del Señor que le dijo: «José, hijo de David, no temas acoger a María, tu mujer, porque la criatura que hay en ella viene del Espíritu Santo. Dará a luz un hijo y tú le pondrás por nombre Jesús, porque él salvará a su pueblo de sus pecados». Cuando José se despertó, hizo lo que le había mandado el ángel del Señor.

Perplejidades y desconciertos

La genealogía de Jesús le ubica en clara continuidad con la estirpe de Israel revelando, de este modo, que la promesa de Dios a Abrahán y a las sucesivas generaciones no fueron vanas, sino que alcanzan su plenitud en Jesucristo. Pero para ello la fe y la colaboración humana resultan imprescindibles. Una fe que, como la de José, pasa por la perplejidad y el desconcierto ante el embarazo y la maternidad de María y le mueve a la aceptación y la acogida, más allá de las críticas, las sospechas y la incertidumbre. José se abre a un misterio de amor que va más allá de su lógica y sus expectativas y, al hacerlo, rompe con los estereotipos y los mandatos patriarcales que le obligaban a repudiarla. La fe y la confianza le llevan a amar y acoger la vida más allá de *lo políticamente correcto,* porque la Buena Noticia de Dios va más allá de las costumbres impuestas. ¿Qué incertidumbres, críticas y sospechas desafían hoy nuestra experiencia creyente? ¿A qué costumbres terminamos rindiendo el Evangelio y domesticándolo?

Depura, Señor, nuestra fe para que no quede prisionera en lo políticamente correcto.

Martín de Braga;
Nicetas; Eufemia;
José Bilczewski

III de Cuaresma
3ª del salterio
Os 14,2-10 /
Sal 80 /
Mc 12,28b-34

Marcos 12,28b-34

En aquel tiempo, un escriba se acercó a Jesús y le preguntó: «¿Qué mandamiento es el primero de todos?». Respondió Jesús: «El primero es: "Escucha, Israel, el Señor, nuestro Dios, es el único Señor: amarás al Señor, tu Dios, con todo tu corazón, con toda tu alma, con toda tu mente, con todo tu ser". El segundo es este: "Amarás a tu prójimo como a ti mismo". No hay mandamiento mayor que estos». El escriba replicó: «Muy bien, Maestro, sin duda tienes razón cuando dices que el Señor es uno solo y no hay otro fuera de él; y que amarlo con todo el corazón, con todo el entendimiento y con todo el ser, y amar al prójimo como a uno mismo vale más que todos los holocaustos y sacrificios». Jesús, viendo que había respondido sensatamente, le dijo: «No estás lejos del reino de Dios». Y nadie se atrevió a hacerle más preguntas.

La Buena Noticia del Amor

El Evangelio es la Buena Noticia del Amor. El Amor con mayúsculas se encarna y se hace prójimo, condición humana. Por eso el mandamiento del amor pasa también por el amor a uno mismo, amar el don que cada uno de nosotros somos para la vida. El amor a Dios no es abstracto sino que pasa por hacerse histórico, concreto, en el amor a quienes nos rodean y en el amor a nuestra propia vida porque la gloria de Dios es que *los hombres y las mujeres vivamos y lo hagamos en plenitud.* El cristianismo no es una religión sacrificial, sino la religión del amor, y ello conlleva consecuencias. El sacramento del encuentro y la *projimidad* es el único sacrificio que el Dios de Jesús reconoce.

Señor, que seamos mujeres y hombres testigos del Amor en cada encuentro y relación.

Serapión; Lupicinio; Filemón; Fabiola

III de Cuaresma
3ª del salterio
Os 6,1-6 / Sal 50 / Lc 18,9-14

Lucas 18,9-14

En aquel tiempo, dijo Jesús esta parábola a algunos que confiaban en sí mismos por considerarse justos y despreciaban a los demás: «Dos hombres subieron al templo a orar. Uno era fariseo; el otro, publicano. El fariseo, erguido, oraba así en su interior: "¡Oh, Dios!, te doy gracias porque no soy como los demás hombres: ladrones, injustos, adúlteros; ni tampoco como ese publicano. Ayuno dos veces por semana y pago el diezmo de todo lo que tengo". El publicano, en cambio, quedándose atrás, no se atrevía ni a levantar los ojos al cielo, sino que se golpeaba el pecho diciendo: "¡Oh, Dios!, ten compasión de este pecador". Os digo que este bajó a su casa justificado, y aquel no. Porque todo el que se enaltece será humillado, y el que se humilla será enaltecido».

El fariseo y el publicano

Esta parábola nos plantea dos formas de situarnos en la vida, de relacionarnos con nosotros mismos, con los demás y con Dios. Todos podemos *portar un fariseo en nuestro interior* y reconocerlo es el primer paso para liberarlo. El fariseo no es una «mala persona», su problema es su desenfoque en la imagen de Dios y las consecuencias que ello tiene en la vida. El dios del fariseo es pura norma. Un dios con el que hay que cumplir y al que hay que agradar. Desde esa exigencia termina por usar su calidad moral para despreciar a otro y erigirse a sí mismo como autorreferencialidad, situándose por encima de los demás y negando la vulnerabilidad propia y la ajena. Por el contrario, el publicano es consciente de su debilidad y de su límite y lo entrega. Desde esa experiencia se abre a un Dios que es pura gratuidad y acogida para quienes ponen en Él su confianza. Un Dios que no le pide que *se estire* para ser otro, sino que se compromete con él en su propio camino de transformación desde la vulnerabilidad asumida.

Señor, convierte al fariseo que habita en el fondo de nuestro corazón.

Zacarías, papa; Deogracias; Lea; Nicolás Owen; Bto. Clemente Augusto von Galen

4ª del salterio
1Sam 16,1b.6-7. 10-13a / Sal 22 / Ef 5,8-14 / Jn 9, 1-41 (breve: Jn 9,1.6-9. 13-17.34-38)

1 Samuel 16,1b.6-7.10-13a

En aquellos días, el Señor dijo a Samuel: «Llena tu cuerno de aceite y ponte en camino. Te envío a casa de Jesé, el de Belén, porque he visto entre sus hijos un rey para mí». Cuando llegó, vio a Eliab y se dijo: «Seguro que está su ungido ante el Señor». Pero el Señor dijo a Samuel: «No te fijes en su apariencia ni en lo elevado de su estatura, porque lo he descartado. No se trata de lo que vea el hombre. Pues el hombre mira a los ojos, mas el Señor mira el corazón». Jesé presentó a sus siete hijos ante Samuel. Pero Samuel dijo a Jesé: «El Señor no ha elegido a estos». Entonces Samuel preguntó a Jesé: «¿No hay más muchachos?». Y le respondió: «Todavía queda el menor, que está pastoreando el rebaño». Samuel le dijo: «Manda a buscarlo, porque no nos sentaremos a la mesa mientras no venga». Jesé mandó a por él y lo hizo venir. Era rubio, de hermosos ojos y buena presencia. El Señor dijo a Samuel: «Levántate y úngelo de parte del Señor, pues es este». Samuel cogió el cuerno de aceite y lo ungió en medio de sus hermanos. Y el espíritu del Señor vino sobre David desde aquel día en adelante.

Salmo 22,1b-3a.3b-4.5.6

R. El Señor es mi pastor, nada me falta.

Efesios 5,8-14

Hermanos: Antes erais tinieblas, pero ahora, sois luz por el Señor. Vivid como hijos de la luz, pues toda bondad, justicia y verdad son fruto de la luz. Buscad lo que agrada al Señor, sin tomar parte en las obras estériles de las tinieblas, sino más bien denunciándolas. Pues da vergüenza decir las cosas que ellos hacen a ocultas. Pero, al denunciarlas, la luz las pone al descubierto, y todo lo descubierto es luz. Por eso dice: «Despierta tú que duermes, levántate de entre los muertos y Cristo te iluminará».

Juan 9,1.6-9. 13-17.34-38 (breve)

En aquel tiempo, al pasar, vio Jesús a un hombre ciego de nacimiento. Entonces escupió en la tierra, hizo barro con la saliva, se lo untó en los ojos al ciego, y le dijo: «Ve a lavarte a la piscina de Siloé (que significa Enviado)». Él fue, se lavó, y volvió con vista. Y los vecinos y los que antes solían verlo pedir limosna preguntaban: «¿No es ese el que se sentaba a pedir?». Unos decían: «El mismo». Otros decían: «No es él, pero se le parece». Él respondía: «Soy yo». Llevaron ante los fariseos al que había sido ciego. Era sábado el día que Jesús hizo barro y le abrió los ojos. También los fariseos le preguntaban cómo había adquirido la vista. Él les contestó: «Me puso barro en los ojos, me lavé y veo». Algunos de los fariseos comentaban: «Este hombre no viene de Dios, porque no guarda el sábado». Otros replicaban: «¿Cómo puede un pecador hacer semejantes signos?». Y estaban divididos. Y volvieron a preguntarle al ciego: «Y tú, ¿qué dices del que te ha abierto los ojos?». Él contestó: «Que es un profeta». Le replicaron: «Has nacido completamente empecatado, ¿y nos vas a dar lecciones a nosotros?». Y lo expulsaron. Oyó Jesús que lo habían expulsado, lo encontró y le dijo: «¿Crees tú en el Hijo del hombre?». Él contestó: «¿Y quién es, Señor, para que crea en él?». Jesús le dijo: «Lo estás viendo: el que te está hablando, ese es». Él dijo: «Creo, Señor». Y se postró ante él.

Cegueras ante la misericordia

La ceguera en el evangelio de Juan lo es siempre por causa de la tiniebla o de la «ideología de la ley». El ciego al que libera Jesús representa a un grupo dentro de Israel que ha vivido una opresión ancestral y no conoce más realidad que la oscuridad en la que transcurre su vida. Su sufrimiento y aislamiento es externo. Su desesperación le lleva a dejar que Jesús le unte los ojos con barro y saliva, como expresión de una nueva creación y recuperación para la vida, y a bañarse en la piscina de Siloé. La alegría de su liberación contrasta con la sospecha de los fariseos y su acusación a Jesús por transgredir el sábado. La observancia les hace esclavos de la ley. Su ceguera es mucho mayor que la del ciego de nacimiento porque sus sospechas y la defensa de sus intereses les incapacitan para reconocer la misericordia actuante de Dios.

Sto. Toribio de Mogrovejo, c.
José Oriol;
Lidia; Fidel

IV de Cuaresma
4ª del salterio
Is 65,17-21 /
Sal 29 /
Jn 4,43-54

Juan 4,43-54

En aquel tiempo, salió Jesús de Samaría para Galilea. Jesús mismo había atestiguado: «Un profeta no es estimado en su propia patria». Cuando llegó a Galilea, los galileos lo recibieron bien, porque habían visto todo lo que había hecho en Jerusalén durante la fiesta, pues también ellos habían ido a la fiesta. Fue Jesús otra vez a Caná de Galilea, donde había convertido el agua en vino. Había un funcionario real que tenía un hijo enfermo en Cafarnaún. Oyendo que Jesús había llegado de Judea a Galilea, fue a verlo, y le pedía que bajase a curar a su hijo que estaba muriéndose. Jesús le dijo: «Si no veis signos y prodigios, no creéis». El funcionario insiste: «Señor, baja antes de que se muera mi niño». Jesús le contesta: «Anda, tu hijo vive». El hombre creyó en la palabra de Jesús y se puso en camino. Iba ya bajando, cuando sus criados vinieron a su encuentro diciéndole que su hijo vivía. Él les preguntó a qué hora había empezado la mejoría. Y le contestaron: «Ayer a la hora séptima lo dejó la fiebre». El padre cayó en la cuenta de que esa era la hora en que Jesús le había dicho: «Tu hijo vive». Y creyó él con toda su familia. Este segundo signo lo hizo Jesús al llegar de Judea a Galilea.

La revolución de los adverbios

El Evangelio es la Buena Noticia de la universalidad. Nadie queda fuera. Por serlo, es una universalidad *de abajo arriba y de fuera a dentro.* Quizás por eso quienes más se van a resistir a ella son los más cercanos a Jesús porque «ningún profeta es bien recibido en su tierra». Por el contrario, son los gentiles, los «supuestamente alejados», como en este caso un funcionario real ante la situación límite de su hijo enfermo, quienes más se abren con sorpresa y agradecimiento a su novedad radical. El Evangelio es una auténtica revolución de los adverbios, porque s*on los de lejos y no quienes están más cerca, los de abajo y los de fuera* quienes mejor captan la hondura y la liberación del Evangelio, mientras que a *los de arriba* y a *los de dentro* les cuesta superar el desconcierto y se resisten a su inclusión y universalidad.

Catalina de Suecia; Óscar Romero; Bto. Diego José de Cádiz

IV de Cuaresma
4ª del salterio
Ez 47,1-9.12 / Sal 45 / Jn 5,1-16

Juan 5,1-16

Se celebraba una fiesta de los judíos, y Jesús subió a Jerusalén. Hay en Jerusalén, junto a la Puerta de las Ovejas, una piscina que llaman en hebreo Betesda. Esta tiene cinco soportales, y allí estaban echados muchos enfermos, ciegos, cojos, paralíticos. Estaba también allí un hombre que llevaba treinta y ocho años enfermo. Jesús, al verlo echado, y sabiendo que ya llevaba mucho tiempo, le dice: «¿Quieres quedar sano?». El enfermo le contestó: «Señor, no tengo a nadie que me meta en la piscina cuando se remueve el agua; para cuando llego yo, otro se me ha adelantado». Jesús le dice: «Levántate, toma tu camilla y echa a andar». Y al momento el hombre quedó sano, tomó su camilla y echó a andar. Aquel día era sábado, y los judíos dijeron al hombre que había quedado sano: «Hoy es sábado, y no se puede llevar la camilla». Él les contestó: «El que me ha curado es quien me ha dicho: "Toma tu camilla y echa a andar"». Ellos le preguntaron: «¿Quién es el que te ha dicho que tomes la camilla y eches a andar?». Pero el que había quedado sano no sabía quién era, porque Jesús, a causa del gentío que había en aquel sitio, se había alejado. Más tarde lo encuentra Jesús en el templo y le dice: «Mira, has quedado sano; no peques más, no sea que te ocurra algo peor». Se marchó aquel hombre y dijo a los judíos que era Jesús quien lo había sanado. Por esto los judíos perseguían a Jesús, porque hacía tales cosas en sábado.

Ayúdanos, Señor, a ser testigos de tu liberación amorosa en nuestro mundo.

Anunciación del Señor, s.
Isaac; Lucía Filippini; Sebastián de Aparicio; Mª Alfonsina Danil Ghattas

Oficio de la s.
Is 7,10-14; 8,10b / Sal 39 / Heb 10, 4-10 / Lc 1,26-38

Lucas 1,26-38

En aquel tiempo, el ángel Gabriel fue enviado por Dios a una ciudad de Galilea llamada Nazaret, a una virgen desposada con un hombre llamado José, de la casa de David; el nombre de la virgen era María. El ángel, entrando en su presencia, dijo: «Alégrate, llena de gracia, el Señor está contigo». Ella se turbó grandemente ante estas palabras y se preguntaba qué saludo era aquel. El ángel le dijo: «No temas, María, porque has encontrado gracia ante Dios. Concebirás en tu vientre y darás a luz un hijo, y le pondrás por nombre Jesús. Será grande, se llamará Hijo del Altísimo, el Señor Dios le dará el trono de David, su padre; reinará sobre la casa de Jacob para siempre, y su reino no tendrá fin». Y María dijo al ángel: «¿Cómo será eso, pues no conozco varón?». El ángel le contestó: «El Espíritu Santo vendrá sobre ti, y la fuerza del Altísimo te cubrirá con su sombra; por eso el Santo que va a nacer será llamado Hijo de Dios. También tu pariente Isabel ha concebido un hijo en su vejez, y ya está de seis meses la que llamaban estéril, "porque para Dios nada hay imposible"». María contestó: «He aquí la esclava del Señor; hágase en mí según tu palabra». Y el ángel se retiró.

Alégrate, llena de gracia

Las promesas de Dios se cumplen en la historia, pero para ello nos pide que *le echemos una mano.* Dios no violenta ni invade, sino que pide permiso. Respeta profundamente la libertad humana. Necesita la acogida de María para encarnarse, como necesita de nuestra disponibilidad y servicio para actualizar su misericordia en nuestros ambientes. La perplejidad de María no es un impedimento para *hacer hueco en su cuerpo a la Palabra.* En ella puede más la confianza que el miedo y las preguntas sin respuesta. Se abre a la incondicionalidad y la alegría de la promesa que la sostiene y que la lleva a abrirse al vértigo de un horizonte inédito y conflictivo en su vida y en su ambiente. La fe es riesgo, no una doctrina desde la que protegernos de nuestros miedos y acomodamientos. Dios también pide hoy nuestra complicidad para seguir engendrando el verbo en nuestro mundo. Con la fuerza y la alegría de su Espíritu, ¿nos atrevemos a hacerlo?

Braulio de Zaragoza; Montano y Máxima; Bta. Magdalena Catalina Morano

IV de Cuaresma
4ª del salterio
Éx 32,7-14 / Sal 105 / Jn 5,31-47

Juan 5,31-47

En aquel tiempo, Jesús dijo a los judíos: «Si yo doy testimonio de mí mismo, mi testimonio no es verdadero. Hay otro que da testimonio de mí, y sé que es verdadero el testimonio que da de mí. Vosotros enviasteis mensajeros a Juan, y él ha dado testimonio en favor de la verdad. No es que yo dependa del testimonio de un hombre; si digo esto es para que vosotros os salvéis. Juan era la lámpara que ardía y brillaba, y vosotros quisisteis gozar un instante de su luz. Pero el testimonio que yo tengo es mayor que el de Juan: las obras que el Padre me ha concedido llevar a cabo, esas obras que hago dan testimonio de mí: que el Padre me ha enviado. Y el Padre que me envió, él mismo ha dado testimonio de mí. Nunca habéis escuchado su voz, ni visto su rostro, y su palabra no habita en vosotros, porque al que él envió no lo creéis. Estudiáis las Escrituras pensando encontrar en ellas vida eterna; pues ellas están dando testimonio de mí, ¡y no queréis venir a mí para tener vida! No recibo gloria de los hombres; además, os conozco y sé que el amor de Dios no está en vosotros. Yo he venido en nombre de mi Padre, y no me recibisteis; si otro viene en nombre propio, a ese sí lo recibiréis. ¿Cómo podréis creer vosotros, que aceptáis gloria unos de otros y no buscáis la gloria que viene del único Dios? No penséis que yo os voy a acusar ante el Padre, hay uno que os acusa: Moisés, en quien tenéis vuestra esperanza. Si creyerais a Moisés, me creeríais a mí, porque de mí escribió él. Pero, si no creéis en sus escritos, ¿cómo vais a creer en mis palabras?».

Creer en Dios es «practicarle». Señor, ayúdanos a creer en Él.

Ruperto; Lidia;
Bto. Francisco Faà
di Bruno

IV de Cuaresma
4ª del salterio
Sab 2,1a.12-22 /
Sal 33 /
Jn 7,1-2.10.25-30

Juan 7,1-2.10.25-30

En aquel tiempo, recorría Jesús Galilea, pues no quería andar por Judea porque los judíos trataban de matarlo. Se acercaba la fiesta judía de las Tiendas. Una vez que sus hermanos se hubieron marchado a la fiesta, entonces subió él también, no abiertamente, sino a escondidas. Entonces algunos que eran de Jerusalén dijeron: «¿No es este el que intentan matar? Pues mirad cómo habla abiertamente, y no le dicen nada. ¿Será que los jefes se han convencido de que este es el Mesías? Pero este sabemos de dónde viene, mientras que el Mesías, cuando llegue, nadie sabrá de dónde viene». Entonces Jesús, mientras enseñaba en el templo, gritó: «A mí me conocéis, y conocéis de dónde vengo. Sin embargo, yo no vengo por mi cuenta, sino que el Verdadero es el que me envía; a ese vosotros no lo conocéis; yo lo conozco, porque procedo de él y él me ha enviado». Entonces intentaban agarrarlo; pero nadie le pudo echar mano, porque todavía no había llegado su hora.

Jesús: libertad radical y signo de contradicción

Jesús es consciente de los diferentes posicionamientos que generan sus prácticas y su predicación y cómo en torno a él se va cerrando un círculo de acusaciones y críticas. Asume esta dimensión conflictiva del Evangelio buscando también estrategias. Por eso nos dice el texto que *subió a escondidas* a Jerusalén. Sin embargo, en todo momento y pese a los juicios y calumnias de los fariseos, anuncia el Evangelio con libertad y con la fuerza que le otorga su intimidad con el Padre, cuyo Amor es su origen y su horizonte. Esta experiencia es la que le lleva a estar en permanente comunicación con su *Abba* y transparentar en sus gestos y palabras proféticas el sueño de Dios para la humanidad herida. La libertad de Jesús, como la nuestra, tiene siempre consecuencias. ¿A qué consecuencias incómodas nos reta hoy la libertad del Evangelio?

Ayúdanos, Señor, a saber permanecer en fidelidad cuando afloran los conflictos y dificultades.

Sixto III; Gontrán; Doroteo; José Sebastián Pelczar; Esteban Harding

IV de Cuaresma
4ª del salterio
Jer 11,18-20 / Sal 7 / Jn 7,40-53

Juan 7,40-53

En aquel tiempo, algunos de entre la gente, que habían oído los discursos de Jesús, decían: «Este es de verdad el profeta». Otros decían: «Este es el Mesías». Pero otros decían: «¿Es que de Galilea va a venir el Mesías? ¿No dice la Escritura que el Mesías vendrá del linaje de David, y de Belén, el pueblo de David?». Y así surgió entre la gente una discordia por su causa. Algunos querían prenderlo, pero nadie le puso la mano encima. Los guardias del templo acudieron a los sumos sacerdotes y fariseos, y estos les dijeron: «¿Por qué no lo habéis traído?». Los guardias respondieron: «Jamás ha hablado nadie como ese hombre». Los fariseos les replicaron: «¿También vosotros os habéis dejado embaucar? ¿Hay algún jefe o fariseo que haya creído en él? Esa gente que no entiende de la ley son unos malditos». Nicodemo, el que había ido en otro tiempo a visitarlo y que era fariseo, les dijo: «¿Acaso nuestra ley permite juzgar a nadie sin escucharlo primero y averiguar lo que ha hecho?». Ellos le replicaron: «¿También tú eres galileo? Estudia y verás que de Galilea no salen profetas». Y se volvieron cada uno a su casa.

De Galilea no salen profetas

La profecía siempre es descalificada por el poder. La autoridad de Jesús desconcierta y escandaliza a quienes esperan a un Mesías al servicio de los intereses del *statu quo*. Sin embargo, es recibida como Buena Noticia por todos aquellos a los que el poder desprecia: los insignificantes, los excluidos y excluidas. Jesús conoce de cerca sus sufrimientos y anhelos. Sus palabras, su forma de relacionarse y actuar constituyen para sus vidas un gran aliento. Sin embargo, donde unos leen esperanza, otros interpretan ignorancia y desprecio. Para los ojos del poder de un lugar empobrecido como era Galilea no se podía esperar nada bueno, como sucede hoy ante la realidad de las periferias. Pero la lógica de Dios es bien distinta y su corazón se inclina perdidamente por todo lo que no tiene apariencia. Desde esas realidades despreciadas hace emerger la profecía de lo inédito: *la salvación que nace desde abajo*.

Eustasio; Jonás; Mácula; Pastor; Gladys y Gundleus

1ª del salterio
Ez 37,12-14 / Sal 129 / Rom 8,8-11 / Jn 11,1-45 / (breve: Jn 11,3-7. 17.20-27.33b-45)

Ezequiel 37,12-14

Esto dice el Señor Dios: «Yo mismo abriré vuestros sepulcros, y os sacaré de ellos, pueblo mío, y os llevaré a la tierra de Israel. Y cuando abra vuestros sepulcros y os saque de ellos, pueblo mío, comprenderéis que soy el Señor. Pondré mi espíritu en vosotros y viviréis; os estableceré en vuestra tierra y comprenderéis que yo, el Señor, lo digo y lo hago –oráculo del Señor–».

Salmo 129,1b-2,3-4.5-7ab.7cd-8

R. Del Señor viene la misericordia, la redención copiosa.

Romanos 8,8-11

Hermanos: Los que están en la carne no pueden agradar a Dios. Pero vosotros no estáis en la carne, sino en el Espíritu, si es que el Espíritu de Dios habita en vosotros; en cambio, si alguien no posee el Espíritu de Cristo no es de Cristo. Pero si Cristo está en vosotros, el cuerpo está muerto por el pecado, pero el espíritu vive por la justicia. Y si el Espíritu del que resucitó a Jesús de entre los muertos habita en vosotros, el que resucitó de entre los muertos a Cristo Jesús también dará vida a vuestros cuerpos mortales, por el mismo Espíritu que habita en vosotros.

Juan 11,3-7.17.20-27.33b-45 (breve)

En aquel tiempo, las hermanas de Lázaro le mandaron recado a Jesús diciendo: «Señor, el que tú amas está enfermo». Jesús, al oírlo, dijo: «Esta enfermedad no es para la muerte, sino que servirá para la gloria de Dios, para que el Hijo de Dios sea glorificado por ella». Jesús amaba a Marta, a su hermana y a Lázaro. Cuando se enteró de que estaba enfermo se quedó todavía dos días donde estaba. Solo entonces dijo a sus discípulos: «Vamos otra vez a Judea». Cuando

Jesús llegó, Lázaro llevaba ya cuatro días enterrado. Cuando Marta se enteró de que llegaba Jesús, salió a su encuentro, mientras María se quedó en casa. Y dijo Marta a Jesús: «Señor, si hubieras estado aquí no habría muerto mi hermano. Pero aún ahora sé que todo lo que pidas a Dios, Dios te lo concederá». Jesús le dijo: «Tu hermano resucitará». Marta respondió: «Sé que resucitará en la resurrección en el último día». Jesús le dijo: «Yo soy la resurrección y la vida: el que cree en mí, aunque haya muerto, vivirá; y el que está vivo y cree en mí, no morirá para siempre. ¿Crees esto?». Ella le contestó: «Sí, Señor: yo creo que tú eres el Cristo, el Hijo de Dios, el que tenía que venir al mundo». Jesús se conmovió en su espíritu, se estremeció y preguntó: «¿Dónde lo habéis enterrado?». Le contestaron: «Señor, ven a verlo». Jesús se echó a llorar. Los judíos comentaban: «¡Cómo lo quería!». Pero algunos dijeron: «Y uno que le ha abierto los ojos a un ciego, ¿no podía haber impedido que este muriera?». Jesús, conmovido de nuevo en su interior, llegó a la tumba. Era una cavidad cubierta con una losa. Dijo Jesús: «Quitad la losa». Marta, la hermana del muerto, le dijo: «Señor, ya huele mal porque lleva cuatro días». Jesús le replicó: «¿No te he dicho que si crees verás la gloria de Dios?». Entonces quitaron la losa. Jesús, levantando los ojos a lo alto, dijo: «Padre, te doy gracias porque me has escuchado; yo sé que tú me escuchas siempre; pero lo digo por la gente que me rodea, para que crean que tú me has enviado». Y dicho esto, gritó con voz potente: «Lázaro, sal afuera». El muerto salió, los pies y las manos atados con vendas, y la cara envuelta en un sudario. Jesús les dijo: «Desatadlo y dejadlo andar». Y muchos judíos que habían venido a casa de María, al ver lo que había hecho Jesús, creyeron en él.

La fe nos ayuda a rescatar la vida en cada circunstancia. Señor, que estemos dispuestos.

Nª Sra. de la Estrella;
Juan Clímaco;
Bautista Spagnoli;
Ludovico da Casoria

V de Cuaresma
1ª del salterio
Dan 13,1-9. 15-17.19-30. 33-62 (breve: Dan 13,41c-62) / Sal 22 / Jn 8,1-11

Juan 8,1-11

En aquel tiempo, Jesús se retiró al monte de los Olivos. Al amanecer se presentó de nuevo en el templo, y todo el pueblo acudía a él, y, sentándose, les enseñaba. Los escribas y los fariseos le traen una mujer sorprendida en adulterio, y, colocándola en medio, le dijeron: «Maestro, esta mujer ha sido sorprendida en flagrante adulterio. La ley de Moisés nos manda apedrear a las adúlteras; tú, ¿qué dices?». Le preguntaban esto para comprometerlo y poder acusarlo. Pero Jesús, inclinándose, escribía con el dedo en el suelo. Como insistían en preguntarle, se incorporó y les dijo: «El que esté sin pecado, que le tire la primera piedra». E inclinándose otra vez, siguió escribiendo. Ellos, al oírlo, se fueron escabullendo uno a uno, empezando por los más viejos. Y quedó solo Jesús, con la mujer en medio, que seguía allí delante. Jesús se incorporó y le preguntó: «Mujer, ¿dónde están tus acusadores?; ¿ninguno te ha condenado?». Ella contestó: «Ninguno, Señor». Jesús dijo: «Tampoco yo te condeno. Anda, y en adelante no peques más».

Jesús no es machista

El machismo y la violencia contra las mujeres son una constante en la historia de la humanidad y en las religiones, aunque también en el interior de las mismas existen tradiciones proféticas que denuncian con fuerza la condena por parte de Dios de estas realidades. Jesús de Nazaret no es *machista.* Su sensibilidad ante el sufrimiento, la exclusión y la violencia contra las mujeres aparece en todos los evangelios con diferentes matices y tonalidades, pero es especialmente en el evangelio de Juan donde lo hace con más fuerza e intencionalidad. El texto de *la adúltera* es una buena muestra de ello. Jesús rechaza la hipocresía moral de leyes y comportamientos que condenan a las mujeres y disculpan a los varones, posicionándose a favor de las primeras. La práctica de Jesús ante este hecho resulta tan transgresora que su canonicidad estuvo bajo sospecha. Sin embargo, el compromiso de la Iglesia con las mujeres frente a toda forma de violencia y discriminación contra ellas sigue siendo una asignatura pendiente para la Iglesia. ¿Qué pasos podemos dar en nuestras comunidades cristianas hacia una mayor solidaridad con ellas?

Juan 8,21-30

En aquel tiempo, dijo Jesús a los fariseos: «Yo me voy y me buscaréis, y moriréis por vuestro pecado. Donde yo voy no podéis venir vosotros». Y los judíos comentaban: «¿Será que va a suicidarse, y por eso dice: "Donde yo voy no podéis venir vosotros"?». Y él les dijo: «Vosotros sois de aquí abajo, yo soy de allá arriba: vosotros sois de este mundo, yo no soy de este mundo. Con razón os he dicho que moriréis en vuestros pecados: pues, si no creéis que "Yo soy", moriréis en vuestros pecados». Ellos le decían: «¿Quién eres tú?». Jesús les contestó: «Lo que os estoy diciendo desde el principio. Podría decir y condenar muchas cosas en vosotros; pero el que me ha enviado es veraz, y yo comunico al mundo lo que he aprendido de él». Ellos no comprendieron que les hablaba del Padre. Y entonces dijo Jesús: «Cuando levantéis en alto al Hijo del hombre, sabréis que "Yo soy", y que no hago nada por mi cuenta, sino que hablo como el Padre me ha enseñado. El que me envió está conmigo, no me ha dejado solo; porque yo hago siempre lo que le agrada». Cuando les exponía esto, muchos creyeron en él.

El que me envió está conmigo

La experiencia de comunión de Jesús con su *Abba* nos hace *hijos e hijas en el Hijo* y nos envía a ser testigos de ella en nuestros contextos fragmentados y heridos por la violencia, la falta de horizonte, la injusticia, el desamor o el sufrimiento. Pero no hay comunión sin participación, sin sentirnos parte de un misterio mayor de Amor que nos incluye a toda la humanidad y creación, respetando nuestras originalidades y diferencias. Por eso la comunión no es algo estático sino dinámico. Exige vivir a la escucha del latido del Espíritu en nuestro propio corazón y en toda la realidad para descubrirla portadora de posibilidades inéditas, a veces incluso en las propias experiencias límite, como le sucedió a Jesús. Para ello necesitamos como él vivir atentos y atentas al latido de su Palabra en el propio corazón y en los acontecimientos, no hacer nada por nuestra cuenta, sino en permanente identificación con su persona y su proyecto de liberación. Así experimentaremos que *el que nos envió está con nosotros.*

Nª Sra. de la Caridad; Tomás de Tolentino; Celso; Hugo de Grenoble; Ludovico Pavoni

V de Cuaresma
1ª del salterio
Dan 3,14-20. 91-92.95 / Sal Dan 3,52a-56a / Jn 8,31-42

Juan 8,31-42

En aquel tiempo, dijo Jesús a los judíos que habían creído en él: «Si permanecéis en mi palabra, seréis de verdad discípulos míos; conoceréis la verdad, y la verdad os hará libres». Le replicaron: «Somos linaje de Abrahán y nunca hemos sido esclavos de nadie. ¿Cómo dices tú: "Seréis libres"?». Jesús les contestó: «En verdad, en verdad os digo: todo el que comete pecado es esclavo. El esclavo no se queda en la casa para siempre, el hijo se queda para siempre. Y si el Hijo os hace libres, seréis realmente libres. Ya sé que sois linaje de Abrahán; sin embargo, tratáis de matarme, porque mi palabra no cala en vosotros. Yo hablo de lo que he visto junto a mi Padre, pero vosotros hacéis lo que le habéis oído a vuestro padre». Ellos replicaron: «Nuestro padre es Abrahán». Jesús les dijo: «Si fuerais hijos de Abrahán, haríais lo que hizo Abrahán. Sin embargo, tratáis de matarme a mí, que os he hablado de la verdad que le escuché a Dios; y eso no lo hizo Abrahán. Vosotros hacéis lo que hace vuestro padre». Le replicaron: «Nosotros no somos hijos de prostitución; tenemos un solo padre: Dios». Jesús les contestó: «Si Dios fuera vuestro padre, me amaríais, porque yo salí de Dios, y he venido. Pues no he venido por mi cuenta, sino que él me envió».

Danos, Señor, tu capacidad de discernimiento y libertad ante tanta mentira con pretensión de verdad como nos rodea.

abril

S. Francisco de Paula, c.
María Egipciaca; Abundio; Juan Payne; Francisco Coll

V de Cuaresma
1ª del salterio
Gén 17,3-9 /
Sal 104 /
Jn 8,51-59

Juan 8,51-59

En aquel tiempo, dijo Jesús a los judíos: «En verdad, en verdad os digo: quien guarda mi palabra no verá la muerte para siempre». Los judíos le dijeron: «Ahora vemos claro que estás endemoniado; Abrahán murió, los profetas también, ¿y tú dices: "Quien guarde mi palabra no gustará la muerte para siempre"? ¿Eres tú más que nuestro padre Abrahán, que murió? También los profetas murieron, ¿por quién te tienes?». Jesús contestó: «Si yo me glorificara a mí mismo, mi gloria no valdría nada. El que me glorifica es mi Padre, de quien vosotros decís: "Es nuestro Dios", aunque no lo conocéis. Yo sí lo conozco, y si dijera "No lo conozco" sería, como vosotros, un embustero; pero yo lo conozco y guardo su palabra. Abrahán, vuestro padre, saltaba de gozo pensando ver mi día; lo vio, y se llenó de alegría». Los judíos le dijeron: «No tienes todavía cincuenta años, ¿y has visto a Abrahán?». Jesús les dijo: «En verdad, en verdad os digo: antes de que Abrahán existiera, yo soy». Entonces cogieron piedras para tirárselas, pero Jesús se escondió y salió del templo.

Guardar la Palabra

Nuevamente contrasta la libertad de Jesús y su mensaje con la incredulidad y polémica que representan las instituciones de Israel. El encuentro es imposible porque los diálogos se dan continuamente en paralelo y desde distintos paradigmas. El paradigma de Jesús es el de *la libertad y la misericordia,* y el de las instituciones es el de *la ley y las tradiciones* interpretadas al servicio de sus propios intereses. Jesús no busca el conflicto pero se encuentra con él ante la dureza y el blindaje autodefensivo de las mismas. Jesús les dice claramente que no conocen a Dios, porque conocer a Dios es ser cauce de su misericordia reproduciéndola en el aquí y el ahora de cada momento histórico. Conocer a Dios no es cuestión de argumentos o *teologías sofisticadas.* El conocimiento de Dios se adquiere por *entrañabilidad* con su Palabra encarnada en la historia. Conocer a Dios es practicarle. Por eso *guarda su Palabra* quien la compromete y arriesga en el amor como Jesús.

José el Himnógrafo; Sixto I; Luis Scrosoppi; Btos. Ezequiel y Salvador Huerta

V de Cuaresma
1ª del salterio
Jer 20,10-13 / Sal 17 / Jn 10,31-42

Juan 10,31-42

En aquel tiempo, los judíos agarraron piedras para apedrear a Jesús. Él les replicó: «Os he hecho ver muchas obras buenas por encargo de mi Padre: ¿por cuál de ellas me apedreáis?». Los judíos le contestaron: «No te apedreamos por una obra buena, sino por una blasfemia: porque tú, siendo un hombre, te haces Dios». Jesús les replicó: «¿No está escrito en vuestra ley: "Yo os digo: sois dioses"? Si la Escritura llama dioses a aquellos a quienes vino la palabra de Dios, y no puede fallar la Escritura, a quien el Padre consagró y envió al mundo, ¿decís vosotros: "¡Blasfemas!" porque he dicho: "Soy Hijo de Dios"? Si no hago las obras de mi Padre, no me creáis, pero si las hago, aunque no me creáis a mí, creed a las obras, para que comprendáis y sepáis que el Padre está en mí, y yo en el Padre». Intentaron de nuevo detenerlo, pero se les escabulló de las manos. Se marchó de nuevo al otro lado del Jordán, al lugar donde antes había bautizado Juan, y se quedó allí. Muchos acudieron a él y decían: «Juan no hizo ningún signo; pero todo lo que Juan dijo de este era verdad». Y muchos creyeron en él allí.

Hacer las obras del Padre

El Dios *todo misericordia* que revela Jesús con sus obras y palabras es un escándalo y una amenaza para quienes hacen un Dios a medida de sus intereses o los de su grupo. Por eso el círculo en torno a Jesús se va cerrando cada vez más y su vida va estando progresivamente amenazada. Su identificación con el Padre y su proyecto de solidaridad amorosa desde abajo, hasta el punto de proclamar: *«El Padre está en mí y yo en Él»,* le convierten en blasfemo ante la mirada juzgadora de los representantes del templo. La Buena Nueva que inaugura Jesús es que no hay más templo que su cuerpo: *Aquel al que el Padre consagró.* El culto cristiano se realiza en el ejercicio del mandamiento del Amor y en la vivencia de las Bienaventuranzas y su templo es la encarnación de Dios en la *projimidad* humana y en toda la creación.

Benito Africano; Ambrosio; Telmo; Cayetano Catanoso

V de Cuaresma
1ª del salterio
Ez 37,21-28 /
Sal Jer 31,10-13 /
Jn 11,45-57

Juan 11,45-57

En aquel tiempo, muchos judíos que habían venido a casa de María, al ver lo que había hecho Jesús, creyeron en él. Pero algunos acudieron a los fariseos y les contaron lo que había hecho Jesús. Los sumos sacerdotes y los fariseos convocaron el Sanedrín y dijeron: «¿Qué hacemos? Este hombre hace muchos signos. Si lo dejamos seguir, todos creerán en él, y vendrán los romanos y nos destruirán el lugar santo y la nación». Uno de ellos, Caifás, que era sumo sacerdote aquel año, les dijo: «Vosotros no entendéis ni palabra; no comprendéis que os conviene que uno muera por el pueblo, y que no perezca la nación entera». Esto no lo dijo por propio impulso, sino que, por ser sumo sacerdote aquel año, habló proféticamente, anunciando que Jesús iba a morir por la nación; y no solo por la nación, sino también para reunir a los hijos de Dios dispersos. Y aquel día decidieron darle muerte. Por eso Jesús ya no andaba públicamente entre los judíos, sino que se retiró a la región vecina al desierto, a una ciudad llamada Efraín, y pasaba allí el tiempo con los discípulos. Se acercaba la Pascua de los judíos, y muchos de aquella región subían a Jerusalén, antes de la Pascua, para purificarse. Buscaban a Jesús y, estando en el templo, se preguntaban: «¿Qué os parece? ¿Vendrá a la fiesta?». Los sumos sacerdotes y fariseos habían mandado que el que se enterase de dónde estaba les avisara para prenderlo.

Conocer a Dios es ser cauce de su misericordia en el aquí y el ahora de nuestro mundo. Señor, que practiquemos tu misericordia.

Vicente Ferrer;
Juliana de Cornillon;
Emilia; Palmira; Bto.
Mariano de la Mata

2ª del salterio
Is 50,4-7 / Sal 21 /
Flp 2,6-11 /
Mt 26,14–27,66
(breve: Mt 27,
11-54)

Isaías 50,4-7

El Señor Dios me ha dado una lengua de discípulo; para saber decir al abatido una palabra de aliento. Cada mañana me espabila el oído, para que escuche como los discípulos. El Señor Dios me abrió el oído; yo no resistí ni me eché atrás. Ofrecí la espalda a los que me golpeaban, las mejillas a los que mesaban mi barba; no escondí el rostro ante ultrajes y salivazos. El Señor Dios me ayuda, por eso no sentía los ultrajes; por eso endurecí el rostro como pedernal, sabiendo que no quedaría defraudado.

Salmo 21,8-9.17-18a.19-20.23-24

R. Dios mío, Dios mío, ¿por qué me has abandonado?

Filipenses 2,6-11

Cristo Jesús, siendo de condición divina, no retuvo ávidamente el ser igual a Dios; al contrario, se despojó de sí mismo tomando la condición de esclavo, hecho semejante a los hombres. Y así, reconocido como hombre por su presencia, se humilló a sí mismo, hecho obediente hasta la muerte, y una muerte de cruz. Por eso Dios lo exaltó sobre todo y le concedió el Nombre-sobre-todo-nombre; de modo que al nombre de Jesús toda rodilla se doble en el cielo, en la tierra, en el abismo, y toda lengua proclame: Jesucristo es Señor, para gloria de Dios Padre.

Mateo 27,11-54 (breve)

C. En aquel tiempo, Jesús fue llevado ante el gobernador Poncio Pilato, y este le preguntó: S. «¿Eres tú el rey de los judíos?». C. Jesús respondió: ✠ «Tú lo dices». C. Y, mientras lo acusaban, los sumos sacerdotes y los ancianos no contestaba nada. Entonces Pilato le preguntó: S. «¿No oyes cuántos cargos presentan contra ti?». C. Como no contestaba a ninguna pregunta, el gobernador estaba muy extrañado. Por la fiesta, el gobernador solía liberar un preso, el que la gente quisiera. Tenía entonces un preso famoso, llamado Barrabás. Cuando la gente acudió, dijo Pilato: S. «¿A quién queréis que os suelte, a Barrabás o a Jesús, a quien llaman el Mesías?». C. Pues sabía que se lo habían entregado por envidia. Y, mientras estaba sentado en el tribunal, su mujer le mandó a decir: S. «No te metas con ese justo porque esta noche he sufrido mucho soñando con él». C. Pero los sumos sacerdotes y los ancianos convencieron a la gente para que pidieran la libertad de Barrabás y la muerte de Jesús. El gobernador preguntó: S. «¿A cuál de los dos queréis que os suelte?». C. Ellos dijeron: S. «A Barrabás». C. Pilato les preguntó: S. «¿Y qué hago con Jesús, llamado el Mesías?». C. Contestaron todos: S. «Sea crucificado». C. Pilato insistió: S. «Pues, ¿qué mal ha hecho?». C. Pero ellos gritaban más fuerte: S. «¡Sea crucificado!». C. Al ver Pilato que todo era inútil y que, al contrario, se estaba formando un tumulto, tomó agua y se lavó las manos ante la gente, diciendo: S. «Soy inocente de esta sangre. ¡Allá vosotros!». C. Todo el pueblo contestó: S. «¡Caiga su sangre sobre nosotros y sobre nuestros hijos!». C. Entonces les soltó a Barrabás; y a Jesús, después de azotarlo, lo entregó para que lo crucificaran. Entonces los soldados del gobernador se llevaron a Jesús al pretorio y reunieron alrededor de él a toda la cohorte: lo desnudaron y le pusieron un manto de color púrpura y, trenzando una corona de espinas, se la ciñeron a la cabeza y le pusieron una caña en la mano derecha. Y, doblando ante él la rodilla, se burlaban de él diciendo: S. «¡Salve, rey de los judíos!». C. Luego le escupían, le quitaban la caña y le golpeaban con ella la cabeza. Y, terminada la burla, le quitaron el manto, le pusieron su ropa y lo llevaron a crucificar. Al salir, encontraron a un hombre de Cirene, llamado Simón, y lo forzaron a llevar su cruz. Cuando llegaron al lugar llamado Gólgota (que quiere decir lugar de «la Calavera»), le dieron a beber vino mezclado con hiel; él lo probó, pero no quiso beberlo. Después de crucificarlo, se repartieron su ropa echándola a suertes y luego se sentaron a custodiarlo. Encima de la cabeza colocaron un letrero con la acusación: «Este es Jesús, el rey de los judíos». Crucificaron con él a dos bandidos, uno a la derecha y otro a la izquierda. Los que pasaban, lo injuriaban, y, meneando la cabeza, decían: **S.** «Tú que destruyes el templo y lo reconstruyes en tres días, sálvate a ti mismo; si eres Hijo de Dios, baja de la cruz». **C.** Igualmente los sumos sacerdotes con los escribas y los ancianos se burlaban también diciendo: **S.** «A otros ha salvado y él no se puede salvar. ¡Es el Rey de Israel!, que baje ahora de la cruz y le creeremos. Confió en Dios, que lo libre si es que lo ama, pues dijo: "Soy Hijo de Dios"». **C.** De la misma manera los bandidos que estaban crucificados con él lo insultaban. Desde la hora sexta hasta la hora nona vinieron tinieblas sobre toda la tierra. A la hora nona, Jesús gritó con voz potente: ✠ «Elí, Elí, lemá sabaqtaní?». **C.** (Es decir: ✠ «Dios mío, Dios mío, ¿por qué me has abandonado?»). **C.** Al oírlo algunos de los que estaban allí dijeron: **S.** «Está llamando a Elías». **C.** Enseguida uno de ellos fue corriendo, cogió una esponja empapada en vinagre y, sujetándola en una caña, le dio de beber. Los demás decían: **S.** «Déjalo, a ver si viene Elías a salvarlo». **C.** Jesús, gritando de nuevo con voz potente, exhaló el espíritu. Entonces el velo del templo se rasgó en dos de arriba abajo; la tierra tembló, las rocas se resquebrajaron, las tumbas se abrieron y muchos cuerpos de santos que habían muerto resucitaron y, saliendo de las tumbas después que él resucitó, entraron en la ciudad santa y se aparecieron a muchos. El centurión y sus hombres, que custodiaban a Jesús, al ver el terremoto y lo que pasaba, dijeron aterrorizados: **S.** «Verdaderamente este era Hijo de Dios».

Señor, que amemos, hasta el extremo como Jesús.

Juan 12,1-11

Celestino I;
Bta. Pierina Morosini;
Bto. Ceferino Agostini

2ª del salterio
Is 42,1-7 /
Sal 26 /
Jn 12,1-11

Seis días antes de la Pascua, fue Jesús a Betania, donde vivía Lázaro, a quien había resucitado de entre los muertos. Allí le ofrecieron una cena; Marta servía, y Lázaro era uno de los que estaban con él a la mesa. María tomó una libra de perfume de nardo, auténtico y costoso, le ungió a Jesús los pies y se los enjugó con su cabellera. Y la casa se llenó de la fragancia del perfume. Judas Iscariote, uno de sus discípulos, el que lo iba a entregar, dice: «¿Por qué no se ha vendido este perfume por trescientos denarios para dárselos a los pobres?». Esto lo dijo no porque le importasen los pobres, sino porque era un ladrón; y como tenía la bolsa, se llevaba de lo que iban echando. Jesús dijo: «Déjala; lo tenía guardado para el día de mi sepultura; porque a los pobres los tenéis siempre con vosotros, pero a mí no siempre me tenéis». Una muchedumbre de judíos se enteró de que estaba allí y fueron no solo por Jesús, sino también para ver a Lázaro, al que había resucitado de entre los muertos. Los sumos sacerdotes decidieron matar también a Lázaro, porque muchos judíos, por su causa, se les iban y creían en Jesús.

Perfume y desmesura del Amor

Betania es el lugar de la amistad. El lugar donde Jesús repara fuerzas y aliento para enfrentar la densidad de los acontecimientos que la conflictividad de su menaje y su vida están generando. Es el lugar de la cena compartida y los gestos cuando las palabras se vuelven impotentes para decir lo que el corazón siente. Es en este contexto donde María va a ungir los pies de Jesús con un perfume valioso, como valiosa es la vida de Jesús para las mujeres y los pobres. En él se han sentido reconocidos y reconocidas como hijos e hijas de Dios y alcanzados por su justica y su misericordia. El gesto desmesurado de María de ungir los pies de Jesús con perfume y con sus caricias expresa también simbólicamente la desmesura del Amor de Jesús hasta el extremo. Pero no todos entienden este *lenguaje,* sino que se resisten a él y quedan escandalizados como Judas, a quien la lógica del cálculo le impide reconocer que el Evangelio es pura gratuidad.

Santo
Juan Bautista de la Salle; Afraates; Donato y Rufino; Enrique Walpole

2ª del salterio
Is 49,1-6 /
Sal 70 /
Jn 13,21-33.36-38

Juan 13,21-33.36-38

En aquel tiempo, estando Jesús a la mesa con sus discípulos, se turbó en su espíritu y dio testimonio diciendo: «En verdad, en verdad os digo: uno de vosotros me va a entregar». Los discípulos se miraron unos a otros perplejos, por no saber de quién lo decía. Uno de ellos, el que Jesús amaba, estaba reclinado a la mesa en el seno de Jesús. Simón Pedro le hizo señas para que averiguase por quién lo decía. Entonces él, apoyándose en el pecho de Jesús, le preguntó: «Señor, ¿quién es?». Le contestó Jesús: «Aquel a quien yo le dé este trozo de pan untado». Y, untando el pan, se lo dio a Judas, hijo de Simón el Iscariote. Detrás del pan, entró en él Satanás. Entonces Jesús le dijo: «Lo que vas a hacer, hazlo pronto». Ninguno de los comensales entendió a qué se refería. Como Judas guardaba la bolsa, algunos suponían que Jesús le encargaba comprar lo necesario para la fiesta o dar algo a los pobres. Judas, después de tomar el pan, salió inmediatamente. Era de noche. Cuando salió, dijo Jesús: «Ahora es glorificado el Hijo del hombre, y Dios es glorificado en él. Si Dios es glorificado en él, también Dios lo glorificará en sí mismo: pronto lo glorificará. Hijitos, me queda poco de estar con vosotros. Me buscaréis, pero lo que dije a los judíos os lo digo ahora a vosotros: "Donde yo voy no podéis venir vosotros"». Simón Pedro le dijo: «Señor, ¿adónde vas?». Jesús le respondió: «Adonde yo voy no me puedes seguir ahora, me seguirás más tarde». Pedro replicó: «Señor, ¿por qué no puedo seguirte ahora? Daré mi vida por ti». Jesús le contestó: «¿Conque darás tu vida por mí? En verdad, en verdad te digo: no cantará el gallo antes de que me hayas negado tres veces».

Necesitamos aprender a perdonarnos a nosotros mismos como nos perdona Jesús. Señor, con tu ayuda lo lograremos.

Mateo 26,14-25

En aquel tiempo, uno de los Doce, llamado Judas Iscariote, fue a los sumos sacerdotes y les propuso: «¿Qué estáis dispuestos a darme si os lo entrego?». Ellos se ajustaron con él en treinta monedas de plata. Y desde entonces andaba buscando ocasión propicia para entregarlo. El primer día de los Ácimos se acercaron los discípulos a Jesús y le preguntaron: «¿Dónde quieres que te preparemos la cena de Pascua?». Él contestó: «Id a la ciudad, a casa de quien vosotros sabéis, y decidle: "El Maestro dice: mi hora está cerca; voy a celebrar la Pascua en tu casa con mis discípulos"». Los discípulos cumplieron las instrucciones de Jesús y prepararon la Pascua. Al atardecer se puso a la mesa con los Doce. Mientras comían dijo: «En verdad os digo que uno de vosotros me va a entregar». Ellos, muy entristecidos, se pusieron a preguntarle uno tras otro: «¿Soy yo acaso, Señor?». Él respondió: «El que ha metido conmigo la mano en la fuente, ese me va a entregar. El Hijo del hombre se va como está escrito de él; pero, ¡ay de aquel por quien el Hijo del hombre es entregado!, ¡más le valdría a ese hombre no haber nacido!». Entonces preguntó Judas, el que lo iba a entregar: «¿Soy yo acaso, Maestro?». Él respondió: «Tú lo has dicho».

Vender la conciencia

La vida no es un negocio ni las personas tienen precio. La pregunta de Judas a los sumos sacerdotes: *¿Qué me dais si os lo entrego?* se dirige también a nosotros y nosotras hoy. ¿A cambio de qué intereses vendemos hoy nuestra conciencia y los valores evangélicos que profesamos? El capitalismo reduce a mercado y negocio la vida y tiene también su propio credo: *fuera del mercado no hay salvación*. Por eso instrumentaliza a las personas anteponiendo el lucro a su dignidad. Pero la lógica del Evangelio es bien distinta. Nadie puede ser descartable. La radical dignidad del ser humano le viene de su ser criatura a imagen y semejanza de Dios, y ello comporta también que hay derechos, como dice el papa Francisco, que son sagrados: tierra, techo y trabajo, y no se puede confundir valor y precio.

9

jueves

Santo en la Cena del Señor

Casilda; María Cleofé; Demetrio; Bta. Lindalva Justo de Oliveira

Oficio de feria (prop. a partir de Visp.)
Éx 12,1-8.11-14 / Sal 115 / 1Cor 11, 23-26 / Jn 13,1-15

DÍA DEL AMOR FRATERNO

Juan 13,1-15

Antes de la fiesta de la Pascua, sabiendo Jesús que había llegado su hora de pasar de este mundo al Padre, habiendo amado a los suyos que estaban en el mundo, los amó hasta el extremo. Estaban cenando; ya el diablo había suscitado en el corazón de Judas, hijo de Simón Iscariote, la intención de entregarlo; y Jesús, sabiendo que el Padre había puesto todo en sus manos, que venía de Dios y a Dios volvía, se levanta de la cena, se quita el manto y, tomando una toalla, se la ciñe; luego echa agua en la jofaina y se pone a lavarles los pies a los discípulos, secándoselos con la toalla que se había ceñido. Llegó a Simón Pedro, y este le dice: «Señor, ¿lavarme los pies tú a mí?». Jesús le replicó: «Lo que yo hago, tú no lo entiendes ahora, pero lo comprenderás más tarde». Pedro le dice: «No me lavarás los pies jamás». Jesús le contestó: «Si no te lavo, no tienes parte conmigo». Simón Pedro le dice: «Señor, no solo los pies, sino también las manos y la cabeza». Jesús le dice: «Uno que se ha bañado no necesita lavarse más que los pies, porque todo él está limpio. También vosotros estáis limpios, aunque no todos». Porque sabía quién lo iba a entregar, por eso dijo: «No todos estáis limpios». Cuando acabó de lavarles los pies, tomó el manto, se lo puso otra vez y les dijo: «¿Comprendéis lo que he hecho con vosotros? Vosotros me llamáis "el Maestro" y "el Señor", y decís bien, porque lo soy. Pues si yo, el Maestro y el Señor, os he lavado los pies, también vosotros debéis lavaros los pies unos a otros: os he dado ejemplo para que lo que yo he hecho con vosotros, vosotros también lo hagáis».

Señor, que vivamos la diaconía del Evangelio al modo de Jesús.

Santo en la Pasión del Señor

Ezequiel; Miguel de los Santos; Pompeyo, Terencio y Africano

Oficio propio

Is 52,13–53,12 / Sal 30 / Heb 4, 14-16; 5,7-9 / Jn 18,1–19,42

Juan 18,1–19,42

C. En aquel tiempo, salió Jesús con sus discípulos al otro lado del torrente Cedrón, donde había un huerto, y entraron allí él y sus discípulos. Judas, el que lo iba a entregar, conocía también el sitio, porque Jesús se reunía a menudo allí con sus discípulos. Judas entonces, tomando una cohorte y unos guardias de los sumos sacerdotes y de los fariseos, entró allá con faroles, antorchas y armas. Jesús, sabiendo todo lo que venía sobre él, se adelantó y les dijo: ✠ «¿A quién buscáis?». C. Le contestaron: S. «A Jesús, el Nazareno». C. Les dijo Jesús: ✠ «Yo soy». C. Estaba también con ellos Judas, el que lo iba a entregar. Al decirles: «Yo soy», retrocedieron y cayeron a tierra. Les preguntó otra vez: ✠ «¿A quién buscáis?». C. Ellos dijeron: S. «A Jesús, el Nazareno». C. Jesús contestó: ✠ «Os he dicho que soy yo. Si me buscáis a mí, dejad marchar a estos». C. Y así se cumplió lo que había dicho: «No he perdido a ninguno de los que me diste». Entonces Simón Pedro, que llevaba una espada, la sacó e hirió al criado del sumo sacerdote, cortándole la oreja derecha. Este criado se llamaba Malco. Dijo entonces Jesús a Pedro: ✠ «Mete la espada en la vaina. El cáliz que me ha dado mi Padre, ¿no lo voy a beber?». C. La cohorte, el tribuno y los guardias de los judíos prendieron a Jesús, lo ataron y lo llevaron primero a Anás, porque era suegro de Caifás, sumo sacerdote aquel año; Caifás era el que había dado a los judíos este consejo: «Conviene que muera un solo hombre por el pueblo». Simón Pedro y otro discípulo seguían a Jesús. Este discípulo era conocido del sumo sacerdote y entró con Jesús en el palacio del sumo sacerdote, mientras Pedro se quedó fuera a la puerta. Salió el otro discípulo, el conocido del sumo sacerdote, habló a la portera e hizo entrar a Pedro. La criada portera dijo entonces a Pedro: S. «¿No eres tú también de los discípulos de ese hombre?». C. Él dijo: S. «No lo soy». C. Los criados y los guardias habían encendido un brasero, porque hacía frío, y se calentaban. También Pedro estaba con ellos de pie, calentándose. El sumo sacerdote interrogó a Jesús acerca de sus discípulos y de su doctrina. Jesús le contestó: ✠ «Yo he hablado abiertamente al mundo; yo he enseñado continuamente en la sinagoga y en el templo, donde se reúnen todos los judíos, y no he dicho nada a escondidas. ¿Por qué me preguntas a mí? Pregunta a los que me han oído de qué les he hablado.

Ellos saben lo que yo he dicho». C. Apenas dijo esto, uno de los guardias que estaba allí le dio una bofetada a Jesús, diciendo: S. «¿Así contestas al sumo sacerdote?». C. Jesús respondió: ✠ «Si he faltado al hablar, muestra en qué he faltado; pero si he hablado como se debe, ¿por qué me pegas?». C. Entonces Anás lo envió atado a Caifás, sumo sacerdote. Simón Pedro estaba de pie, calentándose, y le dijeron: S. «¿No eres tú también de sus discípulos?». C. Él lo negó, diciendo: S. «No lo soy». C. Uno de los criados del sumo sacerdote, pariente de aquel a quien Pedro le cortó la oreja, le dijo: S. «¿No te he visto yo en el huerto con él?». C. Pedro volvió a negar, y enseguida cantó un gallo. Llevaron a Jesús de casa de Caifás al pretorio. Era el amanecer, y ellos no entraron en el pretorio para no incurrir en impureza y poder así comer la Pascua. Salió Pilato afuera, adonde estaban ellos, y dijo: S. «¿Qué acusación presentáis contra este hombre?». C. Le contestaron: S. «Si este no fuera un malhechor, no te lo entregaríamos». C. Pilato les dijo: S. «Lleváoslo vosotros y juzgadlo según vuestra ley». C. Los judíos le dijeron: S. «No estamos autorizados para dar muerte a nadie». C. Y así se cumplió lo que había dicho Jesús, indicando de qué muerte iba a morir. Entró otra vez Pilato en el pretorio, llamó a Jesús y le dijo: S. «¿Eres tú el rey de los judíos?». C. Jesús le contestó: ✠ «¿Dices eso por tu cuenta o te lo han dicho otros de mí?». C. Pilato replicó: S. «¿Acaso soy yo judío? Tu gente y los sumos sacerdotes te han entregado a mí; ¿qué has hecho?». C. Jesús le contestó: ✠ «Mi reino no es de este mundo. Si mi reino fuera de este mundo, mi guardia habría luchado para que no cayera en manos de los judíos. Pero mi reino no es de aquí». C. Pilato le dijo: S. «Entonces, ¿tú eres rey?». C. Jesús le contestó: ✠ «Tú lo dices: soy rey. Yo para esto he nacido y para esto he venido al mundo: para dar testimonio de la verdad. Todo el que es de la verdad escucha mi voz». C. Pilato le dijo: S. «Y, ¿qué es la verdad?». C. Dicho esto, salió otra vez adonde estaban los judíos y les dijo: S. «Yo no encuentro en él ninguna culpa. Es costumbre entre vosotros que por Pascua ponga a uno en libertad. ¿Queréis que os suelte al rey de los judíos?». C. Volvieron a gritar: S. «A ese no, a Barrabás». C. El tal Barrabás era un bandido. Entonces Pilato tomó a Jesús y lo mandó azotar. Y los soldados trenzaron una corona de espinas, se la pusieron en la cabeza y le echaron por encima un manto color púrpura; y, acercándose a él, le decían: S. «¡Salve, rey de los judíos!». C. Y le daban bofetadas. Pilato salió otra vez afuera y les dijo: S. «Mirad, os lo saco afuera para que sepáis que no encuentro en él ninguna culpa». C. Y salió Jesús afuera, llevando la corona de espinas y el manto color púrpura. Pilato les dijo: S. «He aquí al hombre». C. Cuando lo vieron los sumos sacerdotes y los guardias, gritaron: S. «¡Crucifícalo, crucifícalo!». C. Pilato les dijo: S. «Lleváoslo vosotros y crucificadlo, porque yo no encuentro culpa en él». C. Los judíos le contestaron: S. «Nosotros tenemos una ley, y según esa ley tiene que morir, porque se ha hecho Hijo de Dios». C. Cuando Pilato oyó estas palabras, se asustó aún más. Entró otra vez en el pretorio y dijo a Jesús: S. «¿De dónde eres tú?». C. Pero Jesús no le dio respuesta. Y Pilato le dijo: S. «¿A mí no me hablas? ¿No sabes que tengo autoridad para soltarte y autoridad para crucificarte?». C. Jesús le contestó: ✠ «No tendrías ninguna autoridad sobre mí si no te la hubieran dado de lo alto. Por eso el que me ha entregado a ti tiene un pecado mayor». C. Desde este momento Pilato trataba de soltarlo, pero los judíos gritaban: S. «Si sueltas a ese, no eres amigo del César. Todo el que se hace rey está contra el César». C. Pilato entonces, al oír estas palabras, sacó afuera a Jesús y se sentó en el tribunal, en el sitio que llaman «el Enlosado» (en hebreo "Gábbata"). Era el día de la Preparación de la Pascua, hacia el mediodía. Y dijo Pilato a los judíos: S. «He aquí a vuestro rey». C. Ellos gritaron: S. «¡Fuera, fuera; crucifícalo!». C. Pilato les dijo: S. «¿A vuestro rey voy a crucificar?». C. Contestaron los sumos sacerdotes: S. «No tenemos más rey que al César». C. Entonces se lo entregó para que lo crucificaran. Tomaron a Jesús, y, cargando él mismo con la cruz, salió al sitio llamado «de la Calavera» (que en hebreo se dice "Gólgota"), donde lo crucificaron; y con él a otros dos, uno a cada lado, y en medio, Jesús. Y Pilato escribió un letrero y lo puso encima de la cruz; en él estaba escrito: «Jesús, el Nazareno, el rey de los judíos». Leyeron el letrero muchos judíos, porque estaba cerca el lugar donde crucificaron a Jesús, y estaba escrito en hebreo, latín y griego. Entonces los sumos sacerdotes de los judíos dijeron a Pilato: S. «No escribas "El rey de los judíos", sino: "Este ha dicho: soy el rey de los judíos"». C. Pilato les contestó: S. «Lo escrito, escrito está». C. Los soldados, cuando crucificaron a Jesús, cogieron su ropa, haciendo cuatro partes, una para cada soldado, y apartaron la túnica. Era una túnica sin costura, tejida toda de una pieza de arriba abajo. Y se dijeron: S. «No la rasguemos, sino echémosla a suerte, a ver a quién le toca». C. Así se cumplió la Escritura: «Se repartieron mis ropas y echaron a suerte mi túnica». Esto hicieron los soldados. Junto a la cruz de Jesús estaban su madre, la hermana de su madre, María, la de Cleofás, y María, la Magdalena. Jesús, al ver a su madre y junto a ella al discípulo al que amaba, dijo a su madre: ✠ «Mujer, ahí tienes a tu hijo». C. Luego, dijo al discípulo: ✠ «Ahí tienes a tu madre». C. Y desde aquella hora, el discípulo la recibió como algo propio. Después de esto, sabiendo Jesús que ya todo estaba cumplido, para que se cumpliera la Escritura, dijo: ✠ «Tengo sed». C. Había allí un jarro lleno de vinagre. Y, sujetando una esponja empapada en vinagre a una caña de hisopo, se la acercaron a la boca. Jesús, cuando tomó el vinagre, dijo: ✠ «Está cumplido». C. E, inclinando la cabeza, entregó el espíritu. Los judíos entonces, como era el día de la Preparación, para que no se quedaran los cuerpos en la cruz el sábado, porque aquel sábado era un día grande, pidieron a Pilato que les quebraran las piernas y que los quitaran. Fueron los soldados, le quebraron las piernas al primero y luego al otro que habían crucificado con él; pero al llegar a Jesús, viendo que ya había muerto, no le quebraron las piernas, sino que uno de los soldados, con la lanza, le traspasó el costado, y al punto salió sangre y agua. El que lo vio da testimonio, y su testimonio es verdadero, y él sabe que dice verdad, para que también vosotros creáis. Esto ocurrió para que se cumpliera la Escritura: «No le quebrarán un hueso»; y en otro lugar la Escritura dice: «Mirarán al que traspasaron». Después de esto, José de Arimatea, que era discípulo de Jesús aunque oculto por miedo a los judíos, pidió a Pilato que le dejara llevarse el cuerpo de Jesús. Y Pilato lo autorizó. Él fue entonces y se llevó el cuerpo. Llegó también Nicodemo, el que había ido a verlo de noche, y trajo unas cien libras de una mixtura de mirra y áloe. Tomaron el cuerpo de Jesús y lo envolvieron en los lienzos con los aromas, según se acostumbra a enterrar entre los judíos. Había un huerto en el sitio donde lo crucificaron, y en el huerto, un sepulcro nuevo donde nadie había sido enterrado todavía. Y como para los judíos era el día de la Preparación, y el sepulcro estaba cerca, pusieron allí a Jesús.

Que contemplemos a Jesús en todos los crucificados y crucificadas de hoy y nos comprometamos con la justicia, la paz y la integridad de la creación.

Santo de la Sepultura del Señor
Nª Sra. de la Soledad; Estanislao; Bta. Elena Guerra; Bto. Sinforiano Félix Ducki

Vigilia Pascual
Oficio propio
Gén 1,1–2,2 (breve: Gén 1,1. 26-31a)
Sal 103 (o bien: Sal 32)/
Gén 22,1-18 (breve: Gén 22,1-2.9a. 10-13.15-18)
Sal 15/
Éx 14,15–15,1a
Sal Éx 15,1b-2. 3-4.5-6.17-18/
Is 54,5-14
Sal 29/
Is 55,1-11
Sal Is 12,2-3. 4bcde.5-6 /
Bar 3,9-15. 32–4,4
Sal 18/
Ez 36,16-17a. 18-28
Sal 41 (o bien: Sal Is 12,2-6; o bien: Sal 50) /
Rom 6,3-11
Sal 117/
Mt 28,1-10

Mateo 28, 1-10

Pasado el sábado, al alborear el primer día de la semana, fueron María la Magdalena y la otra María a ver el sepulcro. Y de pronto tembló fuertemente la tierra, pues un ángel del Señor, bajando del cielo y acercándose, corrió la piedra y se sentó encima. Su aspecto era de relámpago y su vestido blanco como la nieve; los centinelas temblaron de miedo y quedaron como muertos. El ángel habló a las mujeres: «Vosotras no temáis, ya sé que buscáis a Jesús el crucificado. No está aquí: ¡ha resucitado!, como había dicho. Venid a ver el sitio donde yacía e id aprisa a decir a sus discípulos: "Ha resucitado de entre los muertos y va por delante de vosotros a Galilea. Allí lo veréis". Mirad, os lo he anunciado». Ellas se marcharon a toda prisa del sepulcro; llenas de miedo y de alegría corrieron a anunciarlo a los discípulos. De pronto, Jesús les salió al encuentro y les dijo: «Alegraos». Ellas se acercaron, le abrazaron los pies y se postraron ante él. Jesús les dijo: «No temáis: id a comunicar a mis hermanos que vayan a Galilea; allí me verán».

Amor más poderoso que la muerte

Hay formas de vivir que revelan que el amor es más poderoso que la muerte y que la Palabra encarnada de Dios actúa fecundamente en la historia, de modo que nunca retorna a Él vacía, aunque tenga que atravesar la densidad del sufrimiento. La palabra de Dios es creadora y apuesta siempre por la vida frente a toda forma de violencia, opresión o muerte. Así se nos ha ido revelando a lo largo de la historia de la salvación, como los textos de la Vigilia Pascual ponen de manifiesto. Ni siquiera el pecado puede romper esta opción amorosa de Dios por la humanidad y la creación. Pese a nuestras dificultades, esclavitudes e infidelidades, Dios está con nosotros.

Julio I; Constantino; Florentino; Teresa de Jesús de los Andes

Oficio propio
He 10,34a.37-43 / Sal 117 / Col 3,1-4 (o bien: 1Cor 5,6b-8) / Jn 20,1-9

Hechos 10,34a.37-43

En aquellos días, Pedro tomó la palabra y dijo: «Vosotros conocéis lo que sucedió en toda Judea, comenzando por Galilea, después del bautismo que predicó Juan. Me refiero a Jesús de Nazaret, ungido por Dios con la fuerza del Espíritu Santo, que pasó haciendo el bien y curando a todos los oprimidos por el diablo, porque Dios estaba con él. Nosotros somos testigos de todo lo que hizo en la tierra de los judíos y en Jerusalén. A este lo mataron, colgándolo de un madero. Pero Dios lo resucitó al tercer día y le concedió la gracia de manifestarse, no a todo el pueblo, sino a los testigos designados por Dios: a nosotros, que hemos comido y bebido con él después de su resurrección de entre los muertos. Nos encargó predicar al pueblo, dando solemne testimonio de que Dios lo ha constituido juez de vivos y muertos. De él dan testimonio todos los profetas: que todos los que creen en él reciben, por su nombre, el perdón de los pecados».

Salmo 117,1-2.16-17.22-23

R. Este es el día que hizo el Señor: sea nuestra alegría y nuestro gozo. (O bien: Aleluya).

Colosenses 3,1-4

Hermanos: Si habéis resucitado con Cristo, buscad los bienes de allá arriba, donde Cristo está sentado a la derecha de Dios; aspirad a los bienes de arriba, no a los de la tierra. Porque habéis muerto; y vuestra vida está con Cristo escondida en Dios. Cuando aparezca Cristo, vida vuestra, entonces también vosotros apareceréis gloriosos, juntamente con él.

Juan 20,1-9

El primer día de la semana, María la Magdalena fue al sepulcro al amanecer, cuando aún estaba oscuro, y vio la losa quitada del sepulcro. Echó a correr y fue donde estaban Simón Pedro y el otro discípulo, a quien Jesús amaba, y les dijo: «Se han llevado del sepulcro al Señor y no sabemos dónde lo han puesto». Salieron Pedro y el otro discípulo camino del sepulcro. Los dos corrían juntos, pero el otro discípulo corría más que Pedro; se adelantó y llegó primero al sepulcro; e, inclinándose, vio los lienzos tendidos; pero no entró. Llegó también Simón Pedro detrás de él y entró en el sepulcro: vio los lienzos tendidos y el sudario con que le habían cubierto la cabeza, no con los lienzos, sino enrollado en un sitio aparte. Entonces entró también el otro discípulo, el que había llegado primero al sepulcro; vio y creyó. Pues hasta entonces no habían entendido la Escritura: que él había de resucitar de entre los muertos.

Dios no es un Dios de muertos sino de vivos

Dios no es un Dios de muertos sino de vivos. Por eso, como señala el papa Francisco, «no huyamos nunca de la Resurrección de Jesús, nunca nos declaremos muertos, pase lo que pase, que nada pueda más que su vida que nos lanza hacia delante, porque nadie queda excluido de la alegría que nos reporta el Señor» (EG 3). Como Magdalena, Pedro y Juan aun *«cuando todavía está oscuro»* podemos detectar las huellas del Resucitado en el corazón de la vida. Para ello necesitamos «una mirada de fe» que va más allá de los datos empíricos de *un sepulcro vacío,* necesitamos acoger y abrirnos a una nueva dimensión que nos hace descubrir que la realidad está habitada por una presencia que la dota de posibilidades insospechadas e imprevisibles. Los signos no son prueba de fe, sino que es la fe la que descubre los signos. El Espíritu del Resucitado nos urge a renovarnos profundamente como Iglesia, revitalizando nuestra dimensión misionera con creatividad y urgiéndonos a ser una Iglesia siempre de «puertas abiertas», que sale con humildad al encuentro de la humanidad más herida, sin miedo a mancharse ni a quedar salpicada por ella, pues se siente carne de su carne (EG 49).

Octava de Pascua
Martín I;
Hermenegildo;
Nª Sra. del Pueyo;
Ida de Boulogne

Oficio propio
Vol. II
He 2,14.22-33 /
Sal 15 /
Mt 28,8-15

Mateo 28,8-15

En aquel tiempo, las mujeres se marcharon a toda prisa del sepulcro; llenas de miedo y de alegría corrieron a anunciarlo a los discípulos. De pronto, Jesús les salió al encuentro y les dijo: «Alegraos». Ellas se acercaron, le abrazaron los pies y se postraron ante él. Jesús les dijo: «No temáis: id a comunicar a mis hermanos que vayan a Galilea; allí me verán». Mientras las mujeres iban de camino, algunos de la guardia fueron a la ciudad y comunicaron a los sumos sacerdotes todo lo ocurrido. Ellos, reunidos con los ancianos, llegaron a un acuerdo y dieron a los soldados una fuerte suma, encargándoles: «Decid que sus discípulos fueron de noche y robaron el cuerpo mientras vosotros dormíais. Y si esto llega a oídos del gobernador, nosotros nos lo ganaremos y os sacaremos de apuros». Ellos tomaron el dinero y obraron conforme a las instrucciones. Y esta historia se ha ido difundiendo entre los judíos hasta hoy.

Resurrección y misión

La intencionalidad de los relatos de las apariciones es revelar el convencimiento de los primeros compañeros y compañeras de Jesús de que el mal, el fracaso, la violencia y la muerte no tienen la última palabra sobre la vida, sino que su palabra definitiva es siempre el Amor. Fueron sobre todo las mujeres quienes participaron con más fuerza de esta experiencia, porque también fueron ellas y el apóstol Juan quienes permanecieron con él fieles hasta la cruz, hasta el extremo del amor. La experiencia de la Resurrección, más que una experiencia física, es una experiencia creyente en la que la alegría y la esperanza desplazan el temor y la resignación. Una experiencia que moviliza al envío y a la misión: Id a Galilea. ¿A qué nos moviliza la experiencia del Resucitado en nuestras Galileas concretas hoy?

Ayúdanos, Señor, a acoger tu envío para ser testigos de la esperanza en nuestros ambientes.

Octava de Pascua

Bernardo de Tirón; Liduvina; Bta. Josefina Calduch Rovira

Oficio propio
He 2,36-41 / Sal 32 / Jn 20,11-18

Juan 20,11-18

En aquel tiempo, estaba María fuera, junto al sepulcro, llorando. Mientras lloraba, se asomó al sepulcro y vio dos ángeles vestidos de blanco, sentados, uno a la cabecera y otro a los pies, donde había estado el cuerpo de Jesús. Ellos le preguntan: «Mujer, ¿por qué lloras?». Ella les contesta: «Porque se han llevado a mi Señor y no sé dónde lo han puesto». Dicho esto, se vuelve y ve a Jesús, de pie, pero no sabía que era Jesús. Jesús le dice: «Mujer, ¿por qué lloras?, ¿a quién buscas?». Ella, tomándolo por el hortelano, le contesta: «Señor, si tú te lo has llevado, dime dónde lo has puesto y yo lo recogeré». Jesús le dice: «¡María!». Ella se vuelve y le dice: «¡Rabbuní!», que significa: «¡Maestro!». Jesús le dice: «No me retengas, que todavía no he subido al Padre. Pero, anda, ve a mis hermanos y diles: "Subo al Padre mío y Padre vuestro, al Dios mío y Dios vuestro"». María la Magdalena fue y anunció a los discípulos: «He visto al Señor y ha dicho esto».

Aprender a soltar

Una dificultad para captar las huellas del Resucitado en la vida, como le pasó a María Magdalena, es la nostalgia: buscar en un pasado irrepetible la respuesta al presente. La nostalgia nos lleva a fijarnos y aferrarnos en lo que ya ha quedado atrás, a anclarnos en el «cualquier tiempo pasado fue mejor». Nos impide afrontar el presente y descubrir la novedad de Dios que acontece en el presente. El Resucitado toma también hoy el cuerpo de muchos *hortelanos,* personas y acontecimientos que nos salen al encuentro. Cristo vivo nos cita siempre en la entraña de la vida y en comunidad. Como a María Magdalena, nos urge a adentrarnos en la *espiritualidad del soltar,* vivir «soltando», seguridades, miedos, acomodos, etc. Solo «soltando» podemos abrirnos al futuro. Si no lo hacemos, nuestra vida, nuestras comunidades se quedarán nostálgicas y llorosas y nuestra fe y nuestro compromiso quedarán reducidos a ideología o a tópicos o frases hechas Adentrarnos en este «suéltame» de Magdalena es atrevernos a preguntarnos: ¿Qué es lo que el Señor nos está pidiendo que soltemos, para poder reconocerle como *El Viviente* hoy, aquí y ahora?

Octava de Pascua
Anastasia
y Basilisa; César

Oficio propio
He 3,1-10 /
Sal 104 /
Lc 24,13-35

Lucas 24,13-35

Aquel mismo día, el primero de la semana, dos de los discípulos de Jesús iban caminando a una aldea llamada Emaús, distante de Jerusalén unos sesenta estadios; iban conversando entre ellos de todo lo que había sucedido. Mientras conversaban y discutían, Jesús en persona se acercó y se puso a caminar con ellos. Pero sus ojos no eran capaces de reconocerlo. Él les dijo: «¿Qué conversación es esa que traéis mientras vais de camino?». Ellos se detuvieron con aire entristecido. Y uno de ellos, que se llamaba Cleofás, le respondió: «¿Eres tú el único forastero en Jerusalén que no sabe lo que ha pasado allí estos días?». Él les dijo: «¿Qué?». Ellos le contestaron: «Lo de Jesús el Nazareno, que fue un profeta poderoso en obras y palabras, ante Dios y ante todo el pueblo; cómo lo entregaron los sumos sacerdotes y nuestros jefes para que lo condenaran a muerte, y lo crucificaron. Nosotros esperábamos que él iba a liberar a Israel, pero, con todo esto, ya estamos en el tercer día desde que esto sucedió. Es verdad que algunas mujeres de nuestro grupo nos han sobresaltado, pues habiendo ido muy de mañana al sepulcro, y no habiendo encontrado su cuerpo, vinieron diciendo que incluso habían visto una aparición de ángeles, que dicen que está vivo. Algunos de los nuestros fueron también al sepulcro y lo encontraron como habían dicho las mujeres; pero a él no lo vieron». Entonces él les dijo: «¡Qué necios y torpes sois para creer lo que dijeron los profetas! ¿No era necesario que el Mesías padeciera esto y entrara así en su gloria?». Y, comenzando por Moisés y siguiendo por todos los profetas, les explicó lo que se refería a él en todas las Escrituras. Llegaron cerca de la aldea adonde iban y él simuló que iba a seguir caminando; pero ellos lo apremiaron, diciendo: «Quédate con nosotros, porque atardece y el día va de caída». Y entró para quedarse con ellos. Sentado a la mesa con ellos, tomó el pan, pronunció la bendición, lo partió y se lo iba dando. A ellos se les abrieron los ojos y lo reconocieron. Pero él desapareció de su vista... (vv. 32-35).

Octava de Pascua
Bernardita Soubirous;
Benito José Labre;
Fructuoso de Braga;
Toribio de Astorga;
Lamberto de
Zaragoza

Oficio propio
He 3,11-26 /
Sal 8 /
Lc 24,35-48

Lucas 24,35-48

En aquel tiempo, los discípulos de Jesús contaron lo que les había pasado por el camino y cómo lo habían reconocido al partir el pan. Estaban hablando de estas cosas, cuando él se presentó en medio de ellos y les dice: «Paz a vosotros». Pero ellos, aterrorizados y llenos de miedo, creían ver un espíritu. Y él les dijo: «¿Por qué os alarmáis?, ¿por qué surgen dudas en vuestro corazón? Mirad mis manos y mis pies: soy yo en persona. Palpadme y daos cuenta de que un espíritu no tiene carne y huesos, como veis que yo tengo». Dicho esto, les mostró las manos y los pies. Pero como no acababan de creer por la alegría, y seguían atónitos, les dijo: «¿Tenéis ahí algo de comer?». Ellos le ofrecieron un trozo de pez asado. Él lo tomó y comió delante de ellos. Y les dijo: «Esto es lo que os dije mientras estaba con vosotros: que era necesario que se cumpliera todo lo escrito en la Ley de Moisés y en los Profetas y Salmos acerca de mí». Entonces les abrió el entendimiento para comprender las Escrituras. Y les dijo: «Así está escrito: el Mesías padecerá, resucitará de entre los muertos al tercer día y en su nombre se proclamará la conversión para el perdón de los pecados a todos los pueblos, comenzando por Jerusalén. Vosotros sois testigos de esto».

Fe y audacia evangélica

La comunidad cristiana es el lugar de reconocimiento y confirmación de la experiencia del Resucitado en nuestro mundo y en el corazón humano. Es el lugar de compartir, de contraste, discernimiento y envío porque experimentar que *Cristo vive* conlleva siempre una dimensión misionera. Frente a la perplejidad de los apóstoles, el anuncio del Resucitado en su primer mensaje es siempre el mismo: *No tengáis miedo.* Lo contrario al miedo no es la valentía sino la fe, y la fe nos compromete en lo concreto y en la materialidad de la vida. El Evangelio no es gnosis, sino encarnación. El cuerpo del Resucitado está marcado por las cicatrices del dolor y el sufrimiento porque el Crucificado es el Resucitado. Experimentarlo nos lleva a ser testigos de ello en nuestros contextos. ¿Cómo hacer inteligible hoy esta experiencia en nuestros ambientes?

Octava de Pascua
Aniceto; Catalina Tekakwitha; Bta. Mª Ana de Jesús

Oficio propio
He 4,1-12 / Sal 117 / Jn 21,1-14

Juan 21,1-14

En aquel tiempo, Jesús se apareció otra vez a los discípulos junto al lago de Tiberíades. Y se apareció de esta manera: Estaban juntos Simón Pedro, Tomás, apodado el Mellizo; Natanael, el de Caná de Galilea; los Zebedeos y otros dos discípulos suyos. Simón Pedro les dice: «Me voy a pescar». Ellos contestan: «Vamos también nosotros contigo». Salieron y se embarcaron; y aquella noche no cogieron nada. Estaba ya amaneciendo, cuando Jesús se presentó en la orilla; pero los discípulos no sabían que era Jesús. Jesús les dice: «Muchachos, ¿tenéis pescado?». Ellos contestaron: «No». Él les dice: «Echad la red a la derecha de la barca y encontraréis». La echaron, y no podían sacarla, por la multitud de peces. Y aquel discípulo a quien Jesús amaba le dice a Pedro: «Es el Señor». Al oír que era el Señor, Simón Pedro, que estaba desnudo, se ató la túnica y se echó al agua. Los demás discípulos se acercaron en la barca, porque no distaban de tierra más que unos doscientos codos, remolcando la red con los peces. Al saltar a tierra, ven unas brasas con un pescado puesto encima y pan. Jesús les dice: «Traed de los peces que acabáis de coger». Simón Pedro subió a la barca y arrastró hasta la orilla la red repleta de peces grandes: ciento cincuenta y tres. Y aunque eran tantos, no se rompió la red. Jesús les dice: «Vamos, almorzad». Ninguno de los discípulos se atrevía a preguntarle quién era, porque sabían bien que era el Señor. Jesús se acerca, toma el pan y se lo da, y lo mismo el pescado. Esta fue la tercera vez que Jesús se apareció a los discípulos después de resucitar de entre los muertos.

Señor, ayúdanos a seguir echando las redes en tu nombre cuando la sombra del fracaso y la impotencia aparecen en nuestras vidas.

Octava de Pascua
Apolonio; Galdino de la Sala; Perfecto; Bto. Andrés Hibernon

Oficio propio
He 4,13-21 / Sal 117 / Mc 16,9-15

Marcos 16,9-15

Jesús, resucitado al amanecer del primer día de la semana, se apareció primero a María Magdalena, de la que había echado siete demonios. Ella fue a anunciárselo a sus compañeros, que estaban de duelo y llorando. Ellos, al oírle decir que estaba vivo y que lo había visto, no la creyeron. Después se apareció en figura de otro a dos de ellos que iban caminando al campo. También ellos fueron a anunciarlo a los demás, pero no los creyeron. Por último, se apareció Jesús a los Once, cuando estaban a la mesa, y les echó en cara su incredulidad y dureza de corazón, porque no habían creído a los que lo habían visto resucitado. Y les dijo: «Id al mundo entero y proclamad el Evangelio a toda la creación».

Las mujeres y el Resucitado

Este pasaje se incorporó con posterioridad al evangelio de Marcos como un apéndice narrativo, a modo de resumen, de las apariciones del Resucitado que se recogen en los demás evangelios. En él aparecen con fuerza dos temas que conectan con nuestra realidad de creyentes hoy: el papel de las mujeres en la primera Iglesia y la resistencia e incredulidad de los apóstoles ante su anuncio. ¿Cuáles son hoy también nuestras dudas y resistencias? ¿Qué aporta la fe y el compromiso de las mujeres en nuestras comunidades cristianas? ¿Podemos imaginarnos cómo sería una Iglesia sin su presencia, sin su trabajo? ¿Cómo avanzar en un mayor reconocimiento y participación de las mujeres también en los lugares de toma de decisiones en la Iglesia? El Resucitado urge al envío y al anuncio. Un anuncio que se caracteriza por su universalidad y su sentido holístico: «A toda la creación». La resurrección tiene también una dimensión cósmica. ¿A qué compromiso ecológico nos urge?

Gracias, Señor, por la fe de las mujeres testigos en la Iglesia.

León IX;
Bto. Marcel Callo

2ª del salterio
Vol. I (A)
He 2,42-47 /
Sal 117 /
1Pe 1,3-9 /
Jn 20,19-31

Hechos 2,42-47

Los hermanos perseveraban en la enseñanza de los apóstoles, en la comunión, en la fracción del pan y en las oraciones. Todo el mundo estaba impresionado, y los apóstoles hacían muchos prodigios y signos. Los creyentes vivían todos unidos y tenían todo en común; vendían posesiones y bienes y los repartían entre todos, según la necesidad de cada uno. Con perseverancia acudían a diario al templo con un mismo espíritu, partían el pan en las casas y tomaban el alimento con alegría y sencillez de corazón; alababan a Dios y eran bien vistos de todo el pueblo; y día tras día el Señor iba agregando a los que se iban salvando.

Salmo 117,2-4.13-15.22-24

R. Dad gracias al Señor porque es bueno, porque es eterna su misericordia.

1 Pedro 1,3-9

Bendito sea Dios, Padre de nuestro Señor, Jesucristo, que, por su gran misericordia, mediante la resurrección de Jesucristo de entre los muertos, nos ha regenerado para una esperanza viva; para una herencia incorruptible, intachable e inmarcesible, reservada en el cielo a vosotros, que, mediante la fe, estáis protegidos con la fuerza de Dios; para una salvación dispuesta a revelarse en el momento final. Por ello os alegráis, aunque ahora sea preciso padecer un poco en pruebas diversas; así la autenticidad de vuestra fe, más preciosa que el oro, que, aunque es perecedero, se aquilata a fuego, merecerá premio, gloria y honor en la revelación de Jesucristo; sin haberlo visto lo amáis y, sin contemplarlo todavía, creéis en él y así os alegráis con un gozo inefable y radiante, alcanzando así la meta de vuestra fe: la salvación de vuestras almas.

Juan 20,19-31

Al anochecer de aquel día, el primero de la semana, estaban los discípulos en una casa, con las puertas cerradas por miedo a los judíos. Y en esto entró Jesús, se puso en medio y les dijo: ¡«Paz a vosotros». Y, diciendo esto, les enseñó las manos y el costado. Y los discípulos se llenaron de alegría al ver al Señor. Jesús repitió: «Paz a vosotros. Como el Padre me ha enviado, así también os envío yo». Y, dicho esto, sopló sobre ellos y les dijo: «Recibid el Espíritu Santo; a quienes les perdonéis los pecados, les quedan perdonados; a quienes se los retengáis, les quedan retenidos». Tomás, uno de los Doce, llamado el Mellizo, no estaba con ellos cuando vino Jesús. Y los otros discípulos le decían: «Hemos visto al Señor». Pero él les contestó: «Si no veo en sus manos la señal de los clavos, si no meto el dedo en el agujero de los clavos y no meto la mano en su costado, no lo creo». A los ocho días, estaban otra vez dentro los discípulos y Tomás con ellos. Llegó Jesús, estando cerradas las puertas, se puso en medio y dijo: «Paz a vosotros». Luego dijo a Tomás: «Trae tu dedo, aquí tienes mis manos; trae tu mano y métela en mi costado; y no seas incrédulo, sino creyente». Contestó Tomás: «¡Señor mío y Dios mío!». Jesús le dijo: «¿Porque me has visto has creído? Bienaventurados los que crean sin haber visto». Muchos otros signos, que no están escritos en este libro, hizo Jesús a la vista de los discípulos. Estos han sido escritos para que creáis que Jesús es el Mesías, el Hijo de Dios, y para que, creyendo, tengáis vida en su nombre.

Convierte, Señor, nuestras resistencias y escepticismos ante la Buena Nueva del Evangelio.

Telmo; Sulpicio y Serviano; Inés de Montepulciano

II de Pascua
2ª del salterio
He 4,23-31 /
Sal 2 /
Jn 3,1-8

Juan 3,1-8

Había un hombre del grupo de los fariseos llamado Nicodemo, jefe judío. Este fue a ver a Jesús de noche y le dijo: «Rabí, sabemos que has venido de parte de Dios, como maestro; porque nadie puede hacer los signos que tú haces si Dios no está con él». Jesús le contestó: «En verdad, en verdad te digo: el que no nazca de nuevo no puede ver el reino de Dios». Nicodemo le pregunta: «¿Cómo puede nacer un hombre siendo viejo? ¿Acaso puede por segunda vez entrar en el vientre de su madre y nacer?». Jesús le contestó: «En verdad, en verdad te digo: el que no nazca de agua y de Espíritu no puede entrar en el reino de Dios. Lo que nace de la carne es carne, lo que nace del Espíritu es espíritu. No te extrañes de que te haya dicho: "Tenéis que nacer de nuevo"; el viento sopla donde quiere y oyes su ruido, pero no sabes de dónde viene ni adónde va. Así es todo el que ha nacido del Espíritu».

¿Es posible nacer de nuevo?

El Evangelio dota de un sentido nuevo y esperanzador a la propia existencia, pero requiere una sensibilidad abierta para captarlo. El personaje de Nicodemo representa este deseo de abrirse a Jesús, incluso con la conciencia del peso de aprendizajes, hábitos y creencias que constituyen una gran dificultad para hacerlo. La conversión es planteada como *un nacer de nuevo* que es obra del Espíritu en el corazón humano. Conlleva más un *dejarse hacer,* una pasividad receptiva y agradecida que un *activismo voluntarista.* La Pascua nos abre al Misterio del Espíritu del Viviente en nuestro mundo, que nos urge con su aliento a re-nacer y hacer *re-surgir* la vida desde el amor y la esperanza *contra toda desesperanza* desde los gestos más cotidianos.

Ayúdanos, Señor, con la fuerza de tu Espíritu, a nacer de nuevo y ayudar a otros y otras también a hacerlo.

S. Anselmo de Canterbury, m.l.
Conrado de Parzham; Anastasio de Antioquía

II de Pascua
2ª del salterio
He 4,32-37 / Sal 92 / Jn 3,7b-15

Juan 3,7b-15

En aquel tiempo, dijo Jesús a Nicodemo: «Tenéis que nacer de nuevo; el viento sopla donde quiere y oyes su ruido, pero no sabes de dónde viene ni adónde va. Así es todo el que ha nacido del Espíritu». Nicodemo le preguntó: «¿Cómo puede suceder eso?». Le contestó Jesús: «¿Tú eres maestro en Israel, y no lo entiendes? En verdad, en verdad te digo: hablamos de lo que sabemos y damos testimonio de lo que hemos visto, pero no recibís nuestro testimonio. Si os hablo de las cosas terrenas y no me creéis, ¿cómo creeréis si os hablo de las cosas celestiales? Nadie ha subido al cielo sino el que bajó del cielo, el Hijo del hombre. Lo mismo que Moisés elevó la serpiente en el desierto, así tiene que ser elevado el Hijo del hombre, para que todo el que cree en él tenga vida eterna».

El Espíritu, fuente de conocimiento y regeneración

Las transformaciones más profundas del ser humano no nacen del conocimiento de la ley o las tradiciones, como le sucede a Nicodemo, sino del *conocimiento interno* de Cristo y de su Espíritu. Lo que salva al ser humano de la desesperación o de las dinámicas de muerte en nuestro mundo no es la erudición, sino hacer experiencia interna del Amor. El Amor nos hace partícipes de la Resurrección porque quien ama vive para siempre. El testimonio cristiano es siempre un testimonio del Amor y no de saberes abstractos y desencarnados. Es también siempre un *testimonio en plural,* pues brota de una comunidad de fe que lo proclama: «Hablamos de lo que sabemos y damos testimonio de lo que hemos visto» (v. 11).

Gracias, Señor, por la invitación que nos haces a ser palabra viva.

Cayo; Sotero; Lucas; Miles; Parmenio; Bta. Mª Gabriela Sagheddu

II de Pascua
2ª del salterio
He 5,17-26 / Sal 33 / Jn 3,16-21

Juan 3,16-21

Tanto amó Dios al mundo, que entregó a su Unigénito, para que todo el que cree en él no perezca, sino que tenga vida eterna. Porque Dios no envió a su Hijo al mundo para juzgar al mundo, sino para que el mundo se salve por él. El que cree en él no será juzgado; el que no cree ya está juzgado, porque no ha creído en el nombre del Unigénito de Dios. Este es el juicio: que la luz vino al mundo, y los hombres prefirieron la tiniebla a la luz, porque sus obras eran malas. Pues todo el que obra el mal detesta la luz, y no se acerca a la luz, para no verse acusado por sus obras. En cambio, el que obra la verdad se acerca a la luz, para que se vea que sus obras están hechas según Dios.

Caminos de luz para renovar la vida

La palabra definitiva de Dios sobre el mundo no es el juicio sino el Amor. Su amor gratuito y solidario se encarna en Jesús para que la vida alcance su plenitud y lo sea en abundancia para todos y todas, empezando por los más débiles. En un mundo quebrado por la injusticia y la violencia, el Evangelio abre caminos de humanización y renovación profunda de la vida. Jesús es la luz que se nos ofrece para alumbrar un mundo nuevo con la ayuda de su Espíritu. El Evangelio es siempre un desafío a la libertad humana, por eso no hay vida cristiana sin ejercicio permanente del discernimiento. ¿Qué caminos, qué prácticas personales y comunitarias en la complejidad de nuestros contextos sentimos que nos conducen a la luz y cuáles nos dejan en las tinieblas?

Que abramos caminos de humanización y renovación profunda de la vida al modo de Jesús.

S. Jorge / S. Adalberto, m.l.
Egidio de Asís; Juan de Hólar; Bta. Teresa Mª de la Cruz

II de Pascua
2ª del salterio
He 5,27-33 / Sal 33 / Jn 3,31-36

Juan 3,31-36

El que viene de lo alto está por encima de todos. El que es de la tierra es de la tierra y habla de la tierra. El que viene del cielo está por encima de todos. De lo que ha visto y ha oído da testimonio, y nadie acepta su testimonio. El que acepta su testimonio certifica que Dios es veraz. El que Dios envió habla las palabras de Dios, porque no da el Espíritu con medida. El Padre ama al Hijo y todo lo ha puesto en su mano. El que cree en el Hijo posee la vida eterna; el que no crea al Hijo no verá la vida, sino que la ira de Dios pesa sobre él.

Palabra y gesto veraz

En la cosmovisión contemporánea a Jesús la realidad se concebía dividida en tres planos: *cielo, tierra y abismos.* En el evangelio de Juan, Jesús es reconocido como *El que viene de lo alto,* por su identificación plena con Dios. Jesús es su Palabra encarnada, su lenguaje. Por eso su testimonio es verdadero. El texto tiene profundas resonancias trinitarias: A Dios, que es la *fuente de todo amor,* solo podemos acceder a través de la experiencia hecha *historia y vida plenificada en Jesús de Nazaret.* Esta experiencia de intimidad e identificación del Hijo con *el ser y el hacer de Dios* en el mundo es obra del *Espíritu,* que se da sin medida en él. Creer en Jesús nos hace participar de este misterio de comunión y filiación, que nos compromete en el aquí y el ahora de nuestro mundo a ser también *palabra y gesto veraz con la ayuda del Espíritu, que quiere dársenos sin medida.* ¿Cómo ayudarnos como comunidades cristianas a ello?

Ayúdanos, Señor, con la fuerza de tu Espíritu, a ser mujeres y hombres de comunión allá donde hay fractura y desamor.

S. Fidel de Sigmaringa, m.l.
Gregorio de Elvira; Pedro de San José de Betancur; Benito Menni; María Eufrasia Pelletier

II de Pascua
2ª del salterio
He 5,34-42 / Sal 26
Jn 6,1-15

Juan 6,1-15

En aquel tiempo, Jesús se marchó a la otra parte del mar de Galilea, o de Tiberíades. Lo seguía mucha gente, porque habían visto los signos que hacía con los enfermos. Subió Jesús entonces a la montaña y se sentó allí con sus discípulos. Estaba cerca la Pascua, la fiesta de los judíos. Jesús entonces levantó los ojos y, al ver que acudía mucha gente, dice a Felipe: «¿Con qué compraremos panes para que coman estos?». Lo decía para probarlo, pues bien sabía él lo que iba a hacer. Felipe le contestó: «Doscientos denarios de pan no bastan para que a cada uno le toque un pedazo». Uno de sus discípulos, Andrés, el hermano de Simón Pedro, le dice: «Aquí hay un muchacho que tiene cinco panes de cebada y dos peces; pero ¿qué es eso para tantos?». Jesús dijo: «Decid a la gente que se siente en el suelo». Había mucha hierba en aquel sitio. Se sentaron; solo los hombres eran unos cinco mil. Jesús tomó los panes, dijo la acción de gracias y los repartió a los que estaban sentados, y lo mismo todo lo que quisieron del pescado. Cuando se saciaron, dice a sus discípulos: «Recoged los pedazos que han sobrado; que nada se pierda». Los recogieron y llenaron doce canastos con los pedazos de los cinco panes de cebada que sobraron a los que habían comido. La gente entonces, al ver el signo que había hecho, decía: «Este es verdaderamente el Profeta que va a venir al mundo». Jesús, sabiendo que iban a llevárselo para proclamarlo rey, se retiró otra vez a la montaña él solo.

Ayúdanos, Señor, a vivir desde la lógica del don y el compartir y no desde la de la acumulación y el beneficio.

S. Marcos, f.
Aniano; Giovanni Piamarta

Oficio de la f.
1Pe 5,5b-14 / Sal 88 / Mc 16,15-20

Marcos 16,15-20

En aquel tiempo, se apareció Jesús a los Once y les dijo: «Id al mundo entero y proclamad el Evangelio a toda la creación. El que crea y sea bautizado se salvará; el que no crea será condenado. A los que crean, les acompañarán estos signos: echarán demonios en mi nombre, hablarán lenguas nuevas, cogerán serpientes en sus manos y, si beben un veneno mortal, no les hará daño. Impondrán las manos a los enfermos, y quedarán sanos». Después de hablarles, el Señor Jesús fue llevado al cielo y se sentó a la derecha de Dios. Ellos se fueron a predicar por todas partes, y el Señor cooperaba confirmando la palabra con las señales que los acompañaban.

Proclamad la Buena Nueva a toda la creación

El encuentro con el Resucitado, aunque es una experiencia que acontece en el marco de la comunidad, nos lleva mucho más allá de ella. La Iglesia nace para servir al mundo, no a sí misma, y en esa *diaconía* la universalidad es una de sus características fundamentales. La Buena Nueva del Evangelio lo es también para toda la creación, por eso nuestra concepción y práctica de la misión hoy ha de estar comprometida, como nos señala el papa Francisco, con la *ecología integral* (LS 137). La salvación de Cristo afecta a toda la comunidad cósmica. Los seres humanos formamos parte de ella y necesitamos recuperar la conciencia de esa interdependencia. En esa misión no estamos solos sino que el espíritu del Resucitado nos compaña y nos «empodera», ensanchando nuestras capacidades y dones.

La presencia resucitada de Cristo en toda la creación nos compromete con el cuidado de la casa común.

Isidoro de Sevilla; Nª Sra. del Buen Consejo; Gregorio y Domingo; Marcelino; Rafael Arnáiz

3ª del salterio
He 2,14.22-33 /
Sal 15 /
1Pe 1,17-21 /
Lc 24,13-35

Hechos 2,14.22-33

El día de Pentecostés Pedro, poniéndose en pie junto a los Once, levantó su voz y con toda solemnidad declaró: «Judíos y vecinos todos de Jerusalén, enteraos bien y escuchad atentamente mis palabras. A Jesús el Nazareno, varón acreditado por Dios ante vosotros con los milagros, prodigios y signos que Dios realizó por medio de él, como vosotros mismos sabéis, a este, entregado conforme al plan que Dios tenía establecido y previsto, lo matasteis, clavándolo a una cruz por manos de hombres inicuos. Pero Dios lo resucitó, librándolo de los dolores de la muerte, por cuanto no era posible que esta lo retuviera bajo su dominio, pues David dice, refiriéndose a él: "Veía siempre al Señor delante de mí, pues está a mi derecha para que no vacile. Por eso se me alegró el corazón, exultó mi lengua, y hasta mi carne descansará esperanzada. Porque no me abandonarás en el lugar de los muertos, ni dejarás que tu Santo experimente corrupción. Me has enseñado senderos de vida, me saciarás de gozo con tu rostro". Hermanos, permitidme hablaros con franqueza: el patriarca David murió y lo enterraron, y su sepulcro está entre nosotros hasta el día de hoy. Pero como era profeta y sabía que Dios "le había jurado con juramento sentar en su trono a un descendiente suyo", previéndolo, habló de la resurrección del Mesías cuando dijo que "no lo abandonará en el lugar de los muertos" y que "su carne no experimentará corrupción". A este Jesús lo resucitó Dios, de lo cual todos nosotros somos testigos. Exaltado, pues, por la diestra de Dios y habiendo recibido del Padre la promesa del Espíritu Santo, lo ha derramado. Esto es lo que estáis viendo y oyendo».

Salmo 15,1b-2a y 5.7-8.9-10.11

R. Señor, me enseñarás el sendero de la vida. (O bien: Aleluya).

1 Pedro 1,17-21

Queridos hermanos: Puesto que podéis llamar Padre al que juzga imparcialmente según las obras de cada uno, comportaos con temor durante el tiempo de vuestra peregrinación, pues ya sabéis que fuisteis liberados de vuestra conducta inútil, heredada de vuestros padres, pero no con algo corruptible, con oro o plata, sino con una sangre preciosa, como la de un cordero sin defecto y sin mancha, Cristo, previsto ya antes de la creación del mundo y manifestado en los últimos tiempos por vosotros, que, por medio de él, creéis en Dios, que lo resucitó de entre los muertos y le dio gloria, de manera que vuestra fe y vuestra esperanza estén puestas en Dios.

Lucas 24,13-35

Aquel mismo día (el primero de la semana), dos de los discípulos de Jesús iban caminando a una aldea llamada Emaús, distante de Jerusalén unos sesenta estadios; iban conversando entre ellos de todo lo que había sucedido. Mientras conversaban y discutían, Jesús en persona se acercó y se puso a caminar con ellos. Pero sus ojos no eran capaces de reconocerlo. Él les dijo: «¿Qué conversación es esa que traéis mientras vais de camino?». Ellos se detuvieron con aire entristecido. Y uno de ellos, que se llamaba Cleofás, le respondió: «¿Eres tú el único forastero en Jerusalén que no sabes lo que ha pasado allí estos días?». Él les dijo: «¿Qué?». Ellos le contestaron: «Lo de Jesús el Nazareno, que fue un profeta poderoso en obras y palabras, ante Dios y ante todo el pueblo; cómo lo entregaron los sumos sacerdotes y nuestros jefes para que lo condenaran a muerte, y lo crucificaron. Nosotros esperábamos que él iba a liberar a Israel, pero, con todo esto, ya estamos en el tercer día desde que esto sucedió. Es verdad que algunas mujeres de nuestro grupo nos han sobresaltado, pues habiendo ido muy de mañana al sepulcro, y no habiendo encontrado su cuerpo, vinieron diciendo que incluso habían visto una aparición de ángeles, que dicen que está vivo. Algunos de los nuestros fueron también al sepulcro y lo encontraron como habían dicho las mujeres; pero a él no lo vieron». Entonces él les dijo: «¡Qué necios y torpes sois para creer lo que dijeron los profetas!... (vv. 26-35).

Nª Sra. de Montserrat; Zita de Luca; Pedro Armengol; Bta. Mª Antonia Bandrés

III de Pascua
3ª del salterio
He 6,8-15 / Sal 118 / Jn 6,22-29

Juan 6,22-29

Después de que Jesús hubo saciado a cinco mil hombres, sus discípulos lo vieron caminando sobre el mar. Al día siguiente, la gente que se había quedado al otro lado del mar notó que allí no había habido más que una barca y que Jesús no había embarcado con sus discípulos, sino que sus discípulos se habían marchado solos. Entretanto, unas barcas de Tiberíades llegaron cerca del sitio donde habían comido el pan después que el Señor había dado gracias. Cuando la gente vio que ni Jesús ni sus discípulos estaban allí, se embarcaron y fueron a Cafarnaún en busca de Jesús. Al encontrarlo en la otra orilla del lago, le preguntaron: «Maestro, ¿cuándo has venido aquí?». Jesús les contestó: «En verdad, en verdad os digo: me buscáis no porque habéis visto signos, sino porque comisteis pan hasta saciaros. Trabajad no por el alimento que perece, sino por el alimento que perdura para la vida eterna, el que os dará el Hijo del hombre; pues a este lo ha sellado el Padre, Dios». Ellos le preguntaron: «Y, ¿qué tenemos que hacer para realizar las obras de Dios?». Respondió Jesús: «La obra de Dios es esta: que creáis en el que él ha enviado».

Compartir al modo de Jesús

En el evangelio de Juan, a partir de la multiplicación de los panes, Jesús es reconocido como el *pan de vida,* como un nuevo maná en el contexto de un *nuevo Éxodo.* Jesús sube al monte y, sentado entre la muchedumbre, capta su necesidad y su hambre. Un hambre que no es solo física, sino también de sentido, de horizonte vital, de plenitud. A esta necesidad Jesús no va a responder desde la lógica del dinero sino desde la relación y el compartir los dones, los bienes y la propia vida. Cuando así sucede, hay abundancia para todos y hasta sobra. ¿Cuáles son las necesidades más apremiantes de nuestros contextos? ¿Qué dones y bienes estamos urgidos a compartir?

Señor, sacia nuestra hambre de justicia y plenitud.

S. Pedro Chanel / S. Luis María Grignion de Montfort, m.l.
Gianna Beretta; Prudencio; Vidal

III de Pascua
3ª del salterio
He 7,51–8,1a / Sal 30 / Jn 6,30-35

Juan 6,30-35

En aquel tiempo, el gentío dijo a Jesús: «¿Y qué signo haces tú, para que veamos y creamos en ti? ¿Cuál es tu obra? Nuestros padres comieron el maná en el desierto, como está escrito: "Pan del cielo les dio a comer"». Jesús les replicó: «En verdad, en verdad os digo: no fue Moisés quien os dio pan del cielo, sino que es mi Padre el que os da el verdadero pan del cielo. Porque el pan de Dios es el que baja del cielo y da vida al mundo». Entonces le dijeron: «Señor, danos siempre de este pan». Jesús les contestó: «Yo soy el pan de vida. El que viene a mí no tendrá hambre, y el que cree en mí no tendrá sed jamás».

Pan de vida

Lo mismo que en el largo camino de su liberación el Pueblo de Israel fue sostenido y nutrido por Dios con el maná, Jesús es el alimento y el sostén de la Iglesia, él «es el pan de vida que baja del cielo y da vida al mundo» (v. 33). Cuando en lugar de nutrir nuestras vidas con su Palabra y poner en el centro los intereses de Jesús, lo sustituimos por el dinero, la seguridad, o la búsqueda del propio bienestar a costa de los otros, negamos las obras del Amor y, en consecuencia, negamos a Dios con nuestras actitudes y prácticas, aunque lo confesemos con nuestras palabras. Acoger al Dios encarnado en Jesús es acogerlo como *pan de vida* y partir y repartir la nuestra, con la fuerza de su Espíritu, con quienes tienen hambre y sed de justicia.

Quiero, Señor, nutrir mi vida con tu Palabra para que dé frutos de solidaridad y justicia.

Sta. Catalina de Siena, f.
Hugo de Cluny; Pedro de Verona; Roberto de Molesmes

Oficio de la f.
1Jn1,5–2,2 / Sal 102 / Mt 11,25-30

Mateo 11,25-30

En aquel tiempo, tomó la palabra Jesús y dijo: «Te doy gracias, Padre, Señor del cielo y de la tierra, porque has escondido estas cosas a los sabios y entendidos, y se las has revelado a los pequeños. Sí, Padre, así te ha parecido bien. Todo me ha sido entregado por mi Padre, y nadie conoce al Hijo más que el Padre, y nadie conoce al Padre sino el Hijo y aquel a quien el Hijo se lo quiera revelar. Venid a mí todos los que estáis cansados y agobiados, y yo os aliviaré. Tomad mi yugo sobre vosotros y aprended de mí, que soy manso y humilde de corazón, y encontraréis descanso para vuestras almas. Porque mi yugo es llevadero y mi carga ligera».

Jesús, revelación del sueño de Dios en la historia

Jesús es la revelación del sueño de Dios en la historia, su voluntad hecha gesto y palabra concreta y cotidiana. Por eso adentrarnos en el conocimiento de Dios es adentrarnos en el conocimiento interno de Cristo para que toda nuestra vida, nuestras opciones y prácticas queden impregnadas de Evangelio. Jesús es nuestra vía de acceso a Dios y no quiere que nadie se quede fuera del abrazo y la misericordia de su *Abba*. Esta Buena Noticia es la que somos urgidos a anunciar como Iglesia y a hacerlo en el lenguaje de la gente más sencilla de nuestros ambientes, con palabras y gestos que sean inteligibles hoy. Jesús nos busca hasta en el último de nuestros recovecos interiores y hasta en la más extrema periferia. Él no da nada ni a nadie por perdido. La voluntad de su *Abba* es la reconciliación y la comunión. Como Iglesia esta ha de ser también nuestra tarea.

Danos, Señor, conocimiento interno de ti para anunciar con nuestra vida que nadie queda fuera de tu abrazo y misericordia.

S. Pío V, m.l.
Amador, Pedro y Luis; José Benito Cottolengo; María de la Encarnación Guyart

III de Pascua
3ª del salterio
He 8,26-40 / Sal 65 / Jn 6,44-51

Juan 6,44-51

En aquel tiempo, dijo Jesús al gentío: «Nadie puede venir a mí si no lo atrae el Padre que me ha enviado. Y yo lo resucitaré en el último día. Está escrito en los profetas: "Serán todos discípulos de Dios". Todo el que escucha al Padre y aprende, viene a mí. No es que alguien haya visto al Padre, a no ser el que está junto a Dios: ese ha visto al Padre. En verdad, en verdad os digo: el que cree tiene vida eterna. Yo soy el pan de la vida. Vuestros padres comieron en el desierto el maná y murieron; este es el pan que baja del cielo, para que el hombre coma de él y no muera. Yo soy el pan vivo que ha bajado del cielo; el que coma de este pan vivirá para siempre. Y el pan que yo daré es mi carne por la vida del mundo».

Dar la vida por la vida del mundo

Jesús es el *pan de vida* que calma nuestra hambre de sentido, de justicia, de comunión, y que *nos nutre internamente* para humanizar la vida. No es un pan «selecto» que se esconde en una alacena como propiedad de unos pocos elegidos, sino *el pan accesible,* que se arriesga, se parte y reparte para la vida del mundo. La sociedad de consumo nos ofrece otros *alimentos sucedáneos* que terminan por hacernos sus esclavos sin colmar nuestras ansias de comunión y plenitud. Este texto tiene profundas resonancias eucarísticas y nos lleva a hacernos, como comunidades cristianas, algunas preguntas incómodas: ¿Cómo nutrimos nuestra fe y nuestro seguimiento a Jesús? ¿En qué medida van haciendo de nosotros y nosotras personas cuyas vidas se van entregando con sencillez y alegría para la vida del mundo? ¿A través de qué gestos cotidianos?

Gracias, Señor, por ofrecértenos como pan accesible, como sustento y alimento en nuestra vida cotidiana.

S. José Obrero, m.l.
Jeremías; Orencio y Paciencia; Peregrino

III de Pascua
3ª del salterio
He 9,1-20 / Sal 116 / Jn 6,52-59 (o bien: Mt 13,54-58)

Juan 6,52-59

En aquel tiempo, disputaban los judíos entre sí: «¿Cómo puede este darnos a comer su carne?». Entonces Jesús les dijo: «En verdad, en verdad os digo: si no coméis la carne del Hijo del hombre y no bebéis su sangre, no tenéis vida en vosotros. El que come mi carne y bebe mi sangre tiene vida eterna, y yo lo resucitaré en el último día. Mi carne es verdadera comida, y mi sangre es verdadera bebida. El que come mi carne y bebe mi sangre habita en mí y yo en él. Como el Padre que vive me ha enviado, y yo vivo por el Padre, así, del mismo modo, el que me come vivirá por mí. Este es el pan que ha bajado del cielo: no como el de vuestros padres, que lo comieron y murieron; el que come este pan vivirá para siempre». Esto lo dijo Jesús en la sinagoga, cuando enseñaba en Cafarnaún.

Jesús se ofrece como alimento

Comer la carne de Cristo y beber su sangre no es un acto de *canibalismo* sino de identificación con Jesús y su proyecto, hacerse uno con él y con la voluntad de su *Abba.* Por eso la Eucaristía no puede ser nunca una evasión sino compromiso y envío agradecido. Por eso el lenguaje del Evangelio es una Buena Noticia exigente, no alienadora ni cómoda, sino con una profunda capacidad de desinstalación. De ahí la reacción de los discípulos en el texto. Por eso el seguimiento de Jesús no es una cuestión de solo empeño o voluntad, sino de gracia, de abrirnos con confianza y abandonarnos a su Espíritu porque es él el que nos da la vida y nos capacita más allá de nuestras propias fuerzas.

Ábrenos, Señor, a la desinstalación del Evangelio.

mayo

S. Atanasio, m.o.
Nª Sra. Divina Pastora;
Nª Sra. de Araceli;
Boris y Gleb; Zoe

III de Pascua
3ª del salterio
He 9,31-42 /
Sal 115 /
Jn 6,60-69

Juan 6,60-69

En aquel tiempo, muchos de los discípulos de Jesús dijeron: «Este modo de hablar es duro, ¿quién puede hacerle caso?». Sabiendo Jesús que sus discípulos lo criticaban, les dijo: «¿Esto os escandaliza?, ¿y si vierais al Hijo del hombre subir adonde estaba antes? El Espíritu es quien da vida; la carne no sirve para nada. Las palabras que os he dicho son espíritu y vida. Y, con todo, hay algunos de entre vosotros que no creen». Pues Jesús sabía desde el principio quiénes no creían y quién lo iba a entregar. Y dijo: «Por eso os he dicho que nadie puede venir a mí si el Padre no se lo concede». Desde entonces, muchos discípulos suyos se echaron atrás y no volvieron a ir con él. Entonces Jesús les dijo a los Doce: «¿También vosotros queréis marcharos?». Simón Pedro le contestó: «Señor, ¿a quién vamos a acudir? Tú tienes palabras de vida eterna; nosotros creemos y sabemos que tú eres el Santo de Dios».

Palabras de vida eterna

El Evangelio somete a crisis los esquemas exitosos de los seguidores de Jesús. Por eso muchos le abandonan y se resisten a su anuncio. Pero no por ello se descafeína el mensaje. Actúa desde una libertad radical que le otorga la experiencia de saberse amado y sostenido por Dios para llevar a cabo su proyecto, aunque ello conlleve abandonos y pérdidas. Jesús pregunta también a sus más íntimos por su incondicionalidad y es Pedro quien le contesta: *¿Adónde iremos?, solo tú tienes palabras de vida eterna.* Aun con dudas y resistencias, en él puede mucho más la seducción por Jesús y el Reino que sus propias inseguridades y miedos. En nuestra propia historia también podemos reconocer estas crisis, que a menudo son oportunidades para el crecimiento y la maduración de nuestra fe, desnudándola de falsas seguridades. Cuando de verdad se ha experimentado el encuentro liberador con Jesús y su mensaje, difícilmente otras palabras u ofertas de sentido pueden colmarnos.

Desnuda, Señor, nuestra fe de falsas seguridades.

Felipe y Santiago; Alejandro I; Violeta; Emilia; Juvenal; Bta. Mª Leonia Paradis

4ª del salterio
He 2,14a.36-41 / Sal 22 / 1Pe 2,20b-25 / Jn 10,1-10

Hechos 2,14a.36-41

El día de Pentecostés Pedro, poniéndose en pie junto a los Once, levantó su voz y declaró: «Con toda seguridad conozca toda la casa de Israel que al mismo Jesús, a quien vosotros crucificasteis, Dios lo ha constituido Señor y Mesías». Al oír esto, se les traspasó el corazón, y preguntaron a Pedro y a los demás apóstoles: «¿Qué tenemos que hacer, hermanos?». Pedro les contestó: «Convertíos y sea bautizado cada uno de vosotros en el nombre de Jesús, el Mesías, para perdón de vuestros pecados, y recibiréis el don del Espíritu Santo. Porque la promesa vale para vosotros y para vuestros hijos, y para los que están lejos, para cuantos llamare a sí el Señor Dios nuestro». Con estas y otras muchas razones dio testimonio y los exhortaba diciendo: «Salvaos de esta generación perversa». Los que aceptaron sus palabras se bautizaron, y aquel día fueron agregadas unas tres mil personas.

Salmo 22,1b-3a.3b-4.5.6

R. El Señor es mi pastor, nada me falta. (O bien: Aleluya).

1 Pedro 2,20b-25

Queridos hermanos: Que aguantéis cuando sufrís por hacer el bien, eso es una gracia de parte de Dios. Pues para esto habéis sido llamados, porque también Cristo padeció por vosotros, dejándoos un ejemplo para que sigáis sus huellas. Él no cometió pecado ni encontraron engaño en su boca. Él no devolvía el insulto cuando lo insultaban; sufriendo no profería amenazas; sino que se entregaba al que juzga rectamente. Él llevó nuestros pecados en su cuerpo hasta el leño, para que, muertos a los pecados, vivamos para la justicia. Con sus heridas fuisteis curados. Pues andabais errantes como ovejas, pero ahora os habéis convertido al pastor y guardián de vuestras almas.

Juan 10,1-10

En aquel tiempo, dijo Jesús: «En verdad, en verdad os digo: el que no entra por la puerta en el aprisco de las ovejas, sino que salta por otra parte, ese es ladrón y bandido; pero el que entra por la puerta es pastor de las ovejas. A este le abre el guarda y las ovejas atienden a su voz, y él va llamando por el nombre a sus ovejas y las saca fuera. Cuando ha sacado todas las suyas camina delante de ellas, y las ovejas lo siguen, porque conocen su voz; a un extraño no lo seguirán, sino que huirán de él, porque no conocen la voz de los extraños». Jesús les puso esta comparación, pero ellos no entendieron de qué les hablaba. Por eso añadió Jesús: «En verdad, en verdad os digo: yo soy la puerta de las ovejas. Todos los que han venido antes de mí son ladrones y bandidos; pero las ovejas no los escucharon. Yo soy la puerta: quien entre por mí se salvará y podrá entrar y salir, y encontrará pastos. El ladrón no entra sino para robar y matar y hacer estragos; yo he venido para que tengan vida y la tengan abundante».

El buen pastor

El símbolo del pastor quizás se ha quedado desgastado en la cultura suburbana, pero referido a Jesús expresa su opción incondicional por aquellos y aquellas a quienes conoce en profundidad y ama más que a su vida misma. No se trata de unos pocos elegidos, sino de la humanidad entera, anhelante de comunión en un mundo quebrado por la violencia, el desamor y la injusticia. Pero para ello hay que abrirse a la novedad radical que plantea. Nuestros ambientes están ávidos de humanidad y de reconciliación en situaciones donde frecuentemente el fin justifica los medios y las personas son utilizadas al servicio de los intereses económicos, ideológicos, etc. Jesús es la puerta de acceso a unas relaciones y un mundo donde la gratuidad, la confianza y la lealtad son posibles y en ello apuesta su vida. ¿En qué nos reta a nosotros y a nosotras hoy como comunidades cristianas esta apuesta?

Que vivamos sostenidos en la incondicionalidad del amor de Dios y su cuidado.

José María Rubio;
Gotardo; Bto. Ceferino
Giménez Malla;
Bta. Francisca Paula
de Jesús (Nhá Chica)

IV de Pascua
4ª del salterio
He 11,1-18 /
Sal 41 /
Jn 10,11-18

Juan 10,11-18

En aquel tiempo, dijo Jesús: «Yo soy el Buen Pastor. El buen pastor da su vida por las ovejas; el asalariado, que no es pastor ni dueño de las ovejas, ve venir al lobo, abandona las ovejas y huye; y el lobo las roba y las dispersa; y es que a un asalariado no le importan las ovejas. Yo soy el Buen Pastor, que conozco a las mías, y las mías me conocen, igual que el Padre me conoce, y yo conozco al Padre; yo doy mi vida por las ovejas. Tengo, además, otras ovejas que no son de este redil; también a esas las tengo que traer, y escucharán mi voz, y habrá un solo rebaño y un solo Pastor. Por esto me ama el Padre, porque yo entrego mi vida para poder recuperarla. Nadie me la quita, sino que yo la entrego libremente. Tengo poder para entregarla y tengo poder para recuperarla: este mandato he recibido de mi Padre».

Entregar la vida para recuperarla

El sentido de la vida de Jesús es que la vida lo sea en abundancia para todos y todas, y eso solo es posible desde la opción por los últimos. La universalidad para ser incluyente ha de empezar desde ahí. Ese es el sentido y el misterio también de la vida cristiana: *Lo que no se da se pierde.* El amor es fuente de regeneración de vida en uno mismo y en los demás. Pero este amor entregado en el tajo de lo cotidiano, como el de Jesús, para que sea en verdad gratuito y fecundo, ha de nacer de la propia libertad y ser una decisión consciente, de manera que *nadie nos quite la vida, sino que la entreguemos voluntariamente.*

Lo que no se da se pierde. Ayúdanos, Señor, a no perder la vida, sino a ir entregándola cada día en el compromiso con el Reino.

5
martes

Nª Sra. de Gracia; Nª Sra. de África; Máximo de Jerusalén; Martín de Finojosa

IV de Pascua
4ª del salterio
He 11,19-26 / Sal 86 / Jn 10,22-30

Juan 10,22-30

Se celebraba en Jerusalén la fiesta de la Dedicación del templo. Era invierno, y Jesús se paseaba en el templo por el pórtico de Salomón. Los judíos, rodeándolo, le preguntaban: «¿Hasta cuándo nos vas a tener en suspenso? Si tú eres el Mesías, dínoslo francamente». Jesús les respondió: «Os lo he dicho, y no creéis; las obras que yo hago en nombre de mi Padre, esas dan testimonio de mí. Pero vosotros no creéis, porque no sois de mis ovejas. Mis ovejas escuchan mi voz, y yo las conozco, y ellas me siguen, y yo les doy la vida eterna; no perecerán para siempre, y nadie las arrebatará de mi mano. Lo que mi Padre me ha dado es más que todas las cosas, y nadie puede arrebatar nada de la mano de mi Padre. Yo y el Padre somos uno».

Las acciones liberadoras dan testimonio de Jesús

La fiesta de la dedicación del templo *(Hanukkah)* tenía un fuerte carácter sacral, pues con ella se recordaba la consagración del altar y la nueva consagración del templo por parte de los Macabeos tras los años de profanación durante la dominación siria (164 a.C.). En este contexto Jesús va a proclamar que son las obras y no los ritos las que dan testimonio de Dios y que las suyas proceden de su identificación con la fuente de todo Amor que es su *Abba,* lo cual escandaliza a los hombres de la Ley. La vivencia del Evangelio no se concreta en ideas, ni en intenciones, sino que remite siempre a *la projimidad,* a lo concreto, a un estilo de vida identificado y sostenido en un Amor que se hace carne, mundo, historia. La fe se ejercita y se practica en el ejercicio de la solidaridad, la justicia y la inclusión, porque Dios es Amor.

Que nuestra fe, Señor, se traduzca en obras de solidaridad y justicia.

Domingo Savio; Judit; Benedicta; Heliodoro; Francisco de Laval

IV de Pascua
4ª del salterio
He 12,24–13,5a / Sal 66 / Jn 12,44-50

Juan 12,44-50

En aquel tiempo, Jesús gritó diciendo: «El que cree en mí, no cree en mí, sino en el que me ha enviado. Y el que me ve a mí, ve al que me ha enviado. Yo he venido al mundo como luz, y así, el que cree en mí no quedará en tinieblas. Al que oiga mis palabras y no las cumpla, yo no lo juzgo, porque no he venido para juzgar al mundo, sino para salvar al mundo. El que me rechaza y no acepta mis palabras tiene quien lo juzgue: la palabra que yo he pronunciado, esa lo juzgará en el último día. Porque yo no he hablado por cuenta mía; el Padre que me envió es quien me ha ordenado lo que he de decir y cómo he de hablar. Y sé que su mandato es vida eterna. Por tanto, lo que yo hablo, lo hablo como me ha encargado el Padre».

Jesús no ha venido a juzgar al mundo sino a salvarlo

Jesús es el camino de acceso a Dios. La máxima apertura a su misterio e identificación con su misericordia. Por eso quien cree en él, cree en la fuente del Amor, del que procede. Por eso la palabra definitiva de Dios sobre la historia no es el juicio sino la reconciliación y la ternura. En Jesús Dios se nos muestra también como libertad radical. Su libertad remite a la nuestra, a nuestras elecciones, pues son ellas y no Dios las que nos juzgan. Por eso el discernimiento es fundamental en la vida cristiana. Discernir es pasar la vida por el corazón en actitud de pregunta, buscando identificar nuestra voluntad con la de Dios, como hacía Jesús. Solo así nuestras obras y nuestras palabras podrán ser de verdad libres.

La palabra definitiva de Dios sobre la historia no es el juicio sino la reconciliación y la ternura.

Nª Sra. de la Victoria;
Benedicto II; Gisela;
Rosa Venerini;
Bta. María de San
José Alvarado

IV de Pascua
4ª del salterio
He 13,13-25 /
Sal 88 /
Jn 13,16-20

Juan 13,16-20

Cuando Jesús terminó de lavar los pies a sus discípulos les dijo: «En verdad, en verdad os digo: el criado no es más que su amo, ni el enviado es más que el que lo envía. Puesto que sabéis esto, dichosos vosotros si lo ponéis en práctica. No lo digo por todos vosotros; yo sé bien a quiénes he elegido, pero tiene que cumplirse la Escritura: "El que compartía mi pan me ha traicionado". Os lo digo ahora, antes de que suceda, para que cuando suceda creáis que yo soy. En verdad, en verdad os digo: el que recibe a quien yo envíe me recibe a mí; y el que me recibe a mí recibe al que me ha enviado».

Quien acoge a Jesús y los valores del Evangelio acoge a Dios

Acoger a Jesús es acoger a Dios. Por eso el Evangelio y sus valores es lugar de encuentro y relación con los y las diferentes. El Evangelio no es una doctrina, sino una Buena Noticia de liberación para nuestro mundo y en esa utopía podemos confluir muchas personas, incluidos quienes no se sienten creyentes pero comparten un estilo de vida cuyos valores evoca el Evangelio. Por eso, como comunidades cristianas nuestra seña de identidad han de ser las relaciones y las prácticas incluyentes, la búsqueda de la convergencia, «sumar y no restar» en todas aquellas iniciativas que hagan histórica la fraternidad humana en nuestros ambientes. Quien acoge los valores del Evangelio y los pone por obra acoge a Dios.

Ayúdanos, Señor, a sumarnos como Iglesia a las iniciativas de la sociedad civil comprometidas con la justicia y el cuidado de la tierra.

Nª Sra. de la Salud;
Bonifacio IV;
Magdalena
de Canossa;
Víctor de Milán;
Bta. Ulrike Nish

IV de Pascua
4ª del salterio
He 13,26-33 /
Sal 2 /
Jn 14,1-6

Juan 14,1-6

En aquel tiempo, dijo Jesús a sus discípulos: «No se turbe vuestro corazón, creed en Dios y creed también en mí. En la casa de mi Padre hay muchas moradas; si no, os lo habría dicho, porque me voy a prepararos un lugar. Cuando vaya y os prepare un lugar, volveré y os llevaré conmigo, para que donde estoy yo estéis también vosotros. Y adonde yo voy, ya sabéis el camino». Tomás le dice: «Señor, no sabemos adónde vas, ¿cómo podemos saber el camino?». Jesús le responde: «Yo soy el camino y la verdad y la vida. Nadie va al Padre sino por mí».

Camino, verdad y vida

La fe es fuente de confianza y riesgo y es siempre dinámica porque en el camino de la vida es donde Dios se nos sigue revelando y señalando nuevos matices del Evangelio en cada contexto y situación. Por eso solo podemos adentrarnos en el conocimiento del Dios cristiano desde el seguimiento a Jesús. *Jesús es el camino, la verdad y la vida.* La fe es siempre desinstalación y nos dispone a vivir como permanentes caminantes, en *operación salida* del propio ego, del individualismo, para abrirnos al proyecto solidario de Dios en la historia encarnado por el Hijo, que se parece más a un banquete popular donde los últimos serán los primeros que a un club privado solo para selectos. ¿A qué nos reta hoy esto como comunidades cristianas?

Gracias, Señor, porque la fe es siempre fe-histórica y no fe-laboratorio.

Luisa de Marillac; Gregorio de la Berrueza; Pacomio; Jorge Preca

IV de Pascua
4ª del salterio
He 13,44-52 / Sal 97 / Jn 14,7-14

Juan 14,7-14

En aquel tiempo, dijo Jesús a sus discípulos: «Si me conocierais a mí, conoceríais también a mi Padre. Ahora ya lo conocéis y lo habéis visto». Felipe le dice: «Señor, muéstranos al Padre y nos basta». Jesús le replica: «Hace tanto que estoy con vosotros, ¿y no me conoces, Felipe? Quien me ha visto a mí ha visto al Padre. ¿Cómo dices tú: "Muéstranos al Padre"? ¿No crees que yo estoy en el Padre, y el Padre en mí? Lo que yo os digo no lo hablo por cuenta propia. El Padre, que permanece en mí, él mismo hace las obras. Creedme: yo estoy en el Padre y el Padre en mí. Si no, creed a las obras. En verdad, en verdad os digo: el que cree en mí, también él hará las obras que yo hago, y aun mayores, porque yo me voy al Padre. Y lo que pidáis en mi nombre, yo lo haré, para que el Padre sea glorificado en el Hijo. Si me pedís algo en mi nombre, yo lo haré».

Creer en Jesús es hacer sus obras

La fuente del hacer y el decir de Jesús es Dios mismo, su voluntad. De ahí brota su radical confianza y libertad. Por eso sus palabras son verdaderas y remiten a gestos y acciones liberadoras que son Buena Noticia para las personas más olvidadas y excluidas. Jesús es la ternura y la misericordia de Dios en acción. Creer en él es reproducir sus obras, con la ayuda del Espíritu, que más que a imitar o repetir esquemas mueve a la creatividad y a la novedad del amor en cada contexto y situación. ¿Dónde reconocemos hoy como comunidades cristianas las obras del amor en nuestros ambientes y qué rostro de Dios nos revelan?

Señor, danos creatividad y lucidez para que nuestra fe se traduzca en obras de amor y solidaridad con quienes peor lo pasan.

Juan de Ávila; Virgen de los Desamparados; Damián de Molokai; Antonio de Florencia; Job

1ª del salterio
He 6,1-7 / Sal 32 / 1Pe 2,4-9 / Jn 14,1-12

Hechos 6,1-7

En aquellos días, al crecer el número de los discípulos, los de lengua griega se quejaron contra los de lengua hebrea, porque en el servicio diario no se atendía a sus viudas. Los Doce, convocando a la asamblea de los discípulos, dijeron: «No nos parece bien descuidar la palabra de Dios para ocuparnos del servicio de las mesas. Por tanto, hermanos, escoged a siete de vosotros, hombres de buena fama, llenos de espíritu y de sabiduría, y los encargaremos de esta tarea; nosotros nos dedicaremos a la oración y al servicio de la palabra». La propuesta les pareció bien a todos y eligieron a Esteban, hombre lleno de fe y de Espíritu Santo; a Felipe, Prócoro, Nicanor, Timón, Parmenas y Nicolás, prosélito de Antioquía. Se los presentaron a los apóstoles y ellos les impusieron las manos orando. La palabra de Dios iba creciendo y en Jerusalén se multiplicaba el número de discípulos; incluso muchos sacerdotes aceptaban la fe.

Salmo 32,1-2.4-5.18-19

R. Que tu misericordia, Señor, venga sobre nosotros, como lo esperamos de ti. (O bien: Aleluya).

1 Pedro 2,4-9

Queridos hermanos: Acercándoos al Señor, piedra viva rechazada por los hombres, pero elegida y preciosa para Dios, también vosotros, como piedras vivas, entráis en la construcción de una casa espiritual para un sacerdocio santo, a fin de ofrecer sacrificios espirituales agradables a Dios por medio de Jesucristo. Por eso se dice en la Escritura: «Mira, pongo en Sion una piedra angular, elegida y preciosa; quien cree en ella no queda defraudado». Para vosotros, pues, los creyentes, ella es el honor, pero para los incrédulos «la piedra que desecharon los arquitectos es ahora la piedra angular», y también «piedra de choque y roca de estrellarse»; y ellos chocan al despreciar la palabra. A eso precisamente estaban expuestos. Vosotros, en cambio, sois un linaje elegido, un sacerdocio real, una nación santa, un pueblo adquirido por Dios para que anunciéis las proezas del que os llamó de las tinieblas a su luz maravillosa.

Juan 14,1-12

En aquel tiempo, dijo Jesús a sus discípulos: «No se turbe vuestro corazón, creed en Dios y creed también en mí. En la casa de mi Padre hay muchas moradas; si no, os lo habría dicho, porque me voy a prepararos un lugar. Cuando vaya y os prepare un lugar, volveré y os llevaré conmigo, para que donde estoy yo estéis también vosotros. Y adonde yo voy, ya sabéis el camino». Tomás le dice: «Señor, no sabemos adónde vas, ¿cómo podemos saber el camino?». Jesús le responde: «Yo soy el camino y la verdad y la vida. Nadie va al Padre sino por mí. Si me conocierais a mí, conoceríais también a mi Padre. Ahora ya lo conocéis y lo habéis visto». Felipe le dice: «Señor, muéstranos al Padre y nos basta». Jesús le replica: «Hace tanto que estoy con vosotros, ¿y no me conoces, Felipe? Quien me ha visto a mí ha visto al Padre. ¿Cómo dices tú: "Muéstranos al Padre"? ¿No crees que yo estoy en el Padre, y el Padre en mí? Lo que yo os digo no lo hablo por cuenta propia. El Padre, que permanece en mí, él mismo hace las obras. Creedme: yo estoy en el Padre y el Padre en mí. Si no, creed a las obras. En verdad, en verdad os digo: el que cree en mí, también él hará las obras que yo hago, y aun mayores, porque yo me voy al Padre».

Ayúdanos, Señor, a comprometernos con la universalidad del amor, que salta toda frontera.

Francisco de Jerónimo; Felisa; Fabio; Bto. Domingo Iturrate

V de Pascua
1º del salterio
He 14,5-18 /
Sal 113B /
Jn 14,21-26

Juan 14,21-26

En aquel tiempo, dijo Jesús a sus discípulos: «El que acepta mis mandamientos y los guarda, ese me ama; y el que me ama será amado por mi Padre, y yo también lo amaré y me manifestaré a él». Le dijo Judas, no el Iscariote: «Señor, ¿qué ha sucedido para que te reveles a nosotros y no al mundo?». Respondió Jesús y le dijo: «El que me ama guardará mi palabra, y mi Padre lo amará, y vendremos a él y haremos morada en él. El que no me ama no guarda mis palabras. Y la palabra que estáis oyendo no es mía, sino del Padre que me envió. Os he hablado de esto ahora que estoy a vuestro lado, pero el Paráclito, el Espíritu Santo, que enviará el Padre en mi nombre, será quien os lo enseñe todo y os vaya recordando todo lo que os he dicho».

Guardar y hacer vida la Palabra de Jesús

Acoger a Jesús es escuchar la palabra de Dios y guardarla en nuestro corazón para que sea la brújula de nuestra vida. Al hacerlo nos convertimos en morada de Cristo. Pero esa Palabra pide ser traducida en gestos y obras de amor en nuestros ambientes, desde lo micro a lo macro. Para ello necesitamos apoyarnos no en nuestras propias fuerzas, sino en la libertad y la creatividad del Espíritu de Jesús. Allá donde detectamos las huellas del amor, podemos reconocer vestigios de su Espíritu y abrirnos a su Misterio. Toda la realidad es epifánica porque toda ella es ámbito de la acción liberadora de Dios. Como comunidades cristianas, ¿dónde reconocemos el espíritu de Jesús urgiéndonos hoy a encarnar la Palabra que nos habita?

Que tu Palabra, Señor, sea brújula y anclaje en nuestra vida.

Stos. Nereo y Aquiles / S. Pancracio, m.l.
Domingo de la Calzada; Epifanio; Bto. Álvaro del Portillo

V de Pascua
1ª del salterio
He 14,19-28 / Sal 144 / Jn 14,27-31a

Juan 14,27-31a

En aquel tiempo, dijo Jesús a sus discípulos: «La paz os dejo, mi paz os doy; no os la doy yo como la da el mundo. Que no se turbe vuestro corazón ni se acobarde. Me habéis oído decir: "Me voy y vuelvo a vuestro lado". Si me amarais, os alegraríais de que vaya al Padre, porque el Padre es mayor que yo. Os lo he dicho ahora, antes de que suceda, para que cuando suceda creáis. Ya no hablaré mucho con vosotros, pues se acerca el príncipe de este mundo; no es que él tenga poder sobre mí, pero es necesario que el mundo comprenda que yo amo al Padre, y que, como el Padre me ha ordenado, así actúo».

No se turbe vuestro corazón ni se acobarde

El testamento espiritual de Jesús así como su resurrección son un mensaje de paz, porque la experiencia de encuentro con él es fuente de reconciliación con uno mismo, con los demás y con Dios. Por eso la paz, inspirada en el Evangelio, no es la ausencia de conflictos ni el *aguante sacrificial,* sino que brota de la misericordia y el perdón y se expresa en el compromiso con la justicia. La paz evangélica requiere el cuidado de nuestras actitudes internas para afrontar el mal. Porque el mal y la violencia existen, no se trata de negarlos, sino de afrontarlos desde el amor, al modo de Jesús, con un corazón que no busca revancha sino reconciliación. Su intimidad con el Padre y su proyecto amoroso es lo que hace que Jesús sea un profeta de la paz, aun cuando él mismo va a ser víctima de la violencia e injusticia.

Ayúdanos, Señor, a no dejarnos paralizar por miedos ni inseguridades, sino a ser testigos de que otro mundo es posible y necesario.

Virgen María de Fátima, m.l.
Pedro Regalado; Mª Dominica Mazzarello; Anacleto; Bta. Juliana de Norwich

V de Pascua
1ª del salterio
He 15,1-6 / Sal 121 / Jn 15,1-8

Juan 15,1-8

En aquel tiempo, dijo Jesús a sus discípulos: «Yo soy la verdadera vid, y mi Padre es el labrador. A todo sarmiento que no da fruto en mí lo arranca, y a todo el que da fruto lo poda, para que dé más fruto. Vosotros ya estáis limpios por la palabra que os he hablado; permaneced en mí, y yo en vosotros. Como el sarmiento no puede dar fruto por sí, si no permanece en la vid, así tampoco vosotros, si no permanecéis en mí. Yo soy la vid, vosotros los sarmientos; el que permanece en mí y yo en él, ese da fruto abundante; porque sin mí no podéis hacer nada. Al que no permanece en mí lo tiran fuera, como el sarmiento, y se seca; luego los recogen y los echan al fuego, y arden. Si permanecéis en mí y mis palabras permanecen en vosotros, pedid lo que deseáis, y se realizará. Con esto recibe gloria mi Padre, con que deis fruto abundante; así seréis discípulos míos».

Como la vid y los sarmientos

La metáfora de la vid y los sarmientos es sugerente y sirve para explicar la unión de Jesús con la humanidad. Solo permaneciendo unidos a su Palabra, sus valores y su estilo de vida e identificados con su proyecto amoroso, nuestra existencia alcanzará sentido y dará frutos abundantes de justicia, comunión, solidaridad y alegría. Permanecer en él es garantía de fecundidad y plenitud. Pero eso solo es posible si aceptamos también abrirnos a *la poda* que constituyen las relaciones, los conflictos, las dificultades cotidianas con las que nos encontramos cada día. Igual que el sarmiento, tras ser podado, rebrota con más fuerza y verdor, también nuestra madurez creyente nos la jugamos en cómo afrontamos en nuestra vida, como oportunidad y con esperanza, las crisis, los límites, el sufrimiento, las frustraciones, con las que nos vamos encontrando en el espesor de lo cotidiano. Solo engarzadas y engarzados a su misericordia amorosa, como los sarmientos a la vid, podremos hacerlo.

Permaneciendo unidos a tu Palabra, Señor, nuestra vida dará mucho fruto.

S. Matías, apóstol, f.
Miguel Garikoitz; Teodora Guerin

Oficio de la f.
He 1,15-17.20-26 / Sal 112 / Jn 15,9-17

Juan 15,9-17

En aquel tiempo, dijo Jesús a sus discípulos: «Como el Padre me ha amado, así os he amado yo; permaneced en mi amor. Si guardáis mis mandamientos, permaneceréis en mi amor; lo mismo que yo he guardado los mandamientos de mi Padre y permanezco en su amor. Os he hablado de esto para que mi alegría esté en vosotros, y vuestra alegría llegue a plenitud. Este es mi mandamiento: que os améis unos a otros como yo os he amado. Nadie tiene amor más grande que el que da la vida por sus amigos. Vosotros sois mis amigos si hacéis lo que yo os mando. Ya no os llamo siervos, porque el siervo no sabe lo que hace su señor: a vosotros os llamo amigos, porque todo lo que he oído a mi Padre os lo he dado a conocer. No sois vosotros los que me habéis elegido, soy yo quien os he elegido y os he destinado para que vayáis y deis fruto, y vuestro fruto permanezca. De modo que lo que pidáis al Padre en mi nombre os lo dé. Esto os mando: que os améis unos a otros».

Permanecer en el Amor

Creer en Jesús no nos convierte en siervos sino en *amigos,* en sus compañeros y compañeras de vida. La palabra compañero procede de *cum-panis,* que significa compartir el mismo pan, los mismos sueños, el mismo proyecto. Esto solo es posible desde la experiencia de sentirnos amados y amadas incondicionalmente por él, hasta el extremo de la entrega de su propia vida. El amor que Jesús nos ofrece y nos invita a reproducir en nuestra propia existencia no es cuestión de merecimientos, sino de pura sobreabundancia y gratuidad suya. El cristianismo es la religión del amor, no de la norma ni de la costumbre. Dios permanece en el amor y el amor es concreto, se hace *projimidad,* relación, acogida, solidaridad, reconciliación, etc. ¿Cómo traducir hoy en nuestros ambientes el mandamiento del Amor por encima de los mandamientos del sistema: «sálvese quien pueda», o «fuera del mercado no hay salvación»?

S. Isidro labrador, m.o.
Eufrasio; Indalecio

V de Pascua
1ª del salterio
He 15,22-31 /
Sal 56 /
Jn 15,12-17

Juan 15,12-17

En aquel tiempo, dijo Jesús a sus discípulos: «Este es mi mandamiento: que os améis unos a otros como yo os he amado. Nadie tiene amor más grande que el que da la vida por sus amigos. Vosotros sois mis amigos si hacéis lo que yo os mando. Ya no os llamo siervos, porque el siervo no sabe lo que hace su señor: a vosotros os llamo amigos, porque todo lo que he oído a mi Padre os lo he dado a conocer. No sois vosotros los que me habéis elegido, soy yo quien os he elegido y os he destinado para que vayáis y deis fruto, y vuestro fruto permanezca. De modo que lo que pidáis al Padre en mi nombre os lo dé. Esto os mando: que os améis unos a otros».

Los frutos de la fe

Experimentar la incondicionalidad de la entrega amorosa de Jesús y su fidelidad al proyecto del Reino nos impulsa y sostiene para que nuestra fe se traduzca en actitudes y obras que den *buenos frutos.* Fe, esperanza y caridad son una tríada inseparable en la vida cristiana. Por eso su fecundidad se traduce en una actitud vital de confianza y apertura en la vida frente al escepticismo y el desencanto, y en un compromiso amoroso con la realidad, desde el cuidado de las relaciones y la humanización de la vida y el compromiso con la justicia. La caridad tiene también una dimensión política que como cristianas y cristianos no podemos ignorar. Vivir hoy el mandamiento del amor afecta a nuestros estilos de vida y compromisos para que otro mundo sea posible y nadie quede excluido del *derecho a las tres «t»* (trabajo, techo y tierra).

Que nuestra fe, Señor, se traduzca en confianza y apertura frente al escepticismo y el desencanto.

Gema Galgani; Juan Nepomuceno; Andrés Bobola; Ubaldo

V de Pascua
1ª del salterio
He 16,1-10 / Sal 99 / Jn 15,18-21

Juan 15,18-21

En aquel tiempo, dijo Jesús a sus discípulos: «Si el mundo os odia, sabed que me ha odiado a mí antes que a vosotros. Si fuerais del mundo, el mundo os amaría como cosa suya, pero como no sois del mundo, sino que yo os he escogido sacándoos del mundo, por eso el mundo os odia. Recordad lo que os dije: "No es el siervo más que su amo". Si a mí me han perseguido, también a vosotros os perseguirán; si han guardado mi palabra, también guardarán la vuestra. Y todo eso lo harán con vosotros a causa de mi nombre, porque no conocen al que me envió».

Seguir la misma suerte que Jesús

La invitación que nos hace Jesús a seguirle es una provocación a nuestra libertad que conlleva consecuencias. El Evangelio tiene la capacidad de transformar el corazón y la vida. Su mensaje de fraternidad e inclusión es percibido como amenazante para quienes construyen su bienestar sobre el olvido del sufrimiento de las víctimas. Jesús denuncia toda práctica religiosa o social que legitima la exclusión e inaugura un nuevo orden sin primeros ni últimos. Por eso su vida es memoria peligrosa y crítica frente a toda forma de dominación e injusticia. Creer en él y practicar el Evangelio no nos asegura la vida, sino que nos la desinstala profundamente y nos lleva a estar dispuestos y dispuestas a correr su suerte.

Danos, Señor, la fortaleza de tu fe y tu lealtad en los compromisos asumidos.

Pascual Bailón; Ervedo; Bta. Antonia Mesina; Bto. Ivan Ziatyk

2ª del salterio
He 8,5-8.14-17 / Sal 65 / 1Pe 3,15-18 / Jn 14,15-21

Hechos 8,5-8.14-17

En aquellos días, Felipe bajó a la ciudad de Samaría y les predicaba a Cristo. El gentío unánimemente escuchaba con atención lo que decía Felipe, porque habían oído hablar de los signos que hacía, y los estaban viendo: de muchos poseídos salían los espíritus inmundos lanzando gritos, y muchos paralíticos y lisiados se curaban. La ciudad se llenó de alegría. Cuando los apóstoles, que estaban en Jerusalén, se enteraron de que Samaría había recibido la palabra de Dios, enviaron a Pedro y a Juan; ellos bajaron hasta allí y oraron por ellos, para que recibieran el Espíritu Santo; pues aún no había bajado sobre ninguno; estaban solo bautizados en el nombre del Señor Jesús. Entonces les imponían las manos y recibían el Espíritu Santo.

Salmo 65,1b-3a.4-5.6-7a.16 y 20

R. Aclamad al Señor, tierra entera. (O bien: Aleluya).

1 Pedro 3,15-18

Queridos hermanos: Glorificad a Cristo el Señor en vuestros corazones, dispuestos siempre para dar explicación a todo el que os pida una razón de vuestra esperanza, pero con delicadeza y con respeto, teniendo buena conciencia, para que, cuando os calumnien, queden en ridículo los que atentan contra vuestra buena conducta en Cristo. Pues es mejor sufrir haciendo el bien, si así lo quiere Dios, que sufrir haciendo el mal. Porque también Cristo sufrió su pasión, de una vez para siempre, por los pecados, el justo por los injustos, para conduciros a Dios. Muerto en la carne pero vivificado en el Espíritu.

Juan 14,15-21

En aquel tiempo, dijo Jesús a sus discípulos: «Si me amáis, guardaréis mis mandamientos. Y yo le pediré al Padre que os dé otro Paráclito, que esté siempre con vosotros, el Espíritu de la verdad. El mundo no puede recibirlo, porque no lo ve ni lo conoce; vosotros, en cambio, lo conocéis, porque mora con vosotros y está en vosotros. No os dejaré huérfanos, volveré a vosotros. Dentro de poco el mundo no me verá, pero vosotros me veréis y viviréis, porque yo sigo viviendo. Entonces sabréis que yo estoy en mi Padre, y vosotros en mí y yo en vosotros. El que acepta mis mandamientos y los guarda, ese me ama; y el que me ama será amado por mi Padre, y yo también lo amaré y me manifestaré a él».

El Espíritu del Resucitado mora en el mundo

El Espíritu es la presencia viva de Dios en el mundo, su aliento, su fuerza, su creatividad y resistencia mora en todo corazón humano que se abre a la experiencia del amor. La *cultura líquida* en la que vivimos gime de orfandad ante la fragilidad de vínculos sostenedores de sentido. Pero Jesús, *el Viviente,* nos asegura su cuidado y la incondicionalidad de su amor creativo derramado en el mundo, a través de su Espíritu que rompe con toda frontera y división. Allá donde percibimos las huellas del amor liberador, allí se hace presente su fuerza y su dinamismo, urgiéndonos a renovarlo todo, a actualizar en nuestros ambientes el proyecto de Jesús, la fraternidad humana, de la que nadie puede quedar excluido. ¿Dónde reconocemos como comunidades cristianas la presencia del Espíritu y su dinamismo renovador y misionero hoy en nuestros contextos? ¿A qué nos reta?

Que reconozcamos las huellas del Espíritu del Resucitado en nuestros ambientes, urgiéndonos a renovar la vida desde la hondura.

S. Juan I, m.l.
Rafaela María; Félix de Cantalicio; Erico IX; Mª Josefa del Corazón de Jesús; Leonardo Murialdo

VI de Pascua
2º del salterio
He 16,11-15 / Sal 149 / Jn 15,26–16,4a

Juan 15,26–16,4a

En aquel tiempo, dijo Jesús a sus discípulos: «Cuando venga el Paráclito, que os enviaré desde el Padre, el Espíritu de la verdad, que procede del Padre, él dará testimonio de mí; y también vosotros daréis testimonio, porque desde el principio estáis conmigo. Os he hablado de esto, para que no os escandalicéis. Os excomulgarán de la sinagoga; más aún, llegará incluso una hora cuando el que os dé muerte pensará que da culto a Dios. Y esto lo harán porque no han conocido ni al Padre ni a mí. Os he hablado de esto para que, cuando llegue la hora, os acordéis de que yo os lo había dicho».

La fortaleza del Espíritu en nuestra vida

El Espíritu es la fuerza de Dios en el ser humano. Él nos capacita y nos ayuda a ir más allá de nuestras inseguridades y miedos. El Espíritu de Jesús es el Espíritu de la verdad y la justicia que sostiene a los hombres y las mujeres que se dejan guiar por él frente a la corrupción, el «sálvese quien pueda» o la globalización de la indiferencia. La fe adquiere una dimensión conflictiva que hemos de asumir y encarar no desde el voluntarismo, sino desde la confianza en que Dios no nos abandona nunca y nos asegura su confianza y compañía incondicional a través del Paráclito. Es su fuerza la que hace posible el testimonio cristiano ante situaciones de contrariedad, la que nos hace mantenernos con alegría y esperanza en situaciones límite. ¿Qué experiencias tenemos de ello?

Danos, Señor, la fuerza de tu Espíritu para vivir la libertad y creatividad del Evangelio en el aquí y el ahora de nuestros contextos.

Agustín Novello; Celestino V; Ivo de Bretaña; Emiliana; Juan de Cetina; Bta. Pina Suriano

VI de Pascua
2ª del salterio
He 16,22-34 / Sal 137 / Jn 16,5-11

Juan 16,5-11

En aquel tiempo, dijo Jesús a sus discípulos: «Ahora me voy al que me envió, y ninguno de vosotros me pregunta: "¿Adónde vas?". Sino que, por haberos dicho esto, la tristeza os ha llenado el corazón. Sin embargo, os digo la verdad: os conviene que yo me vaya; porque si no me voy, no vendrá a vosotros el Paráclito. En cambio, si me voy, os lo enviaré. Y cuando venga, dejará convicto al mundo acerca de un pecado, de una justicia y de una condena. De un pecado, porque no creen en mí; de una justicia, porque me voy al Padre, y no me veréis; de una condena, porque el príncipe de este mundo está condenado».

Espíritu de verdad y conocimiento

Jesús asegura la fecundidad de su Espíritu, su acción renovadora en el mundo y en el corazón humano. Pero para ello requiere el cuidado de actitudes como la receptividad y la confianza. Él es nuestra capacidad. Habita en la hondura de la creación integrándolo todo y bombeando el dinamismo de la vida, la bondad y la reconciliación frente al pecado, la injusticia, los juicios cerrados que impiden las transformaciones personales e históricas. El Espíritu de Jesús nos anima a renovarlo todo hasta que todo quede unificado e integrado en el amor. Por eso la fe está siempre en éxodo, en camino, *en salida*. Es dinamismo y apertura. Por eso nada más contrario al Espíritu de Jesús que la instalación mental y espiritual de quienes le confesamos y la acomodación de la Iglesia al poder y los intereses dominantes.

El Espíritu de Jesús nos anima a renovarlo todo hasta que todo quede unificado e integrado en el amor.

S. Bernardino de Siena, m.l.
Ivo de Chartres;
Protasio Chong;
Arcángel Tadini

VI de Pascua
2ª del salterio
He 17,15.22–18,1 /
Sal 148 /
Jn 16,12-15

Juan 16,12-15

En aquellos días, dijo Jesús a sus discípulos: «Muchas cosas me quedan por deciros, pero no podéis cargar con ellas por ahora; cuando venga él, el Espíritu de la verdad, os guiará hasta la verdad plena. Pues no hablará por cuenta propia, sino que hablará de lo que oye y os comunicará lo que está por venir. Él me glorificará, porque recibirá de lo mío y os lo anunciará. Todo lo que tiene el Padre es mío. Por eso os he dicho que recibirá y tomará de lo mío y os lo anunciará».

El Espíritu nos guía hacia la verdad completa

El Espíritu de Jesús es el Espíritu de la verdad que nos guiará a la plenitud, a *la verdad completa*. Dios es inagotable y se revela al ser humano pedagógicamente. Se nos revela también en las nuevas comprensiones y situaciones que desde circunstancias y paradigmas nuevos son una provocación al amor, la fraternidad, la gratuidad y el misterio de la comunión con toda vida. Jesús se nos ofrece en su Espíritu especialmente desde las realidades más liminales, las periferias geográficas y existenciales, las fronteras que constituyen las experiencias límite de lo humano, el desafío de la diversidad de religiones y culturas que hoy conviven en un mismo territorio, los nuevos interrogantes a los que la ciencia nos abre, etc. El Espíritu de Jesús se nos revela ante el límite de lo humano y del misterio y lo hace como amor, esperanza, consuelo, como fuerza sostenedora y verdad creativa y creadora.

Ayúdanos, Señor, a acogerte en las fronteras y periferias sociales y existenciales donde hoy te nos revelas.

Stos. Cristóbal Magallanes y comp., m.l.
Eugenio de Mazenod; Felicia y Gisela; Sinesio

VI de Pascua
2º del salterio
He 18,1-8 / Sal 97 / Jn 16,16-20

Juan 16,16-20

En aquel tiempo, dijo Jesús a sus discípulos: «Dentro de poco ya no me veréis, pero dentro de otro poco me volveréis a ver». Comentaron entonces algunos discípulos: «¿Qué significa eso de "dentro de poco ya no me veréis, pero dentro de otro poco me volveréis a ver", y eso de "me voy al Padre"?». Y se preguntaban: «¿Qué significa ese "poco"? No entendemos lo que dice». Comprendió Jesús que querían preguntarle y les dijo: «¿Estáis discutiendo de eso que os he dicho: "Dentro de poco ya no me veréis, y dentro de otro poco me volveréis a ver"? En verdad, en verdad os digo: vosotros lloraréis y os lamentaréis, mientras el mundo estará alegre; vosotros estaréis tristes, pero vuestra tristeza se convertirá en alegría».

La tristeza se convertirá en gozo

Las palabras de Jesús en este texto no son de fácil comprensión. Desde el contexto de *despedida* en que se enmarcan se refieren a diversas experiencias en sí conectadas: muerte, resurrección, ascensión y presencia viva de Jesús en la comunidad, en la entraña del corazón humano y del mundo mediante su Espíritu. Por eso la tristeza por la pérdida convive con la alegría ante la novedad esperada. La Buena Nueva del Evangelio lo es de alegría insobornable, de *esperanza probada.* La alegría experimentada con Jesús y prometida hasta el fin de los tiempos no está exenta de las noches oscuras, ni del dolor compartido en el compromiso contra la injusticia o las luchas interiores con nosotros mismos ante nuestra finitud y precariedad como criaturas. Así fue también en Jesús. La palabra definitiva y última ante la realidad no es el llanto, sino la alegría del amor desbordante, que se hace anhelo de comunión y reconciliación con todas las criaturas, por la fuerza del Espíritu del Resucitado.

Haznos, Señor, mujeres y hombres testigos de tu insobornable esperanza y alegría.

Sta. Joaquina Vedruna / Sta. Rita de Casia, m.l.
Humildad de Faenza; Atón; Miguel Hu Dinh Hi

VI de Pascua
2ª del salterio
He 18,9-18 /
Sal 46 /
Jn 16,20-23a

Juan 16,20-23a

En aquel tiempo, dijo Jesús a sus discípulos: «En verdad, en verdad os digo: vosotros lloraréis y os lamentaréis, mientras el mundo estará alegre; vosotros estaréis tristes, pero vuestra tristeza se convertirá en alegría. La mujer, cuando va a dar a luz, siente tristeza, porque ha llegado su hora; pero, en cuanto da a luz al niño, ni se acuerda del apuro, por la alegría de que al mundo le ha nacido un hombre. También vosotros ahora sentís tristeza; pero volveré a veros, y se alegrará vuestro corazón, y nadie os quitará vuestra alegría. Ese día no me preguntaréis nada».

Nada ni nadie nos podrá quitar nuestra alegría

El Evangelio es una Buena Noticia. Es esperanza y liberación para quienes anhelan la fraternidad y la utopía humana. Es compromiso contra la injusticia y la violencia que convierte a los seres humanos en mercancía y destruye la tierra como casa común. Por eso seguir a Jesús no es «pactar con lo que hay», sino arriesgar por amor en la utopía de la fraternidad humana y en una vida más digna y plena para toda la humanidad y la creación. Por eso el Evangelio no es cómodo, pero sí fuente de una liberación y alegría profunda que nadie puede arrebatarnos.

Queremos, Señor, vivir el riesgo, la libertad y la alegría del Evangelio en la cotidianidad de cada día.

Juana Antida Thouret; Bto. Julián de S. Agustín

VI de Pascua
2ª del salterio
He 18,23-28 / Sal 46 / Jn 16,23b-28

Juan 16,23b-28

En aquel tiempo, dijo Jesús a sus discípulos: «En verdad, en verdad os digo: si pedís algo al Padre en mi nombre, os lo dará. Hasta ahora no habéis pedido nada en mi nombre; pedid y recibiréis, para que vuestra alegría sea completa. Os he hablado de esto en comparaciones; viene la hora en que ya no hablaré en comparaciones, sino que os hablaré del Padre claramente. Aquel día pediréis en mi nombre, y no os digo que yo rogaré al Padre por vosotros, pues el Padre mismo os quiere, porque vosotros me queréis y creéis que yo salí de Dios. Salí del Padre y he venido al mundo, otra vez dejo el mundo y me voy al Padre».

Pedid y recibiréis

La experiencia de radical necesidad es siempre opuesta a la suficiencia. La primera nos abre al don y al misterio de nuestra identidad como *seres recibidos* y la segunda nos encierra en la soberbia y el autocentramiento narcisista. Jesús nos invita a *pedir,* es decir, a situarnos en la vida y ante Dios asumiendo nuestra realidad de seres necesitados y vulnerables. La oración de petición no es una evasión de nuestras responsabilidades, sino el reconocimiento de que todo en nosotros y nosotras es obra de Dios, es don suyo y, por tanto, no nos pertenecemos, sino que nuestra plenitud se realiza en la entrega y la donación amorosa consciente y libre. Así lo vivió Jesús de Nazaret y así nos invita a seguir reproduciéndolo hoy en nuestra vida con la ayuda de su Espíritu. Jesús nos hace participar de su experiencia de filiación, nos invita a confiar nuestras vidas en la bondad y el cuidado de su *Abba* y a comprometernos todos juntos como hermanos y hermanas en la mesa de la fraternidad y sororidad humana.

Ayúdanos, Señor, a situarnos en la vida y ante Dios asumiendo nuestra realidad de seres necesitados y vulnerables.

María Auxiliadora; Susana; Ester; Vicente de Lérins; Bto. Luis Ceferino Moreau

Oficio de la s.
He 1,1-11 / Sal 46 / Ef 1,17-23 / Mt 28,16-20

Hechos 1,1-11

En mi primer libro, Teófilo, escribí de todo lo que Jesús hizo y enseñó desde el comienzo hasta el día en que fue llevado al cielo, después de haber dado instrucciones a los apóstoles que había escogido, movido por el Espíritu Santo. Se les presentó él mismo después de su pasión, dándoles numerosas pruebas de que estaba vivo, apareciéndoseles durante cuarenta días y hablándoles del reino de Dios. Una vez que comían juntos, les ordenó que no se alejaran de Jerusalén, sino: «aguardad que se cumpla la promesa del Padre, de la que me habéis oído hablar, porque Juan bautizó con agua, pero vosotros seréis bautizados con Espíritu Santo dentro de no muchos días». Los que se habían reunido, le preguntaron, diciendo: «Señor, ¿es ahora cuando vas a restaurar el reino a Israel?». Les dijo: «No os toca a vosotros conocer los tiempos o momentos que el Padre ha establecido con su propia autoridad; en cambio, recibiréis la fuerza del Espíritu Santo que va a venir sobre vosotros y seréis mis testigos en Jerusalén, en toda Judea y Samaría y "hasta el confín de la tierra"». Dicho esto, a la vista de ellos, fue elevado al cielo, hasta que una nube se lo quitó de la vista. Cuando miraban fijos al cielo, mientras él se iba marchando, se les presentaron dos hombres vestidos de blanco, que les dijeron: «Galileos, ¿qué hacéis ahí plantados mirando al cielo? El mismo Jesús que ha sido tomado de entre vosotros y llevado al cielo, volverá como lo habéis visto marcharse al cielo».

Salmo 46,2-3.6-7.8-9

R. Dios asciende entre aclamaciones; el Señor, al son de trompetas. (O bien: Aleluya).

Efesios 1,17-23

Hermanos: El Dios de nuestro Señor Jesucristo, el Padre de la gloria, os dé espíritu de sabiduría y revelación para conocerlo, e ilumine los ojos de vuestro corazón para que comprendáis cuál es la esperanza a la que os llama, cuál la riqueza de gloria que da en herencia a los santos, y cuál la extraordinaria grandeza de su poder en favor de nosotros, los creyentes, según la eficacia de su fuerza poderosa, que desplegó en Cristo, resucitándolo de entre los muertos y sentándolo a su derecha en el cielo, por encima de todo principado, poder, fuerza y dominación, y por encima de todo nombre conocido, no solo en este mundo, sino en el futuro. Y «todo lo puso bajo sus pies», y lo dio a la Iglesia, como Cabeza, sobre todo. Ella es su cuerpo, plenitud del que llena todo en todos.

Mateo 28,16-20

En aquel tiempo, los once discípulos se fueron a Galilea, al monte que Jesús les había indicado. Al verlo, ellos se postraron, pero algunos dudaron. Acercándose a ellos, Jesús les dijo: «Se me ha dado todo poder en el cielo y en la tierra. Id, pues, y haced discípulos a todos los pueblos, bautizándolos en el nombre del Padre y del Hijo y del Espíritu Santo; enseñándoles a guardar todo lo que os he mandado. Y sabed que yo estoy con vosotros todos los días, hasta el final de los tiempos».

Yo estoy con vosotros hasta el final de los tiempos

Jesús nos asegura su cercanía incondicional en toda circunstancia y coyuntura. Sin embargo, como a algunos discípulos, nos cuesta reconocerla. La injusticia, el sufrimiento, la violencia, pueden velarnos su presencia. Pero el Dios de Jesús no es un Dios mágico, *soluciona-problemas,* que actúa saltándose las mediaciones, sino un *Dios compañero.* Un Dios que se hace condición humana y *desde lo hondo* nos sostiene y nos ayuda a encarar preguntas para las que frecuentemente no tenemos respuestas. Un Dios que *no nos arregla nada,* pero que *nos sostiene en todo* y cuya experiencia amorosa de sustento, en medio de la densidad de lo cotidiano, nos lleva a no querer ni poder apropiárnosla, sino a anunciarla al mundo entero con ayuda de su Espíritu.

S. Beda el Venerable/
S. Gregorio VII /
Sta. Mª Magdalena
de Pazzi, m.l.
Nª Sra. del Puy;
Magdalena Sofía;
Vicenta Mª López Vicuña

VII de Pascua
3ª del salterio
He 19,1-8 / Sal 67 /
Jn 16,29-33

Juan 16,29-33

En aquel tiempo, los discípulos dijeron a Jesús: «Ahora sí que hablas claro y no usas comparaciones. Ahora vemos que lo sabes todo y no necesitas que te pregunten; por ello creemos que has salido de Dios». Les contestó Jesús: «¿Ahora creéis? Pues mirad: está para llegar la hora, mejor, ya ha llegado, en que os disperséis cada cual por su lado y a mí me dejéis solo. Pero no estoy solo, porque está conmigo el Padre. Os he hablado de esto, para que encontréis la paz en mí. En el mundo tendréis luchas; pero tened valor: yo he vencido al mundo».

Incondicionalidad y fortaleza de Jesús

El Evangelio es una propuesta profética que antepone el amor y la fraternidad humana a ningún otro tipo de interés. Por eso conlleva una dimensión conflictiva y tensional que siempre es difícil de encarar. Como le sucedió al propio Jesús, la fidelidad al Evangelio y las exigencias que plantea conducen muchas veces a la soledad, la incomprensión, la crítica y el rechazo. Pero en esas noches oscuras el aliento de Dios, que es fuente de todo amor y fortaleza, nos sostiene incondicionalmente, aun cuando nosotros y nosotras lleguemos a dudar de ello. Por eso la última palabra sobre la vida no la tiene el sufrimiento, sino la esperanza y el consuelo.

Gracias, Señor, por ser en nuestra vida fuente de resiliencia y esperanza contra toda desesperanza.

S. Felipe Neri, m.o.
Mariana de Jesús Paredes; Pedro Sanz Jordá; Eleuterio; Desiderio (Didier) de Vienne

VII de Pascua
3ª del salterio
He 20,17-27 / Sal 67 / Jn 17,1-11a

Juan 17,1-11a

En aquel tiempo, levantando los ojos al cielo, dijo Jesús: «Padre, ha llegado la hora, glorifica a tu Hijo, para que tu Hijo te glorifique a ti y, por el poder que tú le has dado sobre toda carne, dé la vida eterna a todos los que le has dado. Esta es la vida eterna: que te conozcan a ti, único Dios verdadero, y a tu enviado, Jesucristo. Yo te he glorificado sobre la tierra, he llevado a cabo la obra que me encomendaste. Y ahora, Padre, glorifícame junto a ti, con la gloria que yo tenía junto a ti antes de que el mundo existiese. He manifestado tu nombre a los que me diste de en medio del mundo. Tuyos eran, y tú me los diste, y ellos han guardado tu palabra. Ahora han conocido que todo lo que me diste procede de ti, porque yo les he comunicado las palabras que tú me diste, y ellos las han recibido, y han conocido verdaderamente que yo salí de ti, y han creído que tú me has enviado. Te ruego por ellos; no ruego por el mundo, sino por estos que tú me diste, porque son tuyos. Y todo lo mío es tuyo, y lo tuyo mío; y en ellos he sido glorificado. Ya no voy a estar en el mundo, pero ellos están en el mundo, mientras yo voy a ti».

Glorificar a Dios

La gloria de Dios es que los hombres y las mujeres vivan y lo hagan en plenitud. Así nos lo confirma Jesús de Nazaret con su existencia, cuyo sentido no es otro que dar a conocer con hechos y palabras a un Dios que es *todo misericordia y gratuidad amorosa*. Su profundidad y relaciones sanadoras son fuente de liberación. Tienen la capacidad de transformar interiormente a las personas y convertirlas en testigos de su Evangelio. La identificación con Jesús y su proyecto nos hace participar del ser de Dios y nos compromete con él a ser tejedores y tejedoras de comunión, desde los gestos más sencillos y cotidianos, a la transformación de las estructuras socio-políticas que lo impiden.

Que seamos tejedores y tejedoras de comunión al modo de Jesús en nuestros ambientes.

S. Agustín de Canterbury, m.l.
Bruno de Wurzburgo; Eutropio de Orange

VII de Pascua
3ª del salterio
He 20,28-38 /
Sal 67 /
Jn 17,11b-19

Juan 17,11b-19

En aquel tiempo, levantando los ojos al cielo, oró Jesús diciendo: «Padre santo, guárdalos en tu nombre, a los que me has dado, para que sean uno, como nosotros. Cuando estaba con ellos, yo guardaba en tu nombre a los que me diste, y los custodiaba, y ninguno se perdió, sino el hijo de la perdición, para que se cumpliera la Escritura. Ahora voy a ti, y digo esto en el mundo para que tengan en sí mismos mi alegría cumplida. Yo les he dado tu palabra, y el mundo los ha odiado porque no son del mundo, como tampoco yo soy del mundo. No ruego que los retires del mundo, sino que los guardes del maligno. No son del mundo, como tampoco yo soy del mundo. Santifícalos en la verdad: tu palabra es verdad. Como tú me enviaste al mundo, así yo los envío también al mundo. Y por ellos yo me santifico a mí mismo, para que también ellos sean santificados en la verdad.

Para que ninguno se pierda

La vida de Jesús es un *desvivirse* por amor a las criaturas. El amor se hace en él gesto, acción liberadora y palabra encarnada ante la indignidad y el sufrimiento humano hasta las últimas consecuencias. Él es imagen y revelación del *Dios todo-cuidadoso* que no quiere que ninguna vida se pierda, especialmente las más vulneradas y amenazadas. En Jesús, humanidad plena, participamos de la comunión con el ser de Dios, que es *ternura y cuidado en acción, ternura y cuidado en relación.* Esta experiencia nos transforma internamente y nos moviliza a ser mujeres y hombres testigos de que la humanidad y la creación no están abandonadas de sus manos, a la vez que cuenta con las nuestras para abrir caminos de alternatividad y justicia para que todas las vidas valgan lo mismo y ninguna se pierda.

El amor se hace gesto y acción liberadora en el compromiso con la justicia y la inclusión.

Andrés Salos;
Germán de París;
Lanfranco de
Canterbury

VII de Pascua
3ª del salterio
He 22,30; 23,6-11 /
Sal 15 /
Jn 17,20-26

Juan 17,20-26

En aquel tiempo, levantando los ojos al cielo, oró Jesús diciendo: «No solo por ellos ruego, sino también por los que crean en mí por la palabra de ellos, para que todos sean uno, como tú, Padre, en mí, y yo en ti, que ellos también sean uno en nosotros, para que el mundo crea que tú me has enviado. Yo les he dado la gloria que tú me diste, para que sean uno, como nosotros somos uno; yo en ellos, y tú en mí, para que sean completamente uno, de modo que el mundo sepa que tú me has enviado y que los has amado a ellos como me has amado a mí. Padre, este es mi deseo: que los que me has dado estén conmigo donde yo estoy y contemplen mi gloria, la que me diste, porque me amabas antes de la fundación del mundo. Padre justo, si el mundo no te ha conocido, yo te he conocido, y estos han conocido que tú me enviaste. Les he dado a conocer y les daré a conocer tu nombre, para que el amor que me tenías esté en ellos, y yo en ellos».

Unidad que integra la diversidad

En un mundo quebrado por las fronteras, la desigualdad, los fundamentalismos y la injusticia global, el anhelo de Jesús por la unidad y la súplica a su *Abba* para que todos *seamos uno,* nos compromete y sostiene en la tarea de *levantar puentes en lugar de muros.* La oración de Jesús se extiende hasta nosotros y nosotras hoy urgiéndonos a tejer comunión desde la diversidad. Lo cual es imposible si no es desde el respeto profundo a los y las diferentes y la apuesta por el diálogo como talante vital y relacional. La unidad no es nunca la suma de idénticos. No hay unidad sin participación en ella de las diferencias. Las diferencias no son una amenaza para la comunión sino justo su condición. Como señala el papa Francisco, el ideal evangélico no es la esfera, donde todos los puntos son equidistantes desde el centro y todas las partes iguales, sino el poliedro, donde los elementos que lo constituyen mantienen su peculiaridad y diferencia (cf EG 236).

Ayúdanos, Señor, a tejer comunión desde la diversidad en nuestros ambientes.

S. Pablo VI, m.l.
Maximino; Úrsula Ledóchowska; Bto. José Gerard; Bto. José Kowalski; Bta. Elia de San Clemente

VII de Pascua
3ª del salterio
He 25,13b-21 / Sal 102 / Jn 21,15-19

Juan 21,15-19

Habiéndose aparecido Jesús a sus discípulos, después de comer, le dice a Simón Pedro: «Simón, hijo de Juan, ¿me amas más que estos?». Él le contestó: «Sí, Señor, tú sabes que te quiero». Jesús le dice: «Apacienta mis corderos». Por segunda vez le pregunta: «Simón, hijo de Juan, ¿me amas?». Él le contesta: «Sí, Señor, tú sabes que te quiero». Él le dice: «Pastorea mis ovejas». Por tercera vez le pregunta: «Simón, hijo de Juan, ¿me quieres?». Se entristeció Pedro de que le preguntara por tercera vez: «¿Me quieres?» y le contestó: «Señor, tú conoces todo, tú sabes que te quiero». Jesús le dice: «Apacienta mis ovejas. En verdad, en verdad te digo: cuando eras joven, tú mismo te ceñías e ibas adonde querías; pero, cuando seas viejo, extenderás las manos, otro te ceñirá y te llevará adonde no quieras». Esto dijo aludiendo a la muerte con que iba a dar gloria a Dios. Dicho esto, añadió: «Sígueme».

Amar más allá de los propios errores

A lo largo del capítulo 21 de este evangelio, la figura de Pedro aparece en paralelo a la de Juan, el *discípulo amado*. Su autoridad se fundamenta en su *amor probado* hacia Jesús por su propia debilidad y límite, de modo que su triple confesión remite a su triple negación en Mt 26,69-75 y a su proceso continuo de conversión. Por eso la figura de Pedro nos resulta tan terriblemente humana. Su grandeza radica en que sus caídas no le hunden en la culpa ni en su imagen rota, porque pese a sus contradicciones, temores y la «ruptura de esquemas» que le produce el mesianismo kenótico de Jesús, su corazón está adherido a su persona y su proyecto. El texto revela su itinerario de conversión, la depuración de un seguimiento vaciado progresivamente de sí mismo y fundado en la confianza en Cristo desde una humildad radical. Lo cual hace de su liderazgo un ejercicio basado en la misericordia y la comprensión con la limitación humana en lugar de en la suficiencia y la perfección.

Ayúdanos, Señor, a situarnos con misericordia, como Jesús, ante la debilidad ajena y la propia.

S. Fernando, m.l.
Félix; Juana de Arco;
Bto. Otto Neururer

VII de Pascua
3ª del salterio
He 28,16-20.
30-31 /
Sal 10 /
Jn 21,20-25

Juan 21,20-25

En aquel tiempo, Pedro, volviéndose, vio que los seguía el discípulo a quien Jesús amaba, el mismo que en la cena se había apoyado en su pecho y le había preguntado: «Señor, ¿quién es el que te va a entregar?». Al verlo, Pedro dice a Jesús: «Señor, y este, ¿qué?». Jesús le contesta: «Si quiero que se quede hasta que yo venga, ¿a ti qué? Tú sígueme». Entonces se empezó a correr entre los hermanos el rumor de que ese discípulo no moriría. Pero no le dijo Jesús que no moriría, sino: «Si quiero que se quede hasta que yo venga, ¿a ti qué?». Este es el discípulo que da testimonio de todo esto y lo ha escrito; y nosotros sabemos que su testimonio es verdadero. Muchas otras cosas hizo Jesús. Si se escribieran una por una, pienso que ni el mundo entero podría contener los libros que habría que escribir.

Seguir a Jesús hoy desde nuestra propia singularidad

El evangelio de Juan termina con el capítulo 21, que fue añadido posteriormente en la redacción definitiva. Tiene un carácter de colofón y provocación al seguimiento desde la singularidad de cada uno de los discípulos. Como a ellos, Jesús nos invita hoy a seguirle desde nuestras biografías y cotidianidades concretas y desde la diversidad que nos constituye. El evangelio es obra de un testigo y, al igual que él, nosotros hoy somos urgidos con la fuerza del espíritu del Resucitado a encarnarlo en nuestros ambientes. Conscientes de que la gratuidad y la desmesura de Jesús en sus gestos y palabras no pueden ser contenidas en ningún libro, es en el libro de nuestra propia vida donde somos llamados y llamadas a narrar lo que de él se nos va regalando por el camino.

Ayúdanos, Señor, a narrar el Evangelio con la vida desde lo más auténtico de cada persona.

Visitación de la Virgen María; Petronila; Amelia; Wilmar; Lupicinio; Camila Bautista

Oficio de la s.
He 2,1-11 / Sal 103 / 1Cor 12,3b-7.12-13 / Jn 20,19-23

Hechos 2,1-11

Al cumplirse el día de Pentecostés, estaban todos juntos en el mismo lugar. De repente, se produjo desde el cielo un estruendo, como de viento que soplaba fuertemente, y llenó toda la casa donde se encontraban sentados. Vieron aparecer unas lenguas, como llamaradas, que se dividían, posándose encima de cada uno de ellos. Se llenaron todos de Espíritu Santo y empezaron a hablar en otras lenguas, según el Espíritu les concedía manifestarse. Residían entonces en Jerusalén judíos devotos venidos de todos los pueblos que hay bajo el cielo. Al oírse este ruido, acudió la multitud y quedaron desconcertados, porque cada uno los oía hablar en su propia lengua. Estaban todos estupefactos y admirados, diciendo: «¿No son galileos todos esos que están hablando? Entonces, ¿cómo es que cada uno de nosotros los oímos hablar en nuestra lengua nativa? Entre nosotros hay partos, medos, elamitas y habitantes de Mesopotamia, de Judea y Capadocia, del Ponto y Asia, de Frigia y Panfilia, de Egipto y de la zona de Libia que limita con Cirene; hay ciudadanos romanos forasteros, tanto judíos como prosélitos; también hay cretenses y árabes; y cada uno los oímos hablar de las grandezas de Dios en nuestra propia lengua».

Salmo 103,1ab y 24ac.29bc-30.31 y 34

R. Envía tu Espíritu, Señor, y repuebla la faz de la tierra. (O bien: Aleluya).

1 Corintios 12,3b-7.12-13

Hermanos: Nadie puede decir: «Jesús es Señor», sino por el Espíritu Santo. Y hay diversidad de carismas, pero un mismo Espíritu; hay diversidad de ministerios, pero un mismo Señor; y hay diversidad de actuaciones, pero un mismo Dios que obra todo en todos. Pero a cada cual se le otorga la manifestación del Espíritu para el bien común. Pues, lo mismo que el cuerpo es uno y tiene muchos miembros, y todos los miembros del cuerpo, a pesar de ser muchos, son un solo cuerpo, así es también Cristo. Pues todos nosotros, judíos y griegos, esclavos y libres, hemos sido bautizados en un mismo Espíritu, para formar un solo cuerpo. Y todos hemos bebido de un solo Espíritu.

Juan 20,19-23

Al anochecer de aquel día, el primero de la semana, estaban los discípulos en una casa, con las puertas cerradas por miedo a los judíos. Y en esto entró Jesús, se puso en medio y les dijo: «Paz a vosotros». Y, diciendo esto, les enseñó las manos y el costado. Y los discípulos se llenaron de alegría al ver al Señor. Jesús repitió: «Paz a vosotros. Como el Padre me ha enviado, así también os envío yo». Y, dicho esto, sopló sobre ellos y les dijo: «Recibid el Espíritu Santo; a quienes les perdonéis los pecados, les quedan perdonados; a quienes se los retengáis, les quedan retenidos».

El Espíritu del Resucitado nos sostiene y envía

La celebración de Pentecostés cierra el ciclo de la Pascua. Aunque el libro de los Hechos sitúa esta fiesta cincuenta días después (He 2,1-11), Juan ubica el don del Espíritu en un contexto pascual. La Resurrección y la recepción del Espíritu constituyen una unidad inseparable, ya que a partir de la primera, la presencia de Cristo en el corazón humano y en el mundo es por medio de su Espíritu. Su aliento es la fuerza y el ardor que nos empuja a comprometernos con él en la transformación del mundo y en nuestra propia transformación interior. Como los discípulos, también nosotros y nosotras podemos *cerrarnos* por dentro y por fuera a la realidad desconcertante de nuestro momento histórico, al cambio de época que estamos atravesando y que nos urge a acogerle en nuevas realidades y lenguajes y a la universalización y la creatividad del Evangelio desde los últimos y últimas.

S. Justino / Virgen María, Madre de la Iglesia, m.o.
Nª Sra. del Rocío; Íñigo; Aníbal Mª de Francia

IX del T.O.
1ª del salterio
Vol. III año par
2Pe 1,2-7 / Sal 90 / Mc 12,1-12

Marcos 12,1-12

En aquel tiempo, Jesús se puso a hablar en parábolas a los sumos sacerdotes, a los escribas y a los ancianos: «Un hombre plantó una viña, la rodeó con una cerca, cavó un lagar, construyó una torre, la arrendó a unos labradores y se marchó lejos. A su tiempo, envió un criado a los labradores, para percibir su tanto del fruto de la viña. Ellos lo agarraron, lo azotaron y lo despidieron con las manos vacías. Les envió de nuevo otro criado; a este lo descalabraron e insultaron. Envió a otro y lo mataron; y a otros muchos, a los que azotaron o los mataron. Le quedaba uno, su hijo amado. Y lo envió el último, pensando: "Respetarán a mi hijo". Pero los labradores se dijeron: "Este es el heredero. Venga, lo matamos y será nuestra la herencia". Y, agarrándolo, lo mataron y lo arrojaron fuera de la viña. ¿Qué hará el dueño de la viña? Vendrá, hará perecer a los labradores y arrendará la viña a otros. ¿No habéis leído aquel texto de la Escritura: "La piedra que desecharon los arquitectos es ahora la piedra angular. Es el Señor quien lo ha hecho, ha sido un milagro patente"?». Intentaron echarle mano, porque comprendieron que había dicho la parábola por ellos; pero temieron a la gente y, dejándolo allí, se marcharon.

Líbranos, Señor, de la hipocresía y la doble moral en nuestra vida.

Stos. Marcelino y Pedro, m.l.
Erasmo de Formia; Dictino de Astorga; Juan de Ortega

IX del T.O.
1ª del salterio
2Pe 3,12-15a. 17-18 / Sal 89 / Mc 12,13-17

Marcos 12,13-17

En aquel tiempo, enviaron a Jesús algunos de los fariseos y de los herodianos, para cazarlo con una pregunta. Se acercaron y le dijeron: «Maestro, sabemos que eres veraz y no te preocupa lo que digan; porque no te fijas en apariencias, sino que enseñas el camino de Dios conforme a la verdad. ¿Es lícito pagar impuesto al César o no? ¿Pagamos o no pagamos?». Adivinando su hipocresía, les replicó: «¿Por qué me tentáis? Traedme un denario, que lo vea». Se lo trajeron. Y él les preguntó: «¿De quién es esta imagen y esta inscripción?». Le contestaron: «Del César». Jesús les replicó: «Dad al César lo que es del César y a Dios lo que es de Dios». Y se quedaron admirados.

A Dios lo que es de Dios

El acoso a Jesús por parte de quienes ven peligrar sus intereses ante la novedad de su anuncio y denuncia va cerrando un círculo en torno a él. Quienes se oponen a su mensaje van buscando el modo de desprestigiarle para poder acusarle y condenarle como un antisistema. En este caso aprovechan un asunto polémico como era el pago de impuestos, que todo judío debía hacer a las autoridades romanas. Con esta treta sitúan a Jesús en una encerrona entre los intereses de las autoridades judías, por un lado, y las romanas, por otro. Pero la libertad de Jesús es mayor que el poder manipulador del mal y sus estrategias. Por eso Jesús responde tan clara y radicalmente: *«Dad a Dios lo que es de Dios»*. Es decir, practicad la justicia, el amor y la limpieza de corazón. También hoy como ayer, sectores enfrentados se alían para sacar sus propios beneficios sin importarles el sufrimiento que genera dicha alianza y sus consecuencias en las vidas de las personas y pueblos más empobrecidos. Creer en Jesús nos compromete a ser personas críticas y libres frente a toda forma de manipulación y a tomar partido a favor de los últimos.

La fe es una instancia crítica que nos compromete con la justicia y el cuidado de los últimos y últimas. Señor, que nos comprometamos.

Stos. Carlos Luanga y comp., m.o.
Clotilde;
Juan Grande;
Bto. Francisco Díaz

IX del T.O.
1ª del salterio
2Tim 1,1-3.6-12 /
Sal 122 /
Mc 12,18-27

Marcos 12,18-27

En aquel tiempo, se acercan a Jesús unos saduceos, los cuales dicen que no hay resurrección, y le preguntan: «Maestro, Moisés nos dejó escrito: "Si a uno se le muere su hermano, dejando mujer pero no hijos, que se case con la viuda y dé descendencia a su hermano". Pues bien, había siete hermanos: el primero se casó y murió sin hijos; el segundo se casó con la viuda y murió también sin hijos; lo mismo el tercero; y ninguno de los siete dejó hijos. Por último murió la mujer. Cuando llegue la resurrección y resuciten, ¿de cuál de ellos será mujer? Porque los siete han estado casados con ella». Jesús les respondió: «¿No estáis equivocados, por no entender la Escritura ni el poder de Dios? Pues cuando resuciten, ni los hombres se casarán ni las mujeres serán dadas en matrimonio, serán como ángeles del cielo. Y a propósito de que los muertos resucitan, ¿no habéis leído en el libro de Moisés, en el episodio de la zarza, lo que le dijo Dios: "Yo soy el Dios de Abrahán, el Dios de Isaac, el Dios de Jacob"? No es Dios de muertos, sino de vivos. Estáis muy equivocados».

Honradez con lo real frente a abstracción y manipulación interesadas

Nuevamente los *hombres de la ley* le presentan a Jesús una casuística «abstracta», esta vez relacionada con la ley del Levirato y la Resurrección. Frente a ello Jesús responde desde la honestidad con lo real. No es en las ideas sino en lo concreto donde nos jugamos el seguimiento a Jesús. No podemos imaginar la Resurrección desde los parámetros que conocemos, sino como un modo de existencia radicalmente nueva. Jesús responde a los hombres de la ley afirmando que Dios no es un Dios de muertos, sino de vivos. Por eso es en la vida donde hemos de estar atentos y atentas a la palabra de Dios para hacerla praxis, más que a las casuísticas o las abstracciones. El Evangelio es la Buena Noticia de la encarnación, por eso no es un principio ni una entelequia, sino una forma de vida al modo de Jesús.

Ntro. Señor Jesucristo, sumo y eterno Sacerdote, f.
Francisco Caracciolo; Cornelio de Armagh; Felipe Smaldone; Elizabeth Hesselblad

Oficio de la f.
Gén 22,9-18 (o bien: Heb 10,4-10) / Sal 39 / Mt 26,36-42

Mateo 26,36-42

Jesús fue con ellos a un huerto, llamado Getsemaní, y dijo a los discípulos: «Sentaos aquí, mientras voy allá a orar». Y llevándose a Pedro y a los dos hijos de Zebedeo, empezó a sentir tristeza y angustia. Entonces les dijo: «Mi alma está triste hasta la muerte; quedaos aquí y velad conmigo». Y adelantándose un poco cayó rostro en tierra y oraba diciendo: «Padre mío, si es posible, que pase de mí este cáliz. Pero no se haga como yo quiero, sino como quieres tú». Y volvió a los discípulos y los encontró dormidos. Dijo a Pedro: «¿No habéis podido velar una hora conmigo? Velad y orad para no caer en la tentación, pues el espíritu está pronto, pero la carne es débil». De nuevo se apartó por segunda vez y oraba diciendo: «Padre mío, si este cáliz no puede pasar sin que yo lo beba, hágase tu voluntad».

Jesús, nuestro Mediador

El Dios de Jesús *no quiere sacrificios ni ofrendas.* El culto que Él ama es la justicia. Por eso honrarle es identificarse con su voluntad amorosa: el banquete del Reino, donde nadie quede excluido. Jesús es la expresión plena de esa identificación. En la Eucaristía se nos ofrece *hasta el extremo.* Su entrega consciente y libre no le eximió de nada. Conoció el miedo, la traición, la soledad, el abandono, hasta *sudar sangre,* pero su fidelidad al proyecto de Dios le hizo *mantenerse hasta el fin* en el amor, hasta la entrega de la propia vida. Jesús es nuestro Mediador, nuestro sumo y eterno sacerdote, como celebra la Iglesia en el día de hoy. Ser sus discípulas y discípulos nos compromete a liberar nuestra voluntad e identificarla con la suya para, sostenidos en su Espíritu, ser testigos de su gratuidad y entrega amorosa en nuestros ambientes.

Danos, Señor, tu Espíritu para seguirte con radicalidad y libertad y ser testigos de tu Reino en nuestros ambientes.

Marcos 12,35-37

S. Bonifacio, m.o.
Ciriaco; Faustino; Doroteo; Nicandro

IX del T.O.
1ª del salterio
2Tim 3,10-17 / Sal 118 / Mc 12,35-37

En aquel tiempo, mientras enseñaba en el templo, Jesús preguntó: «¿Cómo dicen los escribas que el Mesías es hijo de David? El mismo David, movido por el Espíritu Santo, dice: "Dijo el Señor a mi Señor: siéntate a mi derecha, y haré de tus enemigos estrado de tus pies". Si el mismo David lo llama Señor, ¿cómo puede ser hijo suyo?». Una muchedumbre numerosa le escuchaba a gusto.

Un mesianismo despojado de poder

Jesús cuestiona en este texto la enseñanza de los doctores de la ley sobre el Mesías como Hijo de David, cuya identificación legitimaba una expectativa mesiánica desde el poder político y religioso y la dominación de todos los enemigos. La vida de Jesús y su mensaje quiebra esta expectativa e inaugura un *mesianismo desde abajo,* un mesianismo kenótico y humilde que responde a la esperanza de los pobres de Yavé. Jesús no salva desde el poder sino desde el servicio. No se impone sino que se expone a la acogida y la libertad humana. Por eso Jesús es el máximo riesgo de Dios en su encarnación y su Buena Noticia se convierte en signo de contradicción ante los que ponen su esperanza en el poder económico, político o religioso.

Libera nuestro corazón, Señor, de todo deseo de poder-dominación y conviértenos al servicio humilde y desde abajo.

S. Norberto, m.l.
Marcelino Champagnat; Alejandro de Fiesole; Gerardo de los Tintori; Bonifacia Rodríguez

IX del T.O.
1ª del salterio
2Tim 4,1-8 / Sal 70 / Mc 12,38-44

Marcos 12,38-44

En aquel tiempo, Jesús, instruyendo al gentío, les decía: «¡Cuidado con los escribas! Les encanta pasearse con amplio ropaje y que les hagan reverencias en las plazas, buscan los asientos de honor en las sinagogas y los primeros puestos en los banquetes; y devoran los bienes de las viudas y aparentan hacer largas oraciones. Esos recibirán una condenación más rigurosa». Estando Jesús sentado enfrente del tesoro del templo, observaba a la gente que iba echando dinero: muchos ricos echaban mucho; se acercó una viuda pobre y echó dos monedillas, es decir, un cuadrante. Llamando a sus discípulos, les dijo: «En verdad os digo que esta viuda pobre ha echado en el arca de las ofrendas más que nadie. Porque los demás han echado de lo que les sobra, pero esta, que pasa necesidad, ha echado todo lo que tenía para vivir».

Compartir y compartir-se desde la totalidad

Jesús denuncia la práctica de los escribas del templo que utilizan y manipulan la religión al servicio de su ego y sus intereses personales o corporativos proponiendo frente a ellos la fe de una viuda pobre. Ella es símbolo de la entrega en totalidad, de la solidaridad no desde lo que sobra, sino desde lo que se necesita para vivir. También como comunidades cristianas, Jesús nos invita hoy a interrogarnos sobre nuestra fe, si se parece más a la del escriba o a la de la viuda pobre del evangelio. La cercanía y la amistad con quienes menos cuentan hoy en nuestra sociedad nos abren también no solo a su carencia, que reclama justicia, sino a la solidaridad y la generosidad sumergida que habita también el mundo de los empobrecidos y empobrecidas.

Danos, Señor, un corazón generoso y libre como el de la viuda del evangelio.

7 domingo

Antonio Mª Gianelli; Pablo de Constantinopla; Bta. Ana de San Bartolomé

Oficio de la s.
Éx 34,4b-6.8-9 / Sal Dan 3,52-56 / 2Cor 13,11-13 / Jn 3,16-18

DÍA PRO ORANTIBUS

Éxodo 34,4b-6.8-9

En aquellos días, Moisés madrugó y subió a la montaña del Sinaí, como le había mandado el Señor, llevando en la mano las dos tablas de piedra. El Señor bajó en la nube y se quedó con él allí, y Moisés pronunció el nombre del Señor. El Señor pasó ante él proclamando: «Señor, Señor, Dios compasivo y misericordioso, lento a la ira y rico en clemencia y lealtad». Moisés al momento se inclinó y se postró en tierra. Y le dijo: «Si he obtenido tu favor, que mi Señor vaya con nosotros, aunque es un pueblo de dura cerviz; perdona nuestras culpas y pecados y tómanos como heredad tuya».

Salmo Daniel 3,52a y c. 53a.54a.55a.56a

R. ¡A ti gloria y alabanza por los siglos!

2 Corintios 13,11-13

Hermanos, alegraos, trabajad por vuestra perfección, animaos; tened un mismo sentir y vivid en paz. Y el Dios del amor y de la paz estará con vosotros. Saludaos mutuamente con el beso santo. Os saludan todos los santos. La gracia del Señor Jesucristo, el amor de Dios y la comunión del Espíritu Santo estén siempre con todos vosotros.

Juan 3,16-18

Tanto amó Dios al mundo, que entregó a su Unigénito, para que todo el que cree en él no perezca, sino que tenga vida eterna. Porque Dios no envió a su Hijo al mundo para juzgar al mundo, sino para que el mundo se salve por él. El que cree en él no será juzgado; el que no cree ya está juzgado, porque no ha creído en el nombre del Unigénito de Dios.

Dios es relación

Confesar a Dios como Trinidad es reconocerle como el *misterio de la relación* que sostiene y nutre toda vida. Dios *no es solitario,* sino *solidario.* Es comunidad de Amor e interdependencia. Un amor que se encarna, se hace pueblo, historia, pobre, en Jesús de Nazaret, y cuyo Espíritu se hace presente en la hondura del corazón humano y en la creación y en el mundo en medio del caos que también nos habita. El Dios Trinidad nos invita a renovar toda vida y a gestar comunión. Por eso el Evangelio nos urge siempre a *levantar puentes en lugar de muros,* a favorecer el diálogo y los caminos de encuentro con lo diverso, a respetar la pluralidad. Jesús es el mediador por excelencia. Por eso ser seguidores suyos nos compromete con el ministerio de la reconciliación en nuestro mundo, a ser comunidades de mediación y encuentro en nuestros ambientes.

Creer en el Dios trinitario nos compromete con la relación y con la diversidad.

Mateo 5,1-12

Salustiano; Jacques Berthieu; Bta. Mª del Divino Corazón

X del T.O.
2ª del salterio
1Re 17,1-6 / Sal 120 / Mt 5,1-12

En aquel tiempo, al ver Jesús el gentío, subió al monte, se sentó y se acercaron sus discípulos; y, abriendo su boca, les enseñaba diciendo: «Bienaventurados los pobres en el espíritu, porque de ellos es el reino de los cielos. Bienaventurados los mansos, porque ellos heredarán la tierra. Bienaventurados los que lloran, porque ellos serán consolados. Bienaventurados los que tienen hambre y sed de la justicia, porque ellos quedarán saciados. Bienaventurados los misericordiosos, porque ellos alcanzarán misericordia. Bienaventurados los limpios de corazón, porque ellos verán a Dios. Bienaventurados los que trabajan por la paz, porque ellos serán llamados hijos de Dios. Bienaventurados los perseguidos por causa de la justicia, porque de ellos es el reino de los cielos. Bienaventurados vosotros cuando os insulten y os persigan y os calumnien de cualquier modo por mi causa. Alegraos y regocijaos, porque vuestra recompensa será grande en el cielo, que de la misma manera persiguieron a los profetas anteriores a vosotros».

Vivir las Bienaventuranzas

La felicidad es la máxima aspiración humana. En su búsqueda las personas empeñan su vida. Algunas encontrándola y otras probando miles de caminos y experiencias pero sin conseguir alcanzarla. La felicidad no es un bien que se consigue de forma individualista ni competitivamente. Por eso no es nunca *contra otros/as* sino *con otros/as.* En nombre de ella los sistemas de poder han manipulado y manipulan a los pueblos fomentando su identificación con el dinero, el prestigio, el consumo o la capacidad de controlar y dirigir las vidas de otras personas. Pero la propuesta del Evangelio es bien distinta. Desde su propia experiencia de vida, Jesús invita a vivir una felicidad que está centrada en tener la seguridad solo en Dios y hacer histórico su proyecto de amor e inclusión entre quienes menos tienen. La felicidad es la experiencia de sentido y plenitud compartida de quienes anhelan y trabajan por una sociedad donde la paz, la justicia, la fraternidad y la reconciliación sean posibles. Por eso la felicidad del reino, las Bienaventuranzas, supone asumir con libertad los conflictos y dificultades que la utopía de Jesús conlleva.

S. Efrén, m.l.
Efrén; José de Anchieta; Bta. Ana Mª Giannetti Taigi; Bto. Luis Boccardo

X del T.O.
2ª del salterio
1Re 17,7-16 / Sal 4 / Mt 5,13-16

Mateo 5,13-16

En aquel tiempo, dijo Jesús a sus discípulos: «Vosotros sois la sal de la tierra. Pero si la sal se vuelve sosa, ¿con qué la salarán? No sirve más que para tirarla fuera y que la pise la gente. Vosotros sois la luz del mundo. No se puede ocultar una ciudad puesta en lo alto de un monte. Tampoco se enciende una lámpara para meterla debajo del celemín, sino para ponerla en el candelero y que alumbre a todos los de casa. Brille así vuestra luz ante los hombres, para que vean vuestras buenas obras y den gloria a vuestro Padre que está en los cielos».

Sumar luces y sazón

La invitación del evangelio a ser sal y luz en nuestros ambientes requiere hacerlo desde una profunda actitud de respeto y humildad y con la sensibilidad abierta para captar las posibilidades que hay en ellos. Si no lo hacemos así, podemos caer en la tentación de creernos «salvadores» y situarnos en la realidad de forma catastrofista y no esperanzadamente. El don de la fe requiere del testimonio y la autenticidad de vida allá donde está más amenazada y vacía de sentido. La fe no es una virtud privada ni la Iglesia un *club para selectos,* sino que conlleva una dimensión comunitaria y ciudadana que nos lleva a *sumar luces y sabores* con todos aquellos cuyos valores se identifican con la utopía de Jesús, sea cual sea su credo. Como comunidades cristianas, ¿dónde y con quiénes podemos sumar hoy la luz y la sazón que se nos regala?

Ayúdanos, Señor, a identificar las luces que señalan el Reino en nuestros ambientes para sumar a ellas las nuestras.

Críspulo; Timoteo; Amancio; Mauricio; Bto. Eduardo Pope

X del T.O.
2ª del salterio
1Re 18,20-39 /
Sal 15 /
Mt 5,17-19

Mateo 5,17-19

En aquel tiempo, dijo Jesús a sus discípulos: «No creáis que he venido a abolir la Ley y los Profetas: no he venido a abolir, sino a dar plenitud. En verdad os digo que antes pasarán el cielo y la tierra que deje de cumplirse hasta la última letra o tilde de la ley. El que se salte uno solo de los preceptos menos importantes y se lo enseñe así a los hombres será el menos importante en el reino de los cielos. Pero quien los cumpla y enseñe será grande en el reino de los cielos».

La ley del amor

El Evangelio es la Buena Noticia del Amor. Un amor que se encarna y se hace *projimidad.* Toda la vida de Jesús, sus palabras y sus hechos no hacen sino señalar ese misterio que atraviesa la historia de la salvación. El Dios mayor (trascendente) se hace *menor* (inmanente) para señalar la centralidad del Amor por encima de cualquier marco perceptual. Solo el amor salva. Un amor que por ser universal empieza por la opción por los últimos y últimas. Desde esta perspectiva el sentido de la Alianza Bíblica se redimensiona como incondicionalidad y como *ley interna de la caridad.* Jesús lo actualiza con su vida dándole cumplimiento. ¿Cómo actualizar y significar hoy esta incondicionalidad del Amor por la humanidad más sufriente en nuestro mundo?

Que la ley interna de la caridad, Señor, sea nuestra única ley.

S. Bernabé, apóstol, m.o.
Mª Rosa Molas; Adelaida; Fortunato

X del T.O.
2ª del salterio
He 11,21b-26; 13,1-3 / Sal 97 / Mt 5,20-26

Mateo 5,20-26

En aquel tiempo, dijo Jesús a sus discípulos: «Si vuestra justicia no es mayor que la de los escribas y fariseos, no entraréis en el reino de los cielos. Habéis oído que se dijo a los antiguos: "No matarás", y el que mate será reo de juicio. Pero yo os digo: todo el que se deja llevar de la cólera contra su hermano será procesado. Y si uno llama a su hermano "imbécil", tendrá que comparecer ante el Sanedrín, y si lo llama "necio", merece la condena de la "gehenna" del fuego. Por tanto, si cuando vas a presentar tu ofrenda sobre el altar, te acuerdas allí mismo de que tu hermano tiene quejas contra ti, deja allí tu ofrenda ante el altar y vete primero a reconciliarte con tu hermano, y entonces vuelve a presentar tu ofrenda. Con el que te pone pleito procura arreglarte enseguida, mientras vais todavía de camino, no sea que te entregue al juez y el juez al alguacil, y te metan en la cárcel. En verdad te digo que no saldrás de allí hasta que hayas pagado el último céntimo».

Culto y reconciliación

La justicia evangélica se adentra por los caminos de la compasión y la reconciliación. Más allá de lo preceptual, mira el interior del corazón humano y sus actitudes más profundas. No hay comunión sin reconciliación y limpieza de corazón. El culto cristiano se realiza en el *sacramento de la projimidad,* por eso, como señala el texto, antes de «llevar la ofrenda al altar» hay que hacerse consciente de las fracturas y heridas que podemos estar provocando a nuestro alrededor, muchas veces «bajo capa de bien», y buscar formas de reparación y reconciliación. Pedir y experimentar el perdón nos humaniza y nos hace más tolerantes con las debilidades de los demás. La reconciliación es un don, pero requiere el cultivo de actitudes como liberarnos de la autorreferencialidad, hacernos conscientes de la fragilidad propia y ajena, dejarnos cuestionar y afectar por el sufrimiento de los otros y buscar gestos de acercamiento y reparación. Ante la realidad de un mundo cada vez más fragmentado y herido, ¿cómo cuidamos en nuestras comunidades cristianas el ministerio de la reconciliación?

Mateo 5,27-32

Juan de Sahagún; León III; Gaspar Luis Bertoni

X del T.O.
2ª del salterio
1Re 19,9a.11-16 / Sal 26 / Mt 5,27-32

En aquel tiempo, dijo Jesús a sus discípulos: «Habéis oído que se dijo: "No cometerás adulterio". Pero yo os digo: todo el que mira a una mujer deseándola, ya ha cometido adulterio con ella en su corazón. Si tu ojo derecho te induce a pecar, sácatelo y tíralo. Más te vale perder un miembro que ser echado entero en la "gehenna". Si tu mano derecha te induce a pecar, córtatela y tírala, porque más te vale perder un miembro que ir a parar entero a la "gehenna". Se dijo: "El que repudie a su mujer, que le dé acta de repudio". Pero yo os digo que si uno repudia a su mujer –no hablo de unión ilegítima– la induce a cometer adulterio, y el que se casa con la repudiada comete adulterio».

Deseos que dañan

Más allá de la literalidad de la interpretación de este texto, Jesús denuncia con él la dinámica del mal que no se funda solo en el actuar, sino también en las intenciones, en el pensamiento y en el deseo. La vida cristiana va mucho más allá de una moralidad prescrita en la ley, ha de buscar siempre el bien del prójimo y el máximo respeto a su dignidad, ya sea con las obras, el pensamiento, la intención o las palabras, lo cual se refiere también a la vida matrimonial y de pareja y a las relaciones entre hombres y mujeres en general. En la reinterpretación que Jesús hace de los mandamientos, el tratamiento que hace del sexto va mucho más allá del cumplimiento literal del precepto, apuntando a las actitudes y deseos más profundos de las personas, pues es allí donde el proceso de la violencia y la dominación se inicia.

Líbranos, Señor, del deseo de utilizar a alguien en beneficio propio y de cosificar las relaciones.

S. Antonio de Padua, m.o.
Fándila; Hipólito

X del T.O.
2ª del salterio
1Re 19,19-21 / Sal 15 / Mt 5,33-37

Mateo 5,33-37

En aquel tiempo, dijo Jesús a sus discípulos: «Habéis oído que se dijo a los antiguos: "No jurarás en falso" y "Cumplirás tus juramentos al Señor". Pero yo os digo que no juréis en absoluto: ni por el cielo, que es el trono de Dios; ni por la tierra, que es estrado de sus pies; ni por Jerusalén, que es la ciudad del Gran Rey. Ni jures por tu cabeza, pues no puedes volver blanco o negro un solo cabello. Que vuestro hablar sea sí, sí, no, no. Lo que pasa de ahí viene del Maligno».

Manipular a Dios

Dios es todo compasión y misericordia. En la ley del Amor que propone Jesús, los juramentos en su nombre, con su consecuente castigo en caso de mentira, quedan abolidos. Para Jesús lo que vale es la honradez, la transparencia del corazón humano y la palabra dada sin necesidad de más garantes. Los juramentos constituyen en el fondo una forma de instrumentalizar a Dios, utilizarlo y ponerlo al servicio de la credibilidad propia, en definitiva, de los intereses personales. Lo que ha de caracterizar el culto y la praxis cristiana es la autenticidad y la limpieza de corazón.

Danos, Señor, transparencia y limpieza de corazón.

DÍA Y COLECTA DE LA CARIDAD

Eliseo; Metodio el Confesor; Ricardo de St. Vanne; Bta. Mª Cándida de la Eucaristía; Bta. Albertina

Oficio de la s.
Dt 8,2-3.14b-16a / Sal 147 / 1Cor 10,16-17 / Jn 6,51-58

Deuteronomio 8,2-3.14b-16a

Moisés habló al pueblo diciendo: «Recuerda todo el camino que el Señor, tu Dios, te ha hecho recorrer estos cuarenta años por el desierto, para afligirte, para probarte y conocer lo que hay en tu corazón: si observas sus preceptos o no. Él te afligió, haciéndote pasar hambre, y después te alimentó con el maná, que tú no conocías ni conocieron tus padres, para hacerte reconocer que no solo de pan vive el hombre, sino que vive de todo cuanto sale de la boca de Dios. No olvides al Señor, tu Dios, que te sacó de la tierra de Egipto, de la casa de esclavitud, que te hizo recorrer aquel desierto inmenso y terrible, con serpientes abrasadoras y alacranes, un sequedal sin una gota de agua, que sacó agua para ti de una roca de pedernal; que te alimentó en el desierto con un maná que no conocían tus padres».

Salmo 147,12-13.14-15.19-20

R. Glorifica al Señor, Jerusalén. (O bien: Aleluya).

1 Corintios 10,16-17

Hermanos: El cáliz de la bendición que bendecimos, ¿no es comunión de la sangre de Cristo? Y el pan que partimos, ¿no es comunión del cuerpo de Cristo? Porque el pan es uno, nosotros, siendo muchos, formamos un solo cuerpo, pues todos comemos del mismo pan.

Juan 6,51-58

En aquel tiempo, dijo Jesús a los judíos: «Yo soy el pan vivo que ha bajado del cielo; el que coma de este pan vivirá para siempre. Y el pan que yo daré es mi carne por la vida del mundo». Disputaban los judíos entre sí: «¿Cómo puede este darnos a comer su carne?». Entonces Jesús les dijo: «En verdad, en verdad os digo: si no coméis la carne del Hijo del hombre y no bebéis su sangre, no tenéis vida en vosotros. El que come mi carne y bebe mi sangre tiene vida eterna, y yo lo resucitaré en el último día. Mi carne es verdadera comida, y mi sangre es verdadera bebida. El que come mi carne y bebe mi sangre habita en mí y yo en él. Como el Padre que vive me ha enviado, y yo vivo por el Padre, así, del mismo modo, el que me come vivirá por mí. Este es el pan que ha bajado del cielo: no como el de vuestros padres, que lo comieron y murieron; el que come este pan vivirá para siempre».

Jesús es el pan vivo

Jesús se ofrece como alimento básico. Se nos hace accesible como nutriente fundamental para la vida. Comer su cuerpo y beber su sangre es hacernos partícipes con él de su utopía del Reino: hacer del mundo un banquete donde los últimos serán los primeros, y hacerlo no apoyados en nuestras fuerzas sino en la confianza en él. Comer el pan vivo significa comprometemos también nosotros en ser pan partido y repartido para la vida del mundo, al modo de Jesús. Por eso comer su cuerpo y beber su sangre conlleva una dimensión comunitaria y misionera que constantemente hemos de estar revisando para evitar reducirlo a un acto de piedad individual. Para ello la comunidad cristiana ha de ser siempre estímulo y ayuda.

Comulgar a Cristo es comprometernos con él a ser pan partido y repartido para la vida del mundo.

Sta. Mª Micaela del Santísimo Sacramento, m.l.
Germana Cousin; Vito, Modesto y Crescencia

XI del T.O.
3ª del salterio
1Re 21,1-16 / Sal 5 / Mt 5,38-42

Mateo 5,38-42

En aquel tiempo, dijo Jesús a sus discípulos: «Habéis oído que se dijo: "Ojo por ojo, diente por diente". Pero yo os digo: no hagáis frente al que os agravia. Al contrario, si uno te abofetea en la mejilla derecha, preséntale la otra; al que quiera ponerte pleito para quitarte la túnica, dale también el manto; a quien te requiera para caminar una milla, acompáñale dos; a quien te pide, dale, y al que te pide prestado, no lo rehúyas».

El Amor y el perdón como respuesta a la violencia

Amar y perdonar a los enemigos constituye una de las páginas más incómodas de la Buena Noticia de Jesús, pero también de las más revolucionarias. La propuesta cristiana frente a la violencia no es responder a ella del mismo modo, sino amar de forma provocativa y creativa para hacer reaccionar a quien agrede y humilla, buscando que tome conciencia de sus acciones y poder así conseguir su recuperación como persona. Sin embargo frecuentemente este texto ha sido interpretado como sinónimo de pasividad ante la violencia y la injusticia. Nada más lejos de su sentido original. La memoria peligrosa de Jesús nos urge siempre a encarar el mal, la violencia y la injusticia, pero no desde la venganza y el odio, sino desde el amor, hecho resistencia y no violencia activa.

Danos, Señor, un corazón compasivo y no violento para enfrentar la injusticia y el sufrimiento humano.

Aureliano; Benón; Quirico y Julita; Lutgarda

XI del T.O.
3ª del salterio
1Re 21,17-29 / Sal 50 / Mt 5,43-48

Mateo 5,43-48

En aquel tiempo, dijo Jesús a sus discípulos: «Habéis oído que se dijo: "'Amarás a tu prójimo' y aborrecerás a tu enemigo". Pero yo os digo: amad a vuestros enemigos y rezad por los que os persiguen, para que seáis hijos de vuestro Padre celestial, que hace salir su sol sobre malos y buenos, y manda la lluvia a justos e injustos. Porque, si amáis a los que os aman, ¿qué premio tendréis? ¿No hacen lo mismo también los publicanos? Y, si saludáis solo a vuestros hermanos, ¿qué hacéis de extraordinario? ¿No hacen lo mismo también los gentiles? Por tanto, sed perfectos, como vuestro Padre celestial es perfecto».

«Des-armarnos» y amar a los enemigos y enemigas

El Espíritu de la no violencia activa atraviesa el Evangelio, siendo este texto uno de los más representativos. El deseo de venganza y de odio ante el mal padecido, aunque son emociones humanas, no son cristianas. Deshumanizan profundamente a las personas y reproducen la cadena de la violencia. La propuesta de Jesús es bien distinta. No se trata tanto de vencer al opresor o al violento, sino de desenmascararlo y desarmarlo ante las consecuencias que genera su acción y desde ahí poder recuperarlo como persona. Pero esto solo será posible si permitimos que la misericordia atraviese nuestro dolor y renazcamos desde ello, como hizo Jesús, a una nueva sensibilidad y mirada.

Ayúdanos, Señor, a desarmar nuestros corazones.

Mateo 6,1-6.16-18

Ismael y Samuel; Rainiero; Lancelot; Alberto Chmielowski

XI del T.O.
3ª del salterio
2Re 2,1.6-14 / Sal 30 / Mt 6,1-6.16-18

En aquel tiempo, dijo Jesús a sus discípulos: «Cuidad de no practicar vuestra justicia delante de los hombres para ser vistos por ellos; de lo contrario no tenéis recompensa de vuestro Padre celestial. Por tanto, cuando hagas limosna, no mandes tocar la trompeta ante ti, como hacen los hipócritas en las sinagogas y por las calles para ser honrados por la gente; en verdad os digo que ya han recibido su recompensa. Tú, en cambio, cuando hagas limosna, que no sepa tu mano izquierda lo que hace tu derecha; así tu limosna quedará en secreto y tu Padre, que ve en lo secreto, te recompensará. Cuando oréis, no seáis como los hipócritas, a quienes les gusta orar de pie en las sinagogas y en las esquinas de las plazas, para que los vean los hombres. En verdad os digo que ya han recibido su recompensa. Tú, en cambio, cuando ores, entra en tu cuarto, cierra la puerta y ora a tu Padre, que está en lo secreto, y tu Padre, que ve en lo secreto, te lo recompensará. Cuando ayunéis, no pongáis cara triste, como los hipócritas que desfiguran sus rostros para hacer ver a los hombres que ayunan. En verdad os digo que ya han recibido su paga. Tú, en cambio, cuando ayunes, perfúmate la cabeza y lávate la cara, para que tu ayuno lo note, no los hombres, sino tu Padre, que está en lo escondido; y tu Padre, que ve en lo escondido, te recompensará».

«Bajo capa de bien»

En este texto Jesús denuncia toda aquella práctica religiosa y social que «bajo capa de bien», es decir, de generosidad, de bondad, de preocupación por los demás, en el fondo no sirve más que para alimentar el propio ego e imagen social. En la sociedad de Jesús la limosna, el ayuno y la oración eran utilizados por algunos grupos y personas religiosas como medios para conseguir prestigio social e imagen de «santidad» al servicio de sus propios intereses. Jesús denuncia esta práctica, pues solo aquellas acciones que nacen desde la gratuidad y la transparencia del corazón son las que agradan a Dios.

Ciriaco y Paula; Marina; Gregorio Juan Barbarigo; Simplicio; Calógero

XI del T.O.
3ª del salterio
Eclo 48,1-14 / Sal 96 / Mt 6,7-15

Mateo 6,7-15

En aquel tiempo, dijo Jesús a sus discípulos: «Cuando recéis, no uséis muchas palabras, como los gentiles, que se imaginan que por hablar mucho les harán caso. No seáis como ellos, pues vuestro Padre sabe lo que os hace falta antes de que lo pidáis. Vosotros orad así: "Padre nuestro que estás en el cielo, santificado sea tu nombre, venga a nosotros tu reino, hágase tu voluntad en la tierra como en el cielo, danos hoy nuestro pan de cada día, perdona nuestras ofensas, como también nosotros perdonamos a los que nos ofenden, no nos dejes caer en la tentación, y líbranos del mal". Porque si perdonáis a los hombres sus ofensas, también os perdonará vuestro Padre celestial, pero si no perdonáis a los hombres, tampoco vuestro Padre perdonará vuestras ofensas».

Orar como Jesús: confianza y compromiso con la justicia

La oración que Jesús nos propone no es de «palabrería», sino que brota de su experiencia más profunda de filiación. Nos invita a dirigirnos a Dios como *Abba,* con la confianza que esta experiencia conlleva y desde la conciencia comunitaria que supone reconocer que *no somos hijos únicos,* sino que el proyecto de Dios es la fraternidad universal y por eso solo podemos referirnos a Él como «nuestro». Orar al modo de Jesús es un compromiso también con la justicia y la reconciliación. Un compromiso que no se basa en nuestras propias fuerzas, sino en el abandono y en la confianza de Aquel que nos sostiene y cuida de nosotros y nosotras en cada momento.

Orar el Padrenuestro nos compromete con la justicia y la reconciliación en nuestro mundo. Señor, que nos comprometamos.

Sagrado Corazón de Jesús, s.
Romualdo; Gervasio y Protasio; Juliana Falconieri; Modesto Andlauer; Remi Isoré

Oficio de la s.
Dt 7,6-11 / Sal 102 / 1Jn 4,7-16 / Mt 11,25-30

Mateo 11,25-30

En aquel tiempo, tomó la palabra Jesús y dijo: «Te doy gracias, Padre, Señor del cielo y de la tierra, porque has escondido estas cosas a los sabios y entendidos, y se las has revelado a los pequeños. Sí, Padre, así te ha parecido bien. Todo me ha sido entregado por mi Padre, y nadie conoce al Hijo más que el Padre, y nadie conoce al Padre sino el Hijo y aquel a quien el Hijo se lo quiera revelar. Venid a mí todos los que estáis cansados y agobiados, y yo os aliviaré. Tomad mi yugo sobre vosotros y aprended de mí, que soy manso y humilde de corazón, y encontraréis descanso para vuestras almas. Porque mi yugo es llevadero y mi carga ligera».

Venid a mí todos los que estáis cansados y agobiados

En la cultura judía el corazón representa el centro de la persona y es sede de la sensibilidad y las motivaciones más hondas. El corazón de Cristo es un corazón que mueve y se conmueve ante las alegrías y los sufrimientos de los más pequeños y pequeñas y se ofrece como descanso, aliento y ternura para los más agobiados y agobiadas. Es un corazón siempre ladeado hacia la misericordia, la reconciliación y la gratuidad del amor. Como comunidades cristianas, ¿cómo podemos significar en nuestros ambientes esta desmesura y gratuidad del Amor que se encarna, se hace pueblo, cultura, gesto y rostro? ¿Dónde reconocemos hoy el aliento de su corazón?

Danos, Señor, un corazón afectado por las alegrías y los sufrimientos de los últimos que nos mueva a ser descanso y aliento para ellos.

Inmaculado Corazón de la Virgen María, m.o.

Juan de Matera; Silverio; Florentina

XI del T.O.
3ª del salterio
2Crón 24,17-25 / Sal 88 / Lc 2,41-51

Lucas 2,41-51

Los padres de Jesús solían ir cada año a Jerusalén por la fiesta de la Pascua. Cuando cumplió doce años, subieron a la fiesta según la costumbre y, cuando terminó, se volvieron; pero el niño Jesús se quedó en Jerusalén, sin que lo supieran sus padres. Estos, creyendo que estaba en la caravana, anduvieron el camino de un día y se pusieron a buscarlo entre los parientes y conocidos; al no encontrarlo, se volvieron a Jerusalén buscándolo. Y sucedió que, a los tres días, lo encontraron en el templo, sentado en medio de los maestros, escuchándolos y haciéndoles preguntas. Todos los que le oían quedaban asombrados de su talento y de las respuestas que daba. Al verlo, se quedaron atónitos, y le dijo su madre: «Hijo, ¿por qué nos has tratado así? Tu padre y yo te buscábamos angustiados». Él les contestó: «¿Por qué me buscabais? ¿No sabíais que yo debía estar en las cosas de mi Padre?». Pero ellos no comprendieron lo que les dijo. Él bajó con ellos y fue a Nazaret y estaba sujeto a ellos. Su madre conservaba todo esto en su corazón.

Cobijar en el corazón

María es a la vez discípula y maestra en la vida de la Iglesia. Discípula porque nadie como ella se abrió a la Buena Nueva del Evangelio, disponiéndose a su servicio. Maestra porque ante la densidad de los acontecimientos que le tocaron vivir, su vida fue puro don y confianza, puro *fiat*. Este texto remite a uno de los aprendizajes más básicos y costosos en nuestra vida: guardar en el corazón todo aquello que no entendemos nos desinstala y nos sorprende. María es experta en mantener las preguntas y cobijarlas en el corazón sin pretender precipitar las respuestas. Un icono hecho historia sobre cómo es posible vivir cultivando la actitud contemplativa y gratuita ante el espesor de los acontecimientos y hacer del corazón una «despensa», a la espera de que el Dios de la vida y los procesos vaya ayudándonos a colocarlo todo en su justo y preciso lugar.

Luis Gonzaga; Ramón de Roda; Inocencio de Mérida; Demetria

4ª del salterio
Jer 20,10-13 / Sal 68 / Rom 5,12-15 / Mt 10,26-33

Jeremías 20,10-13

Dijo Jeremías: «Oía la acusación de la gente: "Pavor-en-torno, delatadlo, vamos a delatarlo". Mis amigos acechaban mi traspié: "A ver si, engañado, lo sometemos y podemos vengarnos de él". Pero el Señor es mi fuerte defensor: me persiguen, pero tropiezan impotentes. Acabarán avergonzados de su fracaso, con sonrojo eterno que no se olvidará. Señor del universo, que examinas al honrado y sondeas las entrañas y el corazón, ¡que yo vea tu venganza sobre ellos, pues te he encomendado mi causa! Cantad al Señor, alabad al Señor, que libera la vida del pobre de las manos de gente perversa».

Salmo 68,8-10.14 y 17.33-35

R. Señor, que me escuche tu gran bondad.

Romanos 5,12-15

Hermanos: Lo mismo que por un hombre entró el pecado en el mundo, y por el pecado la muerte, y así la muerte se propagó a todos los hombres, porque todos pecaron... Pues, hasta que llegó la ley había pecado en el mundo, pero el pecado no se imputaba porque no había ley. Pese a todo, la muerte reinó desde Adán hasta Moisés, incluso sobre los que no habían pecado con una transgresión como la de Adán, que era figura del que tenía que venir. Sin embargo, no hay proporción entre el delito y el don: si por el delito de uno solo murieron todos, con mayor razón la gracia de Dios y el don otorgado en virtud de un hombre, Jesucristo, se han desbordado sobre todos.

Mateo 10,26-33

En aquel tiempo, dijo Jesús a sus discípulos: «No tengáis miedo a los hombres, porque nada hay encubierto, que no llegue a descubrirse; ni nada hay escondido, que no llegue a saberse. Lo que os digo en la oscuridad, decidlo a la luz, y lo que os digo al oído, pregonadlo desde la azotea. No tengáis miedo a los que matan el cuerpo, pero no pueden matar el alma. No; temed al que puede llevar a la perdición alma y cuerpo en la "gehenna". ¿No se venden un par de gorriones por un céntimo? Y, sin embargo, ni uno solo cae al suelo sin que lo disponga vuestro Padre. Pues vosotros hasta los cabellos de la cabeza tenéis contados. Por eso, no tengáis miedo: valéis más vosotros que muchos gorriones. A quien se declare por mí ante los hombres, yo también me declararé por él ante mi Padre que está en los cielos. Y si uno me niega ante los hombres, yo también lo negaré ante mi Padre que está en los cielos».

Gritar el Evangelio con la vida

La fe no es un tranquilizante. El seguimiento a Jesús es un riesgo basado en una confianza. En un mundo quebrado por la violencia y la injusticia, la Buena Noticia del Amor se convierte en signo de contradicción y conlleva una dimensión conflictiva ineludible, pues exige posicionamiento y opción, como le sucedió al propio Jesús. Por eso el lugar del Evangelio no es solo la intimidad del corazón: «lo que se nos ha dicho al oído», sino la calle y las plazas públicas. Ha de ser gritado desde *las azoteas* y encarnado en la propia vida. Pero Jesús nos recuerda también que la última palabra sobre nuestra vida no la ha de tener el miedo sino la confianza, porque hasta el último de nuestros cabellos es importante para Dios, y Él nos sostiene con su confianza y su incondicionalidad.

La fe no es un tranquilizante sino un riesgo. Señor, que seamos capaces de arriesgarnos.

S. Paulino de Nola / Stos. Juan Fisher y Tomás Moro, m.l.
Inocencio V; Albano; Acacio de Armenia
XII del T.O.
4ª del salterio
2Re 17,5-8. 13-15a.18 / Sal 59 / Mt 7,1-5

Mateo 7,1-5

En aquel tiempo, dijo Jesús a sus discípulos: «No juzguéis, para que no seáis juzgados. Porque seréis juzgados como juzguéis vosotros, y la medida que uséis, la usarán con vosotros. ¿Por qué te fijas en la mota que tiene tu hermano en el ojo y no reparas en la viga que llevas en el tuyo? ¿Cómo puedes decirle a tu hermano: "Déjame que te saque la mota del ojo", teniendo una viga en el tuyo? Hipócrita: sácate primero la viga del ojo; entonces verás claro y podrás sacar la mota del ojo de tu hermano».

No juzguéis, para que no seáis juzgados

Jesús denuncia en este texto la hipocresía de quienes son duros de juicio frente a las debilidades ajenas, negando y justificando las propias. Este *doble rasero* era muy propio de los fariseos, pero también nosotros y nosotras hoy podemos tener un *fariseo en el corazón*. ¿Cuál es nuestro nivel de conciencia y autoanálisis sobre nuestras debilidades? ¿Cómo experimentamos en ellas la misericordia de Dios? ¿Somos conscientes de la dureza de nuestros juicios y la repercusión que estos pueden tener en la vida de las personas? ¿Cómo ayudarnos como comunidades cristianas para que nuestra primera mirada sobre la realidad se incline más a la misericordia que a la rigidez del juicio?

Ayúdanos, Señor, a «ponernos en la piel» de los otros y otras y a no juzgar.

José Cafasso; Zenón; Agripina; Gracia; Lisberto; Jacob e Israel; Bta. Rafaela Santina

XII del T.O.
4ª del salterio
2Re 19,9b-11.14-21.31-35a.36 / Sal 47 / Mt 7,6.12-14

Mateo 7,6.12-14

En aquel tiempo, dijo Jesús a sus discípulos: «No deis lo santo a los perros, ni les echéis vuestras perlas a los cerdos; no sea que las pisoteen con sus patas y después se revuelvan para destrozaros. Así, pues, todo lo que deseáis que los demás hagan con vosotros, hacedlo vosotros con ellos; pues esta es la Ley y los Profetas. Entrad por la puerta estrecha. Porque ancha es la puerta y espacioso el camino que lleva a la perdición, y muchos entran por ellos. ¡Qué estrecha es la puerta y qué angosto el camino que lleva a la vida! Y pocos dan con ellos».

Tratad a los demás como queréis que os traten

Jesús es consciente de que su forma de vida y su mensaje son signo de contradicción y que el conflicto será siempre compañero de camino en la vida de sus seguidores y seguidoras. Es consciente también de que el Evangelio es una oferta valiosa, pero no puede nunca suplir la libertad humana y, por tanto, no se puede imponer sino ofrecer. Por eso pide a sus seguidores y seguidoras una gran libertad ante quienes lo rechazan y les urge a no olvidar nunca una actitud que es *la regla de oro de todas las religiones:* Tratar a las personas como nos gustaría que nos tratasen, con independencia de su comportamiento. Jesús es consciente de la dificultad de lo que plantea. Por eso recuerda a los suyos y también a nosotros y nosotras hoy que la Buena Noticia del Evangelio conlleva una ascesis que nos conduce a *la puerta estrecha,* que es la superación de nuestro ego, la comodidad, el deseo de éxito fácil y de prestigio social.

Ayúdanos, Señor, a superar egoísmos y autocentramientos.

Natividad de san Juan Bautista, s.
Fausto; Longinos; Teodulfo; Fermín; María Guadalupe García (Madre Lupita)

Oficio de la s.
Is 49,1-6 /
Sal 138 /
He 13,22-26 /
Lc 1,57-66.80

Lucas 1,57-66.80

A Isabel se le cumplió el tiempo del parto y dio a luz un hijo. Se enteraron sus vecinos y parientes de que el Señor le había hecho una gran misericordia, y se alegraban con ella. A los ocho días vinieron a circuncidar al niño, y querían llamarlo Zacarías, como su padre; pero la madre intervino diciendo: «¡No! Se va a llamar Juan». Y le dijeron: «Ninguno de tus parientes se llama así». Entonces preguntaban por señas al padre cómo quería que se llamase. Él pidió una tablilla y escribió: «Juan es su nombre». Y todos se quedaron maravillados. Inmediatamente se le soltó la boca y la lengua, y empezó a hablar bendiciendo a Dios. Los vecinos quedaron sobrecogidos, y se comentaban todos estos hechos por toda la montaña de Judea. Y todos los que los oían reflexionaban diciendo: «Pues ¿qué será este niño?». Porque la mano del Señor estaba con él. El niño crecía y se fortalecía en el espíritu, y vivía en lugares desiertos hasta los días de su manifestación a Israel.

Juan, precursor de Jesús

Juan Bautista fue precursor de Jesús. Su profecía de conversión radical dispuso a sus contemporáneos a la Buena Nueva del Evangelio. Isabel, su madre, al igual que María, la madre de Jesús, forman parte de este *resto de Yavé* abierto a *la esperanza de Dios contra toda desesperanza.* Juan fue también profeta de esta esperanza y por eso se les hizo incómodo a los poderosos de este mundo que decidieron, como le sucedió a Jesús, acabar con él. Juan profetizó desde el sacrificio y el ayuno, urgiendo al pueblo a una renovación radical de sus costumbres. La profecía de Jesús, sin embargo, es la gran fiesta del banquete y la inclusión, la profecía del Amor, la gratuidad y la sobreabundancia compasiva de Dios como única ley.

Gracias, Señor, por los profetas y profetisas que hay en nuestro mundo. Ayúdanos a reconocerlos y a acoger su mensaje.

Guillermo de Vercelli; Domingo Henares; Orosia; Máximo de Turín; Próspero

XII del T.O.
4ª del salterio
2Re 24,8-17 / Sal 78 / Mt 7,21-29

Mateo 7,21-29

En aquel tiempo, dijo Jesús a sus discípulos: «No todo el que me dice "Señor, Señor" entrará en el reino de los cielos, sino el que hace la voluntad de mi Padre que está en los cielos. Aquel día muchos dirán: "Señor, Señor, ¿no hemos profetizado en tu nombre y en tu nombre hemos echado demonios, y no hemos hecho en tu nombre muchos milagros?". Entonces yo les declararé: "Nunca os he conocido. Alejaos de mí, los que obráis la iniquidad". El que escucha estas palabras mías y las pone en práctica se parece a aquel hombre prudente que edificó su casa sobre roca. Cayó la lluvia, se desbordaron los ríos, soplaron los vientos y descargaron contra la casa; pero no se hundió, porque estaba cimentada sobre roca. El que escucha estas palabras mías y no las pone en práctica se parece a aquel hombre necio que edificó su casa sobre arena. Cayó la lluvia, se desbordaron los ríos, soplaron los vientos y rompieron contra la casa, y se derrumbó. Y su ruina fue grande». Al terminar Jesús este discurso, la gente estaba admirada de su enseñanza, porque les enseñaba con autoridad y no como sus escribas.

Obrar la Palabra

Nuestro mundo está harto de palabras y declaraciones de intenciones, así sucedía también en el contexto de Jesús. *Creer en Dios más que predicarle es practicarle.* Las palabras pierden su sentido si no van acompañadas del testimonio de vida que las hace congruentes. Jesús es la Palabra encarnada de Dios, por eso no hay vida cristiana sin *obrar la Palabra,* sin ponerla en práctica, sin que se traduzca en actitudes, gestos y acciones concretas que afectan a la propia vida y a la de los demás. Jesús avisa de lo engañoso de *una fe de boquilla* que no se verifica en el testimonio ni en las prácticas, en definitiva, *una fe construida sobre arena.* Solo una fe basada en el testimonio de vida y en la encarnación en nuestros ambientes es una fe cimentada sobre la roca del Evangelio.

S. Pelayo, m.l.
David de Tesalónica;
Antelmo de Chignin;
Josemaría Escrivá;
José María Robles

XII del T.O.
4ª del salterio
2Re 25,1-12 /
Sal 136 /
Mt 8,1-4

Mateo 8,1-4

Al bajar Jesús del monte, lo siguió mucha gente. En esto, se le acercó un leproso, se arrodilló y le dijo: «Señor, si quieres, puedes limpiarme». Extendió la mano y lo tocó diciendo: «Quiero, queda limpio». Y enseguida quedó limpio de la lepra. Jesús le dijo: «No se lo digas a nadie, pero ve a presentarte al sacerdote y entrega la ofrenda que mandó Moisés, para que les sirva de testimonio».

La acción sanadora del Evangelio

También hoy, como en la época de Jesús, nuestro sistema es experto en excluir y estigmatizar a mucha gente. Son *los descartables,* a los que se refiere el papa Francisco. Jesús no se protege de ellos, sino que es sensible a su situación y se deja afectar por su realidad, haciéndose cauce de sanación a través de sus manos. Las manos de Jesús se abren en gesto de reconocimiento y solidaridad con quienes son despreciados y considerados por el sistema como *malditos y malditas.* También nosotros y nosotras hoy como comunidades cristianas somos urgidos a recrear cotidianamente en las periferias de nuestros contextos el gesto de Jesús de *extender la mano, tocar sus vidas y dejarnos tocar por las suyas.* De este encuentro nacerán procesos de liberación mutua.

El Evangelio es liberación y sanación. Ayúdanos, Señor, a transmitir tu Evangelio.

S. Cirilo de Alejandría, m.l.
Nª Sra. del Perpetuo Socorro; Arialdo; Ladislao

XII del T.O.
4ª del salterio
Lam 2,2. 10-14.18-19 / Sal 73 / Mt 8,5-17

Mateo 8,5-17

En aquel tiempo, al entrar Jesús en Cafarnaún, un centurión se le acercó rogándole: «Señor, tengo en casa un criado que está en cama paralítico y sufre mucho». Le contestó: «Voy yo a curarlo». Pero el centurión le replicó: «Señor, no soy digno de que entres bajo mi techo. Basta que lo digas de palabra, y mi criado quedará sano. Porque yo también vivo bajo disciplina y tengo soldados a mis órdenes; y le digo a uno: "Ve", y va; al otro: "Ven", y viene; a mi criado: "Haz esto", y lo hace». Al oírlo, Jesús quedó admirado y dijo a los que lo seguían: «En verdad os digo que en Israel no he encontrado en nadie tanta fe. Os digo que vendrán muchos de oriente y occidente y se sentarán con Abrahán, Isaac y Jacob en el reino de los cielos; en cambio, a los hijos del reino los echarán fuera, a las tinieblas. Allí será el llanto y el rechinar de dientes». Y dijo Jesús al centurión: «Vete; que te suceda según has creído». Y en aquel momento se puso bueno el criado. Al llegar Jesús a la casa de Pedro, vio a su suegra en cama con fiebre; le tocó su mano y se le pasó la fiebre; se levantó y se puso a servirle. Al anochecer, le llevaron muchos endemoniados; él, con su palabra, expulsó los espíritus y curó a todos los enfermos para que se cumpliera lo dicho por medio del profeta Isaías: «Él tomó nuestras dolencias y cargó con nuestras enfermedades».

Señor, ayúdanos a aproximarnos al sufrimiento humano al modo de Jesús.

domingo

Ireneo de Lyon;
Paulo I; Rais;
Benigno

1ª del salterio
2Re 4,8-11.
14-16a / Sal 88 /
Rom 6,3-4.8-11 /
Mt 10,37-42

2 Reyes 4,8-11.14-16a

Pasó Eliseo un día por Sunén. Vivía allí una mujer principal que le insistió en que se quedase a comer; y, desde entonces, se detenía allí a comer cada vez que pasaba. Ella dijo a su marido: «Estoy segura de que es un hombre santo de Dios el que viene siempre a vernos. Construyamos en la terraza una pequeña habitación y pongámosle arriba una cama, una mesa, una silla y una lámpara, para que cuando venga pueda retirarse». Llegó el día en que Eliseo se acercó por allí y se retiró a la habitación de arriba, donde se acostó. Entonces se preguntó Eliseo: «¿Qué podemos hacer por ella?». Respondió Guejazí, su criado: «Por desgracia no tiene hijos y su marido es ya anciano». Eliseo ordenó que la llamase. La llamó y ella se detuvo a la entrada. Eliseo le dijo: «El año próximo, por esta época, tú estarás abrazando un hijo».

Salmo 88,2-3.16-17.18-19

R. Cantaré eternamente las misericordias del Señor.

Romanos 6,3-4.8-11

Hermanos: Cuantos fuimos bautizados en Cristo Jesús fuimos bautizados en su muerte. Por el bautismo fuimos sepultados con él en la muerte, para que, lo mismo que Cristo resucitó de entre los muertos por la gloria del Padre, así también nosotros andemos en una vida nueva. Si hemos muerto con Cristo, creemos que también viviremos con él; pues sabemos que Cristo, una vez resucitado de entre los muertos, ya no muere más; la muerte ya no tiene dominio sobre él. Porque quien ha muerto, ha muerto al pecado de una vez para siempre; y quien vive, vive para Dios. Lo mismo vosotros, consideraos muertos al pecado y vivos para Dios en Cristo Jesús.

Mateo 10,37-42

En aquel tiempo, dijo Jesús a sus apóstoles: «El que quiere a su padre o a su madre más que a mí, no es digno de mí; el que quiere a su hijo o a su hija más que a mí, no es digno de mí; y el que no carga con su cruz y me sigue, no es digno de mí. El que encuentre su vida la perderá, y el que pierda su vida por mí, la encontrará. El que os recibe a vosotros, me recibe a mí, y el que me recibe, recibe al que me ha enviado; el que recibe a un profeta porque es profeta, tendrá recompensa de profeta; y el que recibe a un justo porque es justo, tendrá recompensa de justo. El que dé a beber, aunque no sea más que un vaso de agua fresca, a uno de estos pequeños, solo porque es mi discípulo, en verdad os digo que no perderá su recompensa».

Perder la vida para ganarla

La cruz no es nunca la palabra última ni definitiva en la vida cristiana porque el Evangelio no es una doctrina sacrificial, sino la Buena Nueva del Amor encarnado en la historia. Pero el amor y la liberación conllevan costes, como le sucedió al propio Jesús. Por eso él mismo nos precede y acompaña en la paradoja que nadie como él vivió hasta sus últimas consecuencias: *perder la vida para ganarla,* entregarla libre y gratuitamente para hacer posible la utopía del Reino, que es hacer de la vida un banquete permanente y poner fin al sufrimiento, la injusticia, la violencia y el desamor humano. Jesús nos recuerda en este texto algo que él mismo vivió en propia carne: los vínculos de la fraternidad son mayores que los de la propia sangre. El Evangelio redimensiona la familia de manera más amplia y universal en el proyecto de la mesa común del Reino.

Señor, que reconozcamos que el sufrimiento no es nunca la última palabra sobre la historia sino el Amor.

Stos. Pedro y Pablo, s.
Benedicta; Casio; Siro de Génova

Oficio de la s.
He 12,1-11 / Sal 33 / 2Tim 4,6-8.17-18 / Mt 16,13-19

Mateo 16,13-19

En aquel tiempo, al llegar a la región de Cesarea de Filipo, Jesús preguntó a sus discípulos: «¿Quién dice la gente que es el Hijo del hombre?». Ellos contestaron: «Unos que Juan el Bautista, otros que Elías, otros que Jeremías o uno de los profetas». Él les preguntó: «Y vosotros, ¿quién decís que soy yo?». Simón Pedro tomó la palabra y dijo: «Tú eres el Mesías, el Hijo del Dios vivo». Jesús le respondió: «¡Bienaventurado tú, Simón, hijo de Jonás!, porque eso no te lo ha revelado ni la carne ni la sangre, sino mi Padre que está en los cielos. Ahora yo te digo: tú eres Pedro, y sobre esta piedra edificaré mi Iglesia, y el poder del infierno no la derrotará. Te daré las llaves del reino de los cielos; lo que ates en la tierra quedará atado en los cielos, y lo que desates en la tierra quedará desatado en los cielos».

Preguntas esenciales

La pregunta que Jesús lanza a Pedro sobre sí mismo es una pregunta hecha para nosotros y nosotras también hoy. ¿Quién decimos que es él y qué supone para nuestra existencia? La vida de Pedro, como la nuestra, no fue perfecta. La libertad radical de Jesús lo desconcertaba y le rompía los esquemas y tuvo que hacer todo un proceso de vaciamiento de sí mismo y de depuración de sus expectativas mesiánicas para reconocerle como Cristo. Lo que caracteriza la fidelidad más que la perfección es la autenticidad y la búsqueda. San Pedro y san Pablo son dos buenos referentes de ello, cada uno desde la originalidad de su propia biografía. Pero fue el encuentro con Jesús y su Evangelio lo que transformó radical y procesualmente sus vidas de forma insospechada. ¿A qué transformaciones nos urge hoy el Evangelio en nuestra vida?

Lo que caracteriza la fidelidad más que la perfección es la autenticidad y la búsqueda. Señor, que no nos cansemos de buscarte en los demás.

Stos. Protomártires romanos, m.l.
Marcial; Teobaldo; Bto. Basilio Velychovskyj

XIII del T.O.
1ª del salterio

Am 3,1-8; 4,11-12 / Sal 5 / Mt 8,23-27

Mateo 8,23-27

En aquel tiempo, subió Jesús a la barca, y sus discípulos lo siguieron. En esto se produjo una tempestad tan fuerte, que la barca desaparecía entre las olas; él dormía. Se acercaron y lo despertaron gritándole: «¡Señor, sálvanos, que perecemos!». Él les dice: «¿Por qué tenéis miedo, hombres de poca fe?». Se puso en pie, increpó a los vientos y al mar y vino una gran calma. Los hombres se decían asombrados: «¿Quién es este, que hasta el viento y el mar lo obedecen?».

En las tempestades de la vida

Como a los discípulos, cuando llegan las tempestades de la vida, el miedo nos remueve interiormente y puede poner en crisis nuestra esperanza y nuestras motivaciones más hondas. Por eso, como nos recuerda Jesús en este texto, lo contrario al miedo no es la valentía, sino la fe. La fe es confianza y riesgo. Jesús en su seguimiento no nos ofrece ninguna ventaja, ningún privilegio, ni nos asegura una vida exenta de dificultades ni problemas, pero se compromete con nosotros y nosotras en la incondicionalidad de su alianza y su compañía permanente. Por eso en las tempestades de la vida no abandona nunca y la fe se convierte en partera de resiliencia, esperanza contra toda desesperanza. Como comunidades cristianas, ¿ante qué tempestades se enfrentan hoy nuestros miedos y cómo sentimos en ellas la presencia incondicional de Jesús sosteniéndonos?

Lo contrario al miedo no es la valentía, sino la fe. Señor, que tengamos fe ante las dificultades.

1
miércoles

Ester; Oliverio Plunkett; Atilano Cruz; Justino Orona; Bto. Antonio Rosmini

XIII del T.O.
1ª del salterio
Am 5,14-15.21-24 / Sal 49 / Mt 8,28-34

Mateo 8,28-34

En aquel tiempo, llegó Jesús a la otra orilla, a la región de los gadarenos. Desde los sepulcros dos endemoniados salieron a su encuentro; eran tan furiosos que nadie se atrevía a transitar por aquel camino. Y le dijeron a gritos: «¿Qué tenemos que ver nosotros contigo, Hijo de Dios? ¿Has venido aquí a atormentarnos antes de tiempo?». A cierta distancia, una gran piara de cerdos estaba paciendo. Los demonios le rogaron: «Si nos echas, mándanos a la piara». Jesús les dijo: «Id». Salieron y se metieron en los cerdos. Y la piara entera se abalanzó acantilado abajo al mar y murieron en las aguas. Los porquerizos huyeron al pueblo y lo contaron todo, incluyendo lo de los endemoniados. Entonces el pueblo entero salió a donde estaba Jesús y, al verlo, le rogaron que se marchara de su país.

Jesús y la infrahumanidad

Jesús atraviesa la orilla de la seguridad para adentrarse en la periferia de la infra- humanidad que representan *los endemoniados*. Lo habitual era alejarse de ellos para no ser contaminados o no sufrir su violencia. Pero el Hijo del Dios Vivo no ha venido a este mundo para quedarse en los lugares de sentido, bienestar, reconocimiento social, sino que se adentra en todos los recovecos infernales de la existencia humana y de las realidades sociales para liberarnos, para generar vida y bendición, para restituir dignidades rotas e integrar en la comunidad. Para ello ha de aceptar el desafío del rechazo y la incomprensión inicial a la que Jesús responde sin ningún tipo de violencia, queja o victimismo. ¿Cómo nos situamos ante la violencia de los no amados, de los rechazados y maltratados por la vida cuando sentimos también su rechazo, o su deseo de revancha? ¿Cómo andamos de gratuidad y permanencia cuando la falta de reconocimiento, el desprecio y la incomprensión hieren?

julio

Justo; Otón; Sinforosa; Bernardino Realino; Bta. Eugenia Joubert

XIII del T.O.
1ª del salterio
Am 7,10-17 /
Sal 18 /
Mt 9,1-8

Mateo 9,1-8

En aquel tiempo, subió Jesús a una barca, cruzó a la otra orilla y fue a su ciudad. En esto le presentaron un paralítico, acostado en una camilla. Viendo la fe que tenían, dijo al paralítico: «¡Ánimo, hijo!, tus pecados te son perdonados». Algunos de los escribas se dijeron: «Este blasfema». Jesús, sabiendo lo que pensaban, les dijo: «¿Por qué pensáis mal en vuestros corazones? ¿Qué es más fácil, decir: "Tus pecados te son perdonados", o decir: "Levántate y echa a andar"? Pues, para que veáis que el Hijo del hombre tiene potestad en la tierra para perdonar pecados –entonces dice al paralítico–: "Ponte en pie, coge tu camilla y vete a tu casa"». Se puso en pie y se fue a su casa. Al ver esto, la gente quedó sobrecogida y alababa a Dios, que da a los hombres tal potestad.

Coge tu camilla y vete a tu casa

La sensibilidad de Jesús queda afectada ante el sufrimiento de la gente, como le sucedió con este paralítico, y eso le moviliza a ser misericordia en acción, misericordia en relación. Jesús se aproxima como liberación y como reconciliación allá donde las personas están, sean cuales sean sus circunstancias. Muchas personas viven paralizadas por la culpa, negándose a sí mismas y a otros la posibilidad de perdón. Pero para Jesús todas las personas somos recuperables. Él no se cansa de ofrecernos la oportunidad de volver a coger la vida en nuestras manos y reorientarla de nuevo. Pero para ello cada uno y cada una hemos de coger nuestras camillas, asumir nuestras responsabilidades, hacernos cargo de la realidad y poner nuestras energías en reorientar la vida hacia el amor, la relación y la comunión.

Señor, que seamos misericordia en acción, misericordia en relación en nuestros ambientes.

Sto. Tomás, f.
Nª Sra. de Sonsoles; León II; Eutiquiano; Jacinto; Menelao

Oficio de la f.
Ef 2,19-22 / Sal 116 / Jn 20,24-29

Juan 20,24-29

Tomás, uno de los Doce, llamado el Mellizo, no estaba con ellos cuando vino Jesús. Y los otros discípulos le decían: «Hemos visto al Señor». Pero él les contestó: «Si no veo en sus manos la señal de los clavos, si no meto el dedo en el agujero de los clavos y no meto la mano en su costado, no lo creo». A los ocho días, estaban otra vez dentro los discípulos y Tomás con ellos. Llegó Jesús, estando cerradas las puertas, se puso en medio y dijo: «Paz a vosotros». Luego dijo a Tomás: «Trae tu dedo, aquí tienes mis manos; trae tu mano y métela en mi costado; y no seas incrédulo, sino creyente». Contestó Tomás: «¡Señor mío y Dios mío!». Jesús le dijo: «¿Porque me has visto has creído? Bienaventurados los que crean sin haber visto».

Tocar las heridas del Crucificado

La figura de Tomás, el apóstol, nos resulta siempre familiar. Su escepticismo y dificultades para creer no nos resultan ajenas. A él, como a nosotros hoy nos puede el *realismo práctico.* A Tomás no le basta la experiencia de la comunidad para sumarse a ella, sino que necesita comprobarla por él mismo. Solo cree lo que ve y toca. Cristo se hace cargo de su debilidad y se le muestra invitándole a introducir sus dedos en sus llagas y comprobar así que *el Resucitado es el Crucificado.* También hoy, tocando las heridas de los nuevos crucificados y crucificadas en nuestro mundo por la injusticia, la violencia y el sinsentido podemos experimentar paradójicamente la presencia del Resucitado reclamando y haciendo posible una humanidad y un mundo nuevo que ponga fin al sufrimiento.

Señor, que identifiquemos al Resucitado con el Crucificado.

Sta. Isabel de Portugal, m.l.
Laureano; Valentín de Berriochoa; Ageo; Oseas; Udalrico; Bto. Pier Giorgio Frassati

XIII del T.O.
1ª del salterio
Am 9,11-15 / Sal 84 / Mt 9,14-17

Mateo 9,14-17

En aquel tiempo, los discípulos de Juan se acercan a Jesús, preguntándole: «¿Por qué nosotros y los fariseos ayunamos a menudo y, en cambio, tus discípulos no ayunan?». Jesús les dijo: «¿Es que pueden guardar luto los amigos del esposo, mientras el esposo está con ellos? Llegarán días en que les arrebatarán al esposo, y entonces ayunarán. Nadie echa un remiendo de paño sin remojar a un manto pasado; porque la pieza tira del manto y deja un roto peor. Tampoco se echa vino nuevo en odres viejos; porque revientan los odres: se derrama el vino y los odres se estropean; el vino nuevo se echa en odres nuevos y así las dos cosas se conservan».

Vino nuevo en odres nuevos

La novedad radical del Evangelio no cabe en los moldes de siempre. Por eso el cristianismo no es una religión de sacrificios, sino de fiesta y alegría profunda, de banquetes y mesas compartidas con los pobres y las consecuencias que ello conlleva. Los contemporáneos de Jesús se resistían a esta novedad, como también nos sucede a muchos de nosotros hoy, pero él les recuerda que la conversión que propone es radical, no es solo de formas o de reformas parciales, porque el Evangelio *no va de parches,* sino de *totalidad,* y el vino nuevo no cabe en odres viejos. ¿Qué vino nuevo supone en nuestras vidas la propuesta evangélica y en qué odres nuevos somos urgidos y urgidas a vivirla y transmitirla para que sea Buena Noticia en nuestros ambientes?

Ayúdanos, Señor, a abrirnos a la novedad radical del Evangelio y a no conformarnos con el «siempre ha sido así».

JORNADA DE RESPONSABILIDAD DEL TRÁFICO

Antonio María Zaccaría; Guillermo de Hirsau; Filomena; Numeriano

2ª del salterio
Zac 9,9-10 /
Sal 144 /
Rom 8,9.11-13 /
Mt 11,25-30

Zacarías 9,9-10

Esto dice el Señor: «¡Salta de gozo, Sion; alégrate, Jerusalén! Mira que viene tu rey, justo y triunfador, pobre y montado en un borrico, en un pollino de asna. Suprimirá los carros de Efraín y los caballos de Jerusalén; romperá el arco guerrero y proclamará la paz a los pueblos. Su dominio irá de mar a mar, desde el Río hasta los extremos del país».

Salmo 144,1bc-2.8-9.10-11.13cd-14

R. Bendeciré tu nombre por siempre, Dios mío, mi rey. (O bien: Aleluya).

Romanos 8,9.11-13

Hermanos: Vosotros no estáis en la carne, sino en el Espíritu, si es que el Espíritu de Dios habita en vosotros; en cambio, si alguien no posee el Espíritu de Cristo no es de Cristo. Y si el Espíritu del que resucitó a Jesús de entre los muertos habita en vosotros, el que resucitó de entre los muertos a Cristo Jesús también dará vida a vuestros cuerpos mortales, por el mismo Espíritu que habita en vosotros. Así pues, hermanos, somos deudores, pero no de la carne para vivir según la carne. Pues si vivís según la carne, moriréis; pero si con el Espíritu dais muerte a las obras del cuerpo, viviréis.

Mateo 11,25-30

En aquel tiempo, tomó la palabra Jesús y dijo: «Te doy gracias, Padre, Señor del cielo y de la tierra, porque has escondido estas cosas a los sabios y entendidos, y se las has revelado a los pequeños. Sí, Padre, así te ha parecido bien. Todo me ha sido entregado por mi Padre, y nadie conoce al Hijo más que el Padre, y nadie conoce al Padre sino el Hijo y aquel a quien el Hijo se lo quiera revelar. Venid a mí todos los que estáis cansados y agobiados, y yo os aliviaré. Tomad mi yugo sobre vosotros y aprended de mí, que soy manso y humilde de corazón, y encontraréis descanso para vuestras almas. Porque mi yugo es llevadero y mi carga ligera».

La sabiduría que conmueve a Jesús

Jesús se conmueve ante la sabiduría de los pobres y su sensibilidad para captar su mensaje. Son precisamente los más despreciados y excluidos quienes con más sencillez van a abrirse a su Buena Nueva. Los poderosos e influyentes están demasiado ocupados en defender sus propios intereses y en construirse un dios a su medida que no entre en contradicción con ellos. El verdadero conocimiento no lo otorgan *los currículum académicos o el estatus económico,* sino la sabiduría del corazón que nace del dejarse afectar por las vidas de otros y otras. Frente a una cultura del descarte que genera exclusión y desprecia a las personas empobrecidas, Jesús se goza y agradece la elección de Dios por los pequeños y la exigencia de conversión desde ellos. La universalidad del amor de Dios empieza por los últimos y últimas. Por eso Jesús se experimenta a sí mismo como misericordia del *Abba* para quienes la vida les resulta una pesada carga.

El verdadero conocimiento no lo otorgan los currículum sino la sabiduría del corazón que nace del dejarse afectar por las vidas de otros y otras. Señor, que nos dejemos afectar por todos.

Sta. María Goretti, m.l.
Isaías; Nazaria Ignacia March

XIV del T.O.
2ª del salterio
Os 2,16.17b-18. 21-22 / Sal 144 / Mt 9,18-26

Mateo 9,18-26

En aquel tiempo, mientras Jesús hablaba, se acercó un jefe de los judíos que se arrodilló ante él y le dijo: «Mi hija acaba de morir. Pero ven tú, impón tu mano sobre ella y vivirá». Jesús se levantó y lo siguió con sus discípulos. Entre tanto, una mujer que sufría flujos de sangre desde hacía doce años, se le acercó por detrás y le tocó la orla del manto, pensando que con solo tocarle el manto se curaría. Jesús se volvió y al verla le dijo: «¡Ánimo, hija! Tu fe te ha salvado». Y en aquel momento quedó curada la mujer. Jesús llegó a casa de aquel jefe y, al ver a los flautistas y el alboroto de la gente, dijo: «¡Retiraos! La niña no está muerta, está dormida». Se reían de él. Cuando echaron a la gente, entró él, cogió a la niña de la mano y ella se levantó. La noticia se divulgó por toda aquella comarca.

Jesús y la liberación de las mujeres

En el contexto socio-cultural y religioso de Jesús la vida de las mujeres no tenía ningún valor en sí misma. Su sufrimiento era ignorado y naturalizado por el hecho de ser mujeres tanto por el poder religioso como el político. Por otra parte, la menstruación era vista como una «enfermedad de las mujeres», una impureza grave que las obligaba a autoexcluirse temporalmente del clan para no tocar ni ser tocada y evitar así el contagio. Jesús transgrede estas concepciones al *dejarse afectar* por su sufrimiento y sus ansias de liberación. La muerte de la niña y la desesperación de la mujer que padece hemorragias continuas de sangre representa la negación de sus vidas en un sistema que no reconoce su dignidad y las condena, por el solo hecho de ser mujeres, a la exclusión, la invisibilidad y el sufrimiento. Jesús rompe con este tabú sanándolas e incorporándolas en la comunidad del Reino. Culturalmente hay un abismo entre él y la mujer hemorroisa, pero ambos lo saltan. En este caso la primera en hacerlo es la mujer, que toma la decisión transgresora de *tocar su manto,* a lo cual Jesús responde reconociendo su gesto y liberándola. Ella esperaba ser sanada por Jesús (dimensión pasiva) y, sin embargo, Jesús la remite a ella misma y a su actitud activa en el proceso: «*Hija, tu fe te ha salvado*».

Fermín; Benedicto XI; Bta. María Romero Meneses; Bto. Pedro To Rot

XIV del T.O.
2ª del salterio
Os 8,4-7.11.13 / Sal 113B / Mt 9,32-38.

Mateo 9,32-38

En aquel tiempo, le llevaron a Jesús un endemoniado mudo. Y después de echar al demonio, el mudo habló. La gente decía admirada: «Nunca se ha visto en Israel cosa igual». En cambio, los fariseos decían: «Este echa los demonios con el poder del jefe de los demonios». Jesús recorría todas las ciudades y aldeas, enseñando en sus sinagogas, proclamando el evangelio del reino y curando toda enfermedad y toda dolencia. Al ver a las muchedumbres, se compadecía de ellas, porque estaban extenuadas y abandonadas, «como ovejas que no tienen pastor». Entonces dice a sus discípulos: «La mies es abundante, pero los trabajadores son pocos; rogad, pues, al Señor de la mies que mande trabajadores a su mies».

Testigos de la compasión

Jesús es testigo de la compasión de Dios hacia los últimos. Su sufrimiento se le hace intolerable y en su nombre sana, libera, incluye en la comunidad del Reino, donde cada uno encuentra su lugar. Los milagros son signos de esa liberación que irrumpe en la persona misma de Jesús como cauce de la misericordia de su *Abba* a favor de los últimos y últimas. Por eso su decir y su obrar no pasan desapercibidos, sino que generan posicionamiento. Frente al desconcierto y la desconfianza con que es percibido por parte de los fariseos, la muchedumbre acude a él deseosa de liberación. También hoy nuestros contextos están necesitados de sanación y misericordia, tanto a nivel personal como estructural y requieren testigos de la compasión liberadora de Jesús. *La mies es mucha y los obreros pocos.* ¿Cuáles son hoy nuestras urgencias misioneras como comunidades cristianas y cómo están atravesadas por la compasión liberadora del Evangelio?

Señor, que seamos testigos de la compasión del Evangelio en nuestros ambientes.

Adrián III;
Eugenio III;
Amando

XIV del T.O.
2ª del salterio
Os 10,1-3.7-8.12 /
Sal 104 /
Mt 10,1-7

Mateo 10,1-7

En aquel tiempo, Jesús llamó a sus doce discípulos y les dio autoridad para expulsar espíritus inmundos y curar toda enfermedad y toda dolencia. Estos son los nombres de los doce apóstoles: el primero, Simón, llamado Pedro, y Andrés, su hermano; Santiago, el de Zebedeo, y Juan, su hermano; Felipe y Bartolomé, Tomás y Mateo el publicano; Santiago el de Alfeo, y Tadeo; Simón el de Caná, y Judas Iscariote, el que lo entregó. A estos doce los envió Jesús con estas instrucciones: «No vayáis a tierra de paganos ni entréis en las ciudades de Samaría, sino id a las ovejas descarriadas de Israel. Id y proclamad que ha llegado el reino de los cielos».

Id y proclamad que ha llegado el Reino

Al igual que los apóstoles, también nosotros somos llamados a sanar toda enfermedad y dolencia en nuestros ambientes. El envío es desde el seno de la comunidad cristiana, que nos sostiene e impulsa, y con el apoyo y la colaboración del trabajo en redes con otras personas y colectivos con los que compartimos los valores evangélicos, aunque no sean necesariamente creyentes. El Viviente nos llama por nuestro propio nombre, desde la originalidad de nuestra propia biografía, cultura e historia de fe y nos invita a ser compañeros y compañeras con él en su misión de aliviar el sufrimiento. Ese texto nos recuerda que la identidad de la Iglesia es siempre *misionera y discípula,* ya que no nace para sí misma sino para ser *sacramento de salvación.* Por eso un signo de vitalidad espiritual es siempre la apertura y la sensibilidad a los gritos y anhelos más profundos de quienes habitan las periferias sociales y existenciales y la prontitud en disponernos a su servicio.

Jesús, el Viviente, nos llama por nuestro nombre y nos invita a ser compañeros y compañeras con él en su misión de aliviar el sufrimiento.

Stos. Agustín Zhao Rong y comp., m.l.
Juliana; Verónica Giuliani; Paulina

XIV del T.O.
2ª del salterio
Os 11,1-4.8c-9 / Sal 79 / Mt 10,7-15

Mateo 10,7-15

En aquel tiempo, dijo Jesús a sus apóstoles: «Id y proclamad que ha llegado el reino de los cielos. Curad enfermos, resucitad muertos, limpiad leprosos, arrojad demonios. Gratis habéis recibido, dad gratis. No os procuréis en la faja oro, plata ni cobre; ni tampoco alforja para el camino, ni dos túnicas, ni sandalias, ni bastón; bien merece el obrero su sustento. Cuando entréis en una ciudad o aldea, averiguad quién hay allí de confianza y quedaos en su casa hasta que os vayáis. Al entrar en una casa, saludadla con la paz; si la casa se lo merece, vuestra paz vendrá a ella. Si no se lo merece, la paz volverá a vosotros. Si alguno no os recibe o no escucha vuestras palabras, al salir de su casa o de la ciudad, sacudid el polvo de los pies. En verdad os digo que el día del juicio les será más llevadero a Sodoma y Gomorra, que a aquella ciudad».

Gratis habéis recibido, dad gratis

El Evangelio es mucho más que el reconocimiento o la proclamación de un mensaje. El Evangelio es sobre todo un estilo de vida en el que el centro no es el interés propio sino hacer histórica la fraternidad humana al modo de Jesús. En un sistema donde el dinero, el poder y *el sálvese quien pueda* se proclaman como vías certeras para asegurarse el éxito social y la felicidad, el Evangelio hace una propuesta alternativa: la sencillez de vida, la gratuidad y el compromiso con los hermanos y hermanas más vulnerados. Por eso, si queremos ser fieles al espíritu de Jesús, los caminos de la Iglesia no pueden ser otros que los de la sobriedad de vida, el agradecimiento y la solidaridad con los más empobrecidos y empobrecidas.

Haznos, Señor, mujeres y hombres de corazón descentrado y gratuito.

Nª Sra. de Atocha; Cristóbal; Carmelo Bolta y Francisco Pinazo; Bto. Ascanio Nicanor

XIV del T.O.
2ª del salterio
Os 14,2-10 /
Sal 50 /
Mt 10,16-23

Mateo 10,16-23

En aquel tiempo, dijo Jesús a sus apóstoles: «Mirad que yo os envío como ovejas entre lobos; por eso, sed sagaces como serpientes y sencillos como palomas. Pero ¡cuidado con la gente!, porque os entregarán a los tribunales, os azotarán en las sinagogas y os harán comparecer ante gobernadores y reyes por mi causa, para dar testimonio ante ellos y ante los gentiles. Cuando os entreguen, no os preocupéis de lo que vais a decir o de cómo lo diréis: en aquel momento se os sugerirá lo que tenéis que decir, porque no seréis vosotros los que habléis, sino que el Espíritu de vuestro Padre hablará por vosotros. El hermano entregará al hermano a la muerte, el padre al hijo; se rebelarán los hijos contra sus padres y los matarán. Y seréis odiados por todos a causa de mi nombre; pero el que persevere hasta el final, se salvará. Cuando os persigan en una ciudad, huid a otra. En verdad os digo que no terminaréis con las ciudades de Israel antes de que vuelva el Hijo del hombre».

Sagaces como serpientes y sencillos como palomas

La propuesta de vida que el Evangelio nos hace no es ingenua ni acrítica. Conlleva dificultades, tensiones y conflictos. Como le sucedió al propio Jesús, vivir de manera descentrada y con el corazón ladeado hacia los más invisibles de nuestro sistema social, implica asumir consecuencias, pues cuestiona el sistema y las relaciones de dominación al apuntar que *otro mundo y otras relaciones son posibles*. En un mundo quebrado por la injusticia y la violencia estructural, la fe nos mueve a tomar partido y a desarrollar al máximo la astucia y la sencillez para abordar las dificultades que por motivos del Evangelio tengamos que encarar cada día. Jesús nos asegura que él será siempre la fuente de nuestra fortaleza y resistencia y que si nos abandonamos a su confianza, la fe será más poderosa en nosotros y nosotras que el miedo.

Danos, Señor, astucia y creatividad evangélica para afrontar las dificultades en nuestra vida.

S. Benito, f.
Pío I; Abundio; Olga; Sabino; Jenaro

Oficio de la f.
Prov 2,1-9 / Sal 33 / Mt 19,27-29

Mateo 19,27-29

En aquel tiempo, dijo Pedro a Jesús: «Ya ves, nosotros lo hemos dejado todo y te hemos seguido; ¿qué nos va a tocar?». Jesús les dijo: «En verdad os digo: cuando llegue la renovación y el Hijo del hombre se siente en el trono de su gloria, también vosotros, los que me habéis seguido, os sentaréis en doce tronos para juzgar a las doce tribus de Israel. Todo el que por mí deja casa, hermanos o hermanas, padre o madre, hijos o tierras, recibirá cien veces más y heredará la vida eterna».

El ciento por uno

El seguimiento a Jesús es una invitación a la gratuidad y a la libertad del corazón, pero la pregunta de Pedro en este texto nos resulta sin duda familiar. El deseo de reconocimiento, poder y prestigio están impresos también en el interior del ser humano. No hemos de escandalizarnos por ello, pero tampoco cansarnos nunca de luchar para no pactar con sus dinámicas de modo que terminen haciéndonos sus prisioneros. Jesús nos invita a seguirle sin ofrecernos seguridades, aunque sí la certeza de su incondicional compañía. Pide nuestra libertad de corazón y a cambio nos promete *el ciento por uno.* El seguimiento a Jesús redimensiona nuestra vida y amplía la familia de sangre a la fraternidad universal. San Benito, fundador de la orden benedictina y patrón de Europa, es un buen icono de ello y nos recuerda, en el actual contexto de crisis de los refugiados, que la acogida está en la entraña del Evangelio.

Ayúdanos, Señor, a vivir el espíritu de libertad, acogida y gratuidad al que el Evangelio nos urge.

Luis Martin y
Mª Celia Guérin;
Juan Gualberto; José
Fernández de Ventosa;
Teodoro y Juan;
Bto. Mariano de Jesús

3ª del salterio
Is 55,10-11 /
Sal 64 / Rom 8,
18-23 / Mt 13,1-23
(breve: Mt 13,1-9)

Isaías 55,10-11

Esto dice el Señor: «Como bajan la lluvia y la nieve desde el cielo, y no vuelven allá sino después de empapar la tierra, de fecundarla y hacerla germinar, para que dé semilla al sembrador y pan al que come, así será mi palabra que sale de mi boca: no volverá a mí vacía, sino que cumplirá mi deseo y llevará a cabo mi encargo».

Salmo 64,10abcd.10e-11.12-13.14

R. La semilla cayó en tierra buena, y dio fruto.

Romanos 8,18-23

Hermanos: Considero que los sufrimientos de ahora no se pueden comparar con la gloria que un día se nos manifestará. Porque la creación, expectante, está aguardando la manifestación de los hijos de Dios; en efecto, la creación fue sometida a la frustración, no por su voluntad, sino por aquel que la sometió, con la esperanza de que la creación misma sería liberada de la esclavitud de la corrupción, para entrar en la gloriosa libertad de los hijos de Dios. Porque sabemos que hasta hoy toda la creación está gimiendo y sufre dolores de parto. Y no solo eso, sino que también nosotros, que poseemos las primicias del Espíritu, gemimos en nuestro interior, aguardando la adopción filial, la redención de nuestro cuerpo.

Mateo 13,1-23

Aquel día, salió Jesús de casa y se sentó junto al mar. Y acudió a él tanta gente que tuvo que subirse a una barca; se sentó y toda la gente se quedó de pie en la orilla. Les habló muchas cosas en parábolas: «Salió el sembrador a sembrar. Al sembrar, una parte cayó al borde del camino; vinieron los pájaros y se la comieron. Otra parte cayó en terreno pedregoso, donde apenas tenía tierra, y como la tierra no era profunda brotó enseguida; pero en cuanto salió el sol, se abrasó y por falta de raíz se secó. Otra cayó entre abrojos, que crecieron y la ahogaron. Otra cayó en tierra buena y dio fruto: una, ciento; otra, sesenta; otra, treinta. El que tenga oídos, que oiga». Se le acercaron los discípulos y le preguntaron: «¿Por qué les hablas en parábolas?». Él les contestó: «A vosotros se os han dado a conocer los secretos del reino de los cielos y a ellos no. Porque al que tiene se le dará y tendrá de sobra, y al que no tiene, se le quitará hasta lo que tiene. Por eso les hablo en parábolas, porque miran sin ver y escuchan sin oír ni entender. Así se cumple en ellos la profecía de Isaías: "Oiréis con los oídos sin entender; miraréis con los ojos sin ver; porque está embotado el corazón de este pueblo, son duros de oído, han cerrado los ojos; para no ver con los ojos, ni oír con los oídos, ni entender con el corazón, ni convertirse para que yo los cure". Pero bienaventurados vuestros ojos porque ven y vuestros oídos porque oyen. En verdad os digo que muchos profetas y justos desearon ver lo que veis y no lo vieron, y oír lo que oís y no lo oyeron. Vosotros, pues, oíd lo que significa la parábola del sembrador: si uno escucha la palabra del reino sin entenderla, viene el Maligno y roba lo sembrado en su corazón. Esto significa lo sembrado al borde del camino. Lo sembrado en terreno pedregoso significa el que escucha la palabra y la acepta enseguida con alegría; pero no tiene raíces, es inconstante, y en cuanto viene una dificultad o persecución por la palabra, enseguida sucumbe. Lo sembrado entre abrojos significa el que escucha la palabra; pero los afanes de la vida y la seducción de las riquezas ahogan la palabra y se queda estéril. Lo sembrado en tierra buena significa el que escucha la palabra y la entiende; ese da fruto y produce ciento o sesenta o treinta por uno».

Ayúdanos, Señor, a dar frutos abundantes de solidaridad, justicia y reconciliación en nuestros ambientes.

S. Enrique, m.l.
Clelia Barbieri; Joel; Silas; Mildred; Sara

XV del T.O.
3ª del salterio
Is 1,10-17 /
Sal 49 /
Mt 10,34–11,1

Mateo 10,34–11,1

En aquel tiempo, dijo Jesús a sus apóstoles: «No penséis que he venido a la tierra a sembrar paz: no he venido a sembrar paz, sino espada. He venido a enemistar al hombre con su padre, a la hija con su madre, a la nuera con su suegra; los enemigos de cada uno serán los de su propia casa. El que quiere a su padre o a su madre más que a mí, no es digno de mí; el que quiere a su hijo o a su hija más que a mí, no es digno de mí; y el que no carga con su cruz y me sigue, no es digno de mí. El que encuentre su vida la perderá, y el que pierda su vida por mí, la encontrará. El que os recibe a vosotros, me recibe a mí, y el que me recibe, recibe al que me ha enviado; el que recibe a un profeta porque es profeta, tendrá recompensa de profeta; y el que recibe a un justo porque es justo, tendrá recompensa de justo. El que dé a beber, aunque no sea más que un vaso de agua fresca, a uno de estos pequeños, solo porque es mi discípulo, en verdad os digo que no perderá su recompensa». Cuando Jesús acabó de dar instrucciones a sus doce discípulos, partió de allí para enseñar y predicar en sus ciudades.

La gran familia humana

Este es uno de los textos más radicales y contraculturales del Evangelio. Jesús resitúa las relaciones familiares dentro de un vínculo mayor que no es el de la consanguinidad, sino el de la fraternidad, de modo que por encima de los lazos de la sangre se establecen los de la comunidad del Reino. Frente a una concepción de la familia como absoluto, el Evangelio antepone una nueva forma de filiación inaugurada por Jesús: somos hijos e hijas de Dios y, por tanto, hermanos y hermanas de una gran familia universal de la que nadie puede quedar excluido ni excluida. Seguir a Jesús es entregar la vida, desde lo cotidiano de cada día, al servicio de este sueño de fraternidad, y conlleva una dimensión conflictiva que hemos de encarar y la paradoja de *perder la vida para ganarla*, porque lo que no se entrega en el dinamismo de la vida, se estanca y se pudre.

S. Camilo de Lelis, m.l.
Francisco Solano; Adela

XV del T.O.
3ª del salterio
Is 7,1-9 / Sal 47 / Mt 11,20-24

Mateo 11,20-24

En aquel tiempo, se puso Jesús a recriminar a las ciudades donde había hecho la mayor parte de sus milagros, porque no se habían convertido: «¡Ay de ti, Corozaín, ay de ti, Betsaida! Si en Tiro y en Sidón se hubieran hecho los milagros que en vosotras, hace tiempo que se habrían convertido, cubiertas de sayal y ceniza. Pues os digo que el día del juicio les será más llevadero a Tiro y a Sidón que a vosotras. Y tú, Cafarnaún, ¿piensas escalar el cielo? Bajarás al abismo. Porque si en Sodoma se hubieran hecho los milagros que en ti, habría durado hasta hoy. Pues os digo que el día del juicio le será más llevadero a Sodoma que a ti».

Nombrar y gestionar el fracaso y la frustración

Jesús experimentó en carne propia el rechazo a su mensaje y su propuesta de vida alternativa. Aprendió a afrontar sus fracasos y frustraciones y el primer paso para ello fue nombrarlos. Las ciudades que estaban al otro lado del lago de Galilea se resistieron a su Buena Noticia. Jesús en este texto libera su dolor y su frustración ante su cerrazón, a la vez que intenta hacerles conscientes de su error y sus consecuencias. También nosotros caminamos por la vida con frustraciones acumuladas o fracasos que nos agotan por dentro y nos endurecen la sensibilidad. ¿Cuáles son hoy algunas de nuestras frustraciones más cotidianas como comunidades cristianas y cómo podemos ayudarnos a gestionarlas para no caer en el resentimiento y la amargura? ¿Cómo hacerlo al modo de Jesús?

Gracias, Señor, porque nos amas y permaneces con nosotros y nosotras en el tiempo de la prueba y los fracasos.

S. Buenaventura, m.o.
José de Tesalónica; Angelina de Montegiove; Deusdedit; Vladimiro

XV del T.O.
3ª del salterio
Is 10,5-7.13-16 / Sal 93 / Mt 11,25-27

Mateo 11,25-27

En aquel tiempo, tomó la palabra Jesús y dijo: «Te doy gracias, Padre, Señor del cielo y de la tierra, porque has escondido estas cosas a los sabios y entendidos, y se las has revelado a los pequeños. Sí, Padre, así te ha parecido bien. Todo me ha sido entregado por mi Padre, y nadie conoce al Hijo más que el Padre, y nadie conoce al Padre sino el Hijo y aquel a quien el Hijo se lo quiera revelar».

Más allá de la apariencia

La oración de Jesús es de agradecimiento y asombro ante un misterio imposible de reconocer para quienes tienen puesta la seguridad de su vida en el poder, el consumo o el prestigio social. Hay una sabiduría oculta en el revés de la historia y en las vidas de las personas más empobrecidas que el sistema desprecia, pero que conecta con la sensibilidad del Evangelio. La alegría de Jesús se funda en esta buena noticia: *los y las descartables* son los preferidos y preferidas de Dios, y por ello también han de ser la brújula de la Iglesia. Como recordaba san Gregorio Nacianceno a las primeras comunidades: «Los pobres han de ser nuestros maestros, los humildes nuestros formadores».

Gracias, Señor, por tu encarnación en los y las insignificantes de la historia.

Virgen María del Monte Carmelo, m.o.
Mª Magdalena Postel; Bta. Guadalupe Ortiz de Landázuri

XV del T.O.
3ª del salterio
Is 26,7-9.12. 16-19 / Sal 101 / Mt 11,28-30

Mateo 11,28-30

En aquel tiempo, tomó la palabra Jesús y dijo: «Venid a mí todos los que estáis cansados y agobiados, y yo os aliviaré. Tomad mi yugo sobre vosotros y aprended de mí, que soy manso y humilde de corazón, y encontraréis descanso para vuestras almas. Porque mi yugo es llevadero y mi carga ligera».

Encontraréis descanso

Jesús se deja afectar por la realidad de las personas que le rodean. Especialmente por quienes más sufren, personas que cargan con el pesado yugo de la ley y el poder económico y religioso que los excluye: mujeres, niños, enfermos, pecadores, *los y las insignificantes de Israel.* Jesús se pone de su parte y se ofrece a sí mismo como descanso y alivio para quienes no pueden más y nos invita a hacer lo mismo y a acabar con los yugos que oprimen a las personas y a los pueblos. Pero nos urge a hacerlo no de cualquier forma, sino a su modo: con mansedumbre y humildad de corazón. Es decir, con un corazón despojado de violencia y revancha e inclinado siempre hacia quienes ocupan el último lugar.

Señor, sé tú nuestro descanso y ayúdanos a serlo para los y las demás.

Alejo; Gregorio Escribano; León IV; Marcelina; Justa y Rufina; Colomán

XV del T.O.
3ª del salterio
Is 38,1-6. 21-22.7-8 / Sal Is 38,10-16 / Mt 12,1-8

Mateo 12,1-8

En aquel tiempo, atravesó Jesús en sábado un sembrado; los discípulos, que tenían hambre, empezaron a arrancar espigas y a comérselas. Los fariseos, al verlo, le dijeron: «Mira, tus discípulos están haciendo una cosa que no está permitida en sábado». Les replicó: «¿No habéis leído lo que hizo David, cuando él y sus hombres sintieron hambre? Entró en la casa de Dios y comieron de los panes de la proposición, cosa que no les estaba permitida ni a él ni a sus compañeros, sino solo a los sacerdotes. ¿Y no habéis leído en la ley que los sacerdotes pueden violar el sábado en el templo sin incurrir en culpa? Pues os digo que aquí hay uno que es más que el templo. Si comprendierais lo que significa "quiero misericordia y no sacrificio", no condenaríais a los inocentes. Porque el Hijo del hombre es señor del sábado».

La misericordia transgresora de Jesús

La misericordia es el principio de actuación que configura la existencia de Jesús. Por eso antepone el bien de las personas y sus necesidades más básicas a la observancia de las normas y los preceptos religiosos. Los fariseos no entienden este mensaje, pues han hecho de la ley un ídolo que les impide reconocer al Dios vivo y compasivo, que quiere *misericordia y no sacrificios.* Frente a sus críticas, Jesús acude también a la Escritura para anteponer la libertad del amor por encima de ninguna otra ley y declararse a sí mismo «Señor del sábado». ¿Qué sábados tenemos que «saltar» como comunidades cristianas para anunciar en nuestros contextos al Dios compasivo de Jesús, que quiere la vida en abundancia para todos y todas, desde los últimos?

Danos, Señor, tu misericordia y libertad.

Bruno; Leoncio; Nemesio; Bto. Tiburcio Arnaiz

XV del T.O.
3ª del salterio
Miq 2,1-5 / Sal 9 / Mt 12,14-21

Mateo 12,14-21

En aquel tiempo, al salir de la sinagoga, los fariseos planearon el modo de acabar con Jesús. Pero Jesús se enteró, se marchó de allí y muchos lo siguieron. Él los curó a todos, mandándoles que no lo descubrieran. Así se cumplió lo dicho por medio del profeta Isaías: «Mirad a mi siervo, mi elegido, mi amado, en quien me complazco. Sobre él pondré mi espíritu para que anuncie el derecho a las naciones. No porfiará, no gritará, nadie escuchará su voz por las calles. La caña cascada no la quebrará, la mecha vacilante no la apagará, hasta llevar el derecho a la victoria; en su nombre esperarán las naciones».

La caña cascada no la quebrará

Jesús se identifica con la visión profética de Isaías de un mesianismo kenótico, no triunfalista, caracterizado por la misericordia y la mansedumbre de corazón, liberado de todo atisbo de venganza o de sentido de revancha. Atento a las debilidades humanas y dispuesto a ofrecer siempre oportunidades de recuperación y cambio. Su mensaje no es para *selectos ni perfectos,* sino alivio y liberación para quienes conscientes de sus debilidades se abren con confianza a la Palabra de su vida y de sus gestos. Su Reino no se construye desde el poder sino compartiendo la vida y el destino con quienes son las víctimas del mismo. Jesús revela de este modo a un Dios *todo-cuidadoso, que la caña cascada no partirá y la mecha mortecina no apagará.* Un Dios que actúa con suavidad con lo débil y vacilante, pero también con firmeza y tenacidad en el compromiso asumido, de forma que *no quebrará lo débil,* pero *él tampoco se quebrará.* Un Dios que no implanta la justicia arrollando lo débil, sino sosteniendo lo más frágil y amenazado de ser.

El Dios de Jesús no es un Dios para selectos ni perfectos, sino alivio y liberación para quienes, conscientes de sus debilidades, se abren con confianza a la Palabra de su vida y de sus gestos. Señor, que seamos capaces de abrirnos a tu confianza.

Áurea; Arsenio el Grande; Símaco

4ª del salterio
Sab 12,13.16-19 / Sal 85 / Rom 8,26-27 / Mt 13,24-43 (breve: Mt 13,24-30)

Sabiduría 12,13.16-19

Fuera de ti no hay otro Dios que cuide de todo, a quien tengas que demostrar que no juzgas injustamente. Porque tu fuerza es el principio de la justicia y tu señorío sobre todo te hace ser indulgente con todos. Despliegas tu fuerza ante el que no cree en tu poder perfecto y confundes la osadía de los que lo conocen. Pero tú, dueño del poder, juzgas con moderación y nos gobiernas con mucha indulgencia, porque haces uso de tu poder cuando quieres. Actuando así, enseñaste a tu pueblo que el justo debe ser humano y diste a tus hijos una buena esperanza, pues concedes el arrepentimiento a los pecadores.

Salmo 85,5-6.9-10.15-16a

R. Tú, Señor, eres bueno y clemente.

Romanos 8,26-27

Hermanos: El Espíritu acude en ayuda de nuestra debilidad, pues nosotros no sabemos pedir como conviene; pero el Espíritu mismo intercede por nosotros con gemidos inefables. Y el que escruta los corazones sabe cuál es el deseo del Espíritu, y que su intercesión por los santos es según Dios.

Mateo 13,24-43

En aquel tiempo, Jesús propuso otra parábola a la gente diciendo: «El reino de los cielos se parece a un hombre que sembró buena semilla en su campo; pero, mientras los hombres dormían, un enemigo fue y sembró cizaña en medio del trigo y se marchó. Cuando empezaba a verdear y se formaba la espiga apareció también la cizaña. Entonces fueron los criados a decirle al amo: "Señor, ¿no sembraste buena semilla en tu campo? ¿De dónde sale la cizaña?". Él les dijo: "Un enemigo lo ha hecho". Los criados le preguntan: "¿Quieres que vayamos a arrancarla?". Pero él les respondió: "No, que al recoger la cizaña podéis arrancar también el trigo. Dejadlos crecer juntos hasta la siega y cuando llegue la siega diré a los segadores: arrancad primero la cizaña y atadla en gavillas para quemarla, y el trigo almacenadlo en mi granero"». Les propuso otra parábola: «El reino de los cielos se parece a un grano de mostaza que uno toma y siembra en su campo; aunque es la más pequeña de las semillas, cuando crece es más alta que las hortalizas; se hace un árbol hasta el punto de que vienen los pájaros del cielo a anidar en sus ramas». Les dijo otra parábola: «El reino de los cielos se parece a la levadura; una mujer la amasa con tres medidas de harina, hasta que todo fermenta». Jesús dijo todo esto a la gente en parábolas y sin parábolas no les hablaba nada, para que se cumpliera lo dicho por medio del profeta: «Abriré mi boca diciendo parábolas; anunciaré lo secreto desde la fundación del mundo». Luego dejó a la gente y se fue a casa. Los discípulos se le acercaron a decirle: «Explícanos la parábola de la cizaña en el campo». Él les contestó: «El que siembra la buena semilla es el Hijo del hombre; el campo es el mundo; la buena semilla son los ciudadanos del reino; la cizaña son los partidarios del Maligno; el enemigo que la siembra es el diablo; la cosecha es el final de los tiempos y los segadores los ángeles. Lo mismo que se arranca la cizaña y se echa al fuego, así será al final de los tiempos: el Hijo del hombre enviará a sus ángeles y arrancarán de su reino todos los escándalos y a todos los que obran iniquidad, y los arrojarán al horno de fuego; allí será el llanto y el rechinar de dientes. Entonces los justos brillarán como el sol en el reino de su Padre. El que tenga oídos, que oiga».

Líbranos, Señor, de la tentación del purismo y la intolerancia.

Mateo 12,38-42

S. Apolinar, m.l.
Elías; José Mª Díaz Sanxurxo; Elia; Btas. Rita Dolores Pujalte y Francisca Aldea

XVI del T.O.
4ª del salterio
Miq 6,1-4.6-8 / Sal 49 / Mt 12,38-42

En aquel tiempo, algunos escribas y fariseos dijeron a Jesús: «Maestro, queremos ver un milagro tuyo». Él les contestó: «Esta generación perversa y adúltera exige una señal; pues no se le dará más signo que el del profeta Jonás. Tres días y tres noches estuvo Jonás en el vientre del cetáceo: pues tres días y tres noches estará el Hijo del hombre en el seno de la tierra. Los hombres de Nínive se alzarán en el juicio contra esta generación y harán que la condenen; porque ellos se convirtieron con la proclamación de Jonás, y aquí hay uno que es más que Jonás. Cuando juzguen a esta generación, la reina del Sur se levantará y hará que la condenen, porque ella vino desde los confines de la tierra, para escuchar la sabiduría de Salomón, y aquí hay uno que es más que Salomón».

¿Signos sencillos o prodigios?

Los letrados y fariseos no captan la discreción de los signos del Reino, por eso le piden a Jesús prodigios extraordinarios como prueba para creer en él. Pero Jesús no responde a sus expectativas. No son los signos la prueba de la fe sino que es la fe la que los descubre. Letrados y fariseos han perdido la capacidad de asombro y la sensibilidad ante la vida y los hechos cotidianos donde acontece la liberación de Jesús. Han quedado prisioneros en la abstracción de los preceptos y la ley, y por eso la sensibilidad se les ha hecho *callo* ante la novedad que inaugura el Evangelio. Paradójicamente, quienes están más lejanos y ajenos a la tradición son quienes más se van a abrir a su mensaje. También esto puede sucedernos a nosotros y nosotras hoy. ¿En qué signos discretos captamos hoy como comunidades cristianas la presencia salvadora de Dios en nuestros ambientes?

Ayúdanos, Señor, a reconocer los signos discretos de tu presencia en el mundo.

S. Lorenzo de Brindis, m.l.
Arbogastro; Daniel; Víctor de Marsella; Práxedes

XVI del T.O.
4ª del salterio
Miq 7,14-15. 18-20 / Sal 84 / Mt 12,46-50

Mateo 12,46-50

En aquel tiempo, estaba Jesús hablando a la gente, cuando su madre y sus hermanos se presentaron fuera, tratando de hablar con él. Uno se lo avisó: «Tu madre y tus hermanos están fuera y quieren hablar contigo». Pero él contestó al que le avisaba: «¿Quién es mi madre y quiénes son mis hermanos?». Y, extendiendo su mano hacia sus discípulos, dijo: «Estos son mi madre y mis hermanos. El que haga la voluntad de mi Padre que está en los cielos, ese es mi hermano y mi hermana y mi madre».

La familia contracultural del Reino

Uno de los aspectos más contraculturales del Evangelio es la universalidad del amor y la vivencia de la fraternidad más allá del clan o la familia de sangre. La comunidad del Reino es expresión de con-vocación y compromiso con el sueño de Dios de una humanidad sin fronteras, en la que todos y todas participemos por igual de los bienes de la tierra. En ese proyecto la familia se des-absolutiza para reubicarse en la opción por Jesús y su Reino, porque al hacer de la tierra un hogar común estamos edificando la propia casa. ¿Cómo vivimos y cuidamos desde nuestra realidad familiar esta apertura y compromiso con el proyecto del Reino como centro de nuestra vida?

Ayúdanos, Señor, a ser familia humana con quienes peor lo pasan en nuestros ambientes.

Sta. María Magdalena, f.
Cirilo de Antioquía

Oficio de la f.
Cant 3,1-4b (o bien: 2Cor 5,14-17) / Sal 62 / Jn 20,1-2.11-18

Juan 20,1-2.11-18

El primer día de la semana, María la Magdalena fue al sepulcro al amanecer, cuando aún estaba oscuro, y vio la losa quitada del sepulcro. Echó a correr y fue donde estaban Simón Pedro y el otro discípulo, a quien Jesús amaba, y les dijo: «Se han llevado del sepulcro al Señor y no sabemos dónde lo han puesto». Estaba María fuera, junto al sepulcro, llorando. Mientras lloraba, se asomó al sepulcro y vio dos ángeles vestidos de blanco, sentados, uno a la cabecera y otro a los pies, donde había estado el cuerpo de Jesús. Ellos le preguntan: «Mujer, ¿por qué lloras?». Ella les contesta: «Porque se han llevado a mi Señor y no sé dónde lo han puesto». Dicho esto, se vuelve y ve a Jesús, de pie, pero no sabía que era Jesús. Jesús le dice: «Mujer, ¿por qué lloras?, ¿a quién buscas?». Ella, tomándolo por el hortelano, le contesta: «Señor, si tú te lo has llevado, dime dónde lo has puesto y yo lo recogeré». Jesús le dice: «¡María!». Ella se vuelve y le dice: «¡Rabbuní!», que significa: «¡Maestro!». Jesús le dice: «No me retengas, que todavía no he subido al Padre. Pero, anda, ve a mis hermanos y diles: "Subo al Padre mío y Padre vuestro, al Dios mío y Dios vuestro"». María la Magdalena fue y anunció a los discípulos: «He visto al Señor y ha dicho esto».

Vivir soltando

En las primeras comunidades cristianas el liderazgo de María Magdalena como *apóstol de los apóstoles* fue indiscutible a la vez que problemático por su condición de mujer. María Magdalena formaba parte del grupo que permaneció fiel a Jesús hasta la cruz y que al día siguiente de su muerte, junto con otras mujeres, acudió al sepulcro con perfumes y ungüentos para honrarle. Su inmenso dolor no la dejó paralizada, sino que continuó manteniéndose anhelante y en búsqueda, superando la tentación de instalarse en el dolor y la nostalgia. Al escuchar su nombre, por boca de Jesús, reconoció en él a su *Rabbuni,* a su Maestro, y eso la transformó en su testigo para siempre.

Sta. Brígida, f.
Bernardo, Gracia y María de Alcira; Juan Casiano; Juana de Orvieto; Bta. Margarita Mª López

Oficio de la f.
Gál 2,19-20 / Sal 33 / Jn 15,1-8

Juan 15,1-8

En aquel tiempo, dijo Jesús a sus discípulos: «Yo soy la verdadera vid, y mi Padre es el labrador. A todo sarmiento que no da fruto en mí lo arranca, y a todo el que da fruto lo poda, para que dé más fruto. Vosotros ya estáis limpios por la palabra que os he hablado; permaneced en mí, y yo en vosotros. Como el sarmiento no puede dar fruto por sí, si no permanece en la vid, así tampoco vosotros, si no permanecéis en mí. Yo soy la vid, vosotros los sarmientos; el que permanece en mí y yo en él, ese da fruto abundante; porque sin mí no podéis hacer nada. Al que no permanece en mí lo tiran fuera, como el sarmiento, y se seca; luego los recogen y los echan al fuego, y arden. Si permanecéis en mí y mis palabras permanecen en vosotros, pedid lo que deseáis, y se realizará. Con esto recibe gloria mi Padre, con que deis fruto abundante; así seréis discípulos míos».

Yo soy la vid, vosotros los sarmientos

La naturaleza es maestra de vida. La vid y los sarmientos son una preciosa imagen del discipulado. Arraigados en Jesús y engarzados en comunidad, nuestras vidas pueden alcanzar una fecundidad insospechada. Permanecer en su Palabra es la garantía de nuestra fidelidad, que no se apoya en nuestras propias fuerzas sino en la del Dios que nos sostiene. De la naturaleza aprendemos también que los tiempos de la poda son importantes, aunque sean tiempos de despojo y nos resistamos a ello. Descubrimos entonces la sabiduría de la desnudez, el vacío, la resistencia y el permanecer. Así la fecundidad de nuestras vidas no lo es por los resultados aparentes ni por los logros conseguidos, sino por lo que Dios hace en nosotros y con nosotros desde nuestra debilidad.

Ayúdanos, Señor, a permanecer unidos y unidas a ti cuando llega el tiempo de poda en nuestras vidas.

S. Sarbelio Makhlûf, m.l.
Cristina; Bta. Mª del Pilar de San Francisco de Borja; Bto. Cristóbal de Sta. Catalina

XVI del T.O.
4ª del salterio
Jer 3,14-17 /
Sal Jer 31,10-13 /
Mt 13,18-23

Mateo 13,18-23

En aquel tiempo, dijo Jesús a sus discípulos: «Vosotros, pues, oíd lo que significa la parábola del sembrador: si uno escucha la palabra del reino sin entenderla, viene el Maligno y roba lo sembrado en su corazón. Esto significa lo sembrado al borde del camino. Lo sembrado en terreno pedregoso significa el que escucha la palabra y la acepta enseguida con alegría; pero no tiene raíces, es inconstante, y en cuanto viene una dificultad o persecución por la palabra, enseguida sucumbe. Lo sembrado entre abrojos significa el que escucha la palabra; pero los afanes de la vida y la seducción de las riquezas ahogan la palabra y se queda estéril. Lo sembrado en tierra buena significa el que escucha la palabra y la entiende; ese da fruto y produce ciento o sesenta o treinta por uno».

Cuidar la tierra para dar fruto

La parábola del sembrador nos recuerda que el corazón humano es una buena tierra en la que la semilla del reino de Dios ha sido plantada. Pero esto no basta. La utopía de Jesús requiere de la acogida, la complicidad y el cuidado humano. Requiere nuestra libertad y nuestra voluntad. Para que la semilla del Verbo plantada en nuestro corazón dé buenos frutos es necesario hacernos responsables de nuestra tierra, ahondar en ella para que no nos pueda la superficialidad y la comodidad de los ambientes, ni la banalización del mal, ni el apego al poder o la imagen. Ese cuidado ha de ser también un cuidado comunitario, desde el mutuo acompañamiento y la relación. Como comunidades cristianas, ¿qué elementos son los que más nos ayudan hoy a cuidar nuestra tierra y dar buenos frutos en nuestros contextos? ¿Cuáles son nuestras mayores dificultades para ello?

Ser responsables de nuestra tierra y ahondar en ella para que no nos pueda la superficialidad ni el apego al poder o la imagen.

Santiago, apóstol, s.
Alberto; Florencio; Valentina

Oficio de la s.
He 4,33; 5,12. 27-33; 12,2 / Sal 66 / 2Cor 4,7-15 / Mt 20,20-28

Mateo 20,20-28

En aquel tiempo, se acercó a Jesús la madre de los hijos de Zebedeo con sus hijos y se postró para hacerle una petición. Él le preguntó: «¿Qué deseas?». Ella contestó: «Ordena que estos dos hijos míos se sienten en tu reino, uno a tu derecha y el otro a tu izquierda». Pero Jesús replicó: «No sabéis lo que pedís. ¿Podéis beber el cáliz que yo he de beber?». Contestaron: «Podemos». Él les dijo: «Mi cáliz lo beberéis; pero sentarse a mi derecha o a mi izquierda no me toca a mí concederlo, es para aquellos para quienes lo tiene reservado mi Padre». Los otros diez, al oír aquello, se indignaron contra los dos hermanos. Y llamándolos, Jesús les dijo: «Sabéis que los jefes de los pueblos los tiranizan y que los grandes los oprimen. No será así entre vosotros: el que quiera ser grande entre vosotros, que sea vuestro servidor, y el que quiera ser primero entre vosotros, que sea vuestro esclavo. Igual que el Hijo del hombre no ha venido a ser servido sino a servir y a dar su vida en rescate por muchos».

Cuestionamiento del poder y radicalidad del servicio

La propuesta evangélica es una crítica demoledora al poder-dominación porque este solo genera víctimas y subalternidades impuestas que quiebran la fraternidad. Sin embargo, hasta los más próximos a Jesús, como son los Zebedeos y su madre, se escandalizan y se resisten a esta conciencia y praxis de Jesús y reivindican para sí los primeros puestos. Frente a la lógica y el orden propuesto por los poderosos, Jesús propone un esquema alternativo: la circularidad del Reino y el servicio, remitiendo a una de las paradojas más radicales del Evangelio: *El que quiera ser primero entre vosotros, que sea vuestro servidor.* Esta provocación no es una mera llamada a la humildad, sino la ruptura con determinadas formas de ejercer el liderazgo y las relaciones sociales para revertirlas desde el servicio vivido en radicalidad. ¿Cómo es nuestra relación con el poder? ¿Qué tipo de liderazgo tenemos y cómo lo ponemos al servicio de los últimos y últimas de nuestras comunidades y contextos?

Joaquín y Ana; Angelina; Olimpio; Valente; Bto. Tito Brandsma

1ª del salterio
1Re 3,5.7-12 / Sal 118 / Rom 8,28-30 / Mt 13,44-52 (breve: Mt 13,44-46)

1 Reyes 3,5.7-12

En aquellos días, el Señor se apareció de noche en sueños a Salomón y le dijo: «Pídeme lo que deseas que te dé». Salomón respondió: «Señor mi Dios: Tú has hecho rey a tu siervo en lugar de David mi padre, pero yo soy un muchacho joven y no sé por dónde empezar o terminar. Tu siervo está en medio de tu pueblo, el que tú te elegiste, un pueblo tan numeroso que no se puede contar ni calcular. Concede, pues, a tu siervo, un corazón atento para juzgar a tu pueblo y discernir entre el bien y el mal. Pues, cierto, ¿quién podrá hacer justicia a este pueblo tuyo tan inmenso?». Agradó al Señor esta súplica de Salomón. Entonces le dijo Dios: «Por haberme pedido esto y no una vida larga o riquezas para ti, por no haberme pedido la vida de tus enemigos sino inteligencia para atender a la justicia, yo obraré según tu palabra: te concedo, pues, un corazón sabio e inteligente, como no ha habido antes de ti ni surgirá otro igual después de ti».

Salmo 118,57 y 72.76-77.127-128.129-130

R. ¡Cuánto amo tu ley, Señor!

Romanos 8,28-30

Hermanos: Sabemos que a los que aman a Dios todo les sirve para el bien; a los cuales ha llamado conforme a su designio. Porque a los que había conocido de antemano los predestinó a reproducir la imagen de su Hijo, para que él fuera el primogénito entre muchos hermanos. Y a los que predestinó, los llamó; a los que llamó, los justificó; a los que justificó, los glorificó.

Mateo 13,44-52

En aquel tiempo, dijo Jesús a la gente: «El reino de los cielos se parece a un tesoro escondido en el campo: el que lo encuentra, lo vuelve a esconder y, lleno de alegría, va a vender todo lo que tiene y compra el campo. El reino de los cielos se parece también a un comerciante de perlas finas, que al encontrar una de gran valor se va a vender todo lo que tiene y la compra. El reino de los cielos se parece también a la red que echan en el mar y recoge toda clase de peces: cuando está llena, la arrastran a la orilla, se sientan y reúnen los buenos en cestos y los malos los tiran. Lo mismo sucederá al final de los tiempos: saldrán los ángeles, separarán a los malos de los buenos y los echarán al horno de fuego. Allí será el llanto y el rechinar de dientes. ¿Habéis entendido todo esto?». Ellos le responden: «Sí». Él les dijo: «Pues bien, un escriba que se ha hecho discípulo del reino de los cielos es como un padre de familia que va sacando de su tesoro lo nuevo y lo antiguo».

El tesoro más valioso por el que merece la pena venderlo todo

Vivimos rodeados de ofertas seductoras de consumo que nos ofrecen una falsa, efímera y parcial sensación de felicidad a cambio de dinero. La lógica del Reino es a la inversa. Su valor es la gratuidad y la integralidad. Por eso abrirnos a su don requiere estar dispuestos y dispuestas a venderlo todo, como el mercader de perlas finas o el campesino al que se refiere este texto. Poner nuestra seguridad no en el dinero, en la apariencia o en el poder, sino en los valores del Evangelio: la libertad y la hondura del ser, la autenticidad de las relaciones, la bondad del corazón, la confianza, el valor del encuentro humano, la solidaridad y el compromiso con la liberación del sufrimiento. Como comunidades cristianas, ¿cuál es hoy nuestro tesoro?

Ayúdanos, Señor, a poner nuestras riquezas en ti y tu Reino.

Aurelio de Córdoba y comp.; Cucufate; Clemente de Ochrida; Pantaleón

XVII del T.O.
1ª del salterio
Jer 13,1-11 /
Sal Dt 32,18-21 /
Mt 13,31-35

Mateo 13,31-35

En aquel tiempo, Jesús propuso otra parábola al gentío: «El reino de los cielos se parece a un grano de mostaza que uno toma y siembra en su campo; aunque es la más pequeña de las semillas, cuando crece es más alta que las hortalizas; se hace un árbol hasta el punto de que vienen los pájaros del cielo a anidar en sus ramas». Les dijo otra parábola: «El reino de los cielos se parece a la levadura; una mujer la amasa con tres medidas de harina, hasta que todo fermenta». Jesús dijo todo esto a la gente en parábolas y sin parábolas no les hablaba nada, para que se cumpliera lo dicho por medio del profeta: «Abriré mi boca diciendo parábolas; anunciaré lo secreto desde la fundación del mundo».

La semilla y la levadura del Reino

Frente a la cultura de la apariencia, la imagen y los grandes titulares, el Reino irrumpe de manera alternativa rompiendo esta lógica. Su potencia y fecundidad se parece a una pequeña semilla, que aunque invisible a las miradas superficiales, guarda en su interior y en el de la tierra una fuerza generadora de vida capaz de transformaciones imprevisibles. Una fecundidad que requiere proceso y cuidado que, al igual que la levadura, más importante que su visibilidad son sus efectos. Estas parábolas nos recuerdan también que el Reino y el Evangelio son concretos y no principios abstractos y que allí donde la semilla de la liberación está presente en el corazón humano o en nuestra historia, allí está la semilla de Dios y su Reino. Como cristianos estamos urgidos a empujar su crecimiento.

Gracias, Señor, por tu invitación a ser semilla y levadura en nuestros ambientes.

Mateo 13,36-43

En aquel tiempo, Jesús dejó a la gente y se fue a casa. Los discípulos se le acercaron a decirle: «Explícanos la parábola de la cizaña en el campo». Él les contestó: «El que siembra la buena semilla es el Hijo del hombre; el campo es el mundo; la buena semilla son los ciudadanos del reino; la cizaña son los partidarios del Maligno; el enemigo que la siembra es el diablo; la cosecha es el final de los tiempos y los segadores los ángeles. Lo mismo que se arranca la cizaña y se echa al fuego, así será al final de los tiempos: el Hijo del hombre enviará a sus ángeles y arrancarán de su reino todos los escándalos y a todos los que obran iniquidad, y los arrojarán al horno de fuego; allí será el llanto y el rechinar de dientes. Entonces los justos brillarán como el sol en el reino de su Padre. El que tenga oídos, que oiga».

Trigo y cizaña

Jesús explica esta parábola desde un marco apocalíptico. La semilla está sembrada por Dios en el corazón humano, pero junto a ella aparece también la cizaña. La vida es un constante discernimiento y elección. Son nuestras elecciones, nuestras obras, las que nos juzgan. Dios quiere la liberación de todos y todas, pero no se impone nunca a la libertad sino que expone a la responsabilidad y el cuidado del obrar humano. ¿Somos conscientes de nuestras elecciones y sus consecuencias o nos dejamos llevar por los acontecimientos, los estímulos exteriores, dejando que sean ellos los que decidan nuestras vidas?

Danos, Señor, espíritu de discernimiento para distinguir en nuestro corazón y en la realidad el trigo de la cizaña.

Sta. Marta, m.o.
María; Olav II; Urbano II; Adán; Beatriz

XVII del T.O.
1ª del salterio
Jer 15,10.16-21 / Sal 58 / Jn 11,19-27 (o bien: Lc 10,38-42)

Juan 11,19-27

En aquel tiempo, muchos judíos habían ido a ver a Marta y a María para darles el pésame por su hermano. Cuando Marta se enteró de que llegaba Jesús, salió a su encuentro, mientras María se quedó en casa. Y dijo Marta a Jesús: «Señor, si hubieras estado aquí no habría muerto mi hermano. Pero aún ahora sé que todo lo que pidas a Dios, Dios te lo concederá». Jesús le dijo: «Tu hermano resucitará». Marta respondió: «Sé que resucitará en la resurrección en el último día». Jesús le dijo: «Yo soy la resurrección y la vida: el que cree en mí, aunque haya muerto, vivirá; y el que está vivo y cree en mí, no morirá para siempre. ¿Crees esto?». Ella le contestó: «Sí, Señor: yo creo que tú eres el Cristo, el Hijo de Dios, el que tenía que venir al mundo».

Mujeres que toman la iniciativa

Marta de Betania, junto con María, son icono de la hospitalidad y la amistad con Jesús. La muerte de su hermano Lázaro conmueve al propio Jesús, que se pone en camino hacia su casa. María es una mujer dinámica y activa que no «espera sentada» a Jesús, sino que sale a su encuentro y desde la confianza que les une reflexiona con él sobre la muerte: *«Si hubieras estado aquí no habría muerto mi hermano»*. Jesús se le revela entonces como Mesías y María acoge sus palabras con una confesión en la que le reconoce como el Hijo de Dios. Una confesión similar a la de Pedro (Mt 16,13-18). Necesitamos recuperar en nuestras comunidades la figura de Marta, una mujer de palabra asertiva, con iniciativa propia profundamente creyente, activa y dinámica por el Evangelio. Su Espíritu está presente hoy en tantas mujeres que toman iniciativas creativas y valientes movidas por el amor y la justicia.

Gracias, Señor, por tantas mujeres que en tu nombre se han comprometido y se comprometen en el anuncio del Reino.

S. Pedro Crisólogo, m.l.
Braulio María, Federico y comp.; Bto. Eduardo Powell; Bto. Faustino

XVII del T.O.
1ª del salterio
Jer 18,1-6 / Sal 145 / Mt 13,47-53

Mateo 13,47-53

En aquel tiempo, dijo Jesús al gentío: «El reino de los cielos se parece también a la red que echan en el mar y recoge toda clase de peces: cuando está llena, la arrastran a la orilla, se sientan y reúnen los buenos en cestos y los malos los tiran. Lo mismo sucederá al final de los tiempos: saldrán los ángeles, separarán a los malos de los buenos y los echarán al horno de fuego. Allí será el llanto y el rechinar de dientes. ¿Habéis entendido todo esto?». Ellos le responden: «Sí». Él les dijo: «Pues bien, un escriba que se ha hecho discípulo del reino de los cielos es como un padre de familia que va sacando de su tesoro lo nuevo y lo antiguo». Cuando Jesús acabó estas parábolas, partió de allí.

¿Una vida plena o una vida fallida?

Estamos ante la última de las parábolas del Reino presentadas por Mateo. El símbolo de la pesca y la red remiten a una de las experiencias más cotidianas de los seguidores de Jesús. Del mismo modo que cuando los pescadores llegan a la orilla y separan la *buena pesca* de *lo que no sirve*, ese discernimiento acontece también en la vida. Es la gran diferencia entre *una vida plena y una existencia vacía*. Dios no excluye ni condena, sino que son las propias elecciones las que nos posicionan en la vida de cara a Dios y de cara a los demás o dándoles la espalda. Es en esos posicionamientos, convertidos en estilos de vida, donde nos jugamos nuestra fecundidad vital, nuestra plenitud o, lo contrario, la infelicidad que supone una vida fallida, blindada y encerrada en uno mismo.

Gracias, Señor, porque el Evangelio es fuente de vida y plenitud.

S. Ignacio de Loyola, m.o.
Fabio; Germán de Auxerre; Juan Colombini

XVII del T.O.
1ª del salterio
Jer 26,1-9 /
Sal 68 /
Mt 13,54-58

Mateo 13,54-58

En aquel tiempo, Jesús fue a su ciudad y se puso a enseñar en su sinagoga. La gente decía admirada: «¿De dónde saca este esa sabiduría y esos milagros? ¿No es el hijo del carpintero? ¿No es su madre María, y sus hermanos Santiago, José, Simón y Judas? ¿No viven aquí todas sus hermanas? Entonces, ¿de dónde saca todo eso?». Y se escandalizaban a causa de él. Jesús les dijo: «Solo en su tierra y en su casa desprecian a un profeta». Y no hizo allí muchos milagros, por su falta de fe.

Ningún profeta es bien recibido en su tierra

A las gentes de Nazaret les resultaba inconcebible que de un pueblo tan insignificante como el suyo Dios hiciera suscitar un profeta y, mucho más, el Mesías. Los orígenes humildes de Jesús, la sencillez de su vida y de su trato rompen las expectativas mesiánicas de su pueblo, que espera un Mesías poderoso y triunfante. El mesianismo de Jesús es humilde y despojado de todo poder. Sus paisanos no pueden reconocerlo porque su vida es demasiado próxima y ordinaria. El Evangelio nos urge a contemplar la realidad más allá de su apariencia, desde lo más débil y vulnerado. Por eso la profecía de Jesús no tiene nada que ver con la lógica del poder y el prestigio que se impone en nuestro mundo, sino con la esperanza y la liberación que emerge de las vidas de los últimos y últimas, y esto es enormemente contracultural incluso para ellos mismos.

Gracias, Señor, por tu predilección desconcertante por lo que no tiene apariencia. Convierte nuestra sensibilidad para que podamos reconocerte en los más insignificantes de la historia.

Mateo 14,1-12

En aquel tiempo, oyó el tetrarca Herodes lo que se contaba de Jesús y dijo a sus cortesanos: «Ese es Juan el Bautista, que ha resucitado de entre los muertos, y por eso las fuerzas milagrosas actúan en él». Es que Herodes había mandado prender a Juan y lo había metido en la cárcel encadenado, por motivo de Herodías, mujer de su hermano Filipo; porque Juan le decía que no le era lícito vivir con ella. Quería mandarlo matar, pero tuvo miedo de la gente, que lo tenía por profeta. El día del cumpleaños de Herodes, la hija de Herodías danzó delante de todos y le gustó tanto a Herodes, que juró darle lo que pidiera. Ella, instigada por su madre, le dijo: «Dame ahora mismo en una bandeja la cabeza de Juan el Bautista». El rey lo sintió, pero, por el juramento y los invitados, ordenó que se la dieran, y mandó decapitar a Juan en la cárcel. Trajeron la cabeza en una bandeja, se la entregaron a la joven y ella se la llevó a su madre. Sus discípulos recogieron el cadáver, lo enterraron, y fueron a contárselo a Jesús.

El espíritu de los profetas

Para el poder los profetas siempre resultan amenazantes y por eso intentan acabar con ellos, ya sea de forma cruenta o incruenta. Así pasó también con Juan Bautista. Mientras el pueblo vivía una situación de violencia y pobreza extrema, el rey Herodes banqueteaba y vivía de espaldas a sus sufrimientos. El profeta denunció su inmoralidad y perversión de costumbres así como la corrupción y la pérdida de valores de las instituciones, a la vez que exhortó a todo el pueblo a una conversión radical. También hoy en nuestro mundo hay hombres y mujeres que se posicionan de manera crítica frente a los abusos del poder, la instrumentalización de las personas, la banalización del mal. ¿Los reconocemos? ¿En qué nos retan?

2 domingo

agosto

Eusebio de Vercelli; Pedro J. Eymard; Nª Sra. de los Ángeles; Esteban I

2ª del salterio
Is 55,1-3 / Sal 144 / Rom 8,35.37-39 / Mt 14,13-21

Isaías 55,1-3

Esto dice el Señor: «Oíd, sedientos todos, acudid por agua; venid, también los que no tenéis dinero: comprad trigo y comed, venid y comprad, sin dinero y de balde, vino y leche. ¿Por qué gastar dinero en lo que no alimenta y el salario en lo que no da hartura? Escuchadme atentos y comeréis bien, saborearéis platos sustanciosos. Inclinad vuestro oído, venid a mí: escuchadme y viviréis. Sellaré con vosotros una alianza perpetua, las misericordias firmes hechas a David».

Salmo 144,8-9.15-16.17-18

R. Abres tú la mano, Señor, y nos sacias.

Romanos 8,35.37-39

Hermanos: ¿Quién nos separará del amor de Cristo?, ¿la tribulación?, ¿la angustia?, ¿la persecución?, ¿el hambre?, ¿la desnudez?, ¿el peligro?, ¿la espada? Pero en todo esto vencemos de sobra gracias a aquel que nos ha amado. Pues estoy convencido de que ni muerte, ni vida, ni ángeles, ni principados, ni presente, ni futuro, ni potencias, ni altura, ni profundidad, ni ninguna otra criatura podrá separarnos del amor de Dios manifestado en Cristo Jesús, nuestro Señor.

Mateo 14,13-21

En aquel tiempo, al enterarse Jesús de la muerte de Juan Bautista se marchó de allí en barca, a solas, a un lugar desierto. Cuando la gente lo supo, lo siguió por tierra desde los poblados. Al desembarcar vio Jesús una multitud, se compadeció de ella y curó a los enfermos. Como se hizo tarde, se acercaron los discípulos a decirle: «Estamos en despoblado y es muy tarde, despide a la multitud para que vayan a las aldeas y se compren comida». Jesús les replicó: «No hace falta que vayan, dadles vosotros de comer». Ellos le replicaron: «Si aquí no tenemos más que cinco panes y dos peces». Les dijo: «Traédmelos». Mandó a la gente que se recostara en la hierba y tomando los cinco panes y los dos peces, alzando la mirada al cielo, pronunció la bendición, partió los panes y se los dio a los discípulos; los discípulos se los dieron a la gente. Comieron todos y se saciaron y recogieron doce cestos llenos de sobras. Comieron unos cinco mil hombres, sin contar mujeres y niños.

El milagro del compartir

A Jesús se le conmueven las entrañas ante los anhelos y las necesidades de las personas más excluidas y empobrecidas que acuden a él. Pero al contemplarlos no solo descubre carencias sino también posibilidades. Por eso, mientras los discípulos pretenden despedir a la gente porque no hay comida para todos, Jesús, a partir de los cinco panes y los dos peces que descubre en el grupo, lleva a cabo el milagro del compartir. Compartir es lo contrario a acaparar. Compartir multiplica los dones y recursos. Acaparar los reduce al convertirlos en propiedad exclusiva de alguien. Compartir significa «partir con»: *Yo doy de lo mío y tú das de lo tuyo,* y así descubrimos que *lo común* es *lo de todos y todas, la superación de lo tuyo y lo mío.* ¿Cómo actualizamos esta dinámica en nuestras comunidades y contextos cotidianos hoy?

Ayúdanos, Señor, a pasar de la lógica del consumir y acaparar a la del compartir.

Lidia; Nicodemo; Cira; Gustavo; Bto. Francisco Bandrés

XVIII del T.O.
2ª del salterio
Jer 28,1-17 / Sal 118 / Mt 14,22-36

Mateo 14,22-36

Después que la gente se hubo saciado, enseguida Jesús apremió a sus discípulos a que subieran a la barca y se le adelantaran a la otra orilla, mientras él despedía a la gente. Y después de despedir a la gente subió al monte a solas para orar. Llegada la noche estaba allí solo. Mientras tanto la barca iba ya muy lejos de tierra, sacudida por las olas, porque el viento era contrario. A la cuarta vela de la noche se les acercó Jesús andando sobre el mar. Los discípulos, viéndole andar sobre el agua, se asustaron y gritaron de miedo, diciendo que era un fantasma. Jesús les dijo enseguida: «¡Ánimo, soy yo, no tengáis miedo!». Pedro le contestó: «Señor, si eres tú, mándame ir a ti sobre el agua». Él le dijo: «Ven». Pedro bajó de la barca y echó a andar sobre el agua acercándose a Jesús; pero, al sentir la fuerza del viento, le entró miedo, empezó a hundirse y gritó: «Señor, sálvame». Enseguida Jesús extendió la mano, lo agarró y le dijo: «¡Hombre de poca fe! ¿Por qué has dudado?». En cuanto subieron a la barca amainó el viento. Los de la barca se postraron ante él diciendo: «Realmente eres Hijo de Dios». Terminada la travesía, llegaron a tierra en Genesaret. Y los hombres de aquel lugar apenas lo reconocieron, pregonaron la noticia por toda aquella comarca y le trajeron a todos los enfermos. Le pedían tocar siquiera la orla de su manto. Y cuantos la tocaban quedaban curados.

Gracias, Señor, por tu incondicionalidad cuando la vida nos lleva «mar adentro».

S. Juan María Vianney, m.o.
Eleuterio; Ía; Rubén; Tertuliano; Bto. Gundisalvo Gonzalo; Bto Enrique Angelelli

XVIII del T.O.
2ª del salterio
Jer 30,1-2.12b-15. 18-22 / Sal 101 / Mt 15,1-2.10-14

Mateo 15,1-2.10-14

En aquel tiempo, se acercaron a Jesús unos fariseos y escribas de Jerusalén y le preguntaron: «¿Por qué tus discípulos quebrantan la tradición de nuestros mayores y no se lavan las manos antes de comer?». Y, llamando a la gente, les dijo: «Escuchad y entended: no mancha al hombre lo que entra por la boca, sino lo que sale de la boca, eso es lo que mancha al hombre». Se acercaron los discípulos y le dijeron: «¿Sabes que los fariseos se han escandalizado al oírte?». Respondió él: «La planta que no haya plantado mi Padre celestial, será arrancada de raíz. Dejadlos, son ciegos, guías de ciegos. Y si un ciego guía a otro ciego, los dos caerán en el hoyo».

Guías ciegos

El evangelio de hoy presenta dos modos opuestos de entender y vivir la relación con Dios y con los demás. Por un lado, el modo de Jesús, que antepone la transparencia y la limpieza de corazón a los ritos externos y la obediencia rígida a las tradiciones que despersonalizan lo humano. Por otro, el modo de los fariseos, que hacen de la ley y las costumbres un ídolo y que dicen referirse a Dios, pero con sus prácticas lo pervierten. Jesús denuncia su postura y su responsabilidad al convertirse en *guías ciegos*. También nosotros y nosotras podemos tener un fariseo escondido en nuestro corazón. ¿Qué costumbres y tradiciones nos pueden estar impidiendo hoy encontrarnos con el Dios vivo y poner en práctica la misericordia y la inclusión?

Gracias, Señor, por tu libertad frente a la ley y las tradiciones y por ser testigo de la misericordia entrañable de Dios con todas las criaturas.

Dedicación de la basílica de Santa María, m.l.
Nª Sra. de las Nieves; La Virgen Blanca; Bto. Federico Janssoone
XVIII del T.O.
2ª del salterio
Jer 31,1-7 / Sal Jer 31,10-13 / Mt 15,21-28

Mateo 15,21-28

En aquel tiempo, Jesús se retiró a la región de Tiro y Sidón. Entonces una mujer cananea, saliendo de uno de aquellos lugares, se puso a gritarle: «Ten compasión de mí, Señor, Hijo de David. Mi hija tiene un demonio muy malo». Él no le respondió nada. Entonces los discípulos se le acercaron a decirle: «Atiéndela, que viene detrás gritando». Él les contestó: «Solo he sido enviado a las ovejas descarriadas de Israel». Ella se acercó y se postró ante él diciendo: «Señor, ayúdame». Él le contestó: «No está bien tomar el pan de los hijos y echárselo a los perritos». Pero ella repuso: «Tienes razón, Señor; pero también los perritos se comen las migajas que caen de la mesa de los amos». Jesús le respondió: «Mujer, qué grande es tu fe: que se cumpla lo que deseas». En aquel momento quedó curada su hija.

Un encuentro que salta fronteras

El encuentro de Jesús con esta mujer pagana y extranjera es un desafío hoy en nuestra sociedad cada vez más multicultural. Una mujer cuya situación desesperada hace que tome la iniciativa, reclamando la sanación para su hija. Inicialmente Jesús queda desconcertado por esta reacción que rompe con el esquema religioso-cultural androcéntrico judío, y por eso contesta con una dureza inusual. Sin embargo, más allá de esta primera reacción espontánea, la realidad concreta de esta mujer: su dignidad, su sufrimiento, la terquedad y la autenticidad que ella muestra en su conciencia de que la Buena Noticia, precisamente, si es de Dios no puede ser monopolizada por ninguna cultura ni religión ni sexo, sino que pertenece a todos, le amplía su visión de la realidad. En el evangelio de Mateo el encuentro de Jesús con esta mujer marca un antes y un después. Representa la fisura con el exclusivismo de Israel. De ahí que los textos que sucedan a este resalten, sobre todo, el orden nuevo instaurado por Jesús como un orden que rompe con toda frontera y elitismo también religioso.

Ayúdanos, Señor, a vivir el sacramento del encuentro más allá de toda frontera.

Transfiguración del Señor, f.
Hormisdas; Justo y Pastor; Bta. Mª Francisca de Jesús

Oficio de la f.
Dan 7,9-10.13-14 (o bien: 2Pe 1, 16-19) / Sal 96 / Mt 17,1-9

Mateo 17,1-9

En aquel tiempo, Jesús tomó consigo a Pedro, a Santiago y a su hermano Juan, y subió con ellos aparte a un monte alto. Se transfiguró delante de ellos, y su rostro resplandecía como el sol, y sus vestidos se volvieron blancos como la luz. De repente se les aparecieron Moisés y Elías conversando con él. Pedro, entonces, tomó la palabra y dijo a Jesús: «Señor, ¡qué bueno es que estemos aquí! Si quieres, haré tres tiendas: una para ti, otra para Moisés y otra para Elías». Todavía estaba hablando cuando una nube luminosa los cubrió con su sombra y una voz desde la nube decía: «Este es mi Hijo, el amado, en quien me complazco. Escuchadlo». Al oírlo, los discípulos cayeron de bruces, llenos de espanto. Jesús se acercó y, tocándolos, les dijo: «Levantaos, no temáis». Al alzar los ojos, no vieron a nadie más que a Jesús, solo. Cuando bajaban del monte, Jesús les mandó: «No contéis a nadie la visión hasta que el Hijo del hombre resucite de entre los muertos».

Transfigurar nuestras vidas

En medio del camino a Jerusalén Jesús busca la intimidad con el *Abba* y con algunos de sus discípulos más próximos se distancia de lo cotidiano y se marcha al monte a orar. Dios les regala una experiencia de consolación tan intensa que Pedro es tentado de instalarse en aquel lugar. Pero la experiencia de filiación de Jesús les remite a la misión y a vivirla encarando todas las consecuencias. La transfiguración que viven les dota de lucidez y confianza. Como Jesús, también nosotros y nosotras necesitamos estos momentos y tiempos para tomar distancia de lo cotidiano y abrirnos al don y la intemperie de Dios, que dan consistencia y lucidez a nuestra fe y nos ayudan a mantenernos en los momentos oscuros cuando las opciones se hacen costosas. ¿Cómo cuidamos estos tiempos y momentos en nuestra vida de fe?

Gracias, Señor, porque el encuentro contigo transfigura nuestra existencia.

Stos. Sixto II y comp./ S. Cayetano, m.l.
Alberto de Trápani; Jordán Forzaté

XVIII del T.O.
2ª del salterio
Nah 2,1.3; 3, 1-3.6-7 / Sal Dt 32,35-41 / Mt 16,24-28

Mateo 16,24-28

En aquel tiempo, dijo Jesús a sus discípulos: «Si alguno quiere venir en pos de mí, que se niegue a sí mismo, tome su cruz y me siga. Porque quien quiera salvar su vida, la perderá; pero el que la pierda por mí, la encontrará. ¿Pues de qué le servirá a un hombre ganar el mundo entero, si pierde su alma? ¿O qué podrá dar para recobrarla? Porque el Hijo del hombre vendrá, con la gloria de su Padre, entre sus ángeles, y entonces pagará a cada uno según su conducta. En verdad os digo que algunos de los aquí presentes no gustarán la muerte hasta que vean al Hijo del hombre en su reino».

Ganar la vida

El proyecto de Jesús es alternativo al sistema dominante y sus valores. *Ganar la vida* desde la lógica del Evangelio no es obedecer las consignas que desde el sistema se nos ofrecen: *tanto tienes tanto vales, consumo luego existo*, o *sálvese quien pueda*. Para Jesús *ganar la vida* es ponerla a disposición del proyecto del Reino, descubrir la felicidad del compartir y la entrega gratuita. No es guardarla como una propiedad privada centrada en uno o una misma y su pequeño mundo de intereses narcisistas, sino la búsqueda y el compromiso por los bienes comunes. Ganar la vida desde esta lógica implica asumir el conflicto que estas opciones plantean, como le sucedió al mismo Jesús, es decir, *estar dispuestos a perderla*.

Ayúdanos, Señor, a vivir desde la lógica del perder la vida para ganarla.

Sto. Domingo de Guzmán, m.o.
Altman; Ciriaco; Juana de Aza

XVIII del T.O.
2ª del salterio
Hab 1,12–2,4 / Sal 9 / Mt 17,14-20

Mateo 17,14-20

En aquel tiempo, se acercó a Jesús un hombre que, de rodillas, le dijo: «Señor, ten compasión de mi hijo que es lunático y sufre mucho: muchas veces se cae en el fuego o en el agua. Se lo he traído a tus discípulos y no han sido capaces de curarlo». Jesús tomó la palabra y dijo: «¡Generación incrédula y perversa! ¿Hasta cuándo estaré con vosotros, hasta cuándo tendré que soportaros? Traédmelo». Jesús increpó al demonio y salió; en aquel momento se curó el niño. Los discípulos se acercaron a Jesús y le preguntaron aparte: «¿Y por qué no pudimos echarlo nosotros?». Les contestó: «Por vuestra poca fe. En verdad os digo que, si tuvierais fe como un grano de mostaza, le diríais a aquel monte: "Trasládate desde ahí hasta aquí", y se trasladaría. Nada os sería imposible».

Prácticas compasivas y liberadoras de Jesús

Los milagros de Jesús no son actuaciones mágicas sino signos del Reino, señales de que la misericordia de Dios se ha encarnado en el mundo. Jesús es *la misericordia en acción, la misericordia en relación*. De ahí su sensibilidad ante el sufrimiento. Muchos y muchas le buscarán por sus signos, pero no son los signos las pruebas de fe, sino más bien al contrario, es la fe la que es capaz de descubrirlos e interpretarlos. Los discípulos no terminan de entenderlo. Por eso su vida, como la nuestra, será un continuo proceso de crecimiento y maduración en la fe que atravesará muchos vaivenes y en el que Jesús será un Maestro incondicional.

Señor, que seamos signos de la sanación de Dios en un mundo herido.

Teresa Benedicta de la Cruz; Cándida María de Jesús; Mariana Cope de Molokai; Bto. Florentino Asensio

3ª del salterio
1Re 19,9a.11-13a /
Sal 84 /
Rom 9,1-5 /
Mt 14,22-33

1 Reyes 19,9a.11-13a

En aquellos días, cuando Elías llegó hasta el Horeb, el monte de Dios, se introdujo en la cueva y pasó la noche. Le llegó la palabra del Señor, que le dijo: «Sal y permanece de pie en el monte ante el Señor». Entonces pasó el Señor y hubo un huracán tan violento que hendía las montañas y quebraba las rocas ante el Señor, aunque en el huracán no estaba el Señor. Después del huracán, un terremoto, pero en el terremoto no estaba el Señor. Después del terremoto fuego, pero en el fuego tampoco estaba el Señor. Después del fuego, el susurro de una brisa suave. Al oírlo Elías, cubrió su rostro con el manto, salió y se mantuvo en pie a la entrada de la cueva.

Salmo 84,9abc y 10.11-12.13-14

R. Muéstranos, Señor, tu misericordia y danos tu salvación.

Romanos 9,1-5

Hermanos: Digo la verdad en Cristo, no miento –mi conciencia me atestigua que es así, en el Espíritu Santo–: siento una gran tristeza y un dolor incesante en mi corazón; pues desearía ser yo mismo un proscrito, alejado de Cristo, por el bien de mis hermanos, los de mi raza según la carne: ellos son israelitas y a ellos pertenecen el don de la filiación adoptiva, la gloria, las alianzas, el don de la ley, el culto y las promesas; suyos son los patriarcas y de ellos procede el Cristo, según la carne; el cual está por encima de todo, Dios bendito por los siglos. Amén.

Mateo 14,22-33

Después de que la gente se hubo saciado, Jesús apremió a sus discípulos a que subieran a la barca y se le adelantaran a la otra orilla, mientras él despedía a la gente. Y después de despedir a la gente subió al monte a solas para orar. Llegada la noche estaba allí solo. Mientras tanto la barca iba ya muy lejos de tierra, sacudida por las olas, porque el viento era contrario. A la cuarta vela de la noche se les acercó Jesús andando sobre el mar. Los discípulos, viéndole andar sobre el agua, se asustaron y gritaron de miedo, diciendo que era un fantasma. Jesús les dijo enseguida: «¡Ánimo, soy yo, no tengáis miedo!». Pedro le contestó: «Señor, si eres tú, mándame ir a ti sobre el agua». Él le dijo: «Ven». Pedro bajó de la barca y echó a andar sobre el agua acercándose a Jesús; pero, al sentir la fuerza del viento, le entró miedo, empezó a hundirse y gritó: «Señor, sálvame». Enseguida Jesús extendió la mano, lo agarró y le dijo: «¡Hombre de poca fe! ¿Por qué has dudado?». En cuanto subieron a la barca amainó el viento. Los de la barca se postraron ante él diciendo: «Realmente eres Hijo de Dios».

Caminar sobre las aguas

En las tempestades de la vida Jesús no nos abandona, sino que camina sobre las aguas. En un *mundo líquido,* caracterizado por la fragilidad y el miedo a establecer vínculos permanentes, su presencia es incondicional y nos ayuda a no hundirnos en el vacío, la superficialidad o el desánimo. Como a Pedro, nos invita también a *caminar sobre las aguas,* a afrontar sin miedo las dificultades en nuestra vida y en nuestros contextos, confiados no en nuestras propias fuerzas, sino en su Palabra. Nos urge a abandonarnos en su confianza para hacernos creativos y resilientes.

Tu Palabra, Señor, es anclaje y esperanza en nuestra vida.

S. Lorenzo, f.
Paula; Nicolás Saggio de Longobardi; Btos. Juan Martorell y Pedro Mesonero; Bto. John Henry Newman

Oficio de la f.
2Cor 9,6-10 /
Sal 111 /
Jn 12,24-26

Juan 12,24-26

En aquel tiempo, dijo Jesús a sus discípulos: «En verdad, en verdad os digo: si el grano de trigo no cae en tierra y muere, queda infecundo; pero si muere, da mucho fruto. El que se ama a sí mismo, se pierde, y el que se aborrece a sí mismo en este mundo, se guardará para la vida eterna. El que quiera servirme, que me siga, y donde esté yo, allí también estará mi servidor; a quien me sirva, el Padre lo honrará».

Fecundidad de la vida entregada

El evangelio de hoy nos presenta una de las mayores paradojas del Evangelio. Jesús la vivió en carne propia. Su compasión hasta el extremo y su anhelo de un mundo más justo e inclusivo le condujo a ser juzgado injustamente y a la muerte en cruz. Pero nada ni nadie pudo detener la fecundidad de su vida en tantos corazones liberados, tantas personas a las que ayudó a recuperar su dignidad arrebatada y la experiencia de sentirse hijos e hijas amados por Dios. La fecundidad de su existencia continúa viva en la Iglesia y en la de todos aquellos y aquellas que anhelan y se comprometen por la utopía del Reino. Seguir a Jesús es hacerlo *a su modo,* anteponiendo el bien común al propio, desde la gratuidad y la libertad de una vida entregada con la confianza de que *lo que no se da se pierde.*

Ayúdanos, Señor, a salir de nuestro propio amor, querer e interés para seguirte con mayor libertad y gratuidad.

Sta. Clara, m.o.
Susana; Cristina; Digna; Rufino; Bto. Mauricio Tornay

XIX del T.O.
3ª del salterio
Ez 2,8–3,4 / Sal 118 / Mt 18,1-5.10.12-14

Mateo 18,1-5.10.12-14

En aquel momento, se acercaron los discípulos a Jesús y le preguntaron: «¿Quién es el mayor en el reino de los cielos?». Él llamó a un niño, lo puso en medio y dijo: «En verdad os digo que, si no os convertís y os hacéis como niños, no entraréis en el reino de los cielos. Por tanto, el que se haga pequeño como este niño, ese es el más grande en el reino de los cielos. El que acoge a un niño como este en mi nombre me acoge a mí. Cuidado con despreciar a uno de estos pequeños, porque os digo que sus ángeles están viendo siempre en los cielos el rostro de mi Padre celestial. ¿Qué os parece? Suponed que un hombre tiene cien ovejas: si una se le pierde, ¿no deja las noventa y nueve en los montes y va en busca de la perdida? Y si la encuentra, en verdad os digo que se alegra más por ella que por las noventa y nueve que no se habían extraviado. Igualmente, no es voluntad de vuestro Padre que está en el cielo que se pierda ni uno de estos pequeños».

Los favoritos y favoritas de Dios

El Dios de Jesús no es el de la perfección, la apariencia o el cálculo, sino el de la desmesura y la gratuidad. Es el Dios de los pequeños y pequeñas, el Dios de quienes se pierden y añoran el *camino de vuelta a casa,* conscientes de sus biografías imperfectas. Por eso para entrar en el reino de Dios y su lógica es necesario *mirar hacia abajo* y *hacia fuera* para identificar quiénes son hoy los últimos, a quienes Dios coloca en el centro y señala como sus predilectos. Sus preferencias han de ser también las nuestras. Jesús nos urge a acoger la debilidad humana, a no escandalizarnos de ella, ni quebrar los sueños de las personas que el sistema considera descartables, sino a hacerlos posibles en una humanidad renovada con ellos y desde ellos.

Para entrar en el reino de Dios y su lógica es necesario mirar hacia abajo y hacia fuera y ponernos al lado de los últimos y últimas. Señor, enséñanos a mirar.

Sta. Juana Francisca de Chantal, m.l.
Bto. Inocencio XI;
Bto. Isidoro Bakanja;
Bta. Victoria Díez

XIX del T.O.
3ª del salterio
Ez 9,1-7; 10,18-22 /
Sal 112 /
Mt 18,15-20

Mateo 18,15-20

En aquel tiempo, dijo Jesús a sus discípulos: «Si tu hermano peca contra ti, repréndelo estando los dos a solas. Si te hace caso, has salvado a tu hermano. Si no te hace caso, llama a otro o a otros dos, para que todo el asunto quede confirmado por boca de dos o tres testigos. Si no les hace caso, díselo a la comunidad, y si no hace caso ni siquiera a la comunidad, considéralo como un pagano o un publicano. En verdad os digo que todo lo que atéis en la tierra quedará atado en los cielos, y todo lo que desatéis en la tierra quedará desatado en los cielos. Os digo, además, que si dos de vosotros se ponen de acuerdo en la tierra para pedir algo, se lo dará mi Padre que está en los cielos. Porque donde dos o tres están reunidos en mi nombre, allí estoy yo en medio de ellos».

Corrección fraterna y reconciliación

La comunidad es el signo de la vida cristiana. Pero no hay comunidad sin cuidado de la responsabilidad personal en ella y sin confrontación. Cuando la fraternidad se rompe, es necesario restaurarla y entrar en dinámicas hondas de reconciliación. Las primeras comunidades tuvieron que desarrollar, a la luz de la experiencia vivida con Jesús, su propia sabiduría para abordar los conflictos entre sus miembros y, para ello, propusieron tres pasos. El primero de ellos es el abordaje del conflicto desde el diálogo personal. Si este resulta insuficiente, se buscará la mediación de dos o tres personas de la comunidad. Solo en casos extremos se presentará el conflicto a toda la comunidad, de forma que se ha de salvaguardar siempre el respeto a las personas y su posibilidad de cambio. Pero la reconciliación supone el deseo de recibirla, de abrirse a ella. Cuando esto no sucede, es la propia persona la que está tomando la decisión de la ruptura de la fraternidad y su consecuente exclusión. Pero ello no supone abandonar a las personas a su suerte, sino que siempre será necesario orar y estar dispuestos a abrir los brazos para la acogida y la *vuelta a casa*, porque *«¡él está en medio de ellos!»*, haciendo posible lo imposible. ¿Cómo cuidamos en nuestras comunidades cristianas las relaciones, la confrontación para abrir caminos de reconciliación cuando la fraternidad se ha roto?

Stos. Ponciano e Hipólito, m.l.
Casiano; Máximo; Benildo Pedro Romançon; Centola

XIX del T.O.
3ª del salterio
Ez 12,1-12 / Sal 77 / Mt 18,21–19,1

Mateo 18,21–19,1

En aquel tiempo, acercándose Pedro a Jesús le preguntó: «Señor, si mi hermano me ofende, ¿cuántas veces tengo que perdonarlo? ¿Hasta siete veces?». Jesús le contesta: «No te digo hasta siete veces, sino hasta setenta veces siete. Por esto, se parece el reino de los cielos a un rey que quiso ajustar las cuentas con sus criados. Al empezar a ajustarlas, le presentaron uno que debía diez mil talentos. Como no tenía con qué pagar, el señor mandó que lo vendieran a él con su mujer y sus hijos y todas sus posesiones, y que pagara así. El criado, arrojándose a sus pies, le suplicaba diciendo: "Ten paciencia conmigo y te lo pagaré todo". Se compadeció el señor de aquel criado y lo dejó marchar, perdonándole la deuda. Pero al salir, el criado aquel encontró a uno de sus compañeros que le debía cien denarios y, agarrándolo, lo estrangulaba diciendo: "Págame lo que me debes". El compañero, arrojándose a sus pies, le rogaba diciendo: "Ten paciencia conmigo y te lo pagaré". Pero él se negó y fue y lo metió en la cárcel hasta que pagara lo que debía. Sus compañeros, al ver lo ocurrido, quedaron consternados y fueron a contarle a su señor todo lo sucedido. Entonces el señor lo llamó y le dijo: "¡Siervo malvado! Toda aquella deuda te la perdoné porque me lo rogaste. ¿No debías tú también tener compasión de tu compañero, como yo tuve compasión de ti?". Y el señor, indignado, lo entregó a los verdugos hasta que pagara toda la deuda. Lo mismo hará con vosotros mi Padre celestial, si cada cual no perdona de corazón a su hermano». Cuando acabó Jesús estos discursos, partió de Galilea y vino a la región de Judea, al otro lado del Jordán.

La reconciliación que se nos regala en Jesús no exige hipotecas ni deudas eternas. Señor, que nos reconciliemos siguiendo tu ejemplo.

S. Maximiliano Mª Kolbe, m.o.
Virginia; Marcelo de Apamea; Antonio Primaldo y comp.

XIX del T.O.
3ª del salterio
Ez 16,1-15.60.63 (o bien: Ez 16,59-63) / Sal Is 12,2-6 / Mt 19,3-12

Mateo 19,3-12

En aquel tiempo, se acercaron a Jesús unos fariseos y le preguntaron, para ponerlo a prueba: «¿Es lícito a un hombre repudiar a su mujer por cualquier motivo?». Él les respondió: «¿No habéis leído que el Creador, en el principio, los creó hombre y mujer, y dijo: "Por eso dejará el hombre a su padre y a su madre, y se unirá a su mujer, y serán los dos una sola carne"? De modo que ya no son dos, sino una sola carne. Pues lo que Dios ha unido, que no lo separe el hombre». Ellos insistieron: «¿Y por qué mandó Moisés darle acta de divorcio y repudiarla?». Él les contestó: «Por la dureza de vuestro corazón os permitió Moisés repudiar a vuestras mujeres; pero, al principio, no era así. Pero yo os digo que, si uno repudia a su mujer –no hablo de unión ilegítima– y se casa con otra, comete adulterio». Los discípulos le replicaron: «Si esa es la situación del hombre con la mujer, no trae cuenta casarse». Pero él les dijo: «No todos entienden esto, solo los que han recibido ese don. Hay eunucos que salieron así del vientre de su madre, a otros los hicieron los hombres, y hay quienes se hacen eunucos ellos mismos por el reino de los cielos. El que pueda entender, entienda».

Jesús es puesto a prueba por los fariseos

Una vez más los fariseos buscan poner a prueba a Jesús y para ello le hacen una pregunta comprometida sobre el divorcio. El matrimonio era una de las instituciones más sólidas de Israel y existía un auténtico debate interno sobre la licitud o ilicitud del divorcio. Según la interpretación del texto de Dt 24 se reconocía el derecho a repudiar a la mujer por cualquier insignificancia o por comportamientos más graves como podía ser el adulterio. En caso de que se llevara a cabo, la mujer quedaba desprotegida y estigmatizada, siendo una gran causa de marginación y sufrimiento. Jesús responde con astucia y posicionándose a favor de quienes quedaban en situación más vulnerable. Su respuesta se fundamenta en el proyecto creador de Dios, por el que el amor entre el hombre y la mujer tiene su origen en Dios y es expresión de su alianza.

Asunción de la Virgen María, s.
Nª Sra. de los Reyes; del Olvido; del Alba; de la Paloma; Tarsicio

Oficio de la s.
Ap 11,19a; 12,1-6a.10ab / Sal 44 / 1Cor 15,20-27a / Lc 1,39-56

Lucas 1,39-56

En aquellos días, María se levantó y se puso en camino deprisa hacia la montaña, a una ciudad de Judá; entró en casa de Zacarías y saludó a Isabel. Aconteció que, en cuanto Isabel oyó el saludo de María, saltó la criatura en su vientre. Se llenó Isabel de Espíritu Santo y, levantando la voz, exclamó: «¡Bendita tú entre las mujeres, y bendito el fruto de tu vientre! ¿Quién soy yo para que me visite la madre de mi Señor? Pues, en cuanto tu saludo llegó a mis oídos, la criatura saltó de alegría en mi vientre. Bienaventurada la que ha creído, porque lo que le ha dicho el Señor se cumplirá». María dijo: «Proclama mi alma la grandeza del Señor, "se alegra mi espíritu en Dios, mi salvador; porque ha mirado la humildad de su esclava". Desde ahora me felicitarán todas las generaciones, porque el Poderoso ha hecho obras grandes en mí: "su nombre es santo, y su misericordia llega a sus fieles de generación en generación". Él hace proezas con su brazo: dispersa a los soberbios de corazón, "derriba del trono a los poderosos y enaltece a los humildes, a los hambrientos los colma de bienes y a los ricos los despide vacíos. Auxilia a Israel, su siervo, acordándose de la misericordia" –como lo había prometido a "nuestros padres"– en favor de Abrahán y su descendencia por siempre». María se quedó con Isabel unos tres meses y volvió a su casa.

El Magníficat no es un canto de sumisión sino de esperanza y rebeldía comprometida por otro mundo posible. Señor, que nos comprometamos por ese mundo posible.

Esteban de Hungría; Roque; Arnulfo de Metz; Arnulfo de Soissons; Teódulo; Bta. Petra de S. José

4ª del salterio
Is 56,1.6-7 / Sal 66 / Rom 11,13-15. 29-32 / Mt 15,21-28

Isaías 56,1.6-7

Esto dice el Señor: «Observad el derecho, practicad la justicia, porque mi salvación está por llegar, y mi justicia se va a manifestar. A los extranjeros que se han unido al Señor para servirlo, para amar el nombre del Señor y ser sus servidores, que observan el sábado sin profanarlo y mantienen mi alianza, los traeré a mi monte santo, los llenaré de júbilo en mi casa de oración; sus holocaustos y sacrificios serán aceptables sobre mi altar; porque mi casa es casa de oración, y así la llamarán todos los pueblos».

Salmo 66,2-3.5.6 y 8

R. Oh, Dios, que te alaben los pueblos, que todos los pueblos te alaben.

Romanos 11,13-15.29-32

Hermanos: A vosotros, gentiles, os digo: siendo como soy apóstol de los gentiles, haré honor a mi ministerio, por ver si doy celos a los de mi raza y salvo a algunos de ellos. Pues si su rechazo es reconciliación del mundo, ¿qué no será su reintegración sino volver desde la muerte a la vida? Pues los dones y la llamada de Dios son irrevocables. En efecto, así como vosotros, en otro tiempo, desobedecisteis a Dios, pero ahora habéis obtenido misericordia por la desobediencia de ellos, así también estos han desobedecido ahora con ocasión de la misericordia que se os ha otorgado a vosotros, para que también ellos alcancen ahora misericordia. Pues Dios nos encerró a todos en desobediencia, para tener misericordia de todos.

Mateo 15,21-28

En aquel tiempo, Jesús salió y se retiró a la región de Tiro y Sidón. Entonces una mujer cananea, saliendo de uno de aquellos lugares, se puso a gritarle: «Ten compasión de mí, Señor, Hijo de David. Mi hija tiene un demonio muy malo». Él no le respondió nada. Entonces los discípulos se le acercaron a decirle: «Atiéndela, que viene detrás gritando». Él les contestó: «Solo he sido enviado a las ovejas descarriadas de Israel». Ella se acercó y se postró ante él diciendo: «Señor, ayúdame». Él le contestó: «No está bien tomar el pan de los hijos y echárselo a los perritos». Pero ella repuso: «Tienes razón, Señor; pero también los perritos se comen las migajas que caen de la mesa de los amos». Jesús le respondió: «Mujer, qué grande es tu fe: que se cumpla lo que deseas». En aquel momento quedó curada su hija.

La fe de una mujer pagana y extranjera

En el Evangelio Jesús transita fronteras y periferias y en ellas se encuentra con personas que no comparten la fe ni la cultura de Israel, pero que se acercan a él buscando alivio y liberación de sus sufrimientos. La mujer cananea es una de ellas. Jesús hace un proceso en la relación con ella hasta captar con profundidad su necesidad y su reclamo. Ella se mantiene insistente hasta que el corazón de Jesús queda conmovido y sana a su hija. Rompe de este modo con el exclusivismo religioso de Israel reconociéndola como ejemplo de fe y anteponiendo el sufrimiento humano y su necesidad de liberación a cualquier frontera cultural, religiosa o sexual. ¿Con quiénes identificamos hoy en nuestros contextos el espíritu de esta mujer cananea y a qué nos reta como comunidades cristianas?

Ayúdanos, Señor, a acoger y a salir al encuentro de las personas migrantes y refugiadas.

Beatriz de Silva; Jacinto de Polonia; Clara de Montefalco; Mamés; Bto. Pedro de Zúñiga

XX del T.O.
4ª del salterio
Ez 24,15-24 /
Sal Dt 32,18-21/
Mt 19,16-22

Mateo 19,16-22

En aquel tiempo, se acercó uno a Jesús y le preguntó: «Maestro, ¿qué tengo que hacer de bueno para obtener la vida eterna?». Jesús le contestó: «¿Por qué me preguntas qué es bueno? Uno solo es Bueno. Mira, si quieres entrar en la vida, guarda los mandamientos». Él le preguntó: «¿Cuáles?». Jesús le contestó: «No matarás, no cometerás adulterio, no robarás, no darás falso testimonio, honra a tu padre y a tu madre, y ama a tu prójimo como a ti mismo». El joven le dijo: «Todo eso lo he cumplido. ¿Qué me falta?». Jesús le contestó: «Si quieres ser perfecto, anda, vende tus bienes, da el dinero a los pobres –así tendrás un tesoro en el cielo– y luego ven y sígueme». Al oír esto, el joven se fue triste, porque era muy rico.

Jesús y su Reino como única riqueza

El cristianismo no es la religión de la ley sino la Buena nueva del Amor. El joven rico se acerca a Jesús buscando preceptos que cumplir para quedar justificado en su comportamiento, pero Jesús y su Reino no son un modelo ético a seguir con el que quedar justificados. De algún modo, el joven ya lo intuía, pues su existencia, aun siendo un buen cumplidor de la ley, estaba insatisfecha. La moral del cumplimiento no le proporcionaba una vida feliz ni plena, de ahí la insistencia en su diálogo con Jesús. Jesús es radical en su respuesta: *Véndelo todo, dáselo a los pobres y ven conmigo.* Como a él, Jesús nos invita a nosotros y nosotras hoy a poner nuestra seguridad no en los bienes ni en una moral de perfección, sino en él y en su proyecto de comunión y solidaridad amorosa, de modo que nuestra única riqueza sea el Evangelio.

Que nuestra única riqueza y seguridad, Señor, sea tu Evangelio.

Elena; Alberto Hurtado Cruchaga; Bta. Sancha Szymkowiak

XX del T.O.
4ª del salterio
Ez 28,1-10 / Sal Dt 32,26-36 / Mt 19,23-30

Mateo 19,23-30

En aquel tiempo, Jesús dijo a sus discípulos: «En verdad os digo que difícilmente entrará un rico en el reino de los cielos. Lo repito: más fácil le es a un camello pasar por el ojo de una aguja, que a un rico entrar en el reino de los cielos». Al oírlo, los discípulos dijeron espantados: «Entonces, ¿quién puede salvarse?». Jesús se les quedó mirando y les dijo: «Es imposible para los hombres, pero Dios lo puede todo». Entonces dijo Pedro a Jesús: «Ya ves, nosotros lo hemos dejado todo y te hemos seguido; ¿qué nos va a tocar?». Jesús les dijo: «En verdad os digo: cuando llegue la renovación y el Hijo del hombre se siente en el trono de su gloria, también vosotros, los que me habéis seguido, os sentaréis en doce tronos para juzgar a las doce tribus de Israel. Todo el que por mí deja casa, hermanos o hermanas, padre o madre, hijos o tierras, recibirá cien veces más y heredará la vida eterna. Pero muchos primeros serán últimos y muchos últimos primeros».

El ciento por uno: la lógica del Reino

La propuesta radical de Jesús desconcierta a sus discípulos, como nos desconcierta a nosotros y nosotras hoy. Los bienes materiales, o el reconocimiento social y el poder que estos otorgan, nos alejan de Dios porque se convierten en nuestra seguridad, fácilmente nos llevan al espejismo de creernos suficientes y mejores que los demás y nos hacen ciegos ante la vulnerabilidad propia y ajena. El Evangelio es una provocación a la desnudez del ser, a la solidaridad y al compartir. Pero esta libertad de corazón es imposible sin la fuerza de Dios, cuya generosidad y sobreabundancia es siempre mayor que la nuestra. Él nos asegura *el ciento por uno,* una nueva familia más allá de los vínculos de la sangre y una felicidad que no depende de cuántas posesiones tengamos, sino de nuestra libertad para amar y entregarnos generosamente a la causa del Reino.

El Evangelio es una provocación a la desnudez del ser, a la solidaridad y al compartir. Señor, que nos dejemos provocar.

agosto

S. Juan Eudes / S. Ezequiel Moreno Díaz, m.l.
Jordán de Pisa; Bernardo Tolomei; Bartolomé de Simeri

XX del T.O.
4ª del salterio
Ez 34,1-11 / Sal 22 / Mt 20,1-16a

Mateo 20,1-16a

En aquel tiempo, dijo Jesús a sus discípulos esta parábola: «El reino de los cielos se parece a un propietario que al amanecer salió a contratar jornaleros para su viña. Después de ajustarse con ellos en un denario por jornada, los mandó a la viña. Salió otra vez a media mañana, vio a otros que estaban en la plaza sin trabajo y les dijo: "Id también vosotros a mi viña y os pagaré lo debido". Ellos fueron. Salió de nuevo hacia mediodía y a media tarde, e hizo lo mismo. Salió al caer la tarde y encontró a otros, parados, y les dijo: "¿Cómo es que estáis aquí el día entero sin trabajar?". Le respondieron: "Nadie nos ha contratado". Él les dijo: "Id también vosotros a mi viña". Cuando oscureció, el dueño dijo al capataz: "Llama a los jornaleros y págales el jornal, empezando por los últimos y acabando por los primeros". Vinieron los del atardecer y recibieron un denario cada uno. Cuando llegaron los primeros, pensaban que recibirían más, pero ellos también recibieron un denario cada uno. Al recibirlo se pusieron a protestar contra el amo: "Estos últimos han trabajado solo una hora y los has tratado igual que a nosotros, que hemos aguantado el peso del día y el bochorno". Él replicó a uno de ellos: "Amigo, no te hago ninguna injusticia. ¿No nos ajustamos en un denario? Toma lo tuyo y vete. Quiero darle a este último igual que a ti. ¿Es que no tengo libertad para hacer lo que quiera en mis asuntos? ¿O vas a tener tú envidia porque yo soy bueno?". Así, los últimos serán primeros y los primeros, últimos».

Dios no es un contable sino un experto en desmesura.

S. Bernardo, m.o.
Zaqueo; Cristóbal y Leovigildo; Filiberto; Samuel; María de Matías

XX del T.O.
4ª del salterio
Ez 36,23-28 / Sal 50 / Mt 22,1-14

Mateo 22,1-14

En aquel tiempo, Jesús volvió a hablar en parábolas a los sumos sacerdotes y a los ancianos del pueblo, diciendo: «El reino de los cielos se parece a un rey que celebraba la boda de su hijo; mandó a sus criados para que llamaran a los convidados, pero no quisieron ir. Volvió a mandar otros criados encargándoles que dijeran a los convidados: "Tengo preparado el banquete, he matado terneros y reses cebadas y todo está a punto. Venid a la boda". Pero ellos no hicieron caso; uno se marchó a sus tierras, otro a sus negocios, los demás agarraron a los criados y los maltrataron y los mataron. El rey montó en cólera, envió sus tropas, que acabaron con aquellos asesinos y prendieron fuego a la ciudad. Luego dijo a sus criados: "La boda está preparada, pero los convidados no se la merecían. Id ahora a los cruces de los caminos y a todos los que encontréis, llamadlos a la boda". Los criados salieron a los caminos y reunieron a todos los que encontraron, malos y buenos. La sala del banquete se llenó de comensales. Cuando el rey entró a saludar a los comensales, reparó en uno que no llevaba traje de fiesta y le dijo: "Amigo, ¿cómo has entrado aquí sin el vestido de boda?". El otro no abrió la boca. Entonces el rey dijo a los servidores: "Atadlo de pies y manos y arrojadlo fuera, a las tinieblas. Allí será el llanto y el rechinar de dientes". Porque muchos son los llamados, pero pocos los elegidos».

Señor, ayúdanos a hacer de la vida un banquete, sin primeros ni últimos.

agosto

S. Pío X, m.o.
Alejandro Hales; Sidonio; Bta. Victoria Rasoamanarivo

XX del T.O.
4ª del salterio
Ez 37,1-14 /
Sal 106 /
Mt 22,34-40

Mateo 22,34-40

En aquel tiempo, los fariseos, al oír que Jesús había hecho callar a los saduceos, se reunieron en un lugar y uno de ellos, un doctor de la ley, le preguntó para ponerlo a prueba: «Maestro, ¿cuál es el mandamiento principal de la ley?». Él le dijo: «"Amarás al Señor, tu Dios, con todo tu corazón, con toda tu alma, con toda tu mente". Este mandamiento es el principal y primero. El segundo es semejante a él: "Amarás a tu prójimo como a ti mismo". En estos dos mandamientos se sostienen toda la Ley y los Profetas».

El Amor como única ley

Jesús anuncia con su vida y sus palabras que el ser humano encuentra su plenitud en el amor y no en el cumplimiento minucioso de leyes y preceptos que le hacen su esclavo. Solo el amor libera y salva: Amor a Dios, amor al prójimo y amor a uno y una misma. Para Jesús estas realidades son dimensiones de una misma experiencia, por lo cual resultan inseparables. El amor a Dios se verifica en el amor al prójimo y es imposible amar a los otros y otras, aceptarles y reconocerles como don de Dios en nuestra vida si no partimos del propio reconocimiento y aceptación, si no nos amamos a nosotros y nosotras mismas como don gratuito de Dios para la vida. El amor de Dios y el amor al prójimo es respeto y reconocimiento, desde la experiencia propia de sentirnos habitados por un misterio de dignidad que nos lleva a reconocerla en cada ser humano y en lo más profundo de nosotros mismos.

Es imposible amar a los otros y otras, si no partimos del propio reconocimiento y aceptación. Señor, que nos reconozcamos y aceptemos para amar a los demás.

Bienaventurada Virgen María Reina, m.o.
Felipe Benizi; Sigfrido; Bto. Simeón Lukac

XX del T.O.
4ª del salterio
Ez 43,1-7a / Sal 84 / Mt 23,1-12

Mateo 23,1-12

En aquel tiempo, habló Jesús a la gente y a sus discípulos, diciendo: «En la cátedra de Moisés se han sentado los escribas y los fariseos: haced y cumplid todo lo que os digan; pero no hagáis lo que ellos hacen, porque ellos dicen, pero no hacen. Lían fardos pesados y se los cargan a la gente en los hombros, pero ellos no están dispuestos a mover un dedo para empujar. Todo lo que hacen es para que los vea la gente: alargan las filacterias y agrandan las orlas del manto; les gustan los primeros puestos en los banquetes y los asientos de honor en las sinagogas; que les hagan reverencias en las plazas y que la gente los llame "rabbí". Vosotros, en cambio, no os dejéis llamar "rabbí", porque uno solo es vuestro maestro y todos vosotros sois hermanos. Y no llaméis padre vuestro a nadie en la tierra, porque uno solo es vuestro Padre, el del cielo. No os dejéis llamar maestros, porque uno solo es vuestro maestro, el Mesías. El primero entre vosotros será vuestro servidor. El que se enaltece será humillado, y el que se humilla será enaltecido».

Decir y no hacer

Jesús denuncia la doble moral y la incoherencia de quienes interpretan las tradiciones religiosas para oprimir y manipular a las personas en su propio beneficio e imagen. Denuncia los discursos y las prácticas vacías de quienes en nombre de Dios dicen y no hacen. La autoridad de Jesús es de otro tipo. Es servicio humilde y kenótico. Se sitúa en el lugar de los últimos *para que no haya más últimos,* denunciando de este modo toda forma de *poder-dominación* y urgiéndonos como comunidades cristianas a hacer lo mismo. En un mundo quebrado por las dinámicas del *poder-dominación* y la competencia salvaje, ¿qué conversiones profundas pide de nosotros y nosotras este Evangelio?

Jesús se sitúa en el lugar de los últimos para que no haya más últimos. Señor, que sigamos tu ejemplo.

Rosa de Lima;
Claudio; Minervo;
Ovidio

1ª del salterio
Is 22,19-23 /
Sal 137 /
Rom 11,33-36 /
Mt 16,13-20

Isaías 22,19-23

Esto dice el Señor a Sobná, mayordomo de palacio: «Te echaré de tu puesto, te destituirán de tu cargo. Aquel día llamaré a mi siervo, a Eliaquín, hijo de Esquías, le vestiré tu túnica, le ceñiré tu banda, le daré tus poderes; será padre para los habitantes de Jerusalén y para el pueblo de Judá. Pongo sobre sus hombros la llave del palacio de David: abrirá y nadie cerrará; cerrará y nadie abrirá. Lo clavaré como una estaca en un lugar seguro, será un trono de gloria para la estirpe de su padre».

Salmo 137,1bcd-2a.2bcd-3.6 y 8bc

R. Señor, tu misericordia es eterna, no abandones la obra de tus manos.

Romanos 11,33-36

¡Qué abismo de riqueza, de sabiduría y de conocimiento el de Dios! ¡Qué insondables sus decisiones y qué irrastreables sus caminos! En efecto, ¿quién conoció la mente del Señor? O ¿quién fue su consejero? O ¿quién le ha dado primero para tener derecho a la recompensa? Porque de él, por él y para él existe todo. A él la gloria por los siglos. Amén.

Mateo 16,13-20

En aquel tiempo, al llegar a la región de Cesarea de Filipo, Jesús preguntó a sus discípulos: «¿Quién dice la gente que es el Hijo del hombre?». Ellos contestaron: «Unos que Juan el Bautista, otros que Elías, otros que Jeremías o uno de los profetas». Él les preguntó: «Y vosotros, ¿quién decís que soy yo?». Simón Pedro tomó la palabra y dijo: «Tú eres el Mesías, el Hijo del Dios vivo». Jesús le respondió: «¡Bienaventurado tú, Simón, hijo de Jonás!, porque eso no te lo ha revelado ni la carne ni la sangre, sino mi Padre que está en los cielos. Ahora yo te digo: tú eres Pedro, y sobre esta piedra edificaré mi Iglesia, y el poder del infierno no la derrotará. Te daré las llaves del reino de los cielos; lo que ates en la tierra quedará atado en los cielos, y lo que desates en la tierra quedará desatado en los cielos». Y les mandó a los discípulos que no dijesen a nadie que él era el Mesías.

El Hijo de Dios vivo

La vida de Jesús no deja indiferente, sus prácticas y sus palabras son signos de contradicción. También los discípulos viven el desconcierto de un mesianismo que rompe con sus expectativas. Jesús es consciente de todo ello y por eso les pregunta claramente: *«¿Quién decís que soy yo?»*. La respuesta de Pedro conmueve a Jesús, por eso le otorga la autoridad de la comunidad. También hoy, en el seno de unas sociedades marcadas por el signo de la increencia, somos urgidos y urgidas a responder a esta pregunta y a dar razón de ella, sin vergüenza, con obras y palabras que liberen a la gente de la desesperación, la violencia y la injusticia.

Señor, ayúdanos a confesarte con la vida.

S. Bartolomé, f.
Emilia de Vialar; Audoeno; Bta. Mª Encarnación Rosal

Oficio de la f.
Ap 21,9b-14 / Sal 144 / Jn 1,45-51

Juan 1,45-51

En aquel tiempo, Felipe encontró a Natanael y le dijo: «Aquel de quien escribieron Moisés en la ley y los profetas, lo hemos encontrado: Jesús, hijo de José, de Nazaret». Natanael le replicó: «¿De Nazaret puede salir algo bueno?». Felipe le contestó: «Ven y verás». Vio Jesús que se acercaba Natanael y dijo de él: «Ahí tenéis a un israelita de verdad, en quien no hay engaño». Natanael le contesta: «¿De qué me conoces?». Jesús le responde: «Antes de que Felipe te llamara, cuando estabas debajo de la higuera, te vi». Natanael respondió: «Rabí, tú eres el Hijo de Dios, tú eres el Rey de Israel». Jesús le contestó: «¿Por haberte dicho que te vi debajo de la higuera, crees? Has de ver cosas mayores». Y le añadió: «En verdad, en verdad os digo: veréis el cielo abierto y a los ángeles de Dios subir y bajar sobre el Hijo del hombre».

¿De Nazaret puede salir algo bueno?

Nazaret era una pequeña aldea en las montañas bajas de Galilea, que nunca aparece mencionada en los libros sagrados del pueblo judío hasta la existencia de Jesús. A quienes vivían en este tipo de poblaciones se les llamaba *`am ha-´arets,* que era una expresión despreciativa que se podría traducir por *gentes de campo* o *gente ignorante.* Cuando Felipe transmite «boca a boca» su entusiasmo por Jesús a Natanael, su respuesta inicial tiene que ver con el prejuicio hacia su origen. Un lugar periférico, irrelevante y marginal no podía ser el lugar del nacimiento de un profeta, y mucho menos del Mesías esperado. Sin embargo, Jesús no dejará nunca de ser *el Nazareno,* señalando de este modo la opción de Dios por los pobres y las periferias y su revelación en ellos. ¿Cuáles son los *Nazaret* de hoy donde Dios se nos revela?

Las periferias existenciales y sociales son lugares donde Dios irrumpe. Señor, que seamos capaces de salir a las periferias.

S. Luis de Francia / S. José de Calasanz, m.l.
Ginés de Arles; Tomás de Hereford; Mª de Jesús Crucificado

XXI del T.O.
1ª del salterio
2Tes 2,1-3a. 14-17 / Sal 95 / Mt 23,23-26

Mateo 23,23-26

En aquel tiempo, Jesús dijo: «¡Ay de vosotros, escribas y fariseos hipócritas, que pagáis el diezmo de la menta, del anís y del comino, y descuidáis lo más grave de la ley: la justicia, la misericordia y la fidelidad! Esto es lo que habría que practicar, aunque sin descuidar aquello. ¡Guías ciegos, que filtráis el mosquito y os tragáis el camello! ¡Ay de vosotros, escribas y fariseos hipócritas, que limpiáis por fuera la copa y el plato, mientras por dentro estáis rebosando de robo y desenfreno! ¡Fariseo ciego!, limpia primero la copa por dentro y así quedará limpia también por fuera».

Guías ciegos que descuidan la justicia y la lealtad

Jesús denuncia a quienes en nombre de Dios han hecho de la ley un ídolo para enriquecerse a costa de la explotación y la manipulación de los más pobres. Denuncia su moral hipócrita que cuida con escrúpulo la imagen externa cuando por dentro su corazón está podrido. Desenmascara un culto liderado por «guías ciegos» que descuidan la justicia y la lealtad. No hay fe sin justicia porque Dios es amor y el amor en la vida social se traduce en equidad y solidaridad. Como comunidades cristianas, ¿cómo vivimos el compromiso con la justicia en nuestros ambientes? ¿Cómo nos posicionamos ante las situaciones de doble moral o corrupción con las que nos encontramos?

No hay fe sin justicia porque Dios es amor y el amor en la vida social se traduce en equidad y solidaridad. Señor, que practiquemos la equidad y la solidaridad.

Sta. Teresa de Jesús Jornet e Ibars, m.o.
Nª Sra. de Czestochowa; Alejandro

XXI del T.O.
1ª del salterio
2Tes 3,6-10.16-18 / Sal 127 / Mt 23,27-32

Mateo 23,27-32

En aquel tiempo, Jesús dijo: «¡Ay de vosotros, escribas y fariseos hipócritas, que os parecéis a los sepulcros blanqueados! Por fuera tienen buena apariencia, pero por dentro están llenos de huesos de muertos y de podredumbre; lo mismo vosotros: por fuera parecéis justos, pero por dentro estáis repletos de hipocresía y crueldad. ¡Ay de vosotros, escribas y fariseos hipócritas, que edificáis sepulcros a los profetas y ornamentáis los mausoleos de los justos, diciendo: "Si hubiéramos vivido en tiempo de nuestros padres, no habríamos sido cómplices suyos en el asesinato de los profetas"! Con esto atestiguáis en vuestra contra, que sois hijos de los que asesinaron a los profetas. ¡Colmad también vosotros la medida de vuestros padres!».

La hipocresía de quienes se sienten expertos en Dios

El cuestionamiento del templo y la corrupción de sus representantes fue sin duda una de las causas por las que Jesús fue crucificado. A la *aristocracia del templo* se le hizo inaguantable la existencia de Jesús por el estilo de vida que propugnaba, su cuestionamiento del poder, la novedad del Dios que anuncia y revela con sus prácticas, y su opción por los más pequeños. Jesús es consciente de las consecuencias de su posición ante las autoridades religiosas, pero en él hay una libertad y una confianza mayor que nace de su relación con su *Abba,* aun cuando sepa que esta *aristocracia del templo mata a los profetas y los persigue de ciudad en ciudad.* Como comunidades cristianas, ¿en qué gestos de anuncio y denuncia reconocemos hoy en nuestros ambientes la huella del Espíritu libre de Jesús y su profecía por *otro mundo y otra Iglesia posibles?*

Danos, Señor, libertad y resiliencia evangélica para afrontar la adversidad.

Sta. Mónica, m.o.
Cesáreo de Arles;
Gabriel Mª Nicolás;
Oroncio; Bta. Mª Pilar
Izquierdo

XXI del T.O.
1ª del salterio
1Cor 1,1-9 /
Sal 144 /
Mt 24,42-51

Mateo 24,42-51

En aquel tiempo, dijo Jesús a sus discípulos: «Estad en vela, porque no sabéis qué día vendrá vuestro Señor. Comprended que si supiera el dueño de casa a qué hora de la noche viene el ladrón, estaría en vela y no dejaría que abrieran un boquete en su casa. Por eso, estad también vosotros preparados, porque a la hora que menos penséis viene el Hijo del hombre. ¿Quién es el criado fiel y prudente, a quien el señor encarga de dar a la servidumbre la comida a sus horas? Bienaventurado ese criado, si el señor, al llegar, lo encuentra portándose así. En verdad os digo que le confiará la administración de todos sus bienes. Pero si dijere aquel mal siervo para sus adentros: "Mi señor tarda en llegar", y empieza a pegar a sus compañeros, y a comer y a beber con los borrachos, el día y la hora que menos se lo espera, llegará el amo y lo castigará con rigor y le hará compartir la suerte de los hipócritas. Allí será el llanto y el rechinar de dientes».

Permanencia y vigilancia cotidianas

Las primeras comunidades cristianas esperaban la venida definitiva de Cristo de manera inminente. En ella se realizaría el Juicio final y la irrupción de un cielo y una tierra nuevos. Poco a poco irán adentrándose en otras comprensiones del fin de los tiempos y la dimensión escatológica del Reino. Este texto responde a esas preocupaciones. Lo más importante no es controlar la historia ni conocer cuándo será nuestro final, sino vivir con los sentidos bien abiertos para detectar el paso liberador de Dios por nuestra vida, en todos los acontecimientos, y permanecer fieles en lo que de él vamos descubriendo.

Ayúdanos, Señor, a vivir con confianza y atención evangélica nuestro presente.

S. Agustín, m.o.
Alejandro de Constantinopla; Fortunato; Junípero Serra; Bto. Aurelio de Vinalesa

XXI del T.O.
1ª del salterio
1Cor 1,17-25 / Sal 32 / Mt 25,1-13

Mateo 25,1-13

En aquel tiempo, dijo Jesús a sus discípulos esta parábola: «El reino de los cielos se parece a diez vírgenes que tomaron sus lámparas y salieron al encuentro del esposo. Cinco de ellas eran necias y cinco eran prudentes. Las necias, al tomar las lámparas, no se proveyeron de aceite; en cambio, las prudentes se llevaron alcuzas de aceite con las lámparas. El esposo tardaba, les entró sueño a todas y se durmieron. A medianoche se oyó una voz: "¡Que llega el esposo, salid a su encuentro!". Entonces se despertaron todas aquellas vírgenes y se pusieron a preparar sus lámparas. Y las necias dijeron a las prudentes: "Dadnos de vuestro aceite, que se nos apagan las lámparas". Pero las prudentes contestaron: "Por si acaso no hay bastante para vosotras y nosotras, mejor es que vayáis a la tienda y os lo compréis". Mientras iban a comprarlo, llegó el esposo, y las que estaban preparadas entraron con él al banquete de bodas, y se cerró la puerta. Más tarde llegaron también las otras vírgenes, diciendo: "Señor, señor, ábrenos". Pero él respondió: "En verdad os digo que no os conozco". Por tanto, velad, porque no sabéis el día ni la hora».

Como vírgenes prudentes

De nuevo, a través de una parábola, el evangelio nos anima a la espera y la vigilancia activa hasta la irrupción definitiva del Reino en la historia y en toda la creación. La vida es un constante *adviento* que nos pide estar preparados y preparadas para acoger la novedad de Dios en cada momento y situación. Por ello hemos de ser muy cuidadosos para *no despistarnos de lo fundamental* ni *«en-rutinarnos»*. Como *vírgenes prudentes* necesitamos no dar nada por sabido, ir más allá de la superficialidad que a veces los ambientes nos imponen, estar atentos a lo más pequeño y cotidiano, cultivar la actitud de sorpresa y abrirnos a planteamientos nuevos para crear futuro con Jesús.

Martirio de S. Juan Bautista, m.o.
Sabina; Beatriz; Nª Sra. del Mar

XXI del T.O.
1ª del salterio
1Cor 1,26-31 / Sal 32 / Mc 6,17-29

Marcos 6,17-29

En aquel tiempo, Herodes había mandado prender a Juan y lo había metido en la cárcel encadenado. El motivo era que Herodes se había casado con Herodías, mujer de su hermano Filipo, y Juan le decía que no le era lícito tener a la mujer de su hermano. Herodías aborrecía a Juan y quería matarlo, pero no podía, porque Herodes respetaba a Juan, sabiendo que era un hombre justo y santo, y lo defendía. Al escucharlo quedaba muy perplejo, aunque lo oía con gusto. La ocasión llegó cuando Herodes, por su cumpleaños, dio un banquete a sus magnates, a sus oficiales y a la gente principal de Galilea. La hija de Herodías entró y danzó, gustando mucho a Herodes y a los convidados. El rey le dijo a la joven: «Pídeme lo que quieras, que te lo daré». Y le juró: «Te daré lo que me pidas, aunque sea la mitad de mi reino». Ella salió a preguntarle a su madre: «¿Qué le pido?». La madre le contestó: «La cabeza de Juan el Bautista». Entró ella enseguida, a toda prisa, se acercó al rey y le pidió: «Quiero que ahora mismo me des en una bandeja la cabeza de Juan el Bautista». El rey se puso muy triste; pero por el juramento y los convidados no quiso desairarla. Enseguida le mandó a uno de su guardia que trajese la cabeza de Juan. Fue, lo decapitó en la cárcel, trajo la cabeza en una bandeja y se la entregó a la joven; la joven se la entregó a su madre. Al enterarse sus discípulos fueron a recoger el cadáver y lo pusieron en un sepulcro.

Que nuestras comunidades, Señor, sean altavoces de denuncia profética en nuestro mundo.

Félix y Adaucto;
Juana Jugan;
Btos. Ildefonso
Schuster, Manuel
Medina y Diego
Ventaja

2ª del salterio
Jer 20,7-9 /
Sal 62 /
Rom 12,1-2 /
Mt 16,21-27

Jeremías 20,7-9

Me sedujiste, Señor, y me dejé seducir; has sido más fuerte que yo y me has podido. He sido a diario el hazmerreír, todo el mundo se burlaba de mí. Cuando hablo, tengo que gritar, proclamar violencia y destrucción. La palabra del Señor me ha servido de oprobio y desprecio a diario. Pensé en olvidarme del asunto y dije: «No lo recordaré; no volveré a hablar en su nombre»; pero había en mis entrañas como fuego, algo ardiente encerrado en mis huesos. Yo intentaba sofocarlo, y no podía.

Salmo 62,2.3-4.5-6.8-9

R. Mi alma está sedienta de ti, Señor, Dios mío.

Romanos 12,1-2

Os exhorto, hermanos, por la misericordia de Dios, a que presentéis vuestros cuerpos como sacrificio vivo, santo, agradable a Dios; este es vuestro culto espiritual. Y no os amoldéis a este mundo, sino transformaos por la renovación de la mente, para que sepáis discernir cuál es la voluntad de Dios, qué es lo bueno, lo que le agrada, lo perfecto.

Mateo 16,21-27

En aquel tiempo, comenzó Jesús a manifestar a sus discípulos que tenía que ir a Jerusalén y padecer allí mucho por parte de los ancianos, sumos sacerdotes y escribas, y que tenía que ser ejecutado y resucitar al tercer día. Pedro se lo llevó aparte y se puso a increparlo: «¡Lejos de ti tal cosa, Señor! Eso no puede pasarte». Jesús se volvió y dijo a Pedro: «¡Ponte detrás de mí, Satanás! Eres para mí piedra de tropiezo, porque tú piensas como los hombres, no como Dios». Entonces dijo a los discípulos: «Si alguno quiere venir en pos de mí, que se niegue a sí mismo, tome su cruz y me siga. Porque quien quiera salvar su vida, la perderá; pero el que la pierda por mí, la encontrará. ¿Pues de qué le servirá a un hombre ganar el mundo entero, si pierde su alma? ¿O qué podrá dar para recobrarla? Porque el Hijo del hombre vendrá, con la gloria de su Padre, entre sus ángeles, y entonces pagará a cada uno según su conducta.

Encarar la cruz

La tentación de un *cristianismo sin cruz* nos amenaza siempre como creyentes, por eso la reacción de Pedro en este texto nos puede resultar tan familiar. Jesús no busca *el sufrimiento por el sufrimiento,* ni lo exalta de manera dolorista. El Dios de Jesús no es sacrificial, sino compasivo y solidario. Por eso es también consciente de las consecuencias que esto conlleva en un mundo que se construye sobre el sufrimiento de las víctimas y la banalización del mal. La cruz nunca es un fin sino más bien una consecuencia de una *forma de vivir y de estar en el mundo de parte de Dios* y su Buena Noticia de liberación. Por eso encarar las cruces que son consecuencia del seguimiento a Jesús nos mete de lleno en la paradoja evangélica de *perder la vida para ganarla.* Solo podremos hacerlo sostenidos en la fuerza de su Espíritu y agarrados a su confianza.

El Dios de Jesús no es sacrificial, sino compasivo y solidario. Señor, que pongamos en práctica la compasión y la solidaridad.

Ramón Nonato;
Paulino de Tréveris;
Aidano; Abundio;
Bto. Pere Tarrés

XXII del T.O.
2ª del salterio
1Cor 2,1-5 /
Sal 118 /
Lc 4,16-30

Lucas 4,16-30

En aquel tiempo, Jesús fue a Nazaret, donde se había criado, entró en la sinagoga, como era su costumbre los sábados, y se puso en pie para hacer la lectura. Le entregaron el rollo del profeta Isaías y, desenrollándolo, encontró el pasaje donde estaba escrito: «El Espíritu del Señor está sobre mí, porque él me ha ungido. Me ha enviado a evangelizar a los pobres, a proclamar a los cautivos la libertad, y a los ciegos, la vista; a poner en libertad a los oprimidos; a proclamar el año de gracia del Señor». Y, enrollando el rollo y devolviéndolo al que lo ayudaba, se sentó. Toda la sinagoga tenía los ojos clavados en él. Y él comenzó a decirles: «Hoy se ha cumplido esta Escritura que acabáis de oír». Y todos le expresaban su aprobación y se admiraban de las palabras de gracia que salían de su boca. Y decían: «¿No es este el hijo de José?». Pero Jesús les dijo: «Sin duda me diréis aquel refrán: "Médico, cúrate a ti mismo", haz también aquí, en tu pueblo, lo que hemos oído que has hecho en Cafarnaún». Y añadió: «En verdad os digo que ningún profeta es aceptado en su pueblo. Puedo aseguraros que en Israel había muchas viudas en los días de Elías, cuando estuvo cerrado el cielo tres años y seis meses y hubo una gran hambre en todo el país; sin embargo, a ninguna de ellas fue enviado Elías sino a una viuda de Sarepta, en el territorio de Sidón. Y muchos leprosos había en Israel en tiempos del profeta Eliseo, sin embargo, ninguno de ellos fue curado sino Naamán, el sirio». Al oír esto, todos en la sinagoga se pusieron furiosos y, levantándose, lo echaron fuera del pueblo y lo llevaron hasta un precipicio del monte sobre el que estaba edificado su pueblo, con intención de despeñarlo. Pero Jesús se abrió paso entre ellos y seguía su camino.

Queremos, Señor, contigo y a tu modo, vivir la misión del anuncio y la denuncia del Evangelio entre los y las descartables.

Lucas 4,31-37

En aquel tiempo, Jesús bajó a Cafarnaún, ciudad de Galilea, y los sábados les enseñaba. Se quedaban asombrados de su enseñanza, porque su palabra estaba llena de autoridad. Había en la sinagoga un hombre poseído por un espíritu de demonio inmundo y se puso a gritar con fuerte voz: «¡Basta! ¿Qué tenemos que ver nosotros contigo, Jesús Nazareno? ¿Has venido a acabar con nosotros? Sé quién eres: el Santo de Dios». Pero Jesús le increpó diciendo: «¡Cállate y sal de él!». Entonces el demonio, tirando al hombre por tierra en medio de la gente, salió sin hacerle daño. Quedaron todos asombrados y comentaban entre sí: «¿Qué clase de palabra es esta? Pues da órdenes con autoridad y poder a los espíritus inmundos, y salen». Y su fama se difundía por todos los lugares de la comarca.

La autoridad de Jesús

La autoridad de Jesús es *«exousia»*. No le viene dada por su estatus socio-económico, el prestigio de su familia o su formación académica, sino por su identificación con el corazón compasivo de Dios. A Jesús, como a su *Abba*, se le hace intolerable el sufrimiento de las criaturas y reacciona con misericordia sanando y liberando. Así le sucede en su encuentro con el endemoniado de Cafarnaún. También hoy a nuestro alrededor hay personas que sufren por dinamismos interiores que quiebran a las personas: heridas psicológicas, resentimientos, culpabilizaciones patológicas, etc. Junto a las ayudas terapéuticas, el encuentro con Jesús es también hoy cauce de liberación para ellos y ellas. Como comunidades cristianas, ¿cómo acogemos y ayudamos a sanar estos sufrimientos sin estigmatizarlos?

miércoles

Antolín; Salomón Leclercq; Bto. Francisco Dardán y comp.

XXII del T.O.
2ª del salterio
1Cor 3,1-9 / Sal 32 / Lc 4,38-44

Lucas 4,38-44

En aquel tiempo, al salir Jesús de la sinagoga, entró en la casa de Simón. La suegra de Simón estaba con fiebre muy alta y le rogaron por ella. Él, inclinándose sobre ella, increpó a la fiebre, y se le pasó; ella, levantándose enseguida, se puso a servirles. Al ponerse el sol, todos cuantos tenían enfermos con diversas dolencias se los llevaban, y él, imponiendo las manos sobre cada uno, los iba curando. De muchos de ellos salían también demonios, que gritaban y decían: «Tú eres el Hijo de Dios». Los increpaba y no les dejaba hablar, porque sabían que él era el Mesías. Al hacerse de día, salió y se fue a un lugar desierto. La gente lo andaba buscando y, llegando donde estaba, intentaban retenerlo para que no se separara de ellos. Pero él les dijo: «Es necesario que proclame el reino de Dios también a las otras ciudades, pues para esto he sido enviado». Y predicaba en las sinagogas de Judea.

Una jornada cotidiana de Jesús

La fama de Jesús se extiende por Galilea. La gente le busca y acude a él para ser sanada y liberada. Desde la suegra de Pedro, que pasa de estar *tumbada* por la fiebre a ponerse en pie para servir a la causa del Evangelio, a muchos otros y otras sobre los que Jesús pone las manos como señal de la cercanía y la liberación de Dios hacia quienes sufren. La gente quiere retenerle pero la libertad de Jesús es radical y no queda preso en las expectativas ni en el agradecimiento de nadie. Para él el éxito no es un criterio para permanecer en un lugar o irse, sino que lo que le moviliza es el servicio al Reino. Por eso marcha a otras aldeas donde el anuncio del Reino es necesario, va abierto a lo que en estos lugares se le ofrezca «de parte de Dios». En el diálogo íntimo con el *Abba* en la oración encuentra la fuerza y la confirmación de sus decisiones.

Gracias, Señor, por la invitación que nos haces a ser testigos de tu liberación desde la cotidianidad de nuestra vida.

Lucas 5,1-11

En aquel tiempo, la gente se agolpaba en torno a Jesús para oír la palabra de Dios. Estando él de pie junto al lago de Genesaret, vio dos barcas que estaban en la orilla; los pescadores, que habían desembarcado, estaban lavando las redes. Subiendo a una de las barcas, que era la de Simón, le pidió que la apartara un poco de tierra. Desde la barca, sentado, enseñaba a la gente. Cuando acabó de hablar, dijo a Simón: «Rema mar adentro, y echad vuestras redes para la pesca». Respondió Simón y dijo: «Maestro, hemos estado bregando toda la noche y no hemos recogido nada; pero, por tu palabra, echaré las redes». Y, puestos a la obra, hicieron una redada tan grande de peces que las redes comenzaban a reventarse. Entonces hicieron señas a los compañeros, que estaban en la otra barca, para que vinieran a echarles una mano. Vinieron y llenaron las dos barcas, hasta el punto de que casi se hundían. Al ver esto, Simón Pedro se echó a los pies de Jesús diciendo: «Señor, apártate de mí, que soy un hombre pecador». Y es que el estupor se había apoderado de él y de los que estaban con él, por la redada de peces que habían recogido; y lo mismo les pasaba a Santiago y Juan, hijos de Zebedeo, que eran compañeros de Simón. Y Jesús dijo a Simón: «No temas; desde ahora serás pescador de hombres». Entonces sacaron las barcas a tierra y, dejándolo todo, lo siguieron.

Gracias, Señor, por la incondicionalidad de tu presencia en nuestras vidas y porque no te cansas de ofrecer siempre nuevas oportunidades.

Nª Sra. de la Consolación; Rosa de Viterbo; Moisés; Bonifacio I; Rosalía; Bta. Dina Bélanger

XXII del T.O.
2ª del salterio
1Cor 4,1-5 /
Sal 36 /
Lc 5,33-39

Lucas 5,33-39

En aquel tiempo, los fariseos y los escribas dijeron a Jesús: «Los discípulos de Juan ayunan a menudo y oran, y los de los fariseos también; en cambio, los tuyos, a comer y a beber». Jesús les dijo: «¿Acaso podéis hacer ayunar a los invitados a la boda mientras el esposo está con ellos? Llegarán días en que les arrebatarán al esposo, entonces ayunarán en aquellos días». Les dijo también una parábola: «Nadie recorta una pieza de un manto nuevo para ponérsela a un manto viejo; porque, si lo hace, el nuevo se rompe y al viejo no le cuadra la pieza del nuevo. Nadie echa vino nuevo en odres viejos: porque, si lo hace, el vino nuevo reventará los odres y se derramará, y los odres se estropearán. A vino nuevo, odres nuevos. Nadie que cate vino añejo quiere del nuevo, pues dirá: "El añejo es mejor"».

Odres nuevos para el vino nuevo

La Buena noticia de Jesús no cabe en el *odre viejo* de la Ley y el templo porque el culto que Dios quiere es misericordia y no sacrificios. Las autoridades religiosas se cierran ante la novedad de este mensaje, porque la centralidad de la compasión y la primacía del amor en él cuestionan su sistema de vida y amenaza su seguridad. Jesús anuncia un rostro nuevo de Dios: cercano, solidario con los pobres y los humildes, gratuito. Por eso es necesario un nuevo modo de relacionarse con él y rendirle culto, *un odre nuevo,* basado no en el cumplimiento de ayunos y penitencias sino en el compromiso con el prójimo, en la generosidad del corazón y la acogida a los diferentes, en el descentramiento en su servicio. Para los discípulos el *vino nuevo* que Jesús trae es motivo de alegría aunque atraviese también noches oscuras, pero es motivo de escándalo y desconcierto para quienes han hecho de la ley un ídolo. Como comunidades cristianas, ¿qué vino nuevo y en qué odres anunciamos a este *Jesús compasivo y misericordioso?*

La Buena Noticia de Jesús no cabe en el odre viejo de la Ley y el templo porque el culto que Dios quiere es misericordia y no sacrificios. Señor, que siempre practiquemos la misericordia.

Teresa de Calcuta;
Lorenzo Justiniano;
Obdulia

XXII del T.O.
2ª del salterio
1Cor 4,6b-15 /
Sal 144 /
Lc 6,1-5

Lucas 6,1-5

Un sábado, iba Jesús caminando por medio de un sembrado y sus discípulos arrancaban y comían espigas, frotándolas con las manos. Unos fariseos dijeron: «¿Por qué hacéis en sábado lo que no está permitido?». Respondiendo Jesús, les dijo: «¿No habéis leído lo que hizo David, cuando él y sus compañeros sintieron hambre? Entró en la casa de Dios, y tomando los panes de la proposición, que solo está permitido comer a los sacerdotes, comió él y dio a los que estaban con él». Y les decía: «El Hijo del hombre es señor del sábado».

Jesús es señor del sábado

La observancia del sábado era fundamental en la fe judía, pues era el día dedicado a la lectura de la Torá y a la oración. Todo trabajo y actividad se interrumpía para dedicar esa jornada a la relación con Dios. Pero para Jesús, más importante que la literalidad de la ley, es su espíritu porque el culto que agrada a Dios es la práctica de la misericordia y la justicia. Por eso en nombre del mandamiento del Amor y con la autoridad que le viene dada de su relación con su *Abba, Jesús es señor del sábado.* Como comunidades cristianas, ¿qué *sábados* anteponemos al servicio de nuestros hermanos y hermanas más empobrecidos?

El culto que agrada a Dios es la práctica de la misericordia y la justicia. Señor, que estemos al servicio de nuestras hermanas y hermanos.

Magno; Zacarías

3ª del salterio
Ez 33,7-9 /
Sal 94 /
Rom 13,8-10 /
Mt 18,15-20

Ezequiel 33,7-9

Esto dice el Señor: «A ti, hijo de hombre, te he puesto de centinela en la casa de Israel; cuando escuches una palabra de mi boca, les advertirás de mi parte. Si yo digo al malvado: "Malvado, eres reo de muerte", pero tú no hablas para advertir al malvado que cambie de conducta, él es un malvado y morirá por su culpa, pero a ti te pediré cuenta de su sangre. Pero si tú adviertes al malvado que cambie de conducta, y no lo hace, él morirá por su culpa, pero tú habrás salvado la vida».

Salmo 94,1-2.6-7c.7d-9

R. Ojalá escuchéis hoy la voz del Señor: «No endurezcáis vuestro corazón».

Romanos 13,8-10

Hermanos: A nadie le debáis nada, más que el amor mutuo; porque el que ama ha cumplido el resto de la ley. De hecho, el «no cometerás adulterio, no matarás, no robarás, no codiciarás», y cualquiera de los otros mandamientos, se resume en esto: «Amarás a tu prójimo como a ti mismo». El amor no hace mal a su prójimo; por eso la plenitud de la ley es el amor.

Mateo 18,15-20

En aquel tiempo, dijo Jesús a sus discípulos: «Si tu hermano peca contra ti, repréndelo estando los dos a solas. Si te hace caso, has salvado a tu hermano. Si no te hace caso, llama a otro o a otros dos, para que todo el asunto quede confirmado por boca de dos o tres testigos. Si no les hace caso, díselo a la comunidad, y si no hace caso ni siquiera a la comunidad, considéralo como un pagano o un publicano. En verdad os digo que todo lo que atéis en la tierra quedará atado en los cielos, y todo lo que desatéis en la tierra quedará desatado en los cielos. Os digo, además, que si dos de vosotros se ponen de acuerdo en la tierra para pedir algo, se lo dará mi Padre que está en los cielos. Porque donde dos o tres están reunidos en mi nombre, allí estoy yo en medio de ellos».

Fraternidad y perdón

La fe solo es posible vivirla en comunidad. La comunidad es el lugar de relación, encuentro, escucha y discernimiento de la Palabra y de envío a encarnarla. Es también lugar de corrección fraterna y, por tanto, de perdón y reconciliación. Pero el grupo no suple nunca lo personal. Solo desde la personalización de la propia vida podemos ser y hacer comunidad. El cuidado de lo comunitario implica también el cuidado de las relaciones en el interior del grupo, como Jesús hizo con cada uno de sus discípulos y con las mujeres que le seguían. Los otros son palabra viva y desinstaladora de Dios en nuestra existencia y en su acogida o rechazo nos jugamos el encuentro con Dios mismo.

Danos, Señor, un corazón comunitario y comprometido.

Alonso Pacheco;
Juan de Lodi;
Regina

XXIII del T.O.
3ª del salterio
1Cor 5,1-8 /
Sal 5 /
Lc 6,6-11

Lucas 6,6-11

Un sábado, entró Jesús en la sinagoga y se puso a enseñar. Había allí un hombre que tenía la mano derecha paralizada. Los escribas y los fariseos estaban al acecho para ver si curaba en sábado, y encontrar de qué acusarlo. Pero él conocía sus pensamientos y dijo al hombre de la mano atrofiada: «Levántate y ponte en medio». Y, levantándose, se quedó en pie. Jesús les dijo: «Os voy a hacer una pregunta: ¿Qué está permitido en sábado?, ¿hacer el bien o el mal, salvar una vida o destruirla?». Y, echando en torno una mirada a todos, le dijo: «Extiende tu mano». Él lo hizo y su mano quedó restablecida. Pero ellos, ciegos por la cólera, discutían qué había que hacer con Jesús.

Levántate y ponte en medio

Jesús entra en la sinagoga y posa su mirada no en quienes están en el centro de ella sino en sus márgenes. Por eso ve al *hombre de la mano paralizada* y queda afectado ante la realidad de un culto que ha naturalizado y perdido su capacidad de reaccionar ante el sufrimiento de los últimos. Jesús le pide que se ponga en el centro de la sinagoga para que todos le vean, para visibilizar su situación y denunciar de este modo la indiferencia ante el prójimo de un culto que antepone el sábado a la compasión y a la liberación del sufrimiento de los pobres. ¿Cuáles son hoy en nuestras comunidades cristianas *los sábados* que anteponemos a la práctica de la justicia y la inclusión de las personas más heridas? ¿Qué realidades o situaciones están relegadas en los márgenes de nuestras comunidades y contextos y cuáles son necesarias ubicar en el centro de la vida social y eclesial para visibilizarlas y denunciarlas?

Señor, que vayamos por la vida liberando y visibilizando la realidad de aquellos y aquellas a quienes el sistema no quiere ver.

Natividad de la Virgen María, f.
Nª Sra. de Covadonga; Adrián; Bto. Federico Ozanam

Oficio de la f.
Miq 5,1-4a (o bien: Rom 8,28-30) / Sal 12 / Mt 1,1-16.18-23 (breve: Mt 1,18-23)

Mateo 1,1-16.18-23

Libro del origen de Jesucristo, hijo de David, hijo de Abrahán. Abrahán engendró a Isaac, Isaac engendró a Jacob, Jacob engendró a Judá y a sus hermanos. Judá engendró, de Tamar, a Fares y a Zará, Fares engendró a Esrón, Esrón engendró a Arán, Arán engendró a Aminadab, Aminadab engendró a Naasón, Naasón engendró a Salmón, Salmón engendró, de Rajab, a Booz; Booz engendró, de Rut, a Obed; Obed engendró a Jesé, Jesé engendró a David, el rey. David, de la mujer de Urías, engendró a Salomón, Salomón engendró a Roboán, Roboán engendró a Abías, Abías engendró a Asaf, Asaf engendró a Josafat, Josafat engendró a Jorán, Jorán engendró a Ozías, Ozías engendró a Joatán, Joatán engendró a Acaz, Acaz engendró a Ezequías, Ezequías engendró a Manasés, Manasés engendró a Amós, Amós engendró a Josías; Josías engendró a Jeconías y a sus hermanos, cuando el destierro de Babilonia. Después del destierro de Babilonia, Jeconías engendró a Salatiel, Salatiel engendró a Zorobabel, Zorobabel engendró a Abiud, Abiud engendró a Eliaquín, Eliaquín engendró a Azor, Azor engendró a Sadoc, Sadoc engendró a Aquín, Aquín engendró a Eliud, Eliud engendró a Eleazar, Eleazar engendró a Matán, Matán engendró a Jacob; y Jacob engendró a José, el esposo de María, de la cual nació Jesús, llamado Cristo. La generación de Jesucristo fue de esta manera: María, su madre, estaba desposada con José y, antes de vivir juntos, resultó que ella esperaba un hijo por obra del Espíritu Santo. José, su esposo, como era justo y no quería difamarla, decidió repudiarla en privado. Pero, apenas había tomado esta resolución, se le apareció en sueños un ángel del Señor que le dijo: «José, hijo de David, no temas acoger a María, tu mujer, porque la criatura que hay en ella viene del Espíritu Santo. Dará a luz un hijo y tú le pondrás por nombre Jesús, porque él salvará a su pueblo de sus pecados». Todo esto sucedió para que se cumpliese lo que había dicho el Señor por medio del profeta: «Mirad: la virgen concebirá y dará a luz un hijo y le pondrán por nombre Enmanuel, que significa "Dios-con-nosotros"».

S. Pedro Claver, m.l.
María de la Cabeza;
Nª Sra. de Aránzazu;
Audomaro;
Bta. Ángela Salawa

XXIII del T.O.
3ª del salterio
1Cor 7,25-31 /
Sal 44 /
Lc 6,20-26

Lucas 6,20-26

En aquel tiempo, Jesús, levantando los ojos hacia sus discípulos, les decía: «Bienaventurados los pobres, porque vuestro es el reino de Dios. Bienaventurados los que ahora tenéis hambre, porque quedaréis saciados. Bienaventurados los que ahora lloráis, porque reiréis. Bienaventurados vosotros cuando os odien los hombres, y os excluyan, y os insulten y proscriban vuestro nombre como infame, por causa del Hijo del hombre. Alegraos ese día y saltad de gozo, porque vuestra recompensa será grande en el cielo. Eso es lo que hacían vuestros padres con los profetas. Pero ¡ay de vosotros, los ricos, porque ya habéis recibido vuestro consuelo! ¡Ay de vosotros, los que estáis saciados, porque tendréis hambre! ¡Ay de los que ahora reís, porque haréis duelo y lloraréis! ¡Ay si todo el mundo habla bien de vosotros! Eso es lo que vuestros padres hacían con los falsos profetas».

¡Ay de vosotros, los que estáis saciados!

Las Bienaventuranzas son anuncio de la predilección de Dios por los últimos y últimas de la historia, por los pacíficos, por los que ponen su seguridad en la misericordia y la solidaridad y no en el dinero o en el poder, por quienes tienen hambre y sed de un mundo nuevo donde la fraternidad y la sororidad humanas sean posibles. A ellos y ellas Jesús les reconoce bienaventurados porque han entrado en la lógica del Reino y su felicidad paradójica. Pero las Bienaventuranzas son también denuncia de quienes viven instalados en su propia autocomplacencia, blindándose al grito de sus hermanos y hermanas más empobrecidos y sus anhelos de justicia e inclusión. Su felicidad es vana e ilusoria porque está construida sobre la indiferencia y el sufrimiento de aquellos a quienes dan la espalda. Por eso su falsa alegría se tornará en llanto y vacío.

Líbranos, Señor, de la autocomplacencia y la satisfacción.

Nª Sra. de Maravillas; Nicolás; Btos. Alfonso y Alonso; Btos. Francisco Gárate y Jacinto Orfanell

XXIII del T.O.
3ª del salterio
1Cor 8,1b-7. 11-13 / Sal 138 / Lc 6,27-38

Lucas 6,27-38

En aquel tiempo, dijo Jesús a sus discípulos: «A vosotros los que me escucháis os digo: amad a vuestros enemigos, haced el bien a los que os odian, bendecid a los que os maldicen, orad por los que os calumnian. Al que te pegue en una mejilla, preséntale la otra; al que te quite la capa, no le impidas que tome también la túnica. A quien te pide, dale; al que se lleve lo tuyo, no se lo reclames. Tratad a los demás como queréis que ellos os traten. Pues, si amáis a los que os aman, ¿qué mérito tenéis? También los pecadores aman a los que los aman. Y si hacéis bien solo a los que os hacen bien, ¿qué mérito tenéis? También los pecadores hacen lo mismo. Y si prestáis a aquellos de los que esperáis cobrar, ¿qué mérito tenéis? También los pecadores prestan a otros pecadores, con intención de cobrárselo. Por el contrario, amad a vuestros enemigos, haced el bien y prestad sin esperar nada; será grande vuestra recompensa y seréis hijos del Altísimo, porque él es bueno con los malvados y desagradecidos. Sed misericordiosos como vuestro Padre es misericordioso; no juzguéis, y no seréis juzgados; no condenéis, y no seréis condenados; perdonad, y seréis perdonados; dad, y se os dará: os verterán una medida generosa, colmada, remecida, rebosante, pues con la medida con que midiereis se os medirá a vosotros».

Ayúdanos, Señor, a romper la cadena de la violencia en nuestros ambientes y a buscar siempre el diálogo y la reconciliación.

septiembre

Félix y Régula; Juan Gabriel Perboyre; Bto. Buenaventura de Barcelona

XXIII del T.O.
3ª del salterio
1Cor 9,16-19. 22b-27 / Sal 83 / Lc 6,39-42

Lucas 6,39-42

En aquel tiempo, dijo Jesús a los discípulos una parábola: «¿Acaso puede un ciego guiar a otro ciego? ¿No caerán los dos en el hoyo? No está el discípulo sobre su maestro, si bien, cuando termine su aprendizaje, será como su maestro. ¿Por qué te fijas en la mota que tiene tu hermano en el ojo y no reparas en la viga que llevas en el tuyo? ¿Cómo puedes decirle a tu hermano: "Hermano, déjame que te saque la mota del ojo", sin fijarte en la viga que llevas en el tuyo? ¡Hipócrita! Sácate primero la viga de tu ojo, y entonces verás claro para sacar la mota del ojo de tu hermano».

La denuncia del doble rasero

Tras el anuncio del perdón a los enemigos, como expresión de la compasión de Dios, Jesús denuncia *el doble rasero* que las personas solemos utilizar para juzgar las acciones propias y las ajenas: la facilidad con que se *detecta la mota en el ojo* de los demás y, sin embargo, la incapacidad para *descubrir la viga* en el propio. Intransigentes con las debilidades de los demás y muy tolerantes con las nuestras. Por eso antes de emitir un juicio condenatorio sobre el prójimo, Jesús nos recuerda la importancia de entrar en dinámicas de autocrítica. Hacernos conscientes de nuestras debilidades y fallos nos hace más comprensivos y misericordiosos con los demás y más tolerantes con la debilidad humana en general.

Ayúdanos, Señor, a suspender juicios y prejuicios.

Dulce Nombre de María, m.l.
Nª Sra. del Henar; de Fuensanta; Guido; Sara; Siro; Macedonio

XXIII del T.O.
3ª del salterio
1Cor 10,14-22 / Sal 115 / Lc 6,43-49

Lucas 6,43-49

En aquel tiempo, decía Jesús a sus discípulos: «No hay árbol bueno que dé fruto malo, ni árbol malo que dé fruto bueno; por ello, cada árbol se conoce por su fruto; porque no se recogen higos de las zarzas, ni se vendimian racimos de los espinos. El hombre bueno, de la bondad que atesora en su corazón saca el bien, y el que es malo, de la maldad saca el mal; porque de lo que rebosa el corazón habla la boca. ¿Por qué me llamáis "Señor, Señor", y no hacéis lo que digo? Todo el que viene a mí, escucha mis palabras y las pone en práctica, os voy a decir a quién se parece: se parece a uno que edificó una casa: cavó, ahondó y puso los cimientos sobre roca; vino una crecida, arremetió el río contra aquella casa, y no pudo derribarla, porque estaba sólidamente construida. El que escucha y no pone en práctica se parece a uno que edificó una casa sobre tierra, sin cimiento; arremetió contra ella el río, y enseguida se derrumbó desplomándose, y fue grande la ruina de aquella casa».

¿Por qué me llamáis «Señor, Señor», y no hacéis lo que digo?

La vida cristiana es eso: *vida.* Por tanto, seguir a Jesús no es cuestión de intencionalidades, de lenguajes o palabras piadosas, sino que la fe se ejercita, se encarna, se hace práctica y vida cotidiana. La escucha profunda de la Palabra moviliza el corazón de la persona creyente para traducirse en acción y gesto comprometido del proyecto de Dios en la historia. La fe sin obras es una *fe de boquilla,* una *fe muerta.* Como comunidades cristianas tenemos que preguntarnos cada día si nuestra fe es una *fe viva* o una *fe moribunda,* si construimos sobre roca, «obrando» lo que confesamos en nuestros ambientes o si hemos terminado por instalarnos en ellos reduciendo nuestra fe a un *mero cumplimiento o una cuestión privada.* ¿Qué dicen nuestras obras de nosotros y nosotras?

Juan Crisóstomo; Nª Sra. de Valvanera; Materno; Tobías y Tobit

4ª del salterio
Eclo 27,30–28,7 / Sal 102 / Rom 14,7-9 / Mt 18,21-35

Eclesiástico 27,30–28,7

Rencor e ira también son detestables, el pecador los posee. El vengativo sufrirá la venganza del Señor, que llevará cuenta exacta de sus pecados. Perdona la ofensa a tu prójimo y, cuando reces, tus pecados te serán perdonados. Si un ser humano alimenta la ira contra otro, ¿cómo puede esperar la curación del Señor? Si no se compadece de su semejante, ¿cómo pide perdón por sus propios pecados? Si él, simple mortal, guarda rencor, ¿quién perdonará sus pecados? Piensa en tu final y deja de odiar, acuérdate de la corrupción y de la muerte y sé fiel a los mandamientos. Acuérdate de los mandamientos y no guardes rencor a tu prójimo; acuérdate de la alianza del Altísimo y pasa por alto la ofensa.

Salmo 102,1bc-2.3-4.9-10,11-12

R. El Señor es compasivo y misericordioso, lento a la ira y rico en clemencia.

Romanos 14,7-9

Hermanos: Ninguno de nosotros vive para sí mismo y ninguno muere para sí mismo. Si vivimos, vivimos para el Señor; si morimos, morimos para el Señor; así que, ya vivamos ya muramos, somos del Señor. Pues para esto murió y resucitó Cristo: para ser Señor de muertos y vivos.

Mateo 18,21-35

En aquel tiempo, acercándose Pedro a Jesús le preguntó: «Señor, si mi hermano me ofende, ¿cuántas veces tengo que perdonarlo? ¿Hasta siete veces?». Jesús le contesta: «No te digo hasta siete veces, sino hasta setenta veces siete. Por esto, se parece el reino de los cielos a un rey que quiso ajustar las cuentas con sus criados. Al empezar a ajustarlas, le presentaron uno que debía diez mil talentos.

Como no tenía con qué pagar, el señor mandó que lo vendieran a él con su mujer y sus hijos y todas sus posesiones, y que pagara así. El criado, arrojándose a sus pies, le suplicaba diciendo: "Ten paciencia conmigo y te lo pagaré todo". Se compadeció el señor de aquel criado y lo dejó marchar, perdonándole la deuda. Pero al salir, el criado aquel encontró a uno de sus compañeros que le debía cien denarios y, agarrándolo, lo estrangulaba diciendo: "Págame lo que me debes". El compañero, arrojándose a sus pies, le rogaba diciendo: "Ten paciencia conmigo y te lo pagaré". Pero él se negó y fue y lo metió en la cárcel hasta que pagara lo que debía. Sus compañeros, al ver lo ocurrido, quedaron consternados y fueron a contarle a su señor todo lo sucedido. Entonces el señor lo llamó y le dijo: "¡Siervo malvado! Toda aquella deuda te la perdoné porque me lo rogaste. ¿No debías tú también tener compasión de tu compañero, como yo tuve compasión de ti?". Y el señor, indignado, lo entregó a los verdugos hasta que pagara toda la deuda. Lo mismo hará con vosotros mi Padre celestial, si cada cual no perdona de corazón a su hermano».

Perdonar como somos perdonados

Perdonar toca el límite de lo humano. Cuando las personas hemos sido heridas o violentadas en lo más profundo, es difícil restaurar la confianza y el amor. Es necesario entonces que el tiempo y otras personas nos ayuden a curar el dolor ocasionado y a hacer los duelos convenientes. Por eso el perdón a menudo requiere un proceso cuyo primer paso es desear darlo y *no instalarse en el victimismo,* o *en el resentimiento.* Jesús es nuestro Maestro en el difícil arte de perdonar y al hacerlo se convierte en el *gran reciclador de la vida.* Al igual que su *Abba* es todo compasivo y misericordioso con la debilidad humana y con gran generosidad nos envía a su Hijo, como mediador de la reconciliación, así nosotros y nosotras, al experimentar su perdón, podemos también ser cauces de él *hasta setenta veces siete* en nuestros ambientes.

Señor, que seamos cauces de reconciliación como Jesús.

Exaltación de la Santa Cruz, f.
Cruz; Crescencio; Salustia; Víctor

Oficio de la f.
Núm 21,4b-9 (o bien: Flp 2,6-11) / Sal 77 / Jn 3,13-17

Juan 3,13-17

En aquel tiempo, dijo Jesús a Nicodemo: «Nadie ha subido al cielo sino el que bajó del cielo, el Hijo del hombre. Lo mismo que Moisés elevó la serpiente en el desierto, así tiene que ser elevado el Hijo del hombre, para que todo el que cree en él tenga vida eterna. Porque tanto amó Dios al mundo, que entregó a su Unigénito, para que todo el que cree en él no perezca, sino que tenga vida eterna. Porque Dios no envió a su Hijo al mundo para juzgar al mundo, sino para que el mundo se salve por él. El que cree en él no será juzgado; el que no cree ya está juzgado, porque no ha creído en el nombre del Unigénito de Dios».

Dios no envió a su Hijo para juzgar al mundo, sino para salvarlo

Jesús es la revelación más plena de Dios. En su encarnación se hace caricia y abrazo para toda la humanidad, empezando por los últimos y últimas. En él se nos da a conocer como el Dios que desciende y asume la condición humana para salvarla. Su amor no se detiene ante el rechazo o el desprecio, sino que su fidelidad permanece como oferta siempre abierta de liberación y misericordia. Jesús no es *el juicio de Dios,* sino *su salvación.* Son nuestras acciones y, en definitiva, el ejercicio de nuestra libertad y nuestras elecciones, las que nos juzgan. Quien vive en el amor y se abre al misterio de la reconciliación, al modo de Jesús, participa de su plenitud para siempre.

Jesús no es el juicio de Dios, sino su salvación. Señor, que nos unamos a él y a su modo de actuar.

Virgen María de los Dolores, m.o.
Nª Sra. del Camino; Catalina; Nicomedes

XXIV del T.O.
4ª del salterio
1Cor 12,12-14. 27-31a / Sal 99 / Jn 19,25-27 (o bien: Lc 33-35)

Juan 19,25-27

Junto a la cruz de Jesús estaban su madre, la hermana de su madre, María, la de Cleofás, y María, la Magdalena. Jesús, al ver a su madre y junto a ella al discípulo al que amaba, dijo a su madre: «Mujer, ahí tienes a tu hijo». Luego, dijo al discípulo: «Ahí tienes a tu madre». Y desde aquella hora, el discípulo la recibió como algo propio.

María, al pie de la cruz

Ante el espectáculo terrible de la muerte de Jesús, al pie de la cruz, cuando solo queda acompañar la impotencia y sostener el dolor, allí está María, maestra en la *escuela del permanecer.* Junto con ella su hermana, María de Cleofás, María Magdalena y Juan, el discípulo amado. En el momento más duro de la vida de Jesús, María sostiene a su hijo en la más absoluta indefensión e impotencia, sosteniendo preguntas sin respuesta, manteniendo la mirada, aunque duela, hasta el final, como tantas mujeres hoy allí donde la vida está en riesgo, como tantas madres, incondicionales en su amor hasta el extremo. María, de pie ante la cruz, es también la madre de la Iglesia y la madre de *quienes no pueden más.* Su espíritu se mantiene vivo en todas las madres resilientes que acompañan a sus hijos en los procesos de enfermedades incurables sosteniendo su esperanza, o las madres de los defensores de los derechos humanos y de los desaparecidos que exigen justicia y permanecen fieles a sus causas hasta el fin, o las madres de los hombres y mujeres migrantes que sostienen en la distancia el éxodo de sus hijos en la lucha por la vida. Con todas ellas, María se mantiene de pie ante la cruz hoy en nuestro mundo y nos pide que nos pongamos a su lado en la faena de *sostener con esperanza el sufrimiento.*

Ayúdanos, Señor, a permanecer de pie ante la Cruz y a acompañar la esperanza en los límites de la vida.

Stos. Cornelio y Cipriano, m.o.
Víctor III; Rogelio y Servideo; Juan Macías; Ludmila

XXIV del T.O.
4ª del salterio
1Cor 12,31–13,13 / Sal 32 / Lc 7,31-35

Lucas 7,31-35

En aquel tiempo, dijo el Señor: «¿A quién, pues, compararé los hombres de esta generación? ¿A quién son semejantes? Se asemejan a unos niños, sentados en la plaza, que gritan a otros aquello de: "Hemos tocado la flauta y no habéis bailado, hemos entonado lamentaciones, y no habéis llorado". Porque vino Juan el Bautista, que ni come pan ni bebe vino, y decís: "Tiene un demonio"; vino el Hijo del hombre, que come y bebe, y decís: "Mirad qué hombre más comilón y borracho, amigo de publicanos y pecadores". Sin embargo, todos los hijos de la sabiduría le han dado la razón».

Excusas para cerrarse al Evangelio

Jesús denuncia en este texto las justificaciones y excusas para no aceptar el Evangelio. Tilda de inmaduros a aquellos que tras sus juicios lo que esconden son sus resistencias a la novedad radical de Dios. A menudo nos parapetamos en nuestros juicios ante la realidad para no comprometernos con ella. Detrás de nuestros mecanismos de defensa habitan siempre nuestros temores más inconfesables, nuestras inseguridades más profundas. Pero Jesús con la libertad de su Palabra tiene la capacidad de desenmascarar nuestras trampas y enfrentarnos a nuestra verdad más desnuda. Como comunidades cristianas, ¿cuáles son hoy nuestras principales justificaciones y mecanismos de defensa para vivir con más radicalidad la propuesta evangélica?

Haznos conscientes, Señor, de las excusas y miedos que nos impiden vivir la radicalidad del Evangelio.

S. Roberto Belarmino, m.l.
Columba; Sátiro; Judit; Francisco Mª de Camporosso; Hildegarda de Bingen

XXIV del T.O.
4ª del salterio
1Cor 15,1-11 / Sal 117 / Lc 7,36-50

Lucas 7,36-50

En aquel tiempo, un fariseo rogaba a Jesús que fuera a comer con él y, entrando en casa del fariseo, se recostó a la mesa. En esto, una mujer que había en la ciudad, una pecadora, al enterarse de que estaba comiendo en casa del fariseo, vino trayendo un frasco de alabastro lleno de perfume y, colocándose detrás junto a sus pies, llorando, se puso a regarle los pies con las lágrimas, se los enjugaba con los cabellos de su cabeza, los cubría de besos y se los ungía con el perfume. Al ver esto, el fariseo que lo había invitado se dijo: «Si este fuera profeta, sabría quién y qué clase de mujer es la que lo está tocando, pues es una pecadora». Jesús respondió y le dijo: «Simón, tengo algo que decirte». Él contestó: «Dímelo, Maestro». Jesús le dijo: «Un prestamista tenía dos deudores: uno le debía quinientos denarios y el otro cincuenta. Como no tenían con qué pagar, los perdonó a los dos. ¿Cuál de ellos le mostrará más amor?». Respondió Simón y dijo: «Supongo que aquel a quien le perdonó más». Le dijo Jesús: «Has juzgado rectamente». Y, volviéndose a la mujer, dijo a Simón: «¿Ves a esta mujer? He entrado en tu casa y no me has dado agua para los pies; ella, en cambio, me ha regado los pies con sus lágrimas y me los ha enjugado con sus cabellos. Tú no me diste el beso de paz; ella, en cambio, desde que entré, no ha dejado de besarme los pies. Tú no me ungiste la cabeza con ungüento; ella, en cambio, me ha ungido los pies con perfume. Por eso te digo: sus muchos pecados han quedado perdonados, porque ha amado mucho, pero al que poco se le perdona, ama poco». Y a ella le dijo: «Han quedado perdonados tus pecados». Los demás convidados empezaron a decir entre ellos: «¿Quién es este, que hasta perdona pecados?». Pero él dijo a la mujer: «Tu fe te ha salvado, vete en paz».

Ayúdanos, Señor, a mirar la realidad y a las personas con entrañas de misericordia.

Irene; Sofía;
José de Cupertino;
María Purísima de
la Cruz

XXIV del T.O.
4ª del salterio
1Cor 15,12-20 /
Sal 16 /
Lc 8,1-3

Lucas 8,1-3

En aquel tiempo, Jesús iba caminando de ciudad en ciudad y de pueblo en pueblo, proclamando y anunciando la Buena Noticia del reino de Dios, acompañado por los Doce, y por algunas mujeres, que habían sido curadas de espíritus malos y de enfermedades: María la Magdalena, de la que habían salido siete demonios; Juana, mujer de Cusa, un administrador de Herodes; Susana y otras muchas que les servían con sus bienes.

El discipulado de las mujeres

Este texto resulta fundamental en el reconocimiento del discipulado de las mujeres. Formando parte del grupo de Jesús se identifica la presencia de mujeres que le siguen y son fieles a su persona y a su causa. Entre ellas se distinguen dos grupos. El primero está constituido por María Magdalena, Juana y Susana, que se sienten llamadas al seguimiento. A partir de su experiencia de haber sido sanadas y devueltas a la vida por Jesús forman parte del grupo itinerante. Un segundo grupo es el de aquellas que según el texto *le servían con sus bienes,* es decir, las mujeres que apoyan a Jesús y su causa aunque no comparten la vida con el grupo. Sea como fuere, las mujeres encontraron en Jesús un mensaje y una forma de vida liberadora que les hizo tomar una nueva conciencia de sí en una sociedad y un templo para los que sus vidas carecían de valor. Jesús les muestra la predilección de Dios por ellas y les invita a compartir su misión con él, más allá de los rígidos moldes culturales y religiosos impuestos. ¿Qué papel tienen las mujeres en nuestras comunidades y cómo reconocemos y valoramos su liderazgo en ellas?

Ayúdanos, Señor, a comprometernos contra toda forma de explotación y violencia hacia las mujeres.

S. Jenaro, m.l.
María de Cervelló; Emilia Mª Guillermina de Rodat; Pomposa; Alonso de Orozco

XXIV del T.O.
4ª del salterio
1Cor 15,35-37. 42-49 / Sal 55 / Lc 8,4-15

Lucas 8,4-15

En aquel tiempo, habiéndose reunido una gran muchedumbre y gente que salía de toda la ciudad, dijo Jesús en parábola: «Salió el sembrador a sembrar su semilla. Al sembrarla, algo cayó al borde del camino, lo pisaron, y los pájaros del cielo se lo comieron. Otra parte cayó en terreno pedregoso, y, después de brotar, se secó por falta de humedad. Otra parte cayó entre abrojos, y los abrojos, creciendo al mismo tiempo, la ahogaron. Y otra parte cayó en tierra buena, y, después de brotar, dio fruto al ciento por uno». Dicho esto, exclamó: «El que tenga oídos para oír, que oiga». Entonces le preguntaron los discípulos qué significaba esa parábola. Él dijo: «A vosotros se os ha otorgado conocer los misterios del reino de Dios; pero a los demás, en parábolas, "para que viendo no vean y oyendo no entiendan". El sentido de la parábola es este: la semilla es la palabra de Dios. Los del borde del camino son los que escuchan, pero luego viene el diablo y se lleva la palabra de sus corazones, para que no crean y se salven. Los del terreno pedregoso son los que, al oír, reciben la palabra con alegría, pero no tienen raíz; son los que por algún tiempo creen, pero en el momento de la prueba fallan. Lo que cayó entre abrojos son los que han oído, pero, dejándose llevar por los afanes, riquezas y placeres de la vida, se quedan sofocados y no llegan a dar fruto maduro. Lo de la tierra buena son los que escuchan la palabra con un corazón noble y generoso, la guardan y dan fruto con perseverancia».

Ayúdanos, Señor, a responsabilizarnos del cuidado de nuestra tierra para que prenda en ella tu Evangelio.

domingo

Andrés Kim, Pablo Chong y comp.; Agapito I; José María Yermo y Parres

1ª del salterio
Is 55,6-9 /
Sal 144 /
Flp 1,20c-24.27a /
Mt 20,1-16

Isaías 55, 6-9

Buscad al Señor mientras se deja encontrar, invocadlo mientras está cerca. Que el malvado abandone su camino, y el malhechor sus planes; que se convierta al Señor, y él tendrá piedad, a nuestro Dios, que es rico en perdón. Porque mis planes no son vuestros planes, vuestros caminos no son mis caminos –oráculo del Señor–. Cuanto dista el cielo de la tierra, así distan mis caminos de los vuestros, y mis planes de vuestros planes.

Salmo 144,2-3.8-9.17-18

R. Cerca está el Señor de los que lo invocan.

Filipenses 1,20c-24.27a

Hermanos: Cristo será glorificado en mi cuerpo, por mi vida o por mi muerte. Para mí la vida es Cristo y el morir una ganancia. Pero, si el vivir esta vida mortal me supone trabajo fructífero, no sé qué escoger. Me encuentro en esta alternativa: por un lado, deseo partir para estar con Cristo, que es con mucho lo mejor; pero, por otro, quedarme en esta vida veo que es más necesario para vosotros. Lo importante es que vosotros llevéis una vida digna del Evangelio de Cristo.

Mateo 20,1-16

En aquel tiempo, dijo Jesús a sus discípulos esta parábola: «El reino de los cielos se parece a un propietario que al amanecer salió a contratar jornaleros para su viña. Después de ajustarse con ellos en un denario por jornada, los mandó a la viña. Salió otra vez a media mañana, vio a otros que estaban en la plaza sin trabajo y les dijo: "Id también vosotros a mi viña y os pagaré lo debido". Ellos fueron. Salió de nuevo hacia mediodía y a media tarde, e hizo lo mismo. Salió al caer la tarde y encontró a otros, parados, y les dijo: "¿Cómo es que estáis aquí el día entero sin trabajar?". Le respondieron: "Nadie nos ha contratado". Él les dijo: "Id también vosotros a mi viña". Cuando oscureció, el dueño dijo al capataz: "Llama a los jornaleros y págales el jornal, empezando por los últimos y acabando por los primeros". Vinieron los del atardecer y recibieron un denario cada uno. Cuando llegaron los primeros, pensaban que recibirían más, pero ellos también recibieron un denario cada uno. Al recibirlo se pusieron a protestar contra el amo: "Estos últimos han trabajado solo una hora y los has tratado igual que a nosotros, que hemos aguantado el peso del día y el bochorno". Él replicó a uno de ellos: "Amigo, no te hago ninguna injusticia. ¿No nos ajustamos en un denario? Toma lo tuyo y vete. Quiero darle a este último igual que a ti. ¿Es que no tengo libertad para hacer lo que quiera en mis asuntos? ¿O vas a tener tú envidia porque yo soy bueno?". Así, los últimos serán primeros y los primeros, últimos».

El Dios de las mil y una oportunidades

La justicia de Dios rompe todos los esquemas porque en ella los últimos son siempre los primeros. Por eso esta parábola continúa escandalizándonos hoy como lo hizo a sus contemporáneos. Jesús se inspira en una imagen cotidiana como es la de los jornaleros que están en la plaza buscando trabajo. El buen «patrón» sale a distintas horas a ofrecérselo para que todos puedan tener las mismas oportunidades y acuerda el mismo pago sin tener en cuenta la hora a la que empezaron su jornada. Los trabajadores de *primera hora* no entienden que el pago sea para todos igual y trate a los últimos como a ellos. También a nosotros y a nosotras nos cuesta entender la bondad de Dios que no va de merecimientos, sino de pura gratuidad y misericordia.

Ayúdanos, Señor, a que en nuestra vida los últimos sean los primeros.

S. Mateo, f.
Jonás; Ifigenia; Isacio; Melecio

Oficio de la f.
Ef 4,1-7.11-13 / Sal 18 / Mt 9,9-13

Mateo 9,9-13

En aquel tiempo, al pasar vio Jesús a un hombre llamado Mateo sentado al mostrador de los impuestos, y le dijo: «Sígueme». Él se levantó y lo siguió. Y estando en la casa, sentado a la mesa, muchos publicanos y pecadores, que habían acudido, se sentaban con Jesús y sus discípulos. Los fariseos, al verlo, preguntaron a los discípulos: «¿Cómo es que vuestro maestro come con publicanos y pecadores?». Jesús lo oyó y dijo: «No tienen necesidad de médico los sanos, sino los enfermos. Andad, aprended lo que significa "Misericordia quiero y no sacrificio": que no he venido a llamar a justos sino a pecadores».

No tienen necesidad de médico los sanos, sino los enfermos

Jesús invita a formar parte de su grupo a un publicano. Por su trabajo como cobrador de impuestos era despreciado por las comunidades más observantes de Israel, que le consideraban impuro y pecador. Pero Jesús no hace acepción de personas, al contrario, está convencido de que *no necesitan médico los sanos, sino los enfermos.* Por eso no le importan las biografías intachables sino el deseo de abrirse a la misericordia de Dios y su liberación, y Mateo lo tiene. Por eso de inmediato lo deja todo para unirse al grupo de Jesús. Al conocer a Jesús se siente movido a un cambio de vida radical y apoyado en la fuerza de la llamada se dispone a ello. Es consciente de sus miserias y debilidades y quizás también por eso tiene una gran sensibilidad y capacidad para entender las de los demás y acompañarles anunciando de este modo la Buena Nueva del Reino y su liberación a todos los que como él eran vistos como malditos en Israel. ¿A qué nos llama Jesús hoy a nosotros y nosotras y cuál es nuestra disposición hacia esta llamada?

A Dios no le importan tanto las biografías intachables como el deseo de apertura a su misericordia y salvación. Señor, que nos abramos a tu misericordia.

Félix IV;
Bto. Francisco de Posadas;
Bto. Dionisio Pamplona y comp.

XXV del T.O.
1ª del salterio
Prov 21,1-6.10-13 / Sal 118 / Lc 8,19-21

Lucas 8,19-21

En aquel tiempo, vinieron a Jesús su madre y sus hermanos, pero con el gentío no lograban llegar hasta él. Entonces le avisaron: «Tu madre y tus hermanos están fuera y quieren verte». Él respondió diciéndoles: «Mi madre y mis hermanos son estos: los que escuchan la palabra de Dios y la cumplen».

Jesús inaugura una nueva familia humana

Para Jesús la familia de sangre no es un absoluto. Su experiencia de filiación con su *Abba* le lleva a experimentar que por encima de los lazos de consanguinidad está la fraternidad universal, la experiencia de que todos los hombres y mujeres somos hermanos. Desde este horizonte la familia de sangre necesita ser reubicada. María y sus hermanos tuvieron también que aprender este modo alternativo de ser y hacer familia que propone Jesús e ir descubriendo con él su propuesta: *quienes escuchan la palabra de Dios y la ponen por obra,* esos son mi madre y mis hermanos. Como comunidades cristianas, ¿qué experiencias tenemos de ello?

Gracias, Señor, por urgirnos a vivir la fraternidad desde el horizonte de tu Palabra que nos convoca y hermana.

S. Pío de Pietrelcina, m.o.
Niños mártires de Tlaxcala; Lino; Liberio; Adamnán; Tecla; Bta. Mª de Jesús López de Rivas

XXV del T.O.
1ª del salterio
Prov 30,5-9 / Sal 118 / Lc 9,1-6

Lucas 9,1-6

En aquel tiempo, habiendo convocado Jesús a los Doce, les dio poder y autoridad sobre toda clase de demonios y para curar enfermedades. Luego los envió a proclamar el reino de Dios y a curar a los enfermos, diciéndoles: «No llevéis nada para el camino: ni bastón ni alforja, ni pan ni dinero; tampoco tengáis dos túnicas cada uno. Quedaos en la casa donde entréis, hasta que os vayáis de aquel sitio. Y si algunos no os reciben, al salir de aquel pueblo sacudíos el polvo de vuestros pies, como testimonio contra ellos». Se pusieron en camino y fueron de aldea en aldea, anunciando la Buena Noticia y curando en todas partes.

Ponerse en camino para anunciar el Evangelio y su liberación

Como a los doce, Jesús nos invita también a nosotros y a nosotras hoy a anunciar el Evangelio en nuestros ambientes. Pero anunciarlo implica, lo primero de todo, reconocerlo, acoger sus señales en nuestras propias entrañas y en las entrañas de la realidad. Solo se puede comunicar aquello que hemos hecho, experimentado y actualizado. La fe o se renueva cada día o se muere. El anuncio surge entonces desde la experiencia del agradecimiento y, por eso, no es impositivo, sino persuasivo. Se anuncia desde la sencillez de vida, con obras y palabras que nacen de la transparencia del corazón y por eso pueden llegar también a lo más auténtico de otros y otras. El anuncio conlleva también la denuncia de la injusticia y la violencia, que fracturan el corazón humano y rompen la convivencia. Por eso anunciar el Evangelio nos compromete a abrir con otros y otras, en nombre de Jesús, caminos de sanación y reconciliación en el propio corazón y en los espacios, relaciones y estructuras sociales.

Señor, que renovemos nuestra fe cada día, porque si no se renueva se muere.

Virgen María de la Merced, m.l.
Pacífico de San Severino; Gerardo; Pafnucio

XXV del T.O.
1ª del salterio
Ecl 1,2-11 /
Sal 89 /
Lc 9,7-9

Lucas 9,7-9

En aquel tiempo, el tetrarca Herodes se enteró de lo que pasaba sobre Jesús y no sabía a qué atenerse, porque unos decían que Juan había resucitado de entre los muertos; otros, en cambio, que había aparecido Elías, y otros que había vuelto a la vida uno de los antiguos profetas. Herodes se decía: «A Juan lo mandé decapitar yo. ¿Quién es este de quien oigo semejantes cosas?».Y tenía ganas de verlo.

Vivir provocando preguntas

La vida de Jesús no pasa desapercibida para quienes le rodean. Su cercanía con las personas más excluidas y buscadoras, sus palabras, gestos y acciones liberadoras no eran neutrales ante los mecanismos del poder religioso y político. Movían a posicionamiento, *a favor y en contra,* suscitando preguntas a su alrededor. Lo que muchos y muchas experimentaban como Buena Noticia y un nuevo rostro de Dios, para otros, resultaba amenazante y desestabilizador. Entre estos últimos se encontraba Herodes. Nuestras comunidades cristianas, ¿anuncian a *un dios neutral* frente a la violencia y la injusticia de la exclusión, o al *Abba* de Jesús que con su misericordia se posiciona a favor de los últimos y últimas? ¿Provocamos interrogante a nuestro alrededor o sumisión acrítica a los ídolos del poder, el dinero y el prestigio?

Señor, que tu Palabra nos mueva al posicionamiento y compromiso con los más heridos y humillados en nuestros ambientes.

Nª Sra. de la Fuencisla; Nicolás de Flüe; Marcos Criado; Sergio de Radonez; Bto. José Benito Dusmet

XXV del T.O.
1ª del salterio
Ecl 3,1-11 / Sal 143 / Lc 9,18-22

Lucas 9,18-22

Una vez que Jesús estaba orando solo, lo acompañaban sus discípulos y les preguntó: «¿Quién dice la gente que soy yo?». Ellos contestaron: «Unos, que Juan el Bautista; otros, que Elías, otros dicen que ha resucitado uno de los antiguos profetas». Él les preguntó: «Y vosotros, ¿quién decís que soy yo?». Pedro respondió: «El Mesías de Dios». Él les prohibió terminantemente decírselo a nadie, porque decía: «El Hijo del hombre tiene que padecer mucho, ser desechado por los ancianos, sumos sacerdotes y escribas, ser ejecutado y resucitar al tercer día».

Jesús anuncia su pasión

Jesús es un gran pedagogo. Acompaña permanentemente a los discípulos en su itinerario de fe y lo hace en la vida cotidiana ante cada circunstancia y acontecimiento. Comparte con ellos los interrogantes y las consecuencias que la fidelidad al proyecto de Dios y la predilección que por los últimos y últimas conlleva. Utiliza más el lenguaje persuasivo de las preguntas, que hacen pensar y van dirigidas al fondo del corazón, que las afirmaciones impositivas y dogmáticas. Tampoco es ingenuo. No dulcifica la dimensión conflictiva del Reino para que los suyos no lo abandonen o para ganar más adeptos, sino que es consciente de la radicalidad del mensaje que encarna. Por eso asume con libertad sus consecuencias y avisa a los discípulos sobre ellas. Como comunidades cristianas, ¿tenemos experiencias de *descafeinar* el Evangelio para ganar adeptos?

Queremos, Señor, asumir contigo la dimensión conflictiva del amor y sus consecuencias en nuestros ambientes.

Stos. Cosme y Damián, m.l.
Cipriano de Antioquía; Teresa Couderc

XXV del T.O.
1ª del salterio
Ecl 11,9–12,8 / Sal 89 / Lc 9,43b-45

Lucas 9,43b-45

En aquel tiempo, entre la admiración general por lo que hacía, Jesús dijo a sus discípulos: «Meteos bien en los oídos estas palabras: el Hijo del hombre va a ser entregado en manos de los hombres». Pero ellos no entendían este lenguaje; les resultaba tan oscuro, que no captaban el sentido. Y les daba miedo preguntarle sobre el asunto.

Los discípulos no entienden a Jesús

A los discípulos les cuesta entender la dimensión conflictiva del seguimiento de Jesús en la historia. Se resisten a ello por más que él se lo anuncia. Su itinerario de fe y su experiencia misionera necesitan aún ser depurados de expectativas triunfalistas. También a nosotros y nosotras hoy nos sucede lo mismo. La *sociedad del éxito y la apariencia* inocula su veneno en el corazón humano y nos hace aún más difícil incorporar en la vida los fracasos y *las noches oscuras* que también forman parte de ella. Pero Jesús permanece fiel con nosotros para que nuestra fe no vacile y encarar desde ella los aspectos más contradictorios y sufrientes que la Buena Nueva del Evangelio también conlleva.

Depura, Señor, nuestro seguimiento de expectativas triunfalistas y danos tu fortaleza y fidelidad para atravesar las noches oscuras.

Vicente de Paúl; Florentino; Hilario; Leoncio; Marcos; Terencio

2ª del salterio
Ez 18,25-28 /
Sal 24 /
Flp 2,1-11 (breve: Flp 2,1-5) /
Mt 21,28-32

Ezequiel 18,25-28

Esto dice el Señor: «Insistís: "No es justo el proceder del Señor". Escuchad, casa de Israel: ¿Es injusto mi proceder? ¿No es más bien vuestro proceder el que es injusto? Cuando el inocente se aparta de su inocencia, comete la maldad y muere, muere por la maldad que cometió. Y cuando el malvado se convierte de la maldad que hizo y practica el derecho y la justicia, él salva su propia vida. Si recapacita y se convierte de los delitos cometidos, ciertamente vivirá y no morirá».

Salmo 24,4-5.6-7.8-9

R. Recuerda, Señor, tu ternura.

Filipenses 2,1-11

Hermanos: Si queréis darme el consuelo de Cristo y aliviarme con vuestro amor, si nos une el mismo Espíritu y tenéis entrañas compasivas, dadme esta gran alegría: manteneos unánimes y concordes con un mismo amor y un mismo sentir. No obréis por rivalidad ni por ostentación, considerando por la humildad a los demás superiores a vosotros. No os encerréis en vuestros intereses, sino buscad todos el interés de los demás. Tened entre vosotros los sentimientos propios de Cristo Jesús. El cual, siendo de condición divina, no retuvo ávidamente el ser igual a Dios; al contrario, se despojó de sí mismo tomando la condición de esclavo, hecho semejante a los hombres. Y así, reconocido como hombre por su presencia, se humilló a sí mismo, hecho obediente hasta la muerte, y una muerte de cruz. Por eso Dios lo exaltó sobre todo y le concedió el Nombre-sobre-todo-nombre; de modo que al nombre de Jesús toda rodilla se doble en el cielo, en la tierra, en el abismo, y toda lengua proclame: Jesucristo es Señor, para gloria de Dios Padre.

Mateo 21,28-32

En aquel tiempo, dijo Jesús a los sumos sacerdotes y a los ancianos del pueblo: «¿Qué os parece? Un hombre tenía dos hijos. Se acercó al primero y le dijo: "Hijo, ve hoy a trabajar en la viña". Él le contestó: "No quiero". Pero después se arrepintió y fue. Se acercó al segundo y le dijo lo mismo. Él le contestó: "Voy, señor". Pero no fue. ¿Quién de los dos cumplió la voluntad de su padre?». Contestaron: «El primero». Jesús les dijo: «En verdad os digo que los publicanos y las prostitutas van por delante de vosotros en el reino de Dios. Porque vino Juan a vosotros enseñándoos el camino de la justicia y no le creísteis; en cambio, los publicanos y prostitutas le creyeron. Y, aun después de ver esto, vosotros no os arrepentisteis ni le creísteis».

Los publicanos y las prostitutas van por delante

El contexto de este texto es una discusión en el templo mantenida entre Jesús, los fariseos y los sumos sacerdotes. Jesús denuncia su hipocresía desenmascarando su modo de actuar. Dicen querer hacer la voluntad del Padre y, sin embargo, con su conducta la niegan. Paradójicamente quienes tienen fama de pecadores, como son los publicanos y las prostitutas, se abren a la novedad de Dios y su Buena Nueva de misericordia y liberación, por eso les precederán en el Reino. Estas palabras también están dichas para nosotros y nosotras hoy cuando nuestra fe no coincide con nuestras prácticas, cuando está descomprometida con la hospitalidad, la justicia, la inclusión y la misericordia con los más excluidos y excluidas.

Convierte, nuestro corazón, Señor, a los pobres y a los humildes.

28
lunes

S. Wenceslao / Stos. Lorenzo Ruiz y comp., m.l.
Adolfo y Juan; Antonio de León; Simón de Rojas; Bernardino

XXVI del T.O.
2ª del salterio
Job 1,6-22 / Sal 16 / Lc 9,46-50

Lucas 9,46-50

En aquel tiempo, se suscitó entre los discípulos una discusión sobre quién sería el más importante. Entonces Jesús, conociendo los pensamientos de sus corazones, tomó de la mano a un niño, lo puso a su lado y les dijo: «El que acoge a este niño en mi nombre, me acoge a mí; y el que me acoge a mí, acoge al que me ha enviado. Pues el más pequeño de vosotros es el más importante». Entonces Juan tomó la palabra y dijo: «Maestro, hemos visto a uno que expulsaba demonios en tu nombre y se lo hemos prohibido, porque no anda con nosotros». Jesús le respondió: «No se lo impidáis: el que no está contra vosotros, está a favor vuestro».

El más importante en el reino de Dios

Los discípulos no terminan de entender que el Reino que Jesús anuncia no se sustenta en el poder, sino en el servicio y la solidaridad con los últimos y últimas. Por eso discuten entre ellos sobre quién ocupará el primer puesto cuando Jesús no esté. Jesús interviene en la conversación con un gesto simbólico: toma a un niño y lo pone a su lado indicando que quienes acogen a los más insignificantes y débiles le están acogiendo a él mismo. La lógica del Reino es inversa a la de los poderes de este mundo, para quienes los más pequeños son invisibles u objeto de desprecio y explotación. ¿Qué lógica significamos como cristianas y cristianos en nuestras relaciones y estilos de vida?

Ayúdanos, Señor, a acogerte y servirte en los más pequeños e insignificantes de nuestros ambientes.

Stos. Arcángeles Miguel, Gabriel y Rafael, f.
David; Eutiquio; Plauto

Oficio de la f.
Dan 7,9-10.13-14 (o bien: Ap 12, 7-12a) / Sal 137 / Jn 1,47-51

Juan 1,47-51

En aquel tiempo, vio Jesús que se acercaba Natanael y dijo de él: «Ahí tenéis a un israelita de verdad, en quien no hay engaño». Natanael le contesta: «¿De qué me conoces?». Jesús le responde: «Antes de que Felipe te llamara, cuando estabas debajo de la higuera, te vi». Natanael respondió: «Rabí, tú eres el Hijo de Dios, tú eres el Rey de Israel». Jesús le contestó: «¿Por haberte dicho que te vi debajo de la higuera, crees? Has de ver cosas mayores». Y le añadió: «En verdad, en verdad os digo: veréis el cielo abierto y a los ángeles de Dios subir y bajar sobre el Hijo del hombre».

Testigos y mensajeros de Dios

Jesús no llama a Natanael directamente sino que lo hace a través de Felipe, por la fuerza y el contagio de su testimonio. Jesús queda conmovido por su transparencia en el reconocimiento que hace de él como «Rabí» y Mesías y le asegura que el Evangelio le abrirá los ojos a dimensiones insospechadas de la realidad: *has de ver cosas mayores*. Es en este contexto donde aparece la referencia a la visión de *los ángeles de Dios subiendo y bajando sobre el Hijo del Hombre*, en clara alusión a la escala de Jacob y a la promesa de la Alianza incondicional con el pueblo (Gén 28,10-22). El sentido del texto es que esa alianza se actualiza y se encarna en Jesús de Nazaret. En nuestra propia historia, como seguidores de Jesús, también nosotros podemos reconocer el testimonio de personas que nos han despertado la pasión por Jesús y su Evangelio, como le sucedió a Natanael con Felipe, o los «mensajeros» en los que Dios nos visita y acompaña en el compromiso por el Reino, dándonos su luz y su energía.

Gracias, Señor, por todas las personas que han despertado en nuestra historia el deseo de seguirte.

S. Jerónimo, m.o.
Honorio; Gregorio el Iluminador

XXVI del T.O.
2ª del salterio
Job 9,1-12.14-16 / Sal 87 / Lc 9,57-62

Lucas 9,57-62

En aquel tiempo, mientras Jesús y sus discípulos iban de camino, le dijo uno: «Te seguiré adondequiera que vayas». Jesús le respondió: «Las zorras tienen madrigueras, y los pájaros del cielo nidos, pero el Hijo del hombre no tiene donde reclinar la cabeza». A otro le dijo: «Sígueme». Él respondió: «Señor, déjame primero ir a enterrar a mi padre». Le contestó: «Deja que los muertos entierren a sus muertos; tú vete a anunciar el reino de Dios». Otro le dijo: «Te seguiré, Señor. Pero déjame primero despedirme de los de mi casa». Jesús le contestó: «Nadie que pone la mano en el arado y mira hacia atrás vale para el reino de Dios».

La radicalidad del seguimiento a Jesús

El seguimiento a Jesús es siempre en camino, pues es en proceso y en desinstalación constante. La radicalidad de la llamada de Cristo a estar con él y compartir con él su misión ha de actualizarse cada día y nos la jugamos no en las intenciones, sino en las concreciones de la vida cotidiana. El Evangelio de Jesús nos invita a que su Palabra encarnada ocupe la centralidad de nuestra vida y despojemos nuestra existencia de otras falsas seguridades a las que terminamos por vender nuestra libertad. Por eso el seguimiento a Jesús no lo hacemos apoyados en nuestras propias fuerzas, sino en la confianza de que es Jesús quien nos convoca, *no a pesar de nuestras debilidades sino con ellas,* y nos sostiene y alienta por el camino.

Ayúdanos, Señor, a despojarnos de falsas seguridades y a seguirte con más libertad y generosidad.

1

jueves

Sta. Teresa del Niño Jesús, m.o.

Jesús; Remigio; Benito; Julia; Montana; Verísimo

XXVI del T.O.
2ª del salterio
Job 19,21-27 / Sal 26 / Lc 10,1-12

octubre

Lucas 10,1-12

En aquel tiempo, designó el Señor otros setenta y dos, y los mandó delante de él, de dos en dos, a todos los pueblos y lugares adonde pensaba ir él. Y les decía: «La mies es abundante y los obreros pocos; rogad, pues, al dueño de la mies que envíe obreros a su mies. ¡Poneos en camino! Mirad que os envío como corderos en medio de lobos. No llevéis bolsa, ni alforja, ni sandalias; y no saludéis a nadie por el camino. Cuando entréis en una casa, decid primero: "Paz a esta casa". Y si allí hay gente de paz, descansará sobre ellos vuestra paz; si no, volverá a vosotros. Quedaos en la misma casa, comiendo y bebiendo de lo que tengan: porque el obrero merece su salario. No andéis cambiando de casa en casa. Si entráis en una ciudad y os reciben, comed lo que os pongan, curad a los enfermos que haya en ella, y decidles: "El reino de Dios ha llegado a vosotros". Pero si entráis en una ciudad y no os reciben, saliendo a sus plazas, decid: "Hasta el polvo de vuestra ciudad, que se nos ha pegado a los pies, nos lo sacudimos sobre vosotros. De todos modos, sabed que el reino de Dios ha llegado". Os digo que aquel día será más llevadero para Sodoma que para esa ciudad».

Ayúdanos, Señor, a anteponer la dignidad humana y la compasión a cualquier otro interés en nuestra vida.

Stos. Ángeles Custodios, m.o.
Saturio; Eleuterio; Olegario

XXVI del T.O.
2ª del salterio
Job 38,1.12-21; 40,3-5 / Sal 138 / Mt 18,1-5.10

Mateo 18,1-5.10

En aquel momento, se acercaron los discípulos a Jesús y le preguntaron: «¿Quién es el mayor en el reino de los cielos?». Él llamó a un niño, lo puso en medio y dijo: «En verdad os digo que, si no os convertís y os hacéis como niños, no entraréis en el reino de los cielos. Por tanto, el que se haga pequeño como este niño, ese es el más grande en el reino de los cielos. El que acoge a un niño como este en mi nombre me acoge a mí. Cuidado con despreciar a uno de estos pequeños, porque os digo que sus ángeles están viendo siempre en los cielos el rostro de mi Padre celestial».

La tentación del poder

Los discípulos, aunque estuvieron cerca de Jesús, no se liberaron de la tentación del poder, sino que, como nosotros y nosotras hoy, tuvieron que estar siempre muy atentos a ella. Jesús tampoco se cansó de recordarles con su vida y con sus palabras que en la lógica del Reino los últimos, los pequeños, los más insignificantes son los primeros. Por eso al colocar a un niño en medio nos está recordando quiénes han de ser el centro de nuestras comunidades cristianas y de nuestros proyectos de evangelización y cuáles nuestras actitudes y modos de acercamiento. En este proceso siempre seremos aprendices y siempre estaremos también custodiados por aquellos y aquellas que nos han precedido y nos alientan en el camino.

Gracias, Señor, porque siempre estamos a tiempo de aprender y desaprender en el camino del discipulado y hay quienes nos guardan y velan por nosotros.

S. Francisco de Borja, m.l.
Andrés de Soveral y comp.; Juana Emilia de Villeneuve; Bto. Columba Marmion

XXVI del T.O.
2ª del salterio
Job 42,1-3.5-6. 12-17 / Sal 118 / Lc 10,17-24

Lucas 10,17-24

En aquel tiempo, los setenta y dos volvieron con alegría diciendo: «Señor, hasta los demonios se nos someten en tu nombre». Jesús les dijo: «Estaba viendo a Satanás caer del cielo como un rayo. Mirad: os he dado el poder de pisotear serpientes y escorpiones y todo poder del enemigo, y nada os hará daño alguno. Sin embargo, no estéis alegres porque se os someten los espíritus; estad alegres porque vuestros nombres están inscritos en el cielo». En aquella hora, se llenó de alegría en el Espíritu Santo y dijo: «Te doy gracias, Padre, Señor del cielo y de la tierra, porque has escondido estas cosas a los sabios y entendidos, y las has revelado a los pequeños. Sí, Padre, porque así te ha parecido bien. Todo me ha sido entregado por mi Padre, y nadie conoce quién es el Hijo sino el Padre; ni quién es el Padre sino el Hijo y aquel a quien el Hijo se lo quiera revelar». Y, volviéndose a sus discípulos, les dijo aparte: «¡Bienaventurados los ojos que ven lo que vosotros veis! Porque os digo que muchos profetas y reyes quisieron ver lo que vosotros veis, y no lo vieron; y oír lo que vosotros oís, y no lo oyeron».

La alegría de Jesús

Jesús avisa a los *setenta y dos* de que no se dejen engañar por el éxito fácil ni pueda en ellos el orgullo más que la sencillez y la humildad en su compromiso con el Reino. Les recuerda que su alegría no sea otra que la de saberse amados por Dios y recibir de Él el encargo de la misión. En este ambiente de intimidad les comparte también el misterio y la paradoja de su propia alegría y lo hace con una oración que es todo un *clamor de júbilo y agradecimiento.* En ella expresa la alegría incontenible de experimentar que los sencillos y humildes se abren a la generosidad y la gratuidad de Dios, mientras que quienes se creen sabios y entendidos se blindan en sus intereses privados y no se enteran de nada que no sea una amenaza a su bienestar y seguridad. Como comunidades cristianas, ¿cuál es el fundamento y el motivo de nuestra alegría hoy?

Francisco de Asís; Queremón; Petronio; Pedro Damasceno

3ª del salterio
Is 5,1-7 /
Sal 79 /
Flp 4,6-9 /
Mt 21,33-43

Isaías 5,1-7

Voy a cantar a mi amigo el canto de mi amado por su viña. Mi amigo tenía una viña en un fértil collado. La entrecavó, quitó las piedras y plantó buenas cepas; construyó en medio una torre y cavó un lagar. Esperaba que diese uvas, pero dio agrazones. Ahora, habitantes de Jerusalén, hombres de Judá, por favor, sed jueces entre mí y mi viña. ¿Qué más podía hacer yo por mi viña que no hubiera hecho? ¿Por qué, cuando yo esperaba que diera uvas, dio agrazones? Pues os hago saber lo que haré con mi viña: quitar su valla y que sirva de leña, derruir su tapia y que sea pisoteada. La convertiré en un erial: no la podarán ni la escardarán, allí crecerán zarzas y cardos, prohibiré a las nubes que lluevan sobre ella. La viña del Señor del universo es la casa de Israel y los hombres de Judá su plantel preferido. Esperaba de ellos derecho, y ahí tenéis: sangre derramada; esperaba justicia, y ahí tenéis: lamentos.

Salmo 79,9 y 12.13-14.15-16.19-20

R. La viña del Señor es la casa de Israel.

Filipenses 4,6-9

Hermanos: Nada os preocupe; sino que, en toda ocasión, en la oración y en la súplica, con acción de gracias, vuestras peticiones sean presentadas a Dios. Y la paz de Dios, que supera todo juicio, custodiará vuestros corazones y vuestros pensamientos en Cristo Jesús. Finalmente, hermanos, todo lo que es verdadero, noble, justo, puro, amable, laudable, todo lo que es virtud o mérito, tenedlo en cuenta. Lo que aprendisteis, recibisteis, oísteis, visteis en mí, ponedlo por obra. Y el Dios de la paz estará con vosotros.

Mateo 21,33-43

En aquel tiempo, dijo Jesús a los sumos sacerdotes y a los ancianos del pueblo: «Escuchad otra parábola: "Había un propietario que plantó una viña, la rodeó con una cerca, cavó en ella un lagar, construyó una torre, la arrendó a unos labradores y se marchó lejos. Llegado el tiempo de los frutos, envió sus criados a los labradores para percibir los frutos que le correspondían. Pero los labradores, agarrando a los criados, apalearon a uno, mataron a otro y a otro lo apedrearon. Envió de nuevo otros criados, más que la primera vez, e hicieron con ellos lo mismo. Por último, les mandó a su hijo diciéndose: 'Tendrán respeto a mi hijo'. Pero los labradores, al ver al hijo se dijeron: 'Este es el heredero: venid, lo matamos y nos quedamos con su herencia'. Y agarrándolo, lo sacaron fuera de la viña y lo mataron. Cuando vuelva el dueño de la viña, ¿qué hará con aquellos labradores?». Le contestan: «Hará morir de mala muerte a esos malvados y arrendará la viña a otros labradores que le entreguen los frutos a su tiempo». Y Jesús les dice: «¿No habéis leído nunca en la Escritura: "La piedra que desecharon los arquitectos es ahora la piedra angular. Es el Señor quien lo ha hecho, ha sido un milagro patente"? Por eso os digo que se os quitará a vosotros el reino de Dios y se dará a un pueblo que produzca sus frutos».

La parábola de los viñadores asesinos

El evangelista toma del profeta Isaías la imagen de la historia de Israel como una viña muy cuidada y querida por Dios (Is 5,1-7), pero maltratada por sus trabajadores (poder político y religioso). Con ella denuncia a las autoridades que manipulan la religión en aras de sus propios intereses y condenan a los profetas. Pero el amor del dueño es tal que envía a su propio Hijo para que sus trabajadores reaccionen y se conviertan en fieles cuidadores de lo que se les ha encomendado. Sin embargo, ni siquiera así lo hacen, pues terminan asesinándole. De este modo el evangelista anuncia la pasión de Jesús y su autoridad para sanar y liberar en medio del rechazo y la hostilidad de quienes se blindan a su mensaje. ¿Cuáles son hoy nuestras mayores resistencias al Evangelio?

Témporas de acción de gracias y de petición, feria mayor
Atilano; Froilán; Catrina; Ventura; Faustina Kowalska

Oficio propio
Dt 8,7-18 / Sal 1Crón 29,10-12 / 2Cor 5, 17-21 / Mt 7,7-11

Mateo 7,7-11

En aquel tiempo, dijo Jesús a sus discípulos: «Pedid y se os dará, buscad y encontraréis, llamad y se os abrirá; porque todo el que pide recibe, quien busca encuentra y al que llama se le abre. Si a alguno de vosotros le pide su hijo pan, ¿le dará una piedra?; y si le pide pescado, ¿le dará una serpiente? Pues si vosotros, aun siendo malos, sabéis dar cosas buenas a vuestros hijos, ¡cuánto más vuestro Padre que está en los cielos dará cosas buenas a los que le piden!».

Agradecimiento y vulnerabilidad

En el día de hoy la Iglesia nos invita a cultivar la acción de gracias. Agradecer aumenta nuestra confianza en la vida y nos hace más sensibles a la bondad que nos rodea en medio de un mundo quebrado por la injusticia y la violencia Agradecer requiere dejarnos sorprender por lo que no esperamos, acoger la visita de Dios en tantos imprevistos cotidianos y contemplar la vida con confianza y apertura. Requiere también humildad. Vivirnos desde nuestra condición de criatura, en definitiva, ir por la vida no desde la suficiencia, sino desde el reconocimiento de nuestra vulnerabilidad y necesidad de los demás. Por eso el evangelio de hoy nos recuerda que la actitud de petición expresa la pobreza radical del ser humano ante Dios y que Él no se cansa nunca de ser nuestra seguridad y nuestro sustento.

Gracias, Señor, porque somos criaturas en tus manos y tu cuidado e incondicionalidad siempre nos alcanza.

S. Bruno, m.l.
Adalberón; Bta. Mª Ana Mogas; Bto. Bartolo Longo

XXVII del T.O.
3ª del salterio
Gál 1,13-24 / Sal 138 / Lc 10,38-42

Lucas 10,38-42

En aquel tiempo, entró Jesús en una aldea, y una mujer llamada Marta lo recibió en su casa. Esta tenía una hermana llamada María, que, sentada junto a los pies del Señor, escuchaba su palabra. Marta, en cambio, andaba muy afanada con los muchos servicios; hasta que, acercándose, dijo: «Señor, ¿no te importa que mi hermana me haya dejado sola para servir? Dile que me eche una mano». Respondiendo, le dijo el Señor: «Marta, Marta, andas inquieta y preocupada con muchas cosas; solo una es necesaria. María, pues, ha escogido la parte mejor, y no le será quitada».

Escuchar la Palabra y ponerla en práctica

Betania es el lugar de la relación y la amistad con Jesús, el lugar del cuidado. En él las figuras de Marta y María se convierten en compañeras de camino en nuestra vida de fe. Tradicionalmente este texto se ha interpretado como si cada una de ellas representara dos dimensiones del Evangelio: Marta, la activa, y María, la contemplativa, incluso dando primacía a la segunda sobre la primera. Pero una de las características del Evangelio es la integralidad, pues así es la experiencia de Jesús en su relación con Dios, sin dualismos ni dicotomías. Por eso en la vida cristiana es fundamental la *escucha atenta a la Palabra,* con actitud de discípula, como hace María de Betania, sentada a los pies del Maestro. Pero esto tiene como consecuencia un segundo momento, que es *ponerla en práctica.* Por otra parte, Marta es cuestionada no porque para Jesús no sea importante el *hacer,* sino porque en este caso no brota de la atención profunda a su Palabra y por eso carece de gratuidad y sentido.

Ayúdanos, Señor, a reconciliar la Marta y la María que llevamos dentro.

Bienaventurada Virgen María del Rosario, m.o.
Justina

XXVII del T.O.
3ª del salterio
Gál 2,1-2.7-14 /
Sal 116 /
Lc 11,1-4

Lucas 11,1-4

Una vez que estaba Jesús orando en cierto lugar, cuando terminó, uno de sus discípulos le dijo: «Señor, enséñanos a orar, como Juan enseñó a sus discípulos». Él les dijo: «Cuando oréis, decid: "Padre, santificado sea tu nombre, venga tu reino, danos cada día nuestro pan cotidiano, perdónanos nuestros pecados, porque también nosotros perdonamos a todo el que nos debe, y no nos dejes caer en tentación"».

Señor, enséñanos a orar

Como los discípulos, también hoy nosotros y nosotras tenemos necesidad de relacionarnos con Dios al modo de Jesús, de orar como él hacía. El Padrenuestro es la escuela de oración que el Evangelio nos ofrece. No es un *rezo* sino una actitud de corazón que nos hace situarnos en las manos de Dios abandonándonos en su confianza y comprometiéndonos con Él en el trabajo por el Reino en nuestros ambientes. Dios es *Abba,* todo cuidado y misericordia. Experimentarlo de este modo nos hace conscientes de que *no somos hijas e hijos únicos,* sino que la experiencia de filiación va unida a la de la fraternidad y por eso solo podemos dirigirnos a Él como *nuestro.* Santificar su nombre es por tanto hacer su voluntad, comprometiéndonos con Él en el trabajo por el Reino para que el pan de la vida llegue a todos sin exclusión y la reconciliación se instaure en cada corazón humano y en toda la creación.

No somos hijas e hijos únicos, sino que la experiencia de filiación va unida a la de la fraternidad y por eso, Señor, que nos dirijamos a Dios como Padre nuestro.

Lucas 11,5-13

En aquel tiempo, dijo Jesús a sus discípulos: «Suponed que alguno de vosotros tiene un amigo, y viene durante la medianoche y le dice: "Amigo, préstame tres panes, pues uno de mis amigos ha venido de viaje y no tengo nada que ofrecerle"; y, desde dentro, aquel le responde: "No me molestes; la puerta ya está cerrada; mis niños y yo estamos acostados; no puedo levantarme para dártelos"; os digo que, si no se levanta y se los da por ser amigo suyo, al menos por su importunidad se levantará y le dará cuanto necesite. Pues yo os digo a vosotros: pedid y se os dará, buscad y hallaréis, llamad y se os abrirá; porque todo el que pide recibe, y el que busca halla, y al que llama se le abre. ¿Qué padre entre vosotros, si su hijo le pide un pez, le dará una serpiente en lugar del pez? ¿O si le pide un huevo, le dará un escorpión? Si vosotros, pues, que sois malos, sabéis dar cosas buenas a vuestros hijos, ¿cuánto más el Padre del cielo dará el Espíritu Santo a los que le piden?».

Pedid y se os dará, buscad y hallaréis

Dios no es un solucionador de nuestros problemas, sino una presencia incondicional que nos sostiene internamente en todo. La oración tampoco es magia, ni petición cómoda ni evasiva, sino plegaria y reconocimiento de nuestro ser criaturas en sus manos. Orar nos ayuda a desprendernos de nuestra suficiencia y a poner nuestra confianza y seguridad, como Jesús, solo en el *Abba,* pero no nos exime ni de la responsabilidad ni de la búsqueda. La oración es un *anhelo esperanzado,* basado en la confianza de que el Dios *todo misericordia y cuidado,* desde los últimos y últimas, no abandona nunca. ¿Cómo cultivamos en nuestra comunidad cristiana la oración y cuáles son nuestros anhelos esperanzados hoy?

La oración no es magia, ni petición cómoda ni evasiva, sino plegaria y reconocimiento de nuestro ser criaturas confiadas en las manos de Dios. Señor, que nos entreguemos confiados en tus manos.

Stos. Dionisio y comp. / S. Juan Leonardi, m.I.
Luis Bertrán; Héctor; Abrahán, Sara y Lot; Inocencio de la Inmaculada y comp.

XXVII del T.O.
3ª del salterio
Gál 3,7-14 / Sal 110 / Lc 11,15-26

Lucas 11,15-26

En aquel tiempo, habiendo expulsado Jesús a un demonio, algunos de entre la multitud dijeron: «Por arte de Belzebú, el príncipe de los demonios, echa los demonios». Otros, para ponerlo a prueba, le pedían un signo del cielo. Él, conociendo sus pensamientos, les dijo: «Todo reino dividido contra sí mismo va a la ruina y cae casa sobre casa. Si, pues, también Satanás se ha dividido contra sí mismo, ¿cómo se mantendrá su reino? Pues vosotros decís que yo echo los demonios con el poder de Belzebú. Pero, si yo echo los demonios con el poder de Belzebú, vuestros hijos, ¿por arte de quién los echan? Por eso, ellos mismos serán vuestros jueces. Pero, si yo echo los demonios con el dedo de Dios, entonces es que el reino de Dios ha llegado a vosotros. Cuando un hombre fuerte y bien armado guarda su palacio, sus bienes están seguros, pero, cuando otro más fuerte lo asalta y lo vence, le quita las armas de que se fiaba y reparte su botín. El que no está conmigo está contra mí; el que no recoge conmigo desparrama. Cuando el espíritu inmundo sale de un hombre, da vueltas por lugares áridos, buscando un sitio para descansar, y, al no encontrarlo, dice: "Volveré a mi casa de donde salí". Al volver se la encuentra barrida y arreglada. Entonces va y toma otros siete espíritus peores que él, y se mete a vivir allí. Y el final de aquel hombre resulta peor que el principio».

Ayúdanos, Señor, a ser testigos de tu misericordia y liberación entre quienes son rechazados y estigmatizados.

Sto. Tomás de Villanueva, m.l.
Paulino de York;
Casio y Florencio;
Daniel Comboni;
Bta. Catalina Irigoyen

XXVII del T.O.
3ª del salterio
Gál 3,22-29 /
Sal 104 /
Lc 11,27-28

Lucas 11,27-28

En aquel tiempo, mientras Jesús hablaba a la gente, una mujer de entre el gentío, levantando la voz, le dijo: «Bienaventurado el vientre que te llevó y los pechos que te criaron». Pero él dijo: «Mejor, bienaventurados los que escuchan la palabra de Dios y la cumplen».

María, oyente y servidora de la Palabra

La felicidad de María no radica solo en haber sido la madre de Jesús, en haberle criado y educado, sino que pese a sus perplejidades y desconciertos sus entrañas se abrieron para hacer en ella hueco a la Palabra. María constituye para la comunidad cristiana un icono vivo de lo que significa ser oyente de la Palabra. Por su familiaridad con ella, su escucha atenta y radical disposición para ponerse a su servicio, abriéndose con confianza a su misterio, María es paradigma de fe y discipulado para la Iglesia. Ella es maestra y pedagoga en el arte de *rumiarla* y hacerla vida. ¿Cómo es nuestra familiaridad con la Palabra y cómo la hacemos vida en nuestros ambientes?

Queremos, Señor, rumiar la Palabra y encarnarla en nuestros ambientes.

domingo

Mª Soledad Torres Acosta; Juan XXIII; Nª Sra. de Begoña; Alejandro; Bruno de Colonia; Kenneth

4ª del salterio

Is 25,6-10a / Sal 22 / Flp 4,12-14.19-20 / Mt 22,1-14 (breve: Mt 22,1-10)

Isaías 25,6-10a

Preparará el Señor del universo para todos los pueblos, en este monte, un festín de manjares suculentos, un festín de vinos de solera; manjares exquisitos, vinos refinados. Y arrancará en este monte el velo que cubre a todos los pueblos, el lienzo extendido sobre todas las naciones. Aniquilará la muerte para siempre. Dios, el Señor, enjugará las lágrimas de todos los rostros, y alejará del país el oprobio de su pueblo –lo ha dicho el Señor–. Aquel día se dirá: «Aquí está nuestro Dios. Esperábamos en él y nos ha salvado. Este es el Señor en quien esperamos. Celebremos y gocemos con su salvación, porque reposará sobre este monte la mano del Señor».

Salmo 22,1b-3a.3b-4.5.6

R. Habitaré en la casa del Señor por años sin término.

Filipenses 4,12-14.19-20

Hermanos: Sé vivir en pobreza y abundancia. Estoy avezado en todo y para todo: a la hartura y al hambre, a la abundancia y a la privación. Todo lo puedo en aquel que me conforta. En todo caso, hicisteis bien en compartir mis tribulaciones. En pago, mi Dios proveerá a todas vuestras necesidades con magnificencia, conforme a su riqueza en Cristo Jesús. A Dios, nuestro Padre, la gloria por los siglos de los siglos. Amén.

Mateo 22,1-14

En aquel tiempo, volvió a hablar Jesús en parábolas a los sumos sacerdotes y a los ancianos del pueblo, diciendo: «El reino de los cielos se parece a un rey que celebraba la boda de su hijo; mandó a sus criados para que llamaran a los convidados, pero no quisieron ir.

Volvió a mandar otros criados encargándoles que dijeran a los convidados: “Tengo preparado el banquete, he matado terneros y reses cebadas y todo está a punto. Venid a la boda”. Pero ellos no hicieron caso; uno se marchó a sus tierras, otro a sus negocios, los demás agarraron a los criados y los maltrataron y los mataron. El rey montó en cólera, envió sus tropas, que acabaron con aquellos asesinos y prendieron fuego a la ciudad. Luego dijo a sus criados: “La boda está preparada, pero los convidados no se la merecían. Id ahora a los cruces de los caminos y a todos los que encontréis, llamadlos a la boda”. Los criados salieron a los caminos y reunieron a todos los que encontraron, malos y buenos. La sala del banquete se llenó de comensales. Cuando el rey entró a saludar a los comensales, reparó en uno que no llevaba traje de fiesta y le dijo: “Amigo, ¿cómo has entrado aquí sin el vestido de boda?”. El otro no abrió la boca. Entonces el rey dijo a los servidores: “Atadlo de pies y manos y arrojadlo fuera, a las tinieblas. Allí será el llanto y el rechinar de dientes”. Porque muchos son los llamados, pero pocos los elegidos».

Salir a las calles para invitar al banquete de la vida

En el Evangelio los banquetes y las comidas en común son una referencia habitual. Son signo de confraternización pero también de escándalo, por el tipo de gente con quienes come Jesús y lo que acontece. Jesús en esta parábola identifica el Reino con un banquete de bodas en donde el anfitrión ha preparado todo con mucho esmero y, sin embargo, los invitados desprecian la invitación porque están demasiado ocupados y ensimismados en sus propios asuntos. La dureza y la violencia de su corazón les hace indignos, y es por eso que el anfitrión insiste en la oferta de la fiesta y encarga a sus siervos que salgan a los caminos e inviten a quienes se encuentren. La única condición es el traje de fiesta, es decir, cuidar las actitudes del corazón: el agradecimiento y la alegría ante tal invitación.

Danos, Señor, creatividad y tesón para vivir en actitud de salida hacia las periferias sociales y existenciales donde hoy nos citas.

Virgen María del Pilar, f.
Walfrido; Domnina; Evagrio; Eustaquio

Oficio de la f.
1Crón 15,3-4. 15-16; 16,1-2 (o bien: He 1,12-14) / Sal 26 / Lc 11,27-28

Lucas 11,27-28

En aquel tiempo, mientras Jesús hablaba a la gente, una mujer de entre el gentío, levantando la voz, le dijo: «Bienaventurado el vientre que te llevó y los pechos que te criaron». Pero él dijo: «Mejor, bienaventurados los que escuchan la palabra de Dios y la cumplen».

La Palabra de Dios nos hermana

La empatía de Jesús con la gente más sencilla y popular atraviesa el Evangelio, por eso no sorprende la naturalidad con que la mujer a la que se refiere el texto reconoce y elogia a María, su madre. Pero la bienaventuranza adquiere dimensiones más amplias por boca de Jesús. Lo que da plenitud y felicidad verdadera a la vida humana es fiarse de la promesa de Dios y disponerse a su servicio. Por eso hay lazos más poderosos que la propia genealogía, es la fraternidad humana que brota de la escucha de la Palabra y su encarnación en la historia. Como comunidades cristianas, ¿nuestros lenguajes y acciones empatizan con las personas más sencillas de nuestros contextos? ¿En qué medida la Palabra de Dios ilumina nuestra realidad y moviliza nuestros compromisos?

Queremos, Señor, escuchar la Palabra como María y darla a luz en nuestros contextos.

Eduardo el Confesor;
Geraldo de Aurillac;
Teófilo de Antioquía

XXVIII del T.O.
4ª del salterio
Gál 5,1-6 /
Sal 118 /
Lc 11,37-41

Lucas 11,37-41

En aquel tiempo, cuando Jesús terminó de hablar, un fariseo le rogó que fuese a comer con él. Él entró y se puso a la mesa. Como el fariseo se sorprendió al ver que no se lavaba las manos antes de comer, el Señor le dijo: «Vosotros, los fariseos, limpiáis por fuera la copa y el plato, pero por dentro rebosáis de rapiña y maldad. ¡Necios! El que hizo lo de fuera, ¿no hizo también lo de dentro? Con todo, dad limosna de lo que hay dentro, y lo tendréis limpio todo».

Limpios por fuera y sucios por dentro

Jesús acepta la invitación a comer en casa de un fariseo. Su libertad ante los rituales de purificación desconcierta a su anfitrión, que queda escandalizado. Para Jesús lo que importa no es la apariencia ni los rituales externos, no es la fidelidad a la letra de la ley y los preceptos, sino su espíritu, *la ley interior,* que alcanza su plenitud en el amor. Por eso cuestiona a los fariseos, su hipocresía y doble moral que les lleva a *cumplir externamente* con los preceptos y rituales, mientras sus prácticas se alejan de la misericordia y la justicia que agrada a Dios. Para Jesús la generosidad de corazón y la solidaridad con los empobrecidos son el mejor rito de purificación de un creyente.

Que la ley interior de la caridad sea nuestra única ley, Señor.

octubre

S. Calixto I, m.l.
Nª Sra. del Martirio;
Bucardo I

XXVIII del T.O.
4ª del salterio
Gál 5,18-25 /
Sal 1 /
Lc 11,42-46

Lucas 11,42-46

En aquel tiempo, dijo el Señor: «¡Ay de vosotros, fariseos, que pagáis el diezmo de la hierbabuena, de la ruda y de toda clase de hortalizas, mientras pasáis por alto el derecho y el amor de Dios! Esto es lo que había que practicar, sin descuidar aquello. ¡Ay de vosotros, fariseos, que os encantan los asientos de honor en las sinagogas y los saludos en las plazas! ¡Ay de vosotros, que sois como tumbas no señaladas, que la gente pisa sin saberlo!». Le replicó un maestro de la ley. «Maestro, diciendo eso nos ofendes también a nosotros». Y él dijo: «¡Ay de vosotros también, maestros de la ley, que cargáis a los hombres cargas insoportables, mientras vosotros no tocáis las cargas ni con uno de vuestros dedos!».

Contra toda forma de control y abuso

Los fariseos y letrados cumplían preceptos minuciosos descuidando el amor al prójimo y la justicia en las relaciones sociales y situándose por encima de los demás. La libertad radical de Jesús le lleva a denunciar la falsedad de sus vidas y a desenmascarar sus prácticas religiosas por haber hecho de Dios un ídolo a medida de sus preceptos y leyes para justificar sus conciencias, el culto al yo y a sus propios intereses. La utilización de lo religioso como forma de control o de abuso de poder continúa hoy en nuestro mundo como en la época de Jesús. Los fundamentalismos son un buen ejemplo de ello. El diálogo, la apertura a quienes son diferentes, el sentido crítico son un buen antídoto contra estas formas de utilización de lo religioso. Como comunidades cristianas, ¿favorecemos estas actitudes o alimentamos al *fariseo* o *farisea* que cada uno podemos llevar dentro?

La fe es una instancia crítica y comprometida con la realidad que exige inclusión, apertura, respeto y diálogo con quienes son diferentes. Señor, que siempre tengamos en cuenta a los diferentes.

Sta. Teresa
de Jesús, f.
Bruno de Querfurt;
Aurelia de
Estrasburgo

Oficio de la f.
Eclo 15,1-6 /
Sal 88 /
Mt 11,25-30

Mateo 11,25-30

En aquel tiempo, tomó la palabra Jesús y dijo: «Te doy gracias, Padre, Señor del cielo y de la tierra, porque has escondido estas cosas a los sabios y entendidos, y se las has revelado a los pequeños. Sí, Padre, así te ha parecido bien. Todo me ha sido entregado por mi Padre, y nadie conoce al Hijo más que el Padre, y nadie conoce al Padre sino el Hijo y aquel a quien el Hijo se lo quiera revelar. Venid a mí todos los que estáis cansados y agobiados, y yo os aliviaré. Tomad mi yugo sobre vosotros y aprended de mí, que soy manso y humilde de corazón, y encontraréis descanso para vuestras almas. Porque mi yugo es llevadero y mi carga ligera».

Jesús, cuidado y descanso para los pobres

El corazón de Jesús se conmueve de agradecimiento y alegría ante la acogida de los pobres al misterio de Dios, mientras que quienes se sienten satisfechos quedan encerrados en su propia autosuficiencia y se blindan a la Buena Noticia. Jesús es alivio y descanso para quienes desde su vulnerabilidad asumida se abren con transparencia a su gratuidad, se dejan sorprender por su cuidado y se disponen con sencillez a su servicio. Así le sucedió a santa Teresa de Jesús, doctora de la Iglesia, reformadora y mística, mujer de acompañamiento y relaciones, que nunca olvidó que Dios se revelaba en las cosas más ordinarias de la vida y que el mundo estaba ardiendo y que era necesario «juntar espaldas».

Ayúdanos, Señor, a tratar de amistad contigo, al modo de Teresa de Jesús, para disponernos a tu servicio entre los últimos y últimas.

Sta. Eduvigis / Sta. Margarita Mª Alacoque, m.l.
Gerardo Mayela; Galo; Mª Margarita Dufrost; Bto. Juan de Palafox

XXVIII del T.O.
4º del salterio
Ef 1,11-14 / Sal 32 / Lc 12,1-7

Lucas 12,1-7

En aquel tiempo, miles y miles de personas se agolpaban. Jesús empezó a hablar, dirigiéndose primero a sus discípulos: «Cuidado con la levadura de los fariseos, que es la hipocresía, pues nada hay cubierto que no llegue a descubrirse, ni nada escondido que no llegue a saberse. Por eso, lo que digáis en la oscuridad será oído a plena luz, y lo que digáis al oído en las recámaras se pregonará desde la azotea. A vosotros os digo, amigos míos: no tengáis miedo a los que matan el cuerpo, y después de esto no pueden hacer más. Os voy a enseñar a quién tenéis que temer: temed al que, después de la muerte, tiene poder para arrojar a la "gehenna". A ese tenéis que temer, os lo digo yo. ¿No se venden cinco pájaros por dos céntimos? Pues ni de uno solo de ellos se olvida Dios. Más aún, hasta los cabellos de vuestra cabeza están contados. No tengáis miedo: valéis más que muchos pájaros».

Autenticidad y confianza evangélica

Frente a la hipocresía de los fariseos que viven en la mentira y en la doble moral, Jesús nos anima, como a sus discípulos, a cultivar la transparencia y la autenticidad como actitudes vitales imprescindibles para vivir en plenitud, aunque ello conlleve también conflictos y dificultades. Vivir de esta manera nos hace más vulnerables, pero también más humanos. Jesús nos recuerda que el Dios en el que creemos es *Todo-cuidadoso* y que si ponemos en Él y en su Palabra nuestra seguridad, dejándonos conducir por la libertad del Evangelio, *ni uno de nuestros cabellos se perderá.*

Señor, que cultivemos la transparencia y la autenticidad evangélica en cada encuentro y relación, al modo de Jesús.

S. Ignacio de Antioquía, m.o.
Etelberto y Etelredo; Bto. Contardo Ferrini

XXVIII del T.O.
4ª del salterio
Ef 1,15-23 / Sal 8 / Lc 12,8-12

Lucas 12,8-12

En aquel tiempo, dijo Jesús a sus discípulos: «Todo aquel que se declare por mí ante los hombres, también el Hijo del hombre se declarará por él ante los ángeles de Dios, pero si uno me niega ante los hombres, será negado ante los ángeles de Dios. Todo el que diga una palabra contra el Hijo del hombre podrá ser perdonado, pero al que blasfeme contra el Espíritu Santo no se le perdonará. Cuando os conduzcan a las sinagogas, ante los magistrados y las autoridades, no os preocupéis de cómo o con qué razones os defenderéis o de lo que vais a decir, porque el Espíritu Santo os enseñará en aquel momento lo que tenéis que decir».

La osadía del Espíritu

La libertad y radicalidad de Jesús urge a posicionamiento. Así como el Evangelio no es neutral, los cristianos y cristianas tampoco podemos serlo ante el desamor, la violencia, la injusticia y la pérdida de sentido en las relaciones humanas y el expolio de la casa común. Negar a Dios es negar los vínculos de filiación y fraternidad que nos unen a todos los seres humanos entre sí, con la naturaleza y el misterio que nos habita y sostiene como criaturas. Afirmarlo es reconocerle como fuente de misericordia y justicia y con nuestras palabras y obras anunciar su propuesta de fraternidad y reconciliación, empezando por los más empobrecidos y empobrecidas. Por eso ponerse de parte de Dios ante los hombres y las mujeres de nuestro mundo requiere una libertad y una osadía que solo nos la puede dar el Espíritu: Él es nuestra lucidez. Él nos dirá en cada momento lo que tenemos que decir o hacer cuando estén en riesgo los intereses de Jesús, que son los intereses de los más humildes y excluidos.

Danos, Señor, la lucidez y la audacia de tu Espíritu.

JORNADA MUNDIAL Y COLECTA POR LA EVANGELIZACIÓN DE LOS PUEBLOS

Lucas; Julián; Justo; Teobaldo

1ª del salterio
Is 45,1.4-6 / Sal 95 / 1Tes 1,1-5b / Mt 22,15-21

Isaías 45,1.4-6

Esto dice el Señor a su Ungido, a Ciro: «Yo lo he tomado de la mano, para doblegar ante él las naciones y desarmar a los reyes, para abrir ante él las puertas, para que los portales no se cierren. Por mi siervo Jacob, por mi escogido Israel, te llamé por tu nombre, te di un título de honor, aunque no me conocías. Yo soy el Señor y no hay otro; fuera de mí no hay dios. Te pongo el cinturón, aunque no me conoces, para que sepan de Oriente a Occidente que no hay otro fuera de mí. Yo soy el Señor y no hay otro».

Salmo 95,1 y 3.4-5.7-8.9-10ac

R. Aclamad la gloria y el poder del Señor.

1 Tesalonicenses 1,1-5b

Pablo, Silvano y Timoteo a la Iglesia de los Tesalonicenses, en Dios Padre y en el Señor Jesucristo. A vosotros, gracia y paz. En todo momento damos gracias a Dios por todos vosotros y os tenemos presentes en nuestras oraciones, pues sin cesar recordamos ante Dios, nuestro Padre, la actividad de vuestra fe, el esfuerzo de vuestro amor y la firmeza de vuestra esperanza en Jesucristo nuestro Señor. Bien sabemos, hermanos amados de Dios, que él os ha elegido, pues cuando os anuncié nuestro evangelio, no fue solo de palabra, sino también con la fuerza del Espíritu Santo y con plena convicción.

Mateo 22,15-21

En aquel tiempo, se retiraron los fariseos y llegaron a un acuerdo para comprometer a Jesús con una pregunta. Le enviaron algunos discípulos suyos, con unos herodianos, y le dijeron: «Maestro, sabemos que eres sincero y que enseñas el camino de Dios conforme a la verdad, sin que te importe nadie, porque no te fijas en apariencias. Dinos, pues, qué opinas: ¿es lícito pagar impuesto al César o no?». Comprendiendo su mala voluntad, les dijo Jesús: «Hipócritas, ¿por qué me tentáis? Enseñadme la moneda del impuesto». Le presentaron un denario. Él les preguntó: «¿De quién son esta imagen y esta inscripción?». Le respondieron: «Del César». Entonces les replicó: «Pues dad al César lo que es del César y a Dios lo que es de Dios».

Al César lo que es del César y a Dios lo que es de Dios

Nuevamente los dirigentes de Jerusalén quieren comprometer a Jesús, esta vez buscando su enfrentamiento con las autoridades romanas. Para ello los fariseos y herodianos le hacen una «encerrona» con una pregunta sobre los impuestos. Pero Jesús, consciente del asedio a que está siendo sometido, no entra en su juego, sino que desenmascara su hipocresía sin perder tiempo en discusiones inútiles: «Dad al César lo que es del César y a Dios lo que es de Dios». Traducido a nuestro contexto significa que nuestras responsabilidades como ciudadanos y ciudadanas no nos eximen de nuestra libertad de conciencia y del compromiso con el proyecto solidario de Dios en la historia y que va más allá del cumplimiento de las leyes civiles.

Señor, que nuestra fe nos comprometa con una vivencia activa y crítica de la ciudadanía.

S. Pedro de Alcántara / Stos. Juan de Brébeuf e Isaac Jogues / S. Pablo de la Cruz, m.l.
Bto. Timoteo Giaccardo

XXIX del T.O.
1ª del salterio
Ef 2,1-10 / Sal 99 / Lc 12,13-21

Lucas 12,13-21

En aquel tiempo, dijo uno de entre la gente a Jesús: «Maestro, dile a mi hermano que reparta conmigo la herencia». Él le dijo: «Hombre, ¿quién me ha constituido juez o árbitro entre vosotros?». Y les dijo: «Mirad: guardaos de toda clase de codicia. Pues, aunque uno ande sobrado, su vida no depende de sus bienes». Y les propuso una parábola: «Las tierras de un hombre rico produjeron una gran cosecha. Y empezó a echar cálculos, diciéndose: "¿Qué haré? No tengo donde almacenar la cosecha". Y se dijo: "Haré lo siguiente: derribaré los graneros y construiré otros más grandes, y almacenaré allí todo el trigo y mis bienes. Y entonces me diré a mí mismo: alma mía, tienes bienes almacenados para muchos años; descansa, come, bebe, banquetea alegremente". Pero Dios le dijo: "Necio, esta noche te van a reclamar el alma, y ¿de quién será lo que has preparado?". Así es el que atesora para sí y no es rico ante Dios».

La vida no depende de los bienes

En esta parábola Jesús sitúa las riquezas en su justo lugar. El dinero y los bienes materiales son necesarios para vivir, pero hacer de la acumulación y el lucro el centro de la existencia conduce a la deshumanización, a la explotación de unas personas sobre otras y al expolio de la tierra. Lo más importante de la vida no es objeto de *compra y venta,* sino que su lógica es la del don y la gratuidad. En una sociedad hoy tan mercantilizada como la nuestra, convencida de que *«fuera del mercado no hay salvación»* es urgente encarnar un estilo de vida sobrio, sencillo y resistente al consumo, en el que la persona esté en el centro y no el beneficio, para hacer posible el proyecto inclusivo de Jesús.

Convierte, Señor, nuestra vida a la sobriedad y la generosidad del Evangelio.

María Bertila; Adelina; Irene; Aurelio; Victoriano

XXIX del T.O.
1ª del salterio
Ef 2,12-22 / Sal 84 / Lc 12,35-38

Lucas 12,35-38

En aquel tiempo, dijo Jesús a sus discípulos: «Tened ceñida vuestra cintura y encendidas las lámparas. Vosotros estad como los hombres que aguardan a que su señor vuelva de la boda, para abrirle apenas venga y llame. Bienaventurados aquellos criados a quienes el señor, al llegar, los encuentre en vela; en verdad os digo que se ceñirá, los hará sentar a la mesa y, acercándose, les irá sirviendo. Y, si llega a la segunda vigilia o a la tercera y los encuentra así, bienaventurados ellos».

Con las lámparas encendidas

En la espera activa y la vigilancia para reconocer el paso de Dios por los acontecimientos nos jugamos nuestra vida de fe. Para ello hemos de vivir *con las lámparas siempre encendidas,* como narra el texto. Una de esas lámparas es la esperanza y la confianza en que las promesas de Dios se cumplen siempre y se revelan en lo más pequeño y pobre de la historia, en lo que no tiene brillo, pero cuya luz paradójicamente tiene capacidad de sostenernos y otorgar sentido cuando atravesamos caminos oscuros e inciertos. Mantenernos a la espera aguardando al Señor de la vida pide también *un corazón encendido por su Palabra* y dispuesto a dejarse servir por el Dios con el delantal puesto para reproducir su diaconía en el mundo.

Ayúdanos, Señor, a vivir la esperanza activa con el corazón encendido por tu Palabra.

Hilarión de Gaza; Úrsula; Celia y Celina; Griselda; Laura de Santa Catalina de Siena

XXIX del T.O.
1ª del salterio
Ef 3,2-12 /
Sal Is 12,2-6 /
Lc 12,39-48

Lucas 12,39-48

En aquel tiempo, dijo Jesús a sus discípulos: «Comprended que si supiera el dueño de casa a qué hora viene el ladrón, velaría y no le dejaría abrir un boquete en casa. Lo mismo vosotros, estad preparados, porque a la hora que menos penséis viene el Hijo del hombre». Pedro le dijo: «Señor, ¿dices esta parábola por nosotros o por todos?». Y el Señor dijo: «¿Quién es el administrador fiel y prudente a quien el señor pondrá al frente de su servidumbre para que reparta la ración de alimento a sus horas? Bienaventurado aquel criado a quien su señor, al llegar, lo encuentre portándose así. En verdad os digo que lo pondrá al frente de todos sus bienes. Pero si aquel criado dijere para sus adentros: "Mi señor tarda en llegar", y empieza a pegarles a los criados y criadas, a comer y beber y emborracharse, vendrá el señor de ese criado el día que no espera y a la hora que no sabe y lo castigará con rigor, y le hará compartir la suerte de los que no son fieles. El criado que, conociendo la voluntad de su señor, no se prepara ni obra de acuerdo con su voluntad, recibirá muchos azotes; pero el que, sin conocerla, ha hecho algo digno de azotes, recibirá menos. Al que mucho se le dio, mucho se le reclamará; al que mucho se le confió, más aún se le pedirá».

Como administradores fieles

La parábola del administrador fiel nos recuerda que todo lo que somos es recibido y que lo que nos hace realmente humanos es la capacidad de libertad y de responsabilidad. Por eso lo que nos hace vivir en plenitud es ponerlas en juego en la existencia concreta y en la relación con los demás y con Dios, al servicio del proyecto de liberación de Jesús y *a su modo*. Vivir es un milagro y una oportunidad. Por eso cada día somos urgidos y urgidas a hacerlo con grandeza de corazón y muy atentos y atentas al paso de Dios por nuestra vida en las personas que nos rodean y en los acontecimientos. Como comunidades cristianas, ¿cómo ejercitamos hoy estas actitudes?

S. Juan Pablo II, m.l.
Donato de Fiésole; Nancto; Salomé

XXIX del T.O.
1º del salterio
Ef 3,14-21 / Sal 32 / Lc 12,49-53

Lucas 12,49-53

En aquel tiempo, dijo Jesús a sus discípulos: «He venido a prender fuego a la tierra, ¡y cuánto deseo que ya esté ardiendo! Con un bautismo tengo que ser bautizado, ¡y qué angustia sufro hasta que se cumpla! ¿Pensáis que he venido a traer paz a la tierra? No, sino división. Desde ahora estarán divididos cinco en una casa: tres contra dos y dos contra tres; estarán divididos el padre contra el hijo y el hijo contra el padre, la madre contra la hija y la hija contra la madre, la suegra contra su nuera y la nuera contra la suegra».

Jesús, el fuego renovador de Dios

El fuego en la Biblia no es un signo de destrucción, sino de la presencia purificadora y renovadora de Dios. Es expresión de un *Dios con «pathos»* que se abrasa de amor por la humanidad y la creación más herida. Del mismo modo, Jesús, su *enviado,* no es neutral ante el sufrimiento y la injusticia, ni aséptico ni frío en sus relaciones, sino que queda afectado por las situaciones de exclusión e inhumanidad con las que se va encontrando, denunciándolas como contrarias a la voluntad de su *Abba* y generando sanación y liberación. Su libertad y radicalidad mueve a posicionamiento. Lo que para muchos es interpretado como una Buena Noticia, para otros es motivo de escándalo y condena. El Evangelio es siempre *signo de contradicción.* Por eso una tentación permanente de la vida cristiana es hacerlo a nuestra medida, intentando domesticar su mensaje. Como comunidades cristianas, ¿dónde sentimos hoy ese fuego renovador que nos mueve a transformarnos internamente y a comprometernos en nuestros ambientes?

El Evangelio es siempre signo de contradicción. Señor, que nos comprometamos con él.

S. Juan de Capistrano, m.l.
Servando y Germán; Ignacio de Constantinopla; Juan Bono

XXIX del T.O.
1ª del salterio
Ef 4,1-6 / Sal 23 / Lc 12,54-59

Lucas 12,54-59

En aquel tiempo, decía Jesús a la gente: «Cuando veis subir una nube por el poniente, decís enseguida: "Va a caer un aguacero", y así sucede. Cuando sopla el sur decís: "Va a hacer bochorno", y sucede. Hipócritas: sabéis interpretar el aspecto de la tierra y del cielo, pues ¿cómo no sabéis interpretar el tiempo presente? ¿Cómo no sabéis juzgar vosotros mismos lo que es justo? Por ello, mientras vas con tu adversario al magistrado, haz lo posible en el camino por llegar a un acuerdo con él, no sea que te lleve a la fuerza ante el juez y el juez te entregue al guardia y el guardia te meta en la cárcel. Te digo que no saldrás de allí hasta que no pagues la última monedilla».

Interpretar los signos de los tiempos

Jesús cuestiona la torpeza de mente y de corazón de quienes se cierran a la novedad de los signos de Dios en el presente, a las nuevas manifestaciones y lenguajes con que lo hace. Denuncia la resistencia a interpretar los signos de los tiempos. No hacerlo es cerrarse al Dios de la vida que se revela en ella de manera nueva y constante. Para ello hemos de tener *un oído atento a los acontecimientos e interpretarlos a la luz del Evangelio,* con la ayuda de las aportaciones que desde las ciencias se nos ofrecen. La palabra de Dios es dinámica y, en diálogo con cada cultura y tiempo, desarrolla nuevos matices y claves de interpretación que nos urgen a ponernos *manos a la obra* con Jesús, en la tarea de aliviar el sufrimiento y tejer la reconciliación.

Señor, que tengamos un oído atento a los acontecimientos para interpretarlos a la luz del Evangelio y las aportaciones que desde las ciencias se nos ofrecen.

S. Antonio Mª Claret, m.I.
Luciano y Marciano; Duna; Luis Guanella

XXIX del T.O.
1ª del salterio
Ef 4,7-16 / Sal 121 / Lc 13,1-9

Lucas 13,1-9

En aquel momento se presentaron algunos a contar a Jesús lo de los galileos, cuya sangre había mezclado Pilato con la de los sacrificios que ofrecían. Jesús respondió: «¿Pensáis que esos galileos eran más pecadores que los demás galileos porque han padecido todo esto? Os digo que no; y, si no os convertís, todos pereceréis lo mismo. O aquellos dieciocho sobre los que cayó la torre en Siloé y los mató, ¿pensáis que eran más culpables que los demás habitantes de Jerusalén? Os digo que no; y, si no os convertís, todos pereceréis de la misma manera». Y les dijo esta parábola: «Uno tenía una higuera plantada en su viña, y fue a buscar fruto en ella, y no lo encontró. Dijo entonces al viñador: "Ya ves, tres años llevo viniendo a buscar fruto en esta higuera, y no lo encuentro. Córtala. ¿Para qué va a perjudicar el terreno?". Pero el viñador respondió: "Señor, déjala todavía este año y mientras tanto yo cavaré alrededor y le echaré estiércol, a ver si da fruto en adelante. Si no, la puedes cortar"».

Dios no se cansa de esperar nuestra conversión

Jesús anuncia a un Dios que es todo misericordia y perdón, por eso Él no es responsable de las catástrofes, ni de las muertes de los inocentes, ni de la ira de los dictadores. El Dios de Jesús actúa en la historia contando con la libertad y la responsabilidad humana. Su lógica *no es retributiva,* sino la de la *desmesura del amor* y la *compasión hasta el extremo.* Por eso es *el Dios de las mil y una oportunidades,* que espera con paciencia y gozo nuestra conversión. Como comunidades cristianas, ¿cómo cuidamos las condiciones que pueden favorecer la vuelta a casa de quienes se sienten alejados y alejadas de la Iglesia?

El Dios de Jesús actúa en la historia contando con la libertad y la responsabilidad humana. Señor, que actuemos al modo de Jesús.

Nª Sra. del Buen Suceso; Bernardo Calbó; Crisanto y Daría; Crispín y Crispiniano; Gaudencio de Brescia; Frutos

2ª del salterio
Éx 22,20-26 / Sal 17 / 1Tes 1,5c-10 / Mt 22,34-40

Éxodo 22,20-26

Esto dice el Señor: «No maltratarás ni oprimirás al emigrante, pues emigrantes fuisteis vosotros en la tierra de Egipto. No explotarás a viudas ni a huérfanos. Si los explotas y gritan a mí, yo escucharé su clamor, se encenderá mi ira y os mataré a espada; vuestras mujeres quedarán viudas y vuestros hijos huérfanos. Si prestas dinero a alguien de mi pueblo, a un pobre que habita contigo, no serás con él un usurero cargándole intereses. Si tomas en prenda el manto de tu prójimo, se lo devolverás antes de ponerse el sol, porque no tiene otro vestido para cubrir su cuerpo, ¿y dónde, si no, se va a acostar? Si grita a mí, yo lo escucharé, porque yo soy compasivo».

Salmo 17,2-3a.3bc-4.47 y 51ab

R. Yo te amo, Señor; tú eres mi fortaleza.

1 Tesalonicenses 1,5c-10

Hermanos: Sabéis cómo nos comportamos entre vosotros para vuestro bien. Y vosotros seguisteis nuestro ejemplo y el del Señor, acogiendo la Palabra en medio de una gran tribulación, con la alegría del Espíritu Santo. Así llegasteis a ser un modelo para todos los creyentes de Macedonia y de Acaya. No solo ha resonado la palabra del Señor en Macedonia y en Acaya desde vuestra comunidad, sino que además vuestra fe en Dios se ha difundido por doquier, de modo que nosotros no teníamos necesidad de explicar nada, ya que ellos mismos cuentan los detalles de la visita que os hicimos: cómo os convertisteis a Dios, abandonando los ídolos, para servir al Dios vivo y verdadero, y vivir aguardando la vuelta de su Hijo Jesús desde el cielo, a quien ha resucitado de entre los muertos y que nos libra del castigo futuro.

Mateo 22,34-40

En aquel tiempo, los fariseos, al oír que Jesús había hecho callar a los saduceos, se reunieron en un lugar y uno de ellos, un doctor de la ley, le preguntó para ponerlo a prueba: «Maestro, ¿cuál es el mandamiento principal de la ley?». Él le dijo: «"Amarás al Señor, tu Dios, con todo tu corazón, con toda tu alma, con toda tu mente". Este mandamiento es el principal y primero. El segundo es semejante a él: "Amarás a tu prójimo como a ti mismo". En estos dos mandamientos se sostienen toda la Ley y los Profetas».

La religión del amor

El cristianismo es la religión del amor: amor a Dios y amor al prójimo, como una realidad inseparable. Pero el amor no es un sentimiento abstracto o una emoción superficial, sino que el amor se encarna, se hace gesto, palabra, ofrenda, historia compartida, rebeldía contra la injusticia, ternura y respeto hacia toda la creación y hacia uno mismo. *Amar a Dios con todo el corazón, con toda el alma y con toda la mente* es reconocerle como origen y fin de nuestra existencia y disponernos a su servicio en nuestros contextos con creatividad y alegría. El amor *no nos ahorra nada,* sino que más bien *nos complica en todo,* porque es imposible amar a Dios y vivir de espaldas al grito de nuestras hermanas y hermanos más oprimidos y sufrientes. Por eso el amor tiene siempre una dimensión felicitante, a la vez que conflictiva, en la que la incondicionalidad de Dios no abandona nunca, porque su ser mismo es amor.

Señor, que practiquemos el amor que se encarna, se hace gesto, palabra, ofrenda, rebeldía contra la injusticia, respeto hacia toda la creación y hacia una y uno mismo.

Evaristo; Rogaciano; Felicísimo de Cartago; Bto. Buenaventura de Potenza

XXX del T.O.
2ª del salterio
Ef 4,32–5,8 /
Sal 1 /
Lc 13,10-17

Lucas 13,10-17

Un sábado, enseñaba Jesús en una sinagoga. Había una mujer que desde hacía dieciocho años estaba enferma por causa de un espíritu, y estaba encorvada, sin poderse enderezar de ningún modo. Al verla, Jesús la llamó y le dijo: «Mujer, quedas libre de tu enfermedad». Le impuso las manos, y enseguida se puso derecha. Y glorificaba a Dios. Pero el jefe de la sinagoga, indignado porque Jesús había curado en sábado, se puso a decir a la gente: «Hay seis días para trabajar; venid, pues, a que os curen en esos días y no en sábado». Pero el Señor le respondió y dijo: «Hipócritas: cualquiera de vosotros, ¿no desata en sábado su buey o su burro del pesebre, y los lleva a abrevar? Y a esta, que es hija de Abrahán, y que Satanás ha tenido atada dieciocho años, ¿no era necesario soltarla de tal ligadura en día de sábado?». Al decir estas palabras, sus enemigos quedaron abochornados, y toda la gente se alegraba por todas las maravillas que hacía.

Mujer, quedas libre

En el contexto de la época y en el marco sociocultural y religioso de Jesús, su relación con las mujeres es percibida siempre como una provocación al sistema establecido, ya que formaban uno de los colectivos más excluidos y condenados a la invisibilidad. Así le sucedía a *la mujer encorvada,* cuyo sufrimiento era ignorado por quienes acudían asiduamente a la sinagoga. Jesús, sin embargo, reconoce su dolor y su marginación y al posar sus manos sobre ella la libera y la sana, de modo que «enseguida se puso derecha y glorificaba a Dios». Llama la atención la diferente reacción de la mujer y la de los *hombres de la ley* que, esclavos de ella, son incapaces de reconocer que hay *algo mayor que el sábado.* Por eso son incapaces de reconocer la Buena Noticia de la *misericordia de Dios en acción,* que es Jesús, en quien el Reino se hace presente en la liberación de *las últimas entre los últimos:* las mujeres. Como comunidades cristianas, ¿cuál es nuestro nivel de sensibilidad e implicación ante la realidad de violencia y la feminización de la pobreza en nuestro mundo?

Frumencio;
Vicente, Sabina
y Cristeta

XXX del T.O.
2ª del salterio
Ef 5,21-33 /
Sal 127 /
Lc 13,18-21

Lucas 13,18-21

En aquel tiempo, decía Jesús: «¿A qué es semejante el reino de Dios o a qué lo compararé? Es semejante a un grano de mostaza que un hombre toma y siembra en su huerto; creció, se hizo un árbol y los pájaros del cielo anidaron en sus ramas». Y dijo de nuevo: «¿A qué compararé el reino de Dios? Es semejante a la levadura que una mujer tomó y metió en tres medidas de harina, hasta que todo fermentó».

La fuerza y la fecundidad de lo pequeño

El grano de mostaza y la levadura resultan insignificantes para las miradas prisioneras en el valor de la apariencia. Sin embargo, para Jesús, lo aparente no es lo real, sino que lo real y lo verdaderamente valioso permanece oculto en la profundidad del ser, donde radica también su fuerza y su generatividad, como es el caso de la semilla de mostaza. Lo mismo sucede con la levadura en la masa, apenas perceptible en el pan recién horneado, pero sin la cual sería imposible ofrecerlo como alimento. Así es el reino inaugurado por Jesús, discreto y frágil en su apariencia, pero poderoso en su capacidad de generar transformaciones profundas en el corazón humano y en la realidad. Estas parábolas nos hablan también de la importancia de los procesos en la vida de fe y de la necesidad de dedicar tiempo y cuidado a su acompañamiento. Como comunidades cristianas, ¿qué valor damos a lo pequeño, a lo seminal, al mezclarnos con otros y otras para que fermente la masa del Reino en nuestros contextos?

Para Jesús lo aparente no es lo real, sino que lo real y lo verdaderamente valioso permanece oculto en la profundidad del ser. Señor, que descubramos lo realmente valioso en nuestras vidas.

Stos. Simón y Judas, f.
Anastasia; Hermelinda

Oficio de la f.
Ef 2,19-22 / Sal 18 / Lc 6,12-19

Lucas 6,12-19

En aquellos días, Jesús salió al monte a orar y pasó la noche orando a Dios. Cuando se hizo de día, llamó a sus discípulos, escogió de entre ellos a doce, a los que también nombró apóstoles: Simón, al que puso de nombre Pedro, y Andrés, su hermano; Santiago, Juan, Felipe, Bartolomé, Mateo, Tomás, Santiago el de Alfeo, Simón, llamado el Zelote; Judas el de Santiago y Judas Iscariote, que fue el traidor. Después de bajar con ellos, se paró en una llanura con un grupo grande de discípulos y una gran muchedumbre del pueblo, procedente de toda Judea, de Jerusalén y de la costa de Tiro y de Sidón. Venían a oírlo y a que los curara de sus enfermedades; los atormentados por espíritus inmundos quedaban curados, y toda la gente trataba de tocarlo, porque salía de él una fuerza que los curaba a todos.

Jesús, contemplativo en la acción

La vida de Jesús transcurre en los caminos y en las periferias, en permanente contacto con la gente y dejándose afectar por su realidad. La gente le busca y acude a él por su trato reconocedor y sus acciones liberadoras. Su constante vida en relación está alimentada y sostenida en su intimidad con Dios. Es un contemplativo en la acción. Por eso cuida también con esmero los momentos de soledad para *pasar la vida por el corazón* y desde el diálogo con su *Abba* discernir y tomar decisiones. Así es como elige al grupo de los doce. *La vocación cristiana es con-vocación.* Conlleva una dimensión comunitaria cuyo centro es Jesús y el anuncio del Reino. ¿Cómo fortalecer en nuestras comunidades cristianas este sentido de con-vocación y la llamada a ser personas contemplativas en la acción al modo de Jesús?

La fe se sostiene y nutre desde la experiencia comunitaria y la contemplación en la acción. Señor, que seamos personas contemplativas en la acción.

Narciso;
Bto. Joaquín Royo;
Bto. Miguel Rúa;
Bta. Mª Teresa Casini

XXX del T.O.
2ª del salterio
Ef 6,10-20 /
Sal 143 /
Lc 13,31-35

Lucas 13,31-35

En aquel día, se acercaron unos fariseos a decir a Jesús: «Sal y marcha de aquí, porque Herodes quiere matarte». Jesús les dijo: «Id y decid a ese zorro: "Mira, yo arrojo demonios y realizo curaciones hoy y mañana, y al tercer día mi obra quedará consumada. Pero es necesario que camine hoy y mañana y pasado, porque no cabe que un profeta muera fuera de Jerusalén". ¡Jerusalén, Jerusalén, que matas a los profetas y apedreas a los que se te envían! Cuántas veces he querido reunir a tus hijos, como la gallina reúne a sus polluelos bajo las alas, y no habéis querido. Mirad, vuestra casa va a ser abandonada. Os digo que no me veréis hasta el día en que digáis: "¡Bendito el que viene en nombre del Señor!"».

Libertad, denuncia y ternura

La libertad de Jesús frente al poder y sus amenazas lo es *hasta el extremo,* ya que es consciente de que lo que está en juego es su propia existencia. Jesús ama y valora la vida. No busca arriesgarla inútilmente, pero la fidelidad al proyecto liberador de Dios le lleva a enfrentar consecuencias conflictivas para su propia vida y para las de los suyos. En Jesús la denuncia se hace libertad y grito para quienes se oponen a la Buena Noticia de la misericordia y la liberación por mantener su estatus y anteponer sus intereses a los de los más pobres y excluidos. Jesús se ofrece como ternura y cuidado maternal, *como una gallina a sus polluelos,* pero su libertad en la entrega nunca suple la nuestra. Por eso de nosotros y nosotras depende abrirnos a su propuesta, dejarnos desinstalar por ella o mantenernos blindados en la defensa de nuestros intereses y justificaciones.

Que sigamos el ejemplo de Jesús, en él la denuncia se hace libertad y grito para quienes se cierran a la Buena Noticia de la misericordia y la liberación.

Claudio; Marcelo; Zenobio; Hipólito; Ángel de Acri

XXX del T.O.
2ª del salterio
Flp 1,1-11 / Sal 110 / Lc 14,1-6

Lucas 14,1-6

Un sábado, entró Jesús en casa de uno de los principales fariseos para comer y ellos lo estaban espiando. Había allí, delante de él, un hombre enfermo de hidropesía, y tomando la palabra, dijo a los maestros de la ley y a los fariseos: «¿Es lícito curar los sábados, o no?». Ellos se quedaron callados. Jesús, tocando al enfermo, lo curó y lo despidió. Y a ellos les dijo: «¿A quién de vosotros se le cae al pozo el asno o el buey y no lo saca enseguida en día de sábado?». Y no pudieron replicar a esto.

La persona es lo primero

Jesús acepta la invitación a comer en casa de un fariseo. Su actitud no es defensiva ni de rechazo, aun cuando es consciente de que sus palabras y gestos van a estar en el punto de mira de su crítica. En aquel escenario incómodo y «bajo control», la sensibilidad de Jesús queda afectada ante el sufrimiento de una persona. La ley del sábado le obligaba a aplazar esa necesidad, a ser insensible a ella, pues el sábado era el día dedicado a dar culto a Dios. Jesús desmonta un precepto que tiene como consecuencia la legitimación del sufrimiento humano y la indiferencia ante el prójimo y revela a un *Dios todo misericordia* que se identifica con la liberación de quienes sufren y para el que *la persona es lo primero.* ¿Son las personas *lo primero* en nuestras comunidades cristianas? ¿Cómo significamos en nuestros ambientes esta libertad y misericordia de Jesús con los últimos y últimas?

Ayúdanos, Señor, a que en nuestra vida el valor de las personas y su dignidad sean lo primero.

Alonso Rodríguez; Quintín; Jerónimo Hermosilla

XXX del T.O.
2ª del salterio
Flp 1,18b-26 / Sal 41 / Lc 14,1.7-11

Lucas 14,1.7-11

Un sábado, entró Jesús en casa de uno de los principales fariseos para comer y ellos lo estaban espiando. Notando que los convidados escogían los primeros puestos, les decía una parábola: «Cuando te conviden a una boda, no te sientes en el puesto principal, no sea que hayan convidado a otro de más categoría que tú; y venga el que os convidó a ti y al otro, y te diga: "Cédele el puesto a este". Entonces, avergonzado, irás a ocupar el último puesto. Al revés, cuando te conviden, vete a sentarte en el último puesto, para que, cuando venga el que te convidó, te diga: "Amigo, sube más arriba". Entonces quedarás muy bien ante todos los comensales. Porque todo el que se enaltece será humillado; y el que se humilla será enaltecido».

El último lugar

Frente a la cultura del *aparentar* y el *trepar* para conseguir los primeros puestos, Jesús propone el servicio y la *solidaridad desde abajo,* revelando así un Dios todo compasivo, cuya entraña es humildad y descentramiento amoroso. Jesús ocupa el último lugar *para que no haya más últimos,* inaugurando de este modo la *circularidad del Reino* desde la igualdad y la diversidad que nos constituye como seres humanos creados a imagen y semejanza del Amor. Por eso, como comunidades cristianas, nuestro compromiso con el Amor lo es contra toda forma de dominación, explotación, abuso de poder o discriminación por motivos de estatus, sexo, raza, religión, etc. La preferencia de Jesús por los últimos y últimas nos moviliza en la denuncia de toda forma de racismo, sexismo, o clasismo.

Señor, que practiquemos el amor cristiano que se expresa y se compromete contra toda forma de dominación y explotación que coloca a unos seres humanos por encima de otros.

Oficio de la s.
Vol. IV
Ap 7,2-4.9-14 /
Sal 23 /
1Jn 3,1-3 /
Mt 5,1-12a

Apocalipsis 7,2-4.9-14

Yo, Juan, vi a otro ángel que subía del oriente llevando el sello del Dios vivo. Gritó con voz potente a los cuatro ángeles encargados de dañar a la tierra y al mar, diciéndoles: «No dañéis a la tierra ni al mar ni a los árboles hasta que sellemos en la frente a los siervos de nuestro Dios». Oí también el número de los sellados, ciento cuarenta y cuatro mil, de todas las tribus de Israel. Después de esto vi una muchedumbre inmensa, que nadie podría contar, de todas las naciones, razas, pueblos y lenguas, de pie delante del trono y delante del Cordero, vestidos con vestiduras blancas y con palmas en sus manos. Y gritan con voz potente: «¡La victoria es de nuestro Dios, que está sentado en el trono, y del Cordero!». Y todos los ángeles que estaban de pie alrededor del trono y de los ancianos y de los cuatro vivientes cayeron rostro a tierra ante el trono, y adoraron a Dios, diciendo: «Amén. La alabanza y la gloria y la sabiduría y la acción de gracias y el honor y el poder y la fuerza son de nuestro Dios, por los siglos de los siglos. Amén». Y uno de los ancianos me dijo: «Estos que están vestidos con vestiduras blancas, ¿quiénes son y de dónde han venido?». Yo le respondí: «Señor mío, tú lo sabrás». Él me respondió: «Estos son los que vienen de la gran tribulación: han lavado y blanqueado sus vestiduras en la sangre del Cordero».

Salmo 23,1b-2.3-4ab.5-6

R. Esta es la generación que busca tu rostro, Señor.

1 Juan 3,1-3

Queridos hermanos: Mirad qué amor nos ha tenido el Padre para llamarnos hijos de Dios, pues ¡lo somos!

noviembre

El mundo no nos conoce porque no lo conoció a él. Queridos, ahora somos hijos de Dios y aún no se ha manifestado lo que seremos. Sabemos que, cuando él se manifieste, seremos semejantes a él, porque lo veremos tal cual es. Todo el que tiene esta esperanza en él se purifica a sí mismo, como él es puro.

Mateo 5,1-12a

En aquel tiempo, al ver Jesús el gentío, subió al monte, se sentó y se acercaron sus discípulos; y, abriendo su boca, les enseñaba diciendo: «Bienaventurados los pobres en el espíritu, porque de ellos es el reino de los cielos. Bienaventurados los mansos, porque ellos heredarán la tierra. Bienaventurados los que lloran, porque ellos serán consolados. Bienaventurados los que tienen hambre y sed de la justicia, porque ellos quedarán saciados. Bienaventurados los misericordiosos, porque ellos alcanzarán misericordia. Bienaventurados los limpios de corazón, porque ellos verán a Dios. Bienaventurados los que trabajan por la paz, porque ellos serán llamados hijos de Dios. Bienaventurados los perseguidos por causa de la justicia, porque de ellos es el reino de los cielos. Bienaventurados vosotros cuando os insulten y os persigan y os calumnien de cualquier modo por mi causa. Alegraos y regocijaos, porque vuestra recompensa será grande en el cielo».

Bienaventurados y bienaventuradas de Dios

En la fiesta de Todos los santos celebramos las vidas de los hombres y mujeres que han encarnado el espíritu de las Bienaventuranzas. Hombres y mujeres, ya estén canonizados o no, cuya vida es testimonio de la presencia de Dios en el mundo, signos de su bondad y misericordia hasta el extremo. Hombres y mujeres, como dice el papa Francisco, que son también los *santos de la puerta del al lado,* porque desde la cotidianidad de sus vidas se han comprometido con quienes tienen *hambre y sed de justicia* y han sido perseguidos o juzgados injustamente por ello. Ellos y ellas nos acompañan en nuestro caminar como comunidades cristianas, nos ayudan a mantenernos cuando los ánimos flojean y a seguir apostando por humanizar la vida al modo de Jesús, como ellos y ellas hicieron.

lunes

Conmemoración de todos los fieles difuntos

Oficio de difuntos
Lam 3,17-26 (o bien: Rom 6,3-9) / Sal 129 / Jn 14,1-6 (otras lecturas en Leccionario IV)

Juan 14,1-6

En aquel tiempo, dijo Jesús a sus discípulos: «No se turbe vuestro corazón, creed en Dios y creed también en mí. En la casa de mi Padre hay muchas moradas; si no, os lo habría dicho, porque me voy a prepararos un lugar. Cuando vaya y os prepare un lugar, volveré y os llevaré conmigo, para que donde estoy yo estéis también vosotros. Y adonde yo voy, ya sabéis el camino». Tomás le dice: «Señor, no sabemos adónde vas, ¿cómo podemos saber el camino?». Jesús le responde: «Yo soy el camino y la verdad y la vida. Nadie va al Padre sino por mí».

En las manos de Dios y en la fidelidad de quienes nos han precedido

En el día de los difuntos recordamos a los seres queridos que ya no están físicamente entre nosotros, pero cuyas vidas siguen unidas a las nuestras, fortaleciéndonos y acompañándonos. Como las mujeres que acudieron con perfumes al sepulcro de Jesús y descubrieron que él ya no estaba allí, también nosotros experimentamos su presencia viva en nuestro corazón y en lo profundo de la historia. Nuestros difuntos nos ayudan a sentirnos parte de esta larga cadena humana de amor, de lucha por la vida, de dones y saberes compartidos, de gratuidades y resistencias por las que hoy somos quienes somos y podemos reconocer agradecidos y agradecidas que *la humanidad no está perdida,* sino que está sostenida en las manos de Dios y en el esfuerzo y la fidelidad de quienes nos han precedido.

Gracias, Señor, por la nube de testigos que nos sostienen y acompañan.

S. Martín de Porres, m.l.
Malaquías; Silvia; Bto. Manuel Lozano «Lolo»; Bto. Ruperto Mayer

XXXI del T.O.
3ª del salterio
Flp 2,5-11 / Sal 21 / Lc 14,15-24

Lucas 14,15-24

En aquel tiempo, uno de los comensales dijo a Jesús: «¡Bienaventurado el que coma en el reino de Dios!». Jesús le contestó: «Un hombre daba un gran banquete y convidó a mucha gente; a la hora del banquete mandó a su criado a avisar a los convidados: "Venid, que ya está preparado". Pero todos a una empezaron a excusarse. El primero le dijo: "He comprado un campo y necesito ir a verlo. Dispénsame, por favor". Otro dijo: "He comprado cinco yuntas de bueyes y voy a probarlas. Dispénsame, por favor". Otro dijo: "Me acabo de casar y, por ello, no puedo ir". El criado volvió a contárselo a su señor. Entonces el dueño de casa, indignado, dijo a su criado: "Sal aprisa a las plazas y calles de la ciudad y tráete aquí a los pobres, a los lisiados, a los ciegos y a los cojos". El criado dijo: "Señor, se ha hecho lo que mandaste, y todavía queda sitio". Entonces el señor dijo al criado: "Sal por los caminos y senderos, e insísteles hasta que entren y se llene mi casa. Y os digo que ninguno de aquellos convidados probará mi banquete"».

El Reino: un banquete para los excluidos y excluidas

En el contexto de Jesús, como en el nuestro, los invitados e invitadas a los banquetes suelen ser gente importante. Sin embargo, la lógica del Reino *sub-vierte* valores y categorías sociales. Frente al rechazo de la *gente de bien* que se cierra a la Buena Noticia de un Dios *todo inclusivo y misericordioso,* Jesús en esta parábola anima a salir a las calles para invitar a quienes no se sienten dignos, a los *sin derechos,* a los y las *insignificantes,* porque de ellos es el reino de Dios. El papa Francisco nos urge también hoy a ser *Iglesia en salida.* ¿Qué pasos necesitamos seguir dando para que así sea e invitar al banquete de la vida a aquellos y aquellas que siempre son olvidados y olvidadas?

En tu nombre, Señor, queremos hacer de la vida un banquete donde los excluidos y excluidas se sienten a la mesa en los primeros puestos.

noviembre

S. Carlos Borromeo, m.o.
Vidal y Agrícola

XXXI del T.O.
3ª del salterio
Flp 2,12-18 /
Sal 26 /
Lc 14,25-33

Lucas 14,25-33

En aquel tiempo, mucha gente acompañaba a Jesús; él se volvió y les dijo: «Si alguno viene a mí y no pospone a su padre y a su madre, a su mujer y a sus hijos, a sus hermanos y a sus hermanas, e incluso a sí mismo, no puede ser discípulo mío. Quien no carga con su cruz y viene en pos de mí, no puede ser discípulo mío. Así, ¿quién de vosotros, si quiere construir una torre, no se sienta primero a calcular los gastos, a ver si tiene para terminarla? No sea que, si echa los cimientos y no puede acabarla, se pongan a burlarse de él los que miran, diciendo: "Este hombre empezó a construir y no pudo acabar". ¿O qué rey, si va a dar la batalla a otro rey, no se sienta primero a deliberar si con diez mil hombres podrá salir al paso del que lo ataca con veinte mil? Y si no, cuando el otro está todavía lejos, envía legados para pedir condiciones de paz. Así pues, todo aquel de entre vosotros que no renuncia a todos sus bienes no puede ser discípulo mío».

La radicalidad del seguimiento a Jesús

El cristianismo, mucho más que el reconocimiento de una doctrina, es una forma de vida elegida libre y conscientemente, un modo de estar en el mundo al estilo de Jesús. Por eso llama la atención en este texto que, aunque Jesús aparece rodeado de mucha gente, a él parece no importarle tanto *el número* como la *radicalidad y las convicciones hondas* de quienes quieren hacerlo. Por eso no les oculta las consecuencias que conlleva y les invita a repensar su opción desde ellas: la libertad frente a los vínculos familiares, estar dispuestos a vivir en desinstalación permanente, ser cuestionados o perseguidos por el poder, en definitiva, *tomar su propia cruz.* Porque aunque la cruz no tiene la palabra definitiva en el Evangelio, sino la plenitud de la vida en la mañana de Pascua, atraviesa páginas conflictivas que como él y con él hemos de atravesar.

Ayúdanos, Señor, a seguirte con todas las consecuencias a las que el compromiso con tu Reino nos lleve.

Lucas 15,1-10

En aquel tiempo, solían acercarse a Jesús todos los publicanos y los pecadores a escucharlo. Y los fariseos y los escribas murmuraban diciendo: «Ese acoge a los pecadores y come con ellos». Jesús les dijo esta parábola: «¿Quién de vosotros que tiene cien ovejas y pierde una de ellas, no deja las noventa y nueve en el desierto y va tras la descarriada, hasta que la encuentra? Y, cuando la encuentra, se la carga sobre los hombros, muy contento; y, al llegar a casa, reúne a los amigos y a los vecinos, y les dice: "¡Alegraos conmigo!, he encontrado la oveja que se me había perdido". Os digo que así también habrá más alegría en el cielo por un solo pecador que se convierta que por noventa y nueve justos que no necesitan convertirse. O ¿qué mujer que tiene diez monedas, si se le pierde una, no enciende una lámpara y barre la casa y busca con cuidado, hasta que la encuentra? Y, cuando la encuentra, reúne a las amigas y a las vecinas y les dice: "¡Alegraos conmigo!, he encontrado la moneda que se me había perdido". Os digo que la misma alegría tendrán los ángeles de Dios por un solo pecador que se convierta».

Somos dracma valiosa para Dios

De todas las imágenes de Dios que aparecen en el Evangelio referidas al cuidado y a la misericordia, este texto nos muestra una entrañablemente femenina y popular: El Dios con *delantal puesto y escoba en mano* que barre y barre sin parar toda la casa hasta encontrar la moneda perdida. Aunque a menudo erremos el camino y no estemos nunca a la altura de la misericordia de Dios, Él no para hasta encontrarnos y ofrecernos nuevas oportunidades. El Dios que en Jesús *acoge a los pecadores y pecadoras y come con ellos y ellas* es insistente en su oferta de conversión y se le va el corazón como a un *buen pastor* por las ovejas que se descarrían. Por eso siempre sale a nuestro encuentro y su alegría por el retorno resulta incontenible. ¿Qué experiencias recientes tenemos de haber sido encontrados y encontradas por la misericordia de Dios?

viernes

Stos. Pedro Poveda e Inocencio de la Inmaculada y comp., m.o.
Patrocinio de María; Leonardo de Noblat

XXXI del T.O.
3ª del salterio
Flp 3,17–4,1 / Sal 121 / Lc 16,1-8

Lucas 16,1-8

En aquel tiempo, decía Jesús a sus discípulos: «Un hombre rico tenía un administrador, a quien acusaron ante él de derrochar sus bienes. Entonces lo llamó y le dijo: "¿Qué es eso que estoy oyendo de ti? Dame cuenta de tu administración, porque en adelante no podrás seguir administrando". El administrador se puso a decir para sí: "¿Qué voy a hacer, pues mi señor me quita la administración? Para cavar no tengo fuerzas; mendigar me da vergüenza. Ya sé lo que voy a hacer para que, cuando me echen de la administración, encuentre quien me reciba en su casa". Fue llamando uno a uno a los deudores de su amo y dijo al primero: "¿Cuánto debes a mi amo?". Este respondió: "Cien barriles de aceite". Él le dijo: "Toma tu recibo; aprisa, siéntate y escribe cincuenta". Luego dijo a otro: "Y tú, ¿cuánto debes?". Él dijo: "Cien fanegas de trigo". Le dice: "Toma tu recibo y escribe ochenta". Y el amo alabó al administrador injusto, porque había actuado con astucia. Ciertamente, los hijos de este mundo son más astutos con su propia gente que los hijos de la luz».

Contra la lógica del dinero y sus astucias

Esta parábola tiene un doble sentido, por un lado Jesús denuncia en ella la astucia de quienes acumulan los bienes y usan y abusan del dinero para el propio beneficio, pero también, por otro, elogia la generosidad en el compartir como una forma de redistribución de los bienes. El administrador de la parábola se ve forzado a un cambio de comportamiento y lo hace desde su propia lógica, que no es la de la honestidad ni la justicia, sino la búsqueda de su propia supervivencia. Lo que Jesús elogia no es tanto su actitud sino su astucia en encontrar alternativas. Del mismo modo, como cristianos y cristianas hemos de oponernos a toda forma de corrupción y empeñarnos, contra viento y marea, en encontrar procedimientos justos y equitativos para que los bienes sean distribuidos con justicia, frente a toda forma de abuso y explotación de los más poderosos hacia los más débiles.

Jacinto Castañeda;
Vincenzo Grossi;
Bto. Francisco
Palau Quer

XXXI del T.O.
3ª del salterio
Flp 4,10-19 /
Sal 111 /
Lc 16,9-15

Lucas 16,9-15

En aquel tiempo, decía Jesús a sus discípulos: «Ganaos amigos con el dinero de iniquidad, para que, cuando os falte, os reciban en las moradas eternas. El que es fiel en lo poco, también en lo mucho es fiel; el que es injusto en lo poco, también en lo mucho es injusto. Pues, si no fuisteis fieles en la riqueza injusta, ¿quién os confiará la verdadera? Si no fuisteis fieles en lo ajeno, ¿lo vuestro, quién os lo dará? Ningún siervo puede servir a dos señores, porque, o bien aborrecerá a uno y amará al otro, o bien se dedicará al primero y no hará caso del segundo. No podéis servir a Dios y al dinero». Los fariseos, que eran amigos del dinero, estaban escuchando todo esto y se burlaban de él. Y les dijo: «Vosotros os las dais de justos delante de los hombres, pero Dios conoce vuestros corazones, pues lo que es sublime entre los hombres es abominable ante Dios».

No podéis servir a Dios y al dinero

Aunque existe una tradición en la Biblia que reconoce la riqueza como un signo de bendición, los profetas de Israel la denuncian por usurpar el lugar de Dios y convertir al ser humano en su esclavo. Jesús ubica su mensaje y su práctica en esta tradición profética y denuncia el dinero como opuesto a Dios. Si Dios es solidaridad y justicia, la acumulación de riquezas y la avaricia del dinero son contrarias a Él. Por su apropiación, los bienes, que son universales, pasan a ser de unos pocos privilegiados que los utilizan en su propio beneficio, ignorando a los empobrecidos y empobrecidas por su causa. Solo mediante el compartir, la solidaridad y la justicia con ellos y ellas, el dinero puede ser redimido. Como a los fariseos también a nosotros y nosotras nos resulta objeto de burla y escándalo este mensaje. ¿Cómo es nuestra relación con el dinero? ¿Con quién y cómo compartimos? ¿Nos interesamos por conocer las políticas de los bancos donde tenemos nuestro dinero? ¿Apoyamos la banca ética?

Danos, Señor, tu libertad frente al dinero y los bienes materiales, y tu grandeza y generosidad de corazón con los prójimos.

DÍA Y COLECTA DE LA IGLESIA DIOCESANA

Adeodato; Atanasio de Nápoles; Eufrosina; Isabel de la Trinidad; Bto. Juan Duns Scoto

4ª del salterio
Sab 6,12-16 / Sal 62 / 1Tes 4,13-18 / Mt 25,1-13

Sabiduría 6,12-16

Radiante e inmarcesible es la sabiduría, la ven con facilidad los que la aman y quienes la buscan la encuentran. Se adelanta en manifestarse a los que la desean. Quien madruga por ella no se cansa, pues la encuentra sentada a su puerta. Meditar sobre ella es prudencia consumada y el que vela por ella pronto se ve libre de preocupaciones. Pues ella misma va de un lado a otro buscando a los que son dignos de ella; los aborda benigna por los caminos y les sale al encuentro en cada pensamiento.

Salmo 62,2.3-4.5-6.7-8

R. Mi alma está sedienta de ti, Señor, Dios mío.

1 Tesalonicenses 4,13-18

No queremos que ignoréis, hermanos, la suerte de los difuntos para que no os aflijáis como los que no tienen esperanza. Pues si creemos que Jesús murió y resucitó, de igual modo Dios llevará con él, por medio de Jesús, a los que han muerto. Esto es lo que os decimos apoyados en la palabra del Señor: nosotros, los que quedemos hasta la venida del Señor, no precederemos a los que hayan muerto; pues el mismo Señor, a la voz del arcángel y al son de la trompeta divina, descenderá del cielo, y los muertos en Cristo resucitarán en primer lugar; después nosotros, los que vivamos, los que quedemos, seremos llevados con ellos entre nubes al encuentro del Señor, por los aires. Y así estaremos siempre con el Señor. Consolaos, pues, mutuamente con estas palabras.

Mateo 25,1-13

En aquel tiempo, dijo Jesús a sus discípulos esta parábola: «Se parecerá el reino de los cielos a diez vírgenes que tomaron sus lámparas y salieron al encuentro del esposo. Cinco de ellas eran necias y cinco eran prudentes. Las necias, al tomar las lámparas, no se proveyeron de aceite; en cambio, las prudentes se llevaron alcuzas de aceite con las lámparas. El esposo tardaba, les entró sueño a todas y se durmieron. A medianoche se oyó una voz: "¡Que llega el esposo, salid a su encuentro!". Entonces se despertaron todas aquellas vírgenes y se pusieron a preparar sus lámparas. Y las necias dijeron a las prudentes: "Dadnos de vuestro aceite, que se nos apagan las lámparas". Pero las prudentes contestaron: "Por si acaso no hay bastante para vosotras y nosotras, mejor es que vayáis a la tienda y os lo compréis". Mientras iban a comprarlo, llegó el esposo, y las que estaban preparadas entraron con él al banquete de bodas, y se cerró la puerta. Más tarde llegaron también las otras vírgenes, diciendo: "Señor, señor, ábrenos". Pero él respondió: "En verdad os digo que no os conozco". Por tanto, velad, porque no sabéis el día ni la hora».

Velad, porque no sabéis el día ni la hora

El Evangelio es una llamada de atención a nuestra sensibilidad, a vivir despiertos para reconocer el paso de Dios por la vida. Como las *vírgenes prudentes,* nuestros candiles han de estar encendidos para descubrir su presencia en el espesor de lo real. La vida no se improvisa. Por eso hemos de cuidar los hábitos del corazón para que nuestra sensibilidad no esté embotada y no se quede prisionera en la superficialidad de los agobios cotidianos. Dios en su encarnación nos sale siempre al encuentro para abrazarnos con su consuelo y su misericordia, pero requiere la apertura y la profundidad de nuestro ser y el cuidado de la esperanza activa.

Queremos, Señor, vivir con una sensibilidad despierta y «encendida» para captar tu presencia en el espesor de lo real.

Ded. de la basílica de Letrán, f.
Sta. María la Real de la Almudena; Teodoro; Teodomiro

Oficio de la f.
Ez 47,1-2.8-9.12 (o bien: 1Cor 3, 9c-11.16-17) / Sal 45 / Jn 2,13-22

Juan 2,13-22

Se acercaba la Pascua de los judíos y Jesús subió a Jerusalén. Y encontró en el templo a los vendedores de bueyes, ovejas y palomas, y a los cambistas sentados; y, haciendo un azote de cordeles, los echó a todos del templo, ovejas y bueyes; y a los cambistas les esparció las monedas y les volcó las mesas; y a los que vendían palomas les dijo: «Quitad esto de aquí: no convirtáis en un mercado la casa de mi Padre». Sus discípulos se acordaron de lo que está escrito: «El celo de tu casa me devora». Entonces intervinieron los judíos y le preguntaron: «¿Qué signos nos muestras para obrar así?». Jesús contestó: «Destruid este templo, y en tres días lo levantaré». Los judíos replicaron: «Cuarenta y seis años ha costado construir este templo, ¿y tú lo vas a levantar en tres días?». Pero él hablaba del templo de su cuerpo. Y cuando resucitó de entre los muertos, los discípulos se acordaron de que lo había dicho, y creyeron a la Escritura y a la palabra que había dicho Jesús.

El cuerpo de Cristo, Templo de Dios

Este texto revela el conflicto de Jesús con el templo y su indignación y denuncia ante quienes mercantilizan lo más sagrado. Frente a la perversión de la institución religiosa por excelencia en Israel que adora a los ídolos del poder y la riqueza, Jesús se revela a sí mismo como templo vivo y verdadero. El cuerpo de Cristo, partido y repartido para la vida del mundo, su misericordia entrañable hecha caricia, gesto, palabra y acción liberadora entre los últimos y últimas, es el lugar donde su *Abba* quiere que le honremos. En definitiva, la identificación con su proyecto y su pasión por el Reino. Su cuerpo es lugar de comunión y encuentro con la humanidad y la creación toda.

Gracias, Señor, por tu denuncia de la mercantilización de lo sagrado. Ayúdanos a seguirte y servirte con mayor desnudez, solidaridad y libertad.

S. León Magno, m.o.
Nª Sra. de los Remedios; Andrés Avelino; Victoria; Ninfa; Noé; Aniano

XXXII del T.O.
4ª del salterio
Tit 2,1-8.11-14 / Sal 36 / Lc 17,7-10

Lucas 17,7-10

En aquel tiempo, dijo el Señor: «¿Quién de vosotros, si tiene un criado labrando o pastoreando, le dice cuando vuelve del campo: "Enseguida, ven y ponte a la mesa"? ¿No le diréis más bien: "Prepárame de cenar, cíñete y sírveme mientras como y bebo, y después comerás y beberás tú"? ¿Acaso tenéis que estar agradecidos al criado porque ha hecho lo mandado? Lo mismo vosotros: cuando hayáis hecho todo lo que se os ha mandado, decid: "Somos siervos inútiles, hemos hecho lo que teníamos que hacer"».

Vivir el servicio con naturalidad

Servir no otorga prestigio en nuestra sociedad, *no llena un currículum,* sin embargo sin servicio no hay vida que merezca la pena ser vivida. Jesús no hizo otra cosa que ser el servidor del Reino entre las personas más empobrecidas e ignoradas. Él nos sigue urgiendo a hacerlo hoy en nuestros ambientes, con humildad y sencillez en las mil y una situaciones que la vida cotidiana nos plantea: echar una mano a los vecinos, estar disponible para los compañeros de trabajo, estar pendiente de lo que necesitan los demás para que se sientan con la libertad de contar con nosotros y nosotras. El reino se gesta en actitudes y acciones cotidianas, aparentemente irrelevantes a los ojos de la prepotencia del poder, incapaces de reconocer que son el servicio y la entrega cotidiana de tantas personas los que sostienen y hacen posible el milagro de la vida.

Gracias, Señor, por la Buena Noticia desinstaladora del servicio en nuestra vida.

S. Martín de Tours, m.o.
Bartolomé el Joven; Teodoro Estudita

XXXII del T.O.
4ª del salterio
Tit 3,1-7 /
Sal 22 /
Lc 17,11-19

Lucas 17,11-19

Una vez, yendo Jesús camino de Jerusalén, pasaba entre Samaría y Galilea. Cuando iba a entrar en una ciudad, vinieron a su encuentro diez hombres leprosos, que se pararon a lo lejos y a gritos le decían: «Jesús, maestro, ten compasión de nosotros». Al verlos, les dijo: «Id a presentaros a los sacerdotes». Y sucedió que, mientras iban de camino, quedaron limpios. Uno de ellos, viendo que estaba curado, se volvió alabando a Dios a grandes gritos y se postró a los pies de Jesús, rostro en tierra, dándole gracias. Este era un samaritano. Jesús tomó la palabra y dijo: «¿No han quedado limpios los diez?; los otros nueve, ¿dónde están? ¿No ha habido quien volviera a dar gloria a Dios más que este extranjero?». Y le dijo: «Levántate, vete; tu fe te ha salvado».

La alegría del agradecimiento

Jesús atraviesa las periferias en su camino hacia Jerusalén y en este itinerario le salen al encuentro un grupo de leprosos que, desesperados por su situación de marginación y aislamiento, reclaman su compasión. Jesús los sana. Pero de todos ellos solo uno, el samaritano, el menos religioso y ortodoxo en sus creencias, es el que se muestra agradecido y da gloria a Dios por su liberación. La fe de este «personaje indigno» conmueve al propio Jesús, que le va a presentar como modelo de gratitud. Dios actúa y se goza con aquellos que son despreciados a los *ojos del mundo* y en ellos revela la gratuidad de su salvación que no depende de méritos, sino que es puro don. ¿Cómo cultivamos el agradecimiento en nuestras comunidades cristianas?

Dios actúa y se goza con la liberación de quienes son despreciados a los ojos del mundo.

S. Josafat, m.o.
Millán; Nilo; Renato

XXXII del T.O.
4ª del salterio
Flm 7-20 /
Sal 145 /
Lc 17,20-25

Lucas 17,20-25

En aquel tiempo, los fariseos preguntaron a Jesús: «¿Cuándo va a llegar el reino de Dios?». Él les contestó: «El reino de Dios no viene aparatosamente, ni dirán: "Está aquí" o "Está allí", porque, mirad, el reino de Dios está en medio de vosotros». Dijo a sus discípulos: «Vendrán días en que desearéis ver un solo día del Hijo del hombre, y no lo veréis. Entonces se os dirá: "Está aquí" o "Está allí"; no vayáis ni corráis detrás, pues como el fulgor del relámpago brilla de un extremo al otro del cielo, así será el Hijo del hombre en su día. Pero primero es necesario que padezca mucho y sea reprobado por esta generación».

El reino de Dios está en medio de vosotros

Frente a las expectativas de muchos de los contemporáneos de Jesús que esperaban un Mesías *todopoderoso,* al modo de los reyes de este mundo, el Reino que Jesús inaugura no se caracteriza por su espectacularidad ni apariencia, sino por la discreción de sus signos y su encarnación en lo más humilde y escondido. Por eso, en lo más profundo del corazón humano y de la realidad, es donde podemos reconocer la fuerza del Reino, que, desde lo más imperceptible a los ojos del poder, quiere renovarlo todo con la fuerza del amor y nos urge a ser sus servidores y servidoras. Para ello necesitamos cultivar nuestra interioridad y *cavar hondo* en nuestro corazón, en definitiva, ser contemplativos y contemplativas en la acción.

Ayúdanos, Señor, a cultivar la hondura del corazón para poder descubrirte y hallarte en todas las cosas.

viernes

S. Leandro, m.I.
Diego de Alcalá; Estanislao de Kostka; Nicolás I; Abbón de Fleury; Homobono; Bto. Artémide Zatti

XXXII del T.O.
4ª del salterio
2Jn 4-9 / Sal 118 / Lc 17,26-37

Lucas 17,26-37

En aquel tiempo, dijo Jesús a sus discípulos: «Como sucedió en los días de Noé, así será también en los días del Hijo del hombre: comían, bebían, se casaban los hombres y las mujeres tomaban esposo, hasta el día en que Noé entró en el arca; entonces llegó el diluvio y acabó con todos. Asimismo, como sucedió en los días de Lot: comían, bebían, compraban, vendían, sembraban, construían; pero el día que Lot salió de Sodoma, llovió fuego y azufre del cielo y acabó con todos. Así sucederá el día que se revele el Hijo del hombre. Aquel día, el que esté en la azotea y tenga sus cosas en casa no baje a recogerlas; igualmente, el que esté en el campo, no vuelva atrás. Acordaos de la mujer de Lot. El que pretenda guardar su vida, la perderá; y el que la pierda, la recobrará. Os digo que aquella noche estarán dos juntos: a uno se lo llevarán y al otro lo dejarán; estarán dos moliendo juntas: a una se la llevarán y a la otra la dejarán». Ellos le preguntaron: «¿Dónde, Señor?». Él les dijo: «Donde está el cadáver, allí se reunirán los buitres».

Jesús, *Kairós* de Dios

El fin de los tiempos es un tema recurrente en todas las religiones que preocupaba también a los contemporáneos de Jesús. Pero para él lo más importante no es el miedo a lo que puede suceder al final de la vida, sino lo que cada día se hace con ella, movidos por el amor y no por el miedo. Jesús acude al pasado, a los tiempos de Noé y Lot, para llamar la atención de las consecuencias sobre una forma de vida superficial y frívola, de espaldas al sueño de Dios y a la solidaridad con los prójimos. Él inaugura un tiempo nuevo. Él es el *kairós* de Dios. En él acontece la plenitud del Amor y la reconciliación. Abrirse a su Palabra y su mensaje es estar dispuestos a subvertir los valores dominantes (poder, apariencia, dinero, superficialidad, indiferencia). En definitiva, estar dispuestos a *perder la vida para ganarla* desde la autenticidad, la práctica de la inclusión y el servicio a la justicia.

14
sábado

José Pignatelli;
Deodato de Rodez;
León de Asís

XXXII del T.O.
4ª del salterio
3Jn 5-8 /
Sal 111 /
Lc 18,1-8

Lucas 18,1-8

En aquel tiempo, Jesús dijo a sus discípulos una parábola para enseñarles que es necesario orar siempre, sin desfallecer. «Había un juez en una ciudad que ni temía a Dios ni le importaban los hombres. En aquella ciudad había una viuda que solía ir a decirle: "Hazme justicia frente a mi adversario". Por algún tiempo se estuvo negando, pero después se dijo a sí mismo: "Aunque ni temo a Dios ni me importan los hombres, como esta viuda me está molestando, le voy a hacer justicia, no sea que siga viniendo a cada momento a importunarme"». Y el Señor añadió: «Fijaos en lo que dice el juez injusto; pues Dios, ¿no hará justicia a sus elegidos que claman ante él día y noche?; ¿o les dará largas? Os digo que les hará justicia sin tardar. Pero, cuando venga el Hijo del hombre, ¿encontrará esta fe en la tierra?».

Dios hará justicia con quienes le reclaman

Jesús pone como ejemplo la tenacidad de la viuda que aparece en este texto, insistente en su reclamo de justicia, con la confianza y la persistencia en el cuidado de la oración en nuestra vida. El Dios de Jesús no es el Dios *tapagujeros* que soluciona de manera mágica nuestros problemas, pero está siempre atento a nuestras súplicas y necesidades. Es el impulso amoroso que desde lo más hondo de nosotros mismos nos sostiene y nos ayuda a buscar alternativas con otras personas y grupos ante las situaciones de sufrimiento e injusticia que nos rodean. La oración es siempre eficaz porque nos pone en contacto con la fuente de todo amor y libertad que es Dios mismo y para quien *nada humano le es ajeno.* ¿Qué es la oración en nuestra vida y qué espacio dedicamos a ella en nuestro día cotidiano?

Señor, ayúdanos a no ser indiferentes ni acostumbrarnos a la injusticia.

domingo

Alberto Magno; Leopoldo III; Macuto; Didier

1ª del salterio
Prov 31,10-13.
19-20.30-31 /
Sal 127 /
1Tes 5,1-6 /
Mt 25,14-30
(breve: Mt 25,
14-15.19-21)

JORNADA MUNDIAL DE LOS POBRES

Proverbios 31,10-13.19-20.30-31

Una mujer fuerte, ¿quién la hallará? Supera en valor a las perlas. Su marido se fía de ella, pues no le faltan riquezas. Le trae ganancias, no pérdidas, todos los días de su vida. Busca la lana y el lino y los trabaja con la destreza de sus manos. Aplica sus manos al huso, con sus dedos sostiene la rueca. Abre sus manos al necesitado y tiende sus brazos al pobre. Engañosa es la gracia, fugaz la hermosura; la que teme al Señor merece alabanza. Cantadle por el éxito de su trabajo, que sus obras la alaben en público.

Salmo 127,1bc-2.3.4-5

R. Dichosos los que temen al Señor.

1 Tesalonicenses 5,1-6

En lo referente al tiempo y a las circunstancias, hermanos, no necesitáis que os escriba, pues vosotros sabéis perfectamente que el Día del Señor llegará como un ladrón en la noche. Cuando estén diciendo: «paz y seguridad», entonces, de improviso, les sobrevendrá la ruina, como los dolores de parto a la que está encinta, y no podrán escapar. Pero vosotros, hermanos, no vivís en tinieblas, de forma que ese día os sorprenda como un ladrón; porque todos sois hijos de la luz e hijos del día; no somos de la noche ni de las tinieblas. Así, pues, no nos entreguemos al sueño como los demás, sino estemos en vela y vivamos sobriamente.

Mateo 25,14-30

En aquel tiempo, dijo Jesús a sus discípulos esta parábola: «Un hombre, al irse de viaje, llamó a sus siervos y los dejó al cargo de sus bienes: a uno le dejó cinco talentos, a otro dos, a otro uno, a cada cual según su capacidad; luego se marchó. El que recibió cinco talentos fue enseguida a negociar con ellos y ganó otros cinco. El que recibió dos hizo lo mismo y ganó otros dos. En cambio, el que recibió uno fue a hacer un hoyo en la tierra y escondió el dinero de su señor. Al cabo de mucho tiempo viene el señor de aquellos siervos y se pone a ajustar las cuentas con ellos. Se acercó el que había recibido cinco talentos y le presentó otros cinco, diciendo: "Señor, cinco talentos me dejaste; mira, he ganado otros cinco". Su señor le dijo: "Bien, siervo bueno y fiel; como has sido fiel en lo poco, te daré un cargo importante; entra en el gozo de tu señor". Se acercó luego el que había recibido dos talentos y dijo: "Señor, dos talentos me dejaste; mira, he ganado otros dos". Su señor le dijo: "¡Bien, siervo bueno y fiel!; como has sido fiel en lo poco, te daré un cargo importante; entra en el gozo de tu señor". Se acercó también el que había recibido un talento y dijo: "Señor, sabía que eres exigente, que siegas donde no siembras y recoges donde no esparces, tuve miedo y fui a esconder tu talento bajo tierra. Aquí tienes lo tuyo". El señor le respondió: "Eres un siervo negligente y holgazán. ¿Conque sabías que siego donde no siembro y recojo donde no esparzo? Pues debías haber puesto mi dinero en el banco, para que, al volver yo, pudiera recoger lo mío con los intereses. Quitadle el talento y dádselo al que tiene diez. Porque al que tiene se le dará y le sobrará, pero al que no tiene, se le quitará hasta lo que tiene. Y a ese siervo inútil echadlo fuera, a las tinieblas; allí será el llanto y el rechinar de dientes"».

El riesgo es crecimiento y posibilidad de maduración, es libertad y creatividad. Señor, que nos arriesguemos sin miedo.

Sta. Margarita de Escocia / Sta. Gertrudis, m.l.
Inés de Asís; Otmaro; Edmundo Rich; José Moscati

XXXIII del T.O.
1ª del salterio
Ap 1,1-4; 2,1-5a / Sal 1 / Lc 18,35-43

Lucas 18,35-43

Cuando se acercaba Jesús a Jericó, había un ciego sentado al borde del camino pidiendo limosna. Al oír que pasaba gente, preguntaba qué era aquello; y le informaron: «Pasa Jesús el Nazareno». Entonces empezó a gritar: «¡Jesús, hijo de David, ten compasión de mí!». Los que iban delante lo regañaban para que se callara, pero él gritaba más fuerte: «¡Hijo de David, ten compasión de mí!». Jesús se paró y mandó que se lo trajeran. Cuando estuvo cerca, le preguntó: «¿Qué quieres que haga por ti?». Él dijo: «Señor, que recobre la vista». Jesús le dijo: «Recobra la vista, tu fe te ha salvado». Y enseguida recobró la vista y lo seguía, glorificando a Dios. Y todo el pueblo, al ver esto, alabó a Dios.

Recuperar la visión

Jesús se dirige a Jerusalén consciente de las dificultades que allí le esperan, pero al llegar a Jericó, al borde del camino, es decir, en situación de exclusión, un ciego grita su nombre pidiéndole ayuda. Jesús se deja afectar y, tras un diálogo con él, le devuelve la visión, el horizonte, el sentido, la dignidad. También nosotros y nosotras necesitamos liberarnos de la ceguera de la indiferencia o la costumbre con que nos acercamos al Evangelio y abrirnos a nuevas visiones de la realidad que nos permitan captar los signos de la presencia liberadora de Dios en nuestro mundo y la urgencia de secundarlos. ¿Cuáles son hoy nuestras mayores oscuridades y cómo ayudarnos a abrirnos al encuentro, como el ciego de Jericó, de Aquel que está empeñado en que recuperemos la visión?

Libéranos, Señor, de la ceguera de la indiferencia o la costumbre y ábrenos a una nueva visión de la realidad desde la hondura de tu Evangelio.

Sta. Isabel de Hungría, m.o.
Acisclo y Victoria; Alfonso Rodríguez; Dionisio; Gregorio de Tours; Hugo

XXXIII del T.O.
1ª del salterio
Ap 3,1-6.14-22 / Sal 14 / Lc 19,1-10

Lucas 19,1-10

En aquel tiempo, Jesús entró en Jericó e iba atravesando la ciudad. En esto, un hombre llamado Zaqueo, jefe de publicanos y rico, trataba de ver quién era Jesús, pero no lo lograba a causa del gentío, porque era pequeño de estatura. Corriendo más adelante, se subió a un sicomoro para verlo, porque tenía que pasar por allí. Jesús, al llegar a aquel sitio, levantó los ojos y le dijo: «Zaqueo, date prisa y baja, porque es necesario que hoy me quede en tu casa». Él se dio prisa en bajar y lo recibió muy contento. Al ver esto, todos murmuraban diciendo: «Ha entrado a hospedarse en casa de un pecador». Pero Zaqueo, de pie, dijo al Señor: «Mira, Señor, la mitad de mis bienes se la doy a los pobres; y si he defraudado a alguno, le restituyo cuatro veces más». Jesús le dijo: «Hoy ha sido la salvación de esta casa, pues también este es hijo de Abrahán. Porque el Hijo del hombre ha venido a buscar y a salvar lo que estaba perdido».

Hoy ha sido la salvación de esta casa

Para Jesús lo importante son las personas, más allá del etiquetaje social o los prejuicios y estereotipos dominantes. Por eso sabe leer en el corazón de Zaqueo una verdad más profunda que la de su *mala fama* como recaudador de impuestos y colaborador con el poder romano. Su deseo de conocer al profeta de Nazaret le lleva a no parar hasta hallar el modo de hacerlo, y así en medio del gentío la mirada personalizadora de Jesús lo encuentra. En ese cruce de miradas, Zaqueo descubre lo mejor de sí mismo y Jesús, pese al escándalo de quienes les rodean, decide alojarse en su casa. Este encuentro devuelve a Zaqueo a una nueva vida en la que los hechos son mucho más importantes que las palabras: compartir más de la mitad de sus bienes con los pobres y restituir cuatro veces a aquellos y aquellas de quienes se ha aprovechado. Aquel día llegó la salvación a su casa. ¿A través de quiénes escuchamos hoy el deseo de Jesús de alojarse en nuestra casa y a qué transformaciones nos invita?

miércoles

Ded. de las basílicas de los Stos. Pedro y Pablo, m.l.
Filipina Rosa; Fredián

XXXIII del T.O.
1ª del salterio
Ap 4,1-11 / Sal 150 / Lc 19,11-28

Lucas 19,11-28

En aquel tiempo, Jesús dijo una parábola, porque estaba él cerca de Jerusalén y pensaban que el reino de Dios iba a manifestarse enseguida. Dijo, pues: «Un hombre noble se marchó a un país lejano para conseguirse el título de rey, y volver después. Llamó a diez siervos suyos y les repartió diez minas de oro, diciéndoles: "Negociad mientras vuelvo". Pero sus conciudadanos lo aborrecían y enviaron tras de él una embajada diciendo: "No queremos que este llegue a reinar sobre nosotros". Cuando regresó de conseguir el título real, mandó llamar a su presencia a los siervos a quienes había dado el dinero, para enterarse de lo que había ganado cada uno. El primero se presentó y dijo: "Señor, tu mina ha producido diez". Él le dijo: "Muy bien, siervo bueno; ya que has sido fiel en lo pequeño, recibe el gobierno de diez ciudades". El segundo llegó y dijo: "Tu mina, señor, ha rendido cinco". A ese le dijo también: "Pues toma tú el mando de cinco ciudades". El otro llegó y dijo: "Señor, aquí está tu mina; la he tenido guardada en un pañuelo, porque tenía miedo, pues eres un hombre exigente que retiras lo que no has depositado y siegas lo que no has sembrado". Él le dijo: "Por tu boca te juzgo, siervo malo. ¿Conque sabías que soy exigente, que retiro lo que no he depositado y siego lo que no he sembrado? Pues ¿por qué no pusiste mi dinero en el banco? Al volver yo, lo habría cobrado con los intereses". Entonces dijo a los presentes: "Quitadle a este la mina y dádsela al que tiene diez minas". Le dijeron: "Señor, ya tiene diez minas". "Os digo: al que tiene se le dará, pero al que no tiene se le quitará hasta lo que tiene. Y en cuanto a esos enemigos míos, que no querían que llegase a reinar sobre ellos, traedlos acá y degolladlos en mi presencia"». Dicho esto, caminaba delante de ellos, subiendo hacia Jerusalén.

La lógica del Reino no es la de la conservación sino la de la sobreabundancia del amor.

Lucas 19,41-44

En aquel tiempo, al acercarse Jesús a Jerusalén y ver la ciudad, lloró sobre ella, mientras decía: «¡Si reconocieras tú también en este día lo que conduce a la paz! Pero ahora está escondido a tus ojos. Pues vendrán días sobre ti en que tus enemigos te rodearán de trincheras, te sitiarán, apretarán el cerco de todos lados, te arrasarán con tus hijos dentro, y no dejarán piedra sobre piedra. Porque no reconociste el tiempo de tu visita».

El llanto de Jesús

Jesús llora al experimentar la resistencia de Jerusalén en abrirse a su mensaje. Llora de impotencia y dolor ante su rechazo y vaticina la caída de la ciudad y el templo. Jesús no teme mostrar su vulnerabilidad. Su llanto no es un llanto centrado en sí mismo, sino en el dolor del pueblo. No es la primera vez que el Evangelio nos muestra a Jesús llorando. También lo hizo ante la pérdida de su amigo Lázaro (Jn 11,35). Pero esta vez el llanto es también denuncia de la ceguera de quienes se sienten poseedores de la verdad y prisioneros en la Ley y deciden no ver los signos del Reino que en Jesús se hacen presentes, de modo que *la verdad está escondida a sus ojos.* El llanto de Jesús es el llanto de Dios ante tantas situaciones de impotencia humana.

Que tu llanto, Señor, y el llanto de los pobres nos duela y convierta nuestro corazón a una mayor desinstalación y radicalidad en nuestro compromiso cristiano.

noviembre

Félix de Valois; Bernwardo de Hildesheim; Bta. Ángeles de San José

XXXIII del T.O.
1ª del salterio
Ap 10,8-11 / Sal 118 / Lc 19,45-48

Lucas 19,45-48

En aquel tiempo, Jesús entró en el templo y se puso a echar a los vendedores, diciéndoles: «Escrito está: "Mi casa será casa de oración"; pero vosotros la habéis hecho una "cueva de bandidos"». Todos los días enseñaba en el templo. Por su parte, los sumos sacerdotes, los escribas y los principales del pueblo buscaban acabar con él, pero no sabían qué hacer, porque todo el pueblo estaba pendiente de él, escuchándolo.

El gesto profético de Jesús en el templo

Jesús expulsa a los vendedores del templo denunciando con este gesto que el símbolo de la alianza de Dios con su pueblo ha dejado de serlo, pues se ha convertido en una «cueva de ladrones», como vaticinó Jeremías (Jer 7,6.10-11). Esta acción profética será definitiva para que las élites de Israel decidan acabar con su vida. El cuestionamiento del templo es interpretado como un ataque directo a las instituciones de Israel, pues constituía el centro de la vida religiosa, social y política. Jesús con este gesto profético se posiciona en contra de un sistema que, aunque se erige en nombre de Dios, está en su contra, pues oprime a los pobres y débiles y *mercadea* con lo más sagrado. A Dios se le rinde culto en el sacramento de la *projimidad* y la práctica de la misericordia y la justicia.

Queremos, Señor, rendirte culto en el sacramento de la projimidad y el compromiso con la justicia.

Lucas 20,27-40

En aquel tiempo, se acercaron algunos saduceos, los que dicen que no hay resurrección, y preguntaron a Jesús: «Maestro, Moisés nos dejó escrito: "Si a uno se le muere su hermano, dejando mujer pero sin hijos, que tome la mujer como esposa y dé descendencia a su hermano". Pues bien, había siete hermanos; el primero se casó y murió sin hijos. El segundo y el tercero se casaron con ella, y así los siete, y murieron todos sin dejar hijos. Por último, también murió la mujer. Cuando llegue la resurrección, ¿de cuál de ellos será la mujer? Porque los siete la tuvieron como mujer». Jesús les dijo: «En este mundo los hombres se casan y las mujeres toman esposo, pero los que sean juzgados dignos de tomar parte en el mundo futuro y en la resurrección de entre los muertos no se casarán ni ellas serán dadas en matrimonio. Pues ya no pueden morir, ya que son como ángeles; y son hijos de Dios, porque son hijos de la resurrección. Y que los muertos resucitan, lo indicó el mismo Moisés en el episodio de la zarza, cuando llama al Señor: "Dios de Abrahán, Dios de Isaac, Dios de Jacob". No es Dios de muertos, sino de vivos: porque para él todos están vivos». Intervinieron unos escribas: «Bien dicho, Maestro». Y ya no se atrevían a hacerle más preguntas.

No es Dios de muertos, sino de vivos

Una vez más los saduceos, que eran gente acomodada, convencida de que su situación de bienestar y privilegio tenía que ver con su conducta agradable a Dios, plantean a Jesús una *pregunta trampa* sobre la Resurrección. Jesús no entra en su argumentación de casuística ni en la abstracción de su discurso, sino que como siempre su respuesta alude a la profecía de lo concreto, a la vida misma, porque *Dios no es un Dios de muertos, sino de vivos.* La fe nos ayuda a encarar la vida y los conflictos y las tensiones que conlleva desde el horizonte de la esperanza. El Dios de Jesús no es un Dios evasivo que nos sumerge en abstracciones escapistas, es el Dios de la encarnación que nos invita a vivir la vida en plenitud con todas sus consecuencias.

domingo

Cecilia; Filemón; Marcos; Mauro; Rogerio; Bto. Salvador Lilli y comp.

Oficio de la s.
Ez 34,11-12.15-17 /
Sal 22 /
1Cor 15,20-26.28 /
Mt 25,31-46

Ezequiel 34,11-12.15-17

Esto dice el Señor Dios: «Yo mismo buscaré mi rebaño y lo cuidaré. Como cuida un pastor de su grey dispersa, así cuidaré yo de mi rebaño y lo libraré, sacándolo de los lugares por donde se había dispersado un día de oscuros nubarrones. Yo mismo apacentaré mis ovejas y las haré reposar –oráculo del Señor Dios–. Buscaré la oveja perdida, recogeré a la descarriada; vendaré a las heridas; fortaleceré a la enferma; pero a la que está fuerte y robusta la guardaré: la apacentaré con justicia». En cuanto a vosotros, mi rebaño, esto dice el Señor Dios: «Yo voy a juzgar entre oveja y oveja, entre carnero y macho cabrío».

Salmo 22,1b-2a.2b-3.5.6

R. El Señor es mi pastor, nada me falta.

1 Corintios 15,20-26.28

Hermanos: Cristo ha resucitado de entre los muertos y es primicia de los que han muerto. Si por un hombre vino la muerte, por un hombre vino la resurrección. Pues lo mismo que en Adán mueren todos, así en Cristo todos serán vivificados. Pero cada uno en su puesto: primero Cristo, como primicia; después todos los que son de Cristo, en su venida; después el final, cuando Cristo entregue el reino a Dios Padre, cuando haya aniquilado todo principado, poder y fuerza. Pues Cristo tiene que reinar hasta que ponga a todos sus enemigos bajo sus pies. El último enemigo en ser destruido será la muerte. Y, cuando le haya sometido todo, entonces también el mismo Hijo se someterá al que se lo había sometido todo. Así Dios será todo en todos.

Mateo 25,31-46

En aquel tiempo dijo Jesús a sus discípulos: «Cuando venga en su gloria el Hijo del hombre, y todos los ángeles con él, se sentará en el trono de su gloria y serán reunidas ante él todas las naciones. Él separará a unos de otros, como un pastor separa las ovejas de las cabras. Y pondrá las ovejas a su derecha y las cabras a su izquierda. Entonces dirá el rey a los de su derecha: "Venid vosotros, benditos de mi Padre; heredad el reino preparado para vosotros desde la creación del mundo. Porque tuve hambre y me disteis de comer, tuve sed y me disteis de beber, fui forastero y me hospedasteis, estuve desnudo y me vestisteis, enfermo y me visitasteis, en la cárcel y vinisteis a verme". Entonces los justos le contestarán: "Señor, ¿cuándo te vimos con hambre y te alimentamos, o con sed y te dimos de beber?; ¿cuándo te vimos forastero y te hospedamos, o desnudo y te vestimos?; ¿cuándo te vimos enfermo o en la cárcel y fuimos a verte?". Y el rey les dirá: "En verdad os digo que cada vez que lo hicisteis con uno de estos, mis hermanos más pequeños, conmigo lo hicisteis". Entonces dirá a los de su izquierda: "Apartaos de mí, malditos, id al fuego eterno preparado para el diablo y sus ángeles. Porque tuve hambre y no me disteis de comer, tuve sed y no me disteis de beber, fui forastero y no me hospedasteis, estuve desnudo y no me vestisteis, enfermo y en la cárcel y no me visitasteis". Entonces también estos contestarán: "Señor, ¿cuándo te vimos con hambre o con sed, o forastero o desnudo, o enfermo o en la cárcel, y no te asistimos?". Él les replicará: "En verdad os digo: lo que no hicisteis con uno de estos, los más pequeños, tampoco lo hicisteis conmigo". Y estos irán al castigo eterno y los justos a la vida eterna».

No hay relación ni culto posible al Dios de Jesús que no pase por la práctica de la misericordia y la justicia. Señor, ayúdanos a practicarlas.

noviembre

S. Clemente I / S. Columbano, m.l.
Lucrecia; Sisinio; Bto. Miguel Agustín Pro

XXXIV del T.O.
2ª del salterio
Ap 14,1-3.4b-5 / Sal 23 / Lc 21,1-4

Lucas 21,1-4:

En aquel tiempo, Jesús, alzando los ojos, vio a unos ricos que echaban donativos en el tesoro del templo; vio también una viuda pobre que echaba dos monedillas, y dijo: «En verdad os digo que esa viuda pobre ha echado más que todos, porque todos esos han contribuido a los donativos con lo que les sobra, pero ella, que pasa necesidad, ha echado todo lo que tenía para vivir».

Compartir y compartir-nos en totalidad

Las viudas pertenecían a uno de los grupos más desvalidos y empobrecidos de Israel. En una sociedad donde las mujeres solo eran reconocidas en función del varón que les daba legitimidad como *«esposas, madres o hijas de»*, vivían dependiendo de la solidaridad de sus vecinos o parientes. Por eso su limosna es tan valiosa, porque esta mujer entrega no *lo que le sobra* sino *lo que necesita para vivir.* Jesús capta su generosidad y la grandeza de su corazón porque su mirada se posa en los humildes, en aquellos y aquellas que son irrelevantes a los ojos del poder económico y político, pero cuyos gestos revelan la gratuidad de Dios mismo. ¿Dónde descubrimos nosotros y nosotras hoy esta generosidad? Como comunidades cristianas, ¿compartimos lo que somos y tenemos con quienes se encuentran en situación de vulnerabilidad? ¿Nuestra solidaridad se reduce a «dar cosas» o en ella nos entregamos a nosotras y nosotros mismos, dejándonos afectar por la realidad de la gente y modificando nuestros estilos de vida?

Danos, Señor, la generosidad de la viuda pobre del Evangelio y ayúdanos a compartirnos en totalidad.

Lucas 21,5-11

En aquel tiempo, como algunos hablaban del templo, de lo bellamente adornado que estaba con piedra de calidad y exvotos, Jesús les dijo: «Esto que contempláis, llegarán días en que no quedará piedra sobre piedra que no sea destruida». Ellos le preguntaron: «Maestro, ¿cuándo va a ser eso?, ¿y cuál será la señal de que todo eso está para suceder?». Él dijo: «Mirad que nadie os engañe. Porque muchos vendrán en mi nombre diciendo: "Yo soy", o bien: "Está llegando el tiempo"; no vayáis tras ellos. Cuando oigáis noticias de guerras y de revoluciones, no tengáis pánico. Porque es necesario que eso ocurra primero, pero el fin no será enseguida». Entonces les decía: «Se alzará pueblo contra pueblo y reino contra reino, habrá grandes terremotos, y en diversos países, hambres y pestes. Habrá también fenómenos espantosos y grandes signos en el cielo.

Creer más allá del templo

Jesús anuncia con su vida que Dios está más allá del templo y que su culto se realiza en la práctica de la misericordia y la justicia, en las relaciones de *projimidad.* Israel identificaba el templo como símbolo de la alianza de Dios con él como pueblo elegido, pero Jesús anuncia su destrucción. Cristo con su cuerpo entregado por amor hasta el extremo inaugura un nuevo templo: el de la fraternidad humana y la mesa de la inclusión del Reino que acontece en la vida cotidiana y supera las separaciones entre lo religioso y lo profano. Toda la realidad es ámbito de la salvación de Dios. El anuncio de la destrucción del templo era algo impensable en la mentalidad judía, por eso su caída se identifica con el final de los tiempos. Jesús urge a quienes lo siguen que no tengan miedo ni se dejen engañar por falsos profetas, sino que se mantengan en la esperanza y el compromiso de construir un futuro alternativo desde el amor, la bondad y la justicia.

Cristo, con tu cuerpo entregado por amor hasta el extremo, inauguras un nuevo templo: el de la fraternidad humana y la mesa de la inclusión del Reino. Señor, que entremos en tu nuevo templo.

Sta. Catalina de Alejandría, m.l.
Gonzalo; García

XXXIV del T.O.
2ª del salterio
Ap 15,1-4 /
Sal 97 /
Lc 21,12-19

Lucas 21,12-19

En aquel tiempo, dijo Jesús a sus discípulos: «Os echarán mano, os perseguirán, entregándoos a las sinagogas y a las cárceles, y haciéndoos comparecer ante reyes y gobernadores, por causa de mi nombre. Esto os servirá de ocasión para dar testimonio. Por ello, meteos bien en la cabeza que no tenéis que preparar vuestra defensa, porque yo os daré palabras y sabiduría a las que no podrá hacer frente ni contradecir ningún adversario vuestro. Y hasta vuestros padres, y parientes, y hermanos, y amigos os entregarán, y matarán a algunos de vosotros, y todos os odiarán a causa de mi nombre. Pero ni un cabello de vuestra cabeza perecerá; con vuestra perseverancia salvaréis vuestras almas».

El conflicto con el poder

El conflicto con el poder político y religioso acompañó permanentemente la vida de Jesús hasta ser eliminado por él. La fe no nos exime de nada ni nos ahorra dificultades con los intereses establecidos y las instituciones que los representan. Al contrario, más bien el enfrentamiento con ellos es una de sus consecuencias. La fe no es un *seguro de vida, sino* más bien *un riesgo* sostenido en comunidad y en la incondicionalidad de una presencia que nos sostiene y alienta siempre y especialmente en los momentos más duros de nuestra vida. El desafío es cómo vivir el conflicto con espíritu de libertad, confianza y desde una actitud no violenta, aun cuando con toda su dureza se vuelva contra nosotros. Así lo vivió Jesús. Su espíritu de resiliencia y reconciliación permanece vivo entre nosotros y nosotras para que así sea. ¿Tenemos experiencia de ello?

Ayúdanos, Señor, a vivir el conflicto como oportunidad de fe y crecimiento.

Leonardo de Porto Mauricio; Conrado; Silvestre; Siricio; Bto. Santiago Alberione

XXXIV del T.O.
2ª del salterio
Ap 18,1-2.21-23; 19,1-3.9a / Sal 99 / Lc 21,20-28

Lucas 21,20-28

En aquel tiempo, dijo Jesús a sus discípulos: «Cuando veáis a Jerusalén sitiada por ejércitos, sabed que entonces está cerca su destrucción. Entonces los que estén en Judea, que huyan a los montes; los que estén en medio de Jerusalén, que se alejen; los que estén en los campos, que no entren en ella; porque estos son "días de venganza" para que se cumpla todo lo que está escrito. ¡Ay de las que estén encintas o criando en aquellos días! Porque habrá una gran calamidad en esta tierra y un castigo para este pueblo. "Caerán a filo de espada", los llevarán cautivos "a todas las naciones", y "Jerusalén será pisoteada por gentiles", hasta que alcancen su plenitud los tiempos de los gentiles. Habrá signos en el sol y la luna y las estrellas, y en la tierra angustia de las gentes, perplejas por el estruendo del mar y el oleaje, desfalleciendo los hombres por el miedo y la ansiedad ante lo que se le viene encima al mundo, pues las potencias del cielo serán sacudidas. Entonces verán al Hijo del hombre venir en una nube, con gran poder y gloria. Cuando empiece a suceder esto, levantaos, alzad la cabeza; se acerca vuestra liberación».

Se acerca vuestra liberación

Desde un imaginario de cataclismo cósmico y de dominación bélica, este texto se refiere a la destrucción del templo y la irrupción definitiva de Dios en la historia para hacer justicia y liberarla. El lenguaje y las imágenes apocalípticas no pueden distraernos de su sentido fundamental, que no es la amenaza ni el miedo, sino el triunfo del amor y la restauración definitiva de las esperanzas y los sueños de los más humillados y humilladas de la historia porque Dios está de su parte. Como comunidades cristianas, ¿cómo nos afectan y movilizan estas esperanzas y sueños en *el aquí y el ahora* de nuestras existencias concretas?

Ayúdanos, Señor, a vivir el presente con compromiso y esperanza activa.

viernes

Nª Sra. de la Medalla Milagrosa; Flora y María; Bto. Ramón Llull

XXXIV del T.O.
2ª del salterio
Ap 20,1-4. 11–21,2 / Sal 83 / Lc 21,29-33

Lucas 21,29-33

En aquel tiempo, dijo Jesús a sus discípulos una parábola: «Fijaos en la higuera y en todos los demás árboles: cuando veis que ya echan brotes, conocéis por vosotros mismos que ya está llegando el verano. Igualmente vosotros, cuando veáis que suceden estas cosas, sabed que está cerca el reino de Dios. En verdad os digo que no pasará esta generación sin que todo suceda. El cielo y la tierra pasarán, pero mis palabras no pasarán».

Discernir los signos de los tiempos en comunidad

Jesús remite a la naturaleza y a la historia como lenguaje y revelación de Dios que es necesario interpretar. El Dios de Jesús no es *mudo* ni *mágico,* sino que su Palabra se revela en el espesor de la realidad y los acontecimientos. Por eso escuchar a Dios nos exige poner atención a *los signos de los tiempos* y discernirlos en comunidad. Uno de los más desafiantes hoy en nuestro mundo es la realidad de las personas migrantes y refugiadas. Las miles de personas que se ven forzadas al desplazamiento obligado por causa de las guerras, el expolio económico de sus países y el desastre ambiental reclaman acogida, hospitalidad y políticas de fronteras justas y humanitarias. ¿Cómo hacer llegar hoy a nuestros hermanos y hermanas migrantes el mensaje de que el reino de Dios está también cerca de ellos y ellas? ¿A través de qué gestos y prácticas podemos hacerlo?

El Dios de Jesús no es mudo ni mágico, sino que su Palabra se revela en el espesor de la realidad y los acontecimientos.

Catalina Labouré;
Honesto de Nimes

XXXIV del T.O.
2ª del salterio
Ap 22,1-7 /
Sal 94 /
Lc 21,34-36

Lucas 21,34-36

En aquel tiempo, dijo Jesús a sus discípulos: «Tened cuidado de vosotros, no sea que se emboten vuestros corazones con juergas, borracheras y las inquietudes de la vida, y se os eche encima de repente aquel día; porque caerá como un lazo sobre todos los habitantes de la tierra. Estad, pues, despiertos en todo tiempo, pidiendo que podáis escapar de todo lo que está por suceder y manteneros en pie ante el Hijo del hombre».

Vivir con la conciencia despierta y «en pie»

Jesús nos exhorta en este texto a *la vigilancia evangélica,* a vivir despiertos y despiertas frente a tantas formas de *embotamiento* y manipulación de las conciencias como existen hoy a nuestro alrededor. Nos invita a *vivir de pie,* que es la *postura de la dignidad* y la postura cristiana por excelencia. La posición vertical evoca la resurrección, por eso el concilio de Nicea llegó incluso a prohibir arrodillarse en domingo y durante los cincuenta días de Pascua. Sin embargo, a menudo vivimos *de rodillas* y embotados ante las consignas de un sistema que mata la vida y da primacía al tener sobre el ser, al dinero sobre la radical dignidad de las personas, a la post-verdad y la abstracción sobre el sufrimiento concreto de las personas, especialmente de las más empobrecidas y humilladas. Como comunidades cristianas, ¿qué es lo que en este momento más nos está ayudando a vivir *con la conciencia despierta y en pie?* ¿Qué nos lo está dificultando?

El Evangelio nos invita a vivir de pie, que es la postura de la dignidad y la postura cristiana por excelencia.

domingo

Filomeno; Iluminada; Bto. Bernardo Francisco Hoyos

Comienza el Ciclo B
1ª del salterio
Is 63,16b-17.19c; 64,2b-7 / Sal 79 / 1Cor 1,3-9 / Mc 13,33-37

Isaías 63,16b-17.19c; 64,2b-7

Tú, Señor, eres nuestro padre, tu nombre desde siempre es «nuestro Libertador». ¿Por qué nos extravías, Señor, de tus caminos, y endureces nuestro corazón para que no te tema? Vuélvete, por amor a tus siervos y a las tribus de tu heredad. ¡Ojalá rasgases el cielo y descendieses! En tu presencia se estremecerían las montañas. «Descendiste, y las montañas se estremecieron». Jamás se oyó ni se escuchó, ni ojo vio un Dios, fuera de ti, que hiciera tanto por quien espera en él. Sales al encuentro de quien practica con alegría la justicia y, andando en tus caminos, se acuerda de ti. He aquí que tú estabas airado y nosotros hemos pecado. Pero en los caminos de antiguo seremos salvados. Todos éramos impuros, nuestra justicia era un vestido manchado; todos nos marchitábamos como hojas, nuestras culpas nos arrebataban como el viento. Nadie invocaba tu nombre, nadie salía del letargo para adherirse a ti; pues nos ocultabas tu rostro y nos entregabas al poder de nuestra culpa. Y, sin embargo, Señor, tú eres nuestro padre, nosotros la arcilla y tú nuestro alfarero: todos somos obra de tu mano.

Salmo 79,2ac y 3b.15-16.18-19

R. Oh, Dios, restáuranos, que brille tu rostro y nos salve.

1 Corintios 1,3-9

Hermanos: A vosotros, gracia y paz de parte de Dios nuestro Padre y del Señor Jesucristo. Doy gracias a mi Dios continuamente por vosotros, por la gracia de Dios que se os ha dado en Cristo Jesús; pues en él habéis sido enriquecidos en todo: en toda palabra y en toda ciencia; porque en vosotros se ha probado el testimonio de Cristo, de modo que no carecéis de ningún don gratuito, mientras aguardáis la manifestación de nuestro Señor Jesucristo. Él os mantendrá firmes hasta el final, para que seáis irreprensibles el día de nuestro Señor Jesucristo. Fiel es Dios, el cual os llamó a la comunión con su Hijo, Jesucristo nuestro Señor.

Marcos 13,33-37

En aquel tiempo, dijo Jesús a sus discípulos: «Estad atentos, vigilad: pues no sabéis cuándo es el momento. Es igual que un hombre que se fue de viaje, y dejó su casa y dio a cada uno de sus criados su tarea, encargando al portero que velara. Velad entonces, pues no sabéis cuándo vendrá el señor de la casa, si al atardecer, o a medianoche, o al canto del gallo, o al amanecer: no sea que venga inesperadamente y os encuentre dormidos. Lo que os digo a vosotros, lo digo a todos: ¡Velad!».

Vigilad, estad atentos y atentas

El Adviento es tiempo de atención y cuidado. El alumbramiento de una nueva humanidad, de un mundo más sostenible y justo, pide vigilancia y cuidado en nuestra relación con la naturaleza, en nuestras prácticas y estilo de vida y consumo, porque todo está relacionado. La compra de tierras en Mozambique, que deja en la miseria a miles de personas o les obliga a venir a Europa arriesgando su vida, tiene que ver con la marca del café que consumimos, o la franquicia donde quedamos a charlar con unos amigos, o donde compramos ropa, por barata que nos salga, con la explotación de la mano de obra infantil o femenina en Bangladesh, o la celebración del cumpleaños en la hamburguesería con la deforestación de la Amazonia. *Velad, vigilad,* nos recuerda el Evangelio de este primer domingo de Adviento. *Estad atentos y atentas* para detectar por dónde la casa común está cada vez más expoliada y quiénes sufren más las consecuencias de este abuso. *Estad atentos y atentas* a los grupos, personas, iniciativas que están empeñadas en su cuidado y que nos muestran otras formas de vivir y consumir para que la vida sea sostenible y abundante para todos.

Ayúdanos, Señor, a estar atentos a nuestros hábitos de consumo y a cuidar la casa común.

noviembre

S. Andrés, apóstol, f.
Zósimo; Bernaldo; Cutberto; Justina

Oficio de la f.
Rom 10,9-18 /
Sal 18 /
Mt 4,18-22

Mateo 4,18-22

En aquel tiempo, paseando Jesús junto al mar de Galilea vio a dos hermanos, a Simón, llamado Pedro, y a Andrés, que estaban echando la red en el mar, pues eran pescadores. Les dijo: «Venid en pos de mí y os haré pescadores de hombres». Inmediatamente dejaron las redes y lo siguieron. Y pasando adelante vio a otros dos hermanos, a Santiago, hijo de Zebedeo, y a Juan, su hermano, que estaban en la barca repasando las redes con Zebedeo, su padre, y los llamó. Inmediatamente dejaron la barca y a su padre y lo siguieron.

La provocación del Evangelio en nuestras vidas

Como a los primeros discípulos, Jesús continúa llamándonos desde la provocación que hace el Evangelio en nuestras vidas. Lo hace en comunidad, como alternativa a la tentación permanente del individualismo y el *sálvese quien pueda* imperante en nuestro mundo. Seguir a Jesús nos compromete con un estilo de vida solidario, sostenido en la fuerza de su Espíritu, en generar espacios y relaciones humanizadoras en nuestros contextos. Su invitación no es una de tantas ofertas más como las que nos lanza la sociedad de consumo, sino que afecta radical e integralmente al ser humano, una oferta de felicidad y de sentido en la que merece la pena aventurar la vida con él y a su modo.

Gracias, Señor, por la provocación de tu Palabra en nuestra vida.

Eloy; Edmundo Campion; Nahún; Bta. Clementina Anuarite; Bto. Carlos de Foucauld

I de Adviento
1ª del salterio
Is 11,1-10 /
Sal 71 /
Lc 10,21-24

Lucas 10,21-24

En aquella hora Jesús se llenó de alegría en el Espíritu Santo y dijo: «Te doy gracias, Padre, Señor del cielo y de la tierra, porque has escondido estas cosas a los sabios y entendidos, y las has revelado a los pequeños. Sí, Padre, porque así te ha parecido bien. Todo me ha sido entregado por mi Padre, y nadie conoce quién es el Hijo sino el Padre; ni quién es el Padre sino el Hijo y aquel a quien el Hijo se lo quiera revelar». Y, volviéndose a sus discípulos, les dijo aparte: «¡Bienaventurados los ojos que ven lo que vosotros veis! Porque os digo que muchos profetas y reyes quisieron ver lo que vosotros veis, y no lo vieron; y oír lo que vosotros oís, y no lo oyeron».

La alegría y la esperanza de Jesús

El Evangelio escandaliza y es visto con sospecha por quienes viven en la cultura de la satisfacción y la autocomplacencia. Sin embargo, es motivo de esperanza y alegría para los humildes, para aquellos cuyas expectativas no están colmadas con *lo que hay,* porque en ese orden establecido sus vidas quedan al margen. Desde los ojos del poder político, económico y cultural, el Evangelio resulta una ingenuidad a la vez que una amenaza, pues sitúa como *primeros a los últimos y últimas.* La alegría profunda de Jesús no se basa en el reconocimiento, el éxito o la plausibilidad social, sino en la esperanza de los pobres y humildes, a quienes los secretos del Reino les son revelados.

Danos, Señor, la alegría y la esperanza del Evangelio.

miércoles

Cromacio; Bibiana; Juan de Ruysbroeck

I de Adviento
1ª del salterio
Is 25,6-10a / Sal 22 / Mt 15,29-37

Mateo 15, 29-37

En aquel tiempo, Jesús se dirigió al mar de Galilea, subió al monte y se sentó en él. Acudió a él mucha gente llevando tullidos, ciegos, lisiados, sordomudos y muchos otros; los ponían a sus pies y él los curaba. La gente se admiraba al ver hablar a los mudos, sanos a los lisiados, andar a los tullidos y con vista a los ciegos, y daban gloria al Dios de Israel. Jesús llamó a sus discípulos y les dijo: «Siento compasión de la gente, porque llevan ya tres días conmigo y no tienen qué comer. Y no quiero despedirlos en ayunas, no sea que desfallezcan en el camino». Los discípulos le dijeron: «¿De dónde vamos a sacar en un despoblado panes suficientes para saciar a tanta gente?». Jesús les dijo: «¿Cuántos panes tenéis?». Ellos contestaron: «Siete y algunos peces». Él mandó a la gente que se sentara en el suelo. Tomó los siete panes y los peces, pronunció la acción de gracias, los partió y los fue dando a los discípulos, y los discípulos a la gente. Comieron todos hasta saciarse y recogieron las sobras: siete canastos llenos.

Jesús, la compasión creativa

Jesús no se queda indiferente ante el sufrimiento humano sino que le afecta y se conmueve por él. Su compasión se hace creativa en la búsqueda de alivio y liberación. Quienes se acercan a él recuperan la dignidad y la vida. Se sienten reconocidos y amados, en sus posibilidades y no solo sus carencias. Su relación es capacitadora. Cree en las personas y pide su colaboración para *multiplicar la vida.* En un contexto en el que *las mujeres y los niños no cuentan,* Jesús se pone de su parte para reivindicar su dignidad y señalar que nadie está excluido del reino de Dios, porque en el corazón de Dios no hay periferia.

Ayúdanos, Señor, a ser compañeros y compañeras de vida con quienes menos cuentan.

S. Francisco Javier, m.o.
Galgano; Sofonías; Claudio; Jasón; Magina

I de Adviento
1ª del salterio
Is 26,1-6 / Sal 117 / Mt 7,21.24-27

Mateo 7,21.24-27

En aquel tiempo, dijo Jesús a sus discípulos: «No todo el que me dice "Señor, Señor" entrará en el reino de los cielos, sino el que hace la voluntad de mi Padre que está en los cielos. El que escucha estas palabras mías y las pone en práctica se parece a aquel hombre prudente que edificó su casa sobre roca. Cayó la lluvia, se desbordaron los ríos, soplaron los vientos y descargaron contra la casa; pero no se hundió, porque estaba cimentada sobre roca. El que escucha estas palabras mías y no las pone en práctica se parece a aquel hombre necio que edificó su casa sobre arena. Cayó la lluvia, se desbordaron los ríos, soplaron los vientos y rompieron contra la casa, y se derrumbó. Y su ruina fue grande».

Practicar a Jesús

El Evangelio no es una doctrina ni una mera confesión de verdades, sino una praxis, un *modo de estar en la vida,* de relacionarse con uno mismo, con los demás y con Dios, «al estilo de Jesús». La fe cristiana es «ejercicio». No existe sin obras que la traduzcan y encarnen. Edificarla sobre arena es reducirla a ritos externos o, como dice el papa Francisco, a *nominalismos declaracionistas* que no afectan a nuestras propias existencias ni a las de la gente. Sin embargo, edificarla sobre roca es arraigarla en los valores del Evangelio y el compromiso de humanización y transformaciones internas y externas que conlleva.

Ayúdanos, Señor, a construir nuestra vida sobre la roca de tu Palabra encarnada.

viernes

S. Juan Damasceno, m.l.
Bárbara; Juan Calabria; Anón; Marutas; Bto. Francisco Gálvez

I de Adviento
1ª del salterio
Is 29,17-24 / Sal 26 / Mt 9,27-31

Mateo 9,27-31

En aquel tiempo, dos ciegos seguían a Jesús gritando: «Ten compasión de nosotros, hijo de David». Al llegar a la casa se le acercaron los ciegos y Jesús les dijo: «¿Creéis que puedo hacerlo?». Contestaron: «Sí, Señor». Entonces les tocó los ojos, diciendo: «Que os suceda conforme a vuestra fe». Y se les abrieron los ojos. Jesús les ordenó severamente: «¡Cuidado con que lo sepa alguien!». Pero ellos, al salir, hablaron de él por toda la comarca.

Como ciegas y ciegos agradecidos

Nuestra vida está llena de cegueras que nos impiden descubrir la realidad con toda su hondura y complejidad. Hay *cegueras voluntarias,* elegidas por nosotras y nosotros mismos para justificar nuestras omisiones o indiferencias y también *cegueras inducidas,* alimentadas por los mecanismos del poder para insensibilizarnos la mirada hasta llegar a vaciarla y hacerla hueca. Pero Jesús es nuestra *lucidez* y el encuentro con él tiene capacidad para ayudarnos a recuperar la visión. La fe nos ayuda a ver la realidad críticamente y a detectar el misterio de amor y gratuidad que habita en su hondura. La fe nos ayuda a descubrir la fuerza de la vulnerabilidad y la fragilidad humana y la potencia de vida que resiste en los márgenes y periferias, que es reveladora de Dios mismo.

Ábrenos, Señor, los ojos para descubrir tu paso liberador en nuestras vidas.

Mauro; Sabas; Elisa; Crispina

I de Adviento
1ª del salterio
Is 30,19-21.23-26 / Sal 146 / Mt 9,35–10,1.5a.6-8

Mateo 9,35–10,1.5a.6-8

En aquel tiempo, Jesús recorría todas las ciudades y aldeas, enseñando en sus sinagogas, proclamando el evangelio del reino y curando toda enfermedad y toda dolencia. Al ver a las muchedumbres, se compadecía de ellas, porque estaban extenuadas y abandonadas, «como ovejas que no tienen pastor». Entonces dice a sus discípulos: «La mies es abundante, pero los trabajadores son pocos; rogad, pues, al Señor de la mies que mande trabajadores a su mies». Llamó a sus doce discípulos y les dio autoridad para expulsar espíritus inmundos y curar toda enfermedad y toda dolencia. A estos doce los envió Jesús con estas instrucciones: «Id a las ovejas descarriadas de Israel. Id y proclamad que ha llegado el reino de los cielos. Curad enfermos, resucitad muertos, limpiad leprosos, arrojad demonios. Gratis habéis recibido, dad gratis».

El reino de Dios está cerca

Allí donde las personas son liberadas del sufrimiento, la violencia, la injusticia, el desamor humano o el *sinsentido* de la vida, está aconteciendo el Reino. Su lenguaje es el de la gratuidad y el compartir solidario, basado más en las obras y en los gestos que en las palabras. Jesús nos convoca como comunidades cristianas a señalar sus signos en nuestros ambientes y a empujar su dinamismo. Para ello nos urge a la desinstalación, a salir al encuentro de *los últimos y últimas,* de aquellos que no cuentan para nadie, pero que sin embargo son preciados a los ojos de Dios. Desde ellos y ellas nos convoca a hacer camino de liberación juntos y a anunciar que el corazón de Dios no tiene fronteras.

Gracias, Señor, por tu encarnación en los más pequeños y humildes de la historia.

Nicolás de Bari;
Pedro Pascual;
Carmen Sallés

2ª del salterio
Is 40,1-5.9-11 /
Sal 84 /
2Pe 3,8-14 /
Mc 1,1-8

Isaías 40,1-5.9-11

«Consolad, consolad a mi pueblo –dice vuestro Dios–; hablad al corazón de Jerusalén, gritadle, que se ha cumplido su servicio y está pagado su crimen, pues de la mano del Señor ha recibido doble paga por sus pecados». Una voz grita: «En el desierto preparadle un camino al Señor; allanad en la estepa una calzada para nuestro Dios; que los valles se levanten, que montes y colinas se abajen, que lo torcido se enderece y lo escabroso se iguale. Se revelará la gloria del Señor, y la verán todos juntos –ha hablado la boca del Señor–». Súbete a un monte elevado, heraldo de Sion; alza fuerte la voz, heraldo de Jerusalén; álzala, no temas, di a las ciudades de Judá: «Aquí está vuestro Dios. Mirad, el Señor Dios llega con poder y con su brazo manda. Mirad, viene con él su salario y su recompensa lo precede. Como un pastor que apacienta el rebaño, reúne con su brazo los corderos y los lleva sobre el pecho; cuida él mismo a las ovejas que crían».

Salmo 84,9abc y 10.11-12.13-14

R. Muéstranos, Señor, tu misericordia y danos tu salvación.

2 Pedro 3,8-14

No olvidéis una cosa, queridos míos, que para el Señor un día es como mil años y mil años como un día. El Señor no retrasa su promesa, como piensan algunos, sino que tiene paciencia con vosotros, porque no quiere que nadie se pierda sino que todos accedan a la conversión. Pero el Día del Señor llegará como un ladrón. Entonces los cielos desaparecerán estrepitosamente, los elementos se disolverán abrasados y la tierra con cuantas obras hay en ella quedará al descubierto. Puesto que todas estas cosas van a disolverse de este modo, ¡qué santa y piadosa debe ser vuestra conducta, mientras esperáis y apresuráis la llegada del Día de Dios! Ese día los cielos se disolverán incendiados y los elementos se derretirán abrasados.

Pero nosotros, según su promesa, esperamos unos cielos nuevos y una tierra nueva en los que habite la justicia. Por eso, queridos míos, mientras esperáis estos acontecimientos, procurad que Dios os encuentre en paz con él, intachables e irreprochables.

Marcos 1,1-8

Comienza el Evangelio de Jesucristo, Hijo de Dios. Como está escrito en el profeta Isaías: «Yo envío a mi mensajero delante de ti, el cual preparará tu camino; voz del que grita en el desierto: "Preparad el camino del Señor, enderezad sus senderos"»; se presentó Juan en el desierto bautizando y predicando un bautismo de conversión para el perdón de los pecados. Acudía a él toda la región de Judea y toda la gente de Jerusalén. Él los bautizaba en el río Jordán y confesaban sus pecados. Juan iba vestido de piel de camello, con una correa de cuero a la cintura y se alimentaba de saltamontes y miel silvestre. Y proclamaba: «Detrás de mí viene el que es más fuerte que yo y no merezco agacharme para desatarle la correa de sus sandalias. Yo os he bautizado con agua, pero él os bautizará con Espíritu Santo».

Preparad el camino del Señor

El Adviento es tiempo de espera y toda espera implica el cuidado de una serie de actitudes. Igual que Juan Bautista con su vida profética y su mensaje de incitación a la conversión preparó el camino de Jesús, también nosotros y nosotras hoy somos urgidos y urgidas a *allanar las sendas* y eliminar obstáculos para que la utopía y la esperanza del Evangelio sean reconocidas y secundadas como Buena Noticia en nuestro mundo. Algunas de las actitudes que pueden ayudarnos son: tener la sensibilidad abierta a tantos signos de solidaridad y apoyo mutuo que permiten que la vida resista en medio de tantas dificultades y aprietos y sumarnos a ellos con todas nuestras energías y afectos. Cultivar la alegría y la acogida como talante vital, frente al pesimismo, el miedo y la hostilidad hacia quienes son diferentes, y sobre todo aventurarnos en el riesgo de la confianza del amor incondicional de Dios, que aunque no cumple todos nuestros deseos es fiel siempre a sus promesas.

S. Ambrosio, m.o.
Mª Josefa Roselló;
Eutiquiano

II de Adviento
2ª del salterio
Is 35,1-10 /
Sal 84 /
Lc 5,17-26

Lucas 5,17-26

Un día, estaba Jesús enseñando, y estaban sentados unos fariseos y maestros de la ley, venidos de todas las aldeas de Galilea, Judea y Jerusalén. Y el poder del Señor estaba con él para realizar curaciones. En esto, llegaron unos hombres que traían en una camilla a un hombre paralítico y trataban de introducirlo y colocarlo delante de él. No encontrando por donde introducirlo a causa del gentío, subieron a la azotea, lo descolgaron con la camilla a través de las tejas, y lo pusieron en medio, delante de Jesús. Él, viendo la fe de ellos, dijo: «Hombre, tus pecados están perdonados». Entonces se pusieron a pensar los escribas y los fariseos: «¿Quién es este que dice blasfemias? ¿Quién puede perdonar pecados sino solo Dios?». Pero Jesús, conociendo sus pensamientos, respondió y les dijo: «¿Qué estáis pensando en vuestros corazones? ¿Qué es más fácil, decir: "Tus pecados te son perdonados", o decir: "Levántate y echa a andar"? Pues, para que veáis que el Hijo del hombre tiene poder en la tierra para perdonar pecados –dijo al paralítico–: "A ti te lo digo, ponte en pie, toma tu camilla y vete a tu casa"». Y, al punto, levantándose a la vista de ellos, tomó la camilla donde había estado tendido y se marchó a su casa dando gloria a Dios. El asombro se apoderó de todos y daban gloria a Dios. Y, llenos de temor, decían: «Hoy hemos visto maravillas».

Echa a andar

Jesús resalta la fe y la creatividad de los amigos del paralítico que aparecen en este texto y que, movidos por el amor y el deseo de liberación del sufrimiento, encuentran una salida para poder hacer posible el encuentro con Jesús en medio del gentío. Frente a ellos contrasta la actitud de sospecha, rigidez de juicio e insensibilidad de los fariseos y doctores de la ley, que *creen que conocen a Dios,* pero que sin embargo lo niegan con sus prácticas reacias a la misericordia. Jesús, más allá de la mirada sospechosa y controladora de quienes detentan el poder, reacciona con reconocimiento y compasión ante la necesidad de aquel enfermo, contando con él en su propio proceso de liberación. ¿De qué parálisis necesitamos liberarnos hoy?

8
martes
Inmaculada Concepción de la Virgen María, s.
Macario; Ester; Suceso; Sofronio; Teódulo
Oficio de la s.
Gén 3,9-15.20 / Sal 97 / Ef 1,3-6.11-12 / Lc 1,26-38

Lucas 1,26-38

En aquel tiempo, el ángel Gabriel fue enviado por Dios a una ciudad de Galilea llamada Nazaret, a una virgen desposada con un hombre llamado José, de la casa de David; el nombre de la virgen era María. El ángel, entrando en su presencia, dijo: «Alégrate, llena de gracia, el Señor está contigo». Ella se turbó grandemente ante estas palabras y se preguntaba qué saludo era aquel. El ángel le dijo: «No temas, María, porque has encontrado gracia ante Dios. Concebirás en tu vientre y darás a luz un hijo, y le pondrás por nombre Jesús. Será grande, se llamará Hijo del Altísimo, el Señor Dios le dará el trono de David, su padre; reinará sobre la casa de Jacob para siempre, y su reino no tendrá fin». Y María dijo al ángel: «¿Cómo será eso, pues no conozco varón?». El ángel le contestó: «El Espíritu Santo vendrá sobre ti, y la fuerza del Altísimo te cubrirá con su sombra; por eso el Santo que va a nacer será llamado Hijo de Dios. También tu pariente Isabel ha concebido un hijo en su vejez, y ya está de seis meses la que llamaban estéril, "porque para Dios nada hay imposible"». María contestó: «He aquí la esclava del Señor; hágase en mí según tu palabra». Y el ángel se retiró.

Alégrate, llena de gracia

María es una de las protagonistas más importantes del Adviento. Su apertura a la promesa de Dios, su confianza en Él, pese a su perplejidad y temores iniciales, hicieron posible que aconteciera lo imposible: la encarnación de Dios, misterio de amor y sobreabundancia generosa para toda la humanidad. María es *llena de gracia* porque la Palabra *encontró hueco* en ella para habitarla. Para ello tuvo que desalojar seguridades, resistencias, autocentramientos, comodidades, etc. También este Adviento la Palabra busca hueco en nuestros corazones para *dar a luz la fecundidad y la Buena Noticia* del Evangelio en nuestros ambientes. ¿Qué tenemos que desalojar en nuestras vidas para que así sea?

miércoles

S. Juan Diego Cuauhtlatoatzin, m.l.
Pedro Fourier;
Narcisa de Jesús

II de Adviento
2º del salterio
Is 40,25-31 /
Sal 102 /
Mt 11,28-30

Mateo 11,28-30

En aquel tiempo, Jesús tomó la palabra y dijo: «Venid a mí todos los que estáis cansados y agobiados, y yo os aliviaré. Tomad mi yugo sobre vosotros y aprended de mí, que soy manso y humilde de corazón, y encontraréis descanso para vuestras almas. Porque mi yugo es llevadero y mi carga ligera».

Jesús, alivio y liberación para la humanidad herida

La misión de Jesús no es otra que la de aliviar el sufrimiento. Él se ofrece como descanso y liberación para quienes se sienten abatidos y sin fuerzas. Recoge de este modo una larga tradición que atraviesa los libros proféticos y sapienciales (Is 55,1; Si 51,25-27). *Su yugo es suave y su carga ligera* porque es el amor y la compasión generosa ante la debilidad y el sufrimiento humano lo que le constituye internamente. Como cristianos y cristianas, esa es también nuestra tarea. Hoy uno de los colectivos sociales más abatidos y necesitados de alivio y liberación son los refugiados e inmigrantes que llaman a las puertas de Europa reclamando la hospitalidad y la acogida como un derecho y a la vez un deber humano. Personas que huyen de sus países de origen para salvar sus vidas y las de sus familias de las guerras, el hambre, la represión política, la falta de futuro, etc. ¿Cómo ser signo de alivio y liberación al modo de Jesús en sus existencias concretas? ¿Cómo acogemos en nuestras comunidades la realidad de estas personas?

Señor, que seamos alivio y liberación para las personas migrantes y refugiadas que reclaman hospitalidad y acogida.

Sta. Eulalia de Mérida, m.l.
Nª. Sra. de Loreto; Behnam y Sara; Gregorio III; Bta. Mª Emilia Riquelme

II de Adviento
2ª del salterio
Is 41,13-20 / Sal 144 / Mt 11,11-15

Mateo 11,11-15

En aquel tiempo, dijo Jesús al gentío: «En verdad os digo que no ha nacido de mujer uno más grande que Juan el Bautista; aunque el más pequeño en el reino de los cielos es más grande que él. Desde los días de Juan el Bautista hasta ahora el reino de los cielos sufre violencia y los violentos lo arrebatan. Los Profetas y la Ley han profetizado hasta que vino Juan; él es Elías, el que tenía que venir, con tal que queráis admitirlo. El que tenga oídos, que oiga».

La profecía siempre sufre violencia

La predicación y el testimonio de vida de Juan Bautista precedieron el ministerio profético de Jesús y su Buena Noticia. Pero ambos fueron muy distintos. El del Bautista fue de *tipo penitencial* y el de Jesús de *comensalidad abierta y banquete,* un profetismo marcado por la señal de la fiesta y la alegría, aunque tuviera que atravesar «noches oscuras» como la de la Pascua. Pero ambos sufrieron violencia porque las vidas de los profetas resultan siempre incómodas y amenazantes, ya que desde sus propias existencias generan formas alternativas de vida y relación que desestabilizan el sistema dominante. El cristianismo nace de una memoria crítica y una memoria peligrosa movida por el amor, como es la de Jesús de Nazaret. Como comunidades cristianas, ¿cómo reproducimos esta memoria en nuestros ambientes y estilos de vida?

Ayúdanos, Señor, a no domesticar la memoria crítica y peligrosa del Evangelio en nuestra vida.

S. Dámaso I, m.l.
Lucas Estilita; Mª Maravillas de Jesús

II de Adviento
2ª del salterio
Is 48,17-19 /
Sal 1 /
Mt 11,16-19

Mateo 11,16-19

En aquel tiempo, dijo Jesús al gentío: «¿A quién compararé esta generación? Se asemeja a unos niños sentados en la plaza, que gritan diciendo: "Hemos tocado la flauta, y no habéis bailado; hemos entonado lamentaciones, y no habéis llorado". Porque vino Juan, que ni comía ni bebía, y dicen: "Tiene un demonio". Vino el Hijo del hombre, que come y bebe, y dicen: "Ahí tenéis a un comilón y borracho, amigo de publicanos y pecadores". Pero la sabiduría se ha acreditado por sus obras».

La sabiduría se acredita por las obras

Jesús queda afectado por la resistencia al rechazo de la novedad del Reino y sus valores. Pero se mantiene terco en su anuncio, a la vez que denuncia la cerrazón de las conciencias y desenmascara los pretextos y excusas con que se justifica. El Evangelio remite siempre a la vida, a lo concreto y cotidiano porque su sabiduría no es gnóstica, sino encarnada. No se acredita con teorías ni discursos, ni siquiera con intenciones, sino con los hechos, con la honestidad con lo real, con la fidelidad a lo concreto y al milagro de la vida que resiste y alienta desde lo más vulnerable. Como comunidades cristianas, ¿cuáles son nuestras excusas más habituales y resistencias para acoger esta lógica desconcertante del Reino?

El Evangelio remite siempre a la vida, a lo concreto y cotidiano porque su sabiduría es una sabiduría encarnada. Señor, que trabajemos siempre por la vida.

Virgen Mª de Guadalupe, m.l.
Martín de S. Nicolás; Conrado de Offida; Bartolomé de S. Gimignano

II de Adviento
2º del salterio
Eclo 48,1-4.9-11b / Sal 79 / Mt 17,10-13

Mateo 17,10-13

Cuando bajaban del monte, los discípulos preguntaron a Jesús: «¿Por qué dicen los escribas que primero tiene que venir Elías?». Él les contestó: «Elías vendrá y lo renovará todo. Pero os digo que Elías ya ha venido y no lo reconocieron, sino que han hecho con él lo que han querido. Así también el Hijo del hombre va a padecer a manos de ellos». Entonces entendieron los discípulos que se refería a Juan el Bautista.

Estar ciegos ante la novedad de Dios

El evangelio de hoy nos recuerda que nuestra sensibilidad puede estar embotada y podemos estar ciegos ante la novedad de Dios en nuestro mundo. Pero Dios tiene empeño en revelársenos y lo hace a través de los acontecimientos y de los profetas. Juan Bautista fue uno de ellos. Su profetismo fue de carácter ascético, mientras que Jesús encarnó la misericordia entrañable de Dios y su solidaridad universal, empezando por los últimos y últimas. La celebración de la Virgen de Guadalupe nos recuerda también esta predilección de Dios por los más desheredados.

Queremos, Señor, dejarnos afectar por la realidad de las personas más vulneradas en nuestros ambientes y ser solidarios y solidarias con ellas.

domingo

Lucía; Otilia; Bartolo; Orestes; Eugenio; Eustracio

3ª del salterio
Is 61,1-2a.10-11 / Sal Lc 1,46-54 / 1Tes 5,16-24 / Jn 1,6-8.19-28

Isaías 61,1-2a.10-11

El Espíritu del Señor, Dios, está sobre mí, porque el Señor me ha ungido. Me ha enviado para dar la buena noticia a los pobres, para curar los corazones desgarrados, proclamar la amnistía a los cautivos, y a los prisioneros la libertad; para proclamar un año de gracia del Señor. Desbordo de gozo en el Señor, y me alegro con mi Dios: porque me ha puesto un traje de salvación, y me ha envuelto con un manto de justicia, como novio que se pone la corona, o novia que se adorna con sus joyas. Como el suelo echa sus brotes, como un jardín hace brotar sus semillas, así el Señor hará brotar la justicia y los himnos ante todos los pueblos.

Salmo Lucas 1, 46b-48.49-50.53-54

R. Me alegro con mi Dios.

1 Tesalonicenses 5,16-24

Hermanos: Estad siempre alegres. Sed constantes en orar. Dad gracias en toda ocasión: esta es la voluntad de Dios en Cristo Jesús respecto de vosotros. No apaguéis el espíritu, no despreciéis las profecías. Examinadlo todo; quedaos con lo bueno. Guardaos de toda clase de mal. Que el mismo Dios de la paz os santifique totalmente, y que todo vuestro espíritu, alma y cuerpo, se mantenga sin reproche hasta la venida de nuestro Señor Jesucristo. El que os llama es fiel, y él lo realizará.

Juan 1,6-8.19-28

Surgió un hombre enviado por Dios, que se llamaba Juan: este venía como testigo, para dar testimonio de la luz, para que todos creyeran por medio de él. No era él la luz, sino el que daba testimonio de la luz. Y este es el testimonio de Juan, cuando los judíos enviaron desde Jerusalén sacerdotes y levitas a que le preguntaran: «¿Tú quién eres?». Él confesó y no negó; confesó: «Yo no soy el Mesías». Le preguntaron: «¿Entonces, qué? ¿Eres tú Elías?». Él dijo: «No lo soy». «¿Eres tú el Profeta?». Respondió: «No». Y le dijeron: «¿Quién eres, para que podamos dar una respuesta a los que nos han enviado? ¿Qué dices de ti mismo?». Él contestó: «Yo soy la voz que grita en el desierto: "Allanad el camino del Señor", como dijo el profeta Isaías». Entre los enviados había fariseos y le preguntaron: «Entonces, ¿por qué bautizas si tú no eres el Mesías, ni Elías, ni el Profeta?». Juan les respondió: «Yo bautizo con agua; en medio de vosotros hay uno que no conocéis, el que viene detrás de mí, y al que no soy digno de desatar la correa de la sandalia». Esto pasaba en Betania, en la otra orilla del Jordán, donde Juan estaba bautizando.

Dar testimonio de la luz

Como Juan Bautista, somos invitados e invitadas a *dar testimonio de la luz* en nuestros ambientes. Esa luz que se nos regala cuando nos abrimos a la Palabra encarnada de Dios en la historia. Una luz que no es propiedad particular de nadie, sino que su energía y calor se nos va haciendo más nítida desde la experiencia comunitaria y el compartir los deseos, las preguntas incómodas nos provoca y al dejarnos transformar por ella. El Evangelio es luz y nos pide ser interpretado y discernido en diálogo con los signos de los tiempos, por eso siempre tiene que ver con nuestras existencias concretas y con los acontecimientos de la realidad, donde están en juego la dignidad y la liberación de las personas y *la casa común.* En Jesús la Palabra se ha hecho carne. Creer en él es *practicarle* desde nuestra propia vulnerabilidad asumida y *ser testigos incansables de su Luz,* hasta que sea acogida para siempre en el espesor de los conflictos humanos y las noches del mundo.

El Evangelio es luz y nos pide ser interpretado y discernido en diálogo con los signos de los tiempos. Señor, ayúdanos a poner en práctica la luz del Evangelio.

S. Juan de la Cruz, m.o.
Venancio Fortunato; Buenaventura de Pistoia

III de Adviento
3ª del salterio
Núm 24,2-7. 15-17a / Sal 24 / Mt 21,23-27

Mateo 21,23-27

En aquel tiempo, Jesús llegó al templo y, mientras enseñaba, se le acercaron los sumos sacerdotes y los ancianos del pueblo para preguntarle: «¿Con qué autoridad haces esto? ¿Quién te ha dado semejante autoridad?». Jesús les replicó: «Os voy a hacer yo también una pregunta; si me la contestáis, os diré yo también con qué autoridad hago esto. El bautismo de Juan ¿de dónde venía, del cielo o de los hombres?». Ellos se pusieron a deliberar: «Si decimos "del cielo", nos dirá: "¿Por qué no le habéis creído?". Si le decimos "de los hombres", tememos a la gente; porque todos tienen a Juan por profeta». Y respondieron a Jesús: «No sabemos». Él, por su parte, les dijo: «Pues tampoco yo os digo con qué autoridad hago esto».

Libertad y autoridad de Jesús

La libertad de Jesús en sus acciones y sus predicaciones en el templo desconcierta al poder religioso porque desenmascara a un dios convertido en ídolo al servicio de sus intereses y privilegios que no es el *Abba todo misericordioso* y compasivo de Jesús. Los sumos sacerdotes cuestionan su libertad y autoridad para descalificarle ante el pueblo. Pero Jesús no entra en su juego, sino que acude a la autoridad profética de Juan para poner de manifiesto la hipocresía de sus prácticas y su doble moral. ¿A quién y a qué damos nosotros y nosotras autoridad en nuestras vidas? Como comunidades cristianas, ¿a qué nos reta la libertad de Jesús frente a las estrategias manipulativas de quienes usan el poder para el mantenimiento de sus privilegios ignorando el grito de *los y las descartables?*

Danos, Señor, tu libertad frente a toda forma de manipulación.

María Crucificada di Rosa; Urbez; Jacob

III de Adviento
3ª del salterio
Sof 3,1-2.9-13 /
Sal 33 /
Mt 21,28-32

Mateo 21,28-32

En aquel tiempo, dijo Jesús a los sumos sacerdotes y a los ancianos del pueblo: «¿Qué os parece? Un hombre tenía dos hijos. Se acercó al primero y le dijo: "Hijo, ve hoy a trabajar en la viña". Él le contestó: "No quiero". Pero después se arrepintió y fue. Se acercó al segundo y le dijo lo mismo. Él le contestó: "Voy, señor". Pero no fue. ¿Quién de los dos cumplió la voluntad de su padre?». Contestaron: «El primero». Jesús les dijo: «En verdad os digo que los publicanos y las prostitutas van por delante de vosotros en el reino de Dios. Porque vino Juan a vosotros enseñándoos el camino de la justicia y no le creísteis; en cambio, los publicanos y prostitutas le creyeron. Y, aun después de ver esto, vosotros no os arrepentisteis ni le creísteis».

La importancia de las obras

En el contexto de sus denuncias en el templo, Jesús dirige esta parábola a los *sumos sacerdotes* que rinden culto a Dios con discursos y palabras que no van acompañadas de sus obras y testimonio de vida y, por tanto, lo han vaciado de contenido. Su práctica se parece a la del *hijo supuestamente cumplidor* de la parábola que aparenta mostrarse disponible a los deseos de su padre, pero solo lo hace *de boquilla,* pues sus actitudes y prácticas no tienen nada que ver con ello. La fe nos la jugamos no en las intenciones ni en los discursos o gestos religiosos que hagamos, sino en que nuestras actitudes y forma de estar en la vida remitan a la de Jesús y a los valores del Reino. Frente a la hipocresía de los sacerdotes, Jesús anuncia que personas sin credibilidad social como los recaudadores de impuestos o las prostitutas, que se han abierto a su mensaje, estarán delante de ellos en el Reino. ¿Y nosotros con quiénes nos identificamos?

Ayúdanos, Señor, a confesarte con la vida.

miércoles

Adón de Vienne;
Adelaida; Albina

III de Adviento
3ª del salterio
Is 45,6c-8.18.
21b-25 /
Sal 84 /
Lc 7,19-23

Lucas 7,19-23

En aquel tiempo, Juan, llamando a dos de sus discípulos, los envió al Señor diciendo: «¿Eres tú el que ha de venir, o tenemos que esperar a otro?». Los hombres se presentaron ante él y le dijeron: «Juan el Bautista nos ha mandado a ti para decirte: "¿Eres tú el que ha de venir, o tenemos que esperar a otro?"». En aquella hora Jesús curó a muchos de enfermedades, achaques y malos espíritus, y a muchos ciegos les otorgó la vista. Y respondiendo, les dijo: «Id y anunciad a Juan lo que habéis visto y oído: los ciegos ven, los cojos andan, los leprosos quedan limpios y los sordos oyen, los muertos resucitan, los pobres son evangelizados. Y ¡bienaventurado el que no se escandalice de mí!».

Id y anunciad… lo que habéis visto

El gran signo de que el Reino está entre nosotros y nosotras es el anuncio de la liberación a los pobres. A ello remitió Jesús a los enviados de Juan Bautista y a ello nos continúa remitiendo hoy el Evangelio. Como señala el papa Francisco, evangelizar es hacer presente en el mundo el reino de Dios, y ello conlleva una dimensión social que es inseparable del Evangelio, porque de nuestra fe en Cristo, hecho pobre y siempre cercano a los pobres y excluidos, brota la preocupación por el desarrollo integral de las personas y pueblos más abandonados en nuestro mundo (cf EG 176; 186). Por eso nuestra fe no puede ser una *fe de sacristía* sino que tiene una *dimensión pública* y de compromiso con la justicia, que nos reclama siempre. ¿Cómo vivimos estas dimensiones en este momento en nuestras comunidades cristianas?

Ayúdanos, Señor, a vivir la dimensión pública de la fe en nuestros ambientes.

José Manyanet;
Juan de Sacramenia;
Lázaro; Yolanda;
Estanislao de Jesús
y María

III de Adviento
Oficio del día
Gén 49,1-2.8-10 /
Sal 71 /
Mt 1,1-17

Mateo 1,1-17

Libro del origen de Jesucristo, hijo de David, hijo de Abrahán. Abrahán engendró a Isaac, Isaac engendró a Jacob, Jacob engendró a Judá y a sus hermanos. Judá engendró, de Tamar, a Fares y a Zará, Fares engendró a Esrón, Esrón engendró a Arán, Arán engendró a Aminadab, Aminadab engendró a Naasón, Naasón engendró a Salmón, Salmón engendró, de Rajab, a Booz; Booz engendró, de Rut, a Obed; Obed engendró a Jesé, Jesé engendró a David, el rey. David, de la mujer de Urías, engendró a Salomón, Salomón engendró a Roboán, Roboán engendró a Abías, Abías engendró a Asaf, Asaf engendró a Josafat, Josafat engendró a Jorán, Jorán engendró a Ozías, Ozías engendró a Joatán, Joatán engendró a Acaz, Acaz engendró a Ezequías, Ezequías engendró a Manasés, Manasés engendró a Amós, Amós engendró a Josías; Josías engendró a Jeconías y a sus hermanos, cuando el destierro de Babilonia. Después del destierro de Babilonia, Jeconías engendró a Salatiel, Salatiel engendró a Zorobabel, Zorobabel engendró a Abiud, Abiud engendró a Eliaquín, Eliaquín engendró a Azor, Azor engendró a Sadoc, Sadoc engendró a Aquín, Aquín engendró a Eliud, Eliud engendró a Eleazar, Eleazar engendró a Matán, Matán engendró a Jacob; y Jacob engendró a José, el esposo de María, de la cual nació Jesús, llamado Cristo. Así, las generaciones desde Abrahán a David fueron en total catorce; desde David hasta la deportación a Babilonia, catorce; y desde la deportación a Babilonia hasta el Cristo, catorce.

Gracias, Señor, por encarnarte en la debilidad de la historia.

viernes

Nª Sra. de la Esperanza; Nª Sra. de la O; Graciano; Flavio

III de Adviento
Oficio del día
Jer 23,5-8 / Sal 71 / Mt 1,18-24

Mateo 1,18-24

La generación de Jesucristo fue de esta manera: María, su madre, estaba desposada con José y, antes de vivir juntos, resultó que ella esperaba un hijo por obra del Espíritu Santo. José, su esposo, como era justo y no quería difamarla, decidió repudiarla en privado. Pero, apenas había tomado esta resolución, se le apareció en sueños un ángel del Señor que le dijo: «José, hijo de David, no temas acoger a María, tu mujer, porque la criatura que hay en ella viene del Espíritu Santo. Dará a luz un hijo y tú le pondrás por nombre Jesús, porque él salvará a su pueblo de sus pecados». Todo esto sucedió para que se cumpliese lo que había dicho el Señor por medio del profeta: «Mirad: la virgen concebirá y dará a luz un hijo y le pondrán por nombre Enmanuel, que significa "Dios-con-nosotros"». Cuando José se despertó, hizo lo que le había mandado el ángel del Señor y acogió a su mujer.

Enmanuel: Dios con nosotros

La perplejidad de María ante el cumplimiento de la promesa de Dios en ella misma atravesó un vértigo que, solo al experimentarse habitada por una esperanza que la sobrepasaba, pudo sostener. También José tuvo que afrontar las dudas y la desconfianza sobre el origen y el nacimiento de Jesús, pero finalmente en él pudo más el Amor que el orgullo y los prejuicios patriarcales. Ambos se abrieron al misterio profundo del *Dios con nosotros* y desde entonces el *Enmanuel se ha hecho uno* con la condición humana y el cosmos para liberarnos desde lo más profundo y «abajado» de nosotros mismos. ¿Dónde y cómo percibimos su presencia y qué vértigos nos invita a sostener y desde qué confianzas?

Ábrenos, Señor, a la solidaridad y el misterio profundo del Dios con nosotros.

Anastasio I; Susana; Hilarión de Georgia; Eva; Bto. Urbano V

III de Adviento
Oficio del día
Jue 13,2-7.24-25a / Sal 70 / Lc 1,5-25

Lucas 1,5-25

En los días de Herodes, rey de Judea, había un sacerdote de nombre Zacarías, del turno de Abías, casado con una descendiente de Aarón, cuyo nombre era Isabel. Los dos eran justos ante Dios, y caminaban sin falta según los mandamientos y leyes del Señor. No tenían hijos, porque Isabel era estéril, y los dos eran de edad avanzada. Una vez que Zacarías oficiaba delante de Dios con el grupo de su turno, según la costumbre de los sacerdotes, le tocó en suerte a él entrar en el santuario del Señor a ofrecer el incienso; la muchedumbre del pueblo estaba fuera rezando durante la ofrenda del incienso. Y se le apareció el ángel del Señor, de pie a la derecha del altar del incienso. Al verlo, Zacarías se sobresaltó y quedó sobrecogido de temor. Pero el ángel le dijo: «No temas, Zacarías, porque tu ruego ha sido escuchado: tu mujer Isabel te dará un hijo, y le pondrás por nombre Juan. Te llenarás de alegría y gozo, y muchos se alegrarán de su nacimiento. Pues será grande a los ojos del Señor: no beberá vino ni licor; estará lleno del Espíritu Santo ya en el vientre materno, y convertirá muchos hijos de Israel al Señor, su Dios. Irá delante del Señor, con el espíritu y poder de Elías, "para convertir los corazones de los padres hacia los hijos", y a los desobedientes, a la sensatez de los justos, para preparar al Señor un pueblo bien dispuesto». Zacarías replicó al ángel: «¿Cómo estaré seguro de eso? Porque yo soy viejo, y mi mujer es de edad avanzada». Respondiendo el ángel, le dijo: «Yo soy Gabriel, que sirvo en presencia de Dios; he sido enviado para hablarte y comunicarte esta buena noticia. Pero te quedarás mudo, sin poder hablar, hasta el día en que esto suceda, porque no has dado fe a mis palabras, que se cumplirán en su momento oportuno». El pueblo, que estaba aguardando a Zacarías, se sorprendía de que tardase tanto en el santuario. Al salir no podía hablarles, y ellos comprendieron que había tenido una visión en el santuario. Él les hablaba por señas, porque seguía mudo. Al cumplirse los días de su servicio en el templo, volvió a casa. Días después concibió Isabel, su mujer, y estuvo sin salir de casa cinco meses, diciendo: «Esto es lo que ha hecho por mí el Señor, cuando se ha fijado en mí para quitar mi oprobio ante la gente».

domingo

Tolomeo; Eugenio; Teófilo; Librado; Macario; Vicente Romano

4ª del salterio
2Sam 7,1-5.8b-12.14a.16 / Sal 88 / Rom 16,25-27 / Lc 1,26-38

2 Samuel 7,1-5.8b-12.14a.16

Cuando el rey David se asentó en su casa y el Señor le hubo dado reposo de todos sus enemigos de alrededor, dijo al profeta Natán: «Mira, yo habito en una casa de cedro, mientras el Arca de Dios habita en una tienda». Natán dijo al rey: «Ve y haz lo que desea tu corazón, pues el Señor está contigo». Aquella noche vino esta palabra del Señor a Natán: «Ve y habla a mi siervo David: "Así dice el Señor: ¿Tú me vas a construir una casa para morada mía? Yo te tomé del pastizal, de andar tras el rebaño, para que fueras jefe de mi pueblo Israel. He estado a tu lado por donde quiera que has ido, he suprimido a todos tus enemigos ante ti y te he hecho tan famoso como los grandes de la tierra. Dispondré un lugar para mi pueblo Israel y lo plantaré para que resida en él sin que lo inquieten, ni le hagan más daño los malvados, como antaño, cuando nombraba jueces sobre mi pueblo Israel. A ti te he dado reposo de todos tus enemigos. Pues bien, el Señor te anuncia que te va a edificar una casa. En efecto, cuando se cumplan tus días y reposes con tus padres, yo suscitaré descendencia tuya después de ti. Al que salga de tus entrañas le afirmaré su reino. Yo seré para él un padre y él será para mí un hijo. Tu casa y tu reino se mantendrán siempre firmes ante mí, tu trono durará para siempre"».

Salmo 88,2-3.4-5.27 y 29

R. Cantaré eternamente tus misericordias, Señor.

Romanos 16,25-27

Hermanos: Al que puede consolidaros según mi Evangelio y el mensaje de Jesucristo que proclamo, conforme a la revelación del misterio mantenido en secreto durante siglos eternos y manifestado ahora mediante las Escrituras proféticas, dado a conocer según disposición del Dios eterno para que todas las gentes llegaran a la obediencia de la fe; a Dios, único Sabio, por Jesucristo, la gloria por los siglos de los siglos. Amén.

Lucas 1,26-38

En aquel tiempo, el ángel Gabriel fue enviado por Dios a una ciudad de Galilea llamada Nazaret, a una virgen desposada con un hombre llamado José, de la casa de David; el nombre de la virgen era María. El ángel, entrando en su presencia, dijo: «Alégrate, llena de gracia, el Señor está contigo». Ella se turbó grandemente ante estas palabras y se preguntaba qué saludo era aquel. El ángel le dijo: «No temas, María, porque has encontrado gracia ante Dios. Concebirás en tu vientre y darás a luz un hijo, y le pondrás por nombre Jesús. Será grande, se llamará Hijo del Altísimo, el Señor Dios le dará el trono de David, su padre; reinará sobre la casa de Jacob para siempre, y su reino no tendrá fin». Y María dijo al ángel: «¿Cómo será eso, pues no conozco varón?». El ángel le contestó: «El Espíritu Santo vendrá sobre ti, y la fuerza del Altísimo te cubrirá con su sombra; por eso el Santo que va a nacer será llamado Hijo de Dios. También tu pariente Isabel ha concebido un hijo en su vejez, y ya está de seis meses la que llamaban estéril, porque para Dios nada hay imposible». María contestó: «He aquí la esclava del Señor; hágase en mí según tu palabra». Y el ángel se retiró.

Hágase

El anuncio del ángel a María tiene un escenario bien distinto al de Zacarías, no es en el templo sino en la cotidianidad de la vida de una joven desposada en el contexto de una aldea insignificante en la historia de Israel. Dios se adentra en la historia humana pidiendo permiso y colaboración a una mujer, arriesgándose a ser acogido o despreciado, y la respuesta de María, desde su perplejidad, pero también desde su confianza radical, es *«Hágase»*. María consiente el sueño de Dios en ella sin pretender tener respuestas. Por eso es *llena de Gracia, favorecida de Dios y alumbradora de la esperanza* y su encarnación en el mundo. Como comunidades cristianas, ¿qué *«hágases»* nos sentimos invitados e invitadas a vivir *de parte de Dios* en este Adviento?

Señor, hágase en nosotros y nosotras, según tu Palabra.

S. Pedro
Canisio, c.
Severino; Bruno;
Queremón;
Marcelo; Glicerio

IV de Adviento
Oficio del día
Cant 2,8-14 (o bien:
Sof 3,14-18a) /
Sal 32 / Lc 1,39-45

Lucas 1,39-45

En aquellos días, María se levantó y se puso en camino deprisa hacia la montaña, a una ciudad de Judá; entró en casa de Zacarías y saludó a Isabel. Aconteció que, en cuanto Isabel oyó el saludo de María, saltó la criatura en su vientre. Se llenó Isabel de Espíritu Santo y, levantando la voz, exclamó: «¡Bendita tú entre las mujeres, y bendito el fruto de tu vientre! ¿Quién soy yo para que me visite la madre de mi Señor? Pues, en cuanto tu saludo llegó a mis oídos, la criatura saltó de alegría en mi vientre. Bienaventurada la que ha creído, porque lo que le ha dicho el Señor se cumplirá».

Compartir la alegría

El Evangelio se revela en signos pequeños como echar una mano a quien lo necesita, compartir las alegrías y las esperanzas cotidianas, procurar descanso y alivio a quienes no pueden más y vivir con gratuidad las desinstalaciones que todo ello conlleva. En *Ain Karim,* en la visita de María a Isabel, descubrimos estos signos. Por eso María además de madre de Jesús es su *primera discípula,* aun cuando le portaba en su vientre. El encuentro de estas dos mujeres es icono de unas relaciones de mutuo reconocimiento y convalidación, unidas por una misma confianza y servicio al proyecto del reino de Dios. Todo en ellas es complicidad y alegría por la esperanza que portan. No hay resquemor ni competencia, sino agradecimiento y júbilo, por sentir que la esperanza de Dios se hace histórica en ellas y es liberación para los humildes. Son un icono vivo de la alegría de creer.

Gracias, Señor, por los signos discretos de tu presencia en la vida.

Francisca Javier Cabrini; Honorato; Lía

IV de Adviento
Oficio del día
1Sam 1,24-28 / Sal 1Sam 2,1-8 / Lc 1,46-56

Lucas 1,46-56

En aquel tiempo, María dijo: «Proclama mi alma la grandeza del Señor, "se alegra mi espíritu en Dios, mi salvador; porque ha mirado la humildad de su esclava". Desde ahora me felicitarán todas las generaciones, porque el Poderoso ha hecho obras grandes en mí: "su nombre es santo, y su misericordia llega a sus fieles de generación en generación". Él hace proezas con su brazo: dispersa a los soberbios de corazón, "derriba del trono a los poderosos y enaltece a los humildes, a los hambrientos los colma de bienes y a los ricos los despide vacíos. Auxilia a Israel, su siervo, acordándose de la misericordia" –como lo había prometido a "nuestros padres"– en favor de Abrahán y su descendencia por siempre». María se quedó con Isabel unos tres meses y volvió a su casa.

Nuestro Magníficat hoy

El Magníficat es el canto de liberación de los y las humildes, de quienes reconocen el paso de la liberación de Dios por su vida *haciendo posible lo imposible* y transformando la historia a favor de los últimos y últimas. Es el cántico por excelencia de la comunidad cristiana, en el que María contempla la realidad con la mirada de Dios y la descubre sostenida por un misterio de Amor que *derriba del trono a los poderosos* y colma de *bienes a los hambrientos.* Un Dios que es parcial con los pobres ya que se identifica con ellos. Esta misericordia salvadora de Dios se actualiza también en nuestra vida y en nuestra historia. Como comunidades cristianas insertas en nuestros ambientes, ¿cuál es en este Adviento nuestro Magníficat?

Gracias, Señor, porque derribas del trono a los poderosos y enalteces a los humildes.

S. Juan de Kety, c.
Sira; Antonio de Sta. Ana; Mardonio

IV de Adviento
Oficio del día
Mal 3,1-4.23-24 / Sal 24 / Lc 1,57-66

Lucas 1,57-66

A Isabel se le cumplió el tiempo del parto y dio a luz un hijo. Se enteraron sus vecinos y parientes de que el Señor le había hecho una gran misericordia, y se alegraban con ella. A los ocho días vinieron a circuncidar al niño, y querían llamarlo Zacarías, como su padre; pero la madre intervino diciendo: «¡No! Se va a llamar Juan». Y le dijeron: «Ninguno de tus parientes se llama así». Entonces preguntaban por señas al padre cómo quería que se llamase. Él pidió una tablilla y escribió: «Juan es su nombre». Y todos se quedaron maravillados. Inmediatamente se le soltó la boca y la lengua, y empezó a hablar bendiciendo a Dios. Los vecinos quedaron sobrecogidos, y se comentaban todos estos hechos por toda la montaña de Judea. Y todos los que los oían reflexionaban diciendo: «Pues ¿qué será este niño?». Porque la mano del Señor estaba con él.

La mano del Señor estaba con él

El nacimiento de Juan Bautista prepara el camino de Jesús. Por eso Lucas hace un paralelo entre ambos en los primeros capítulos de su evangelio. De este modo el evangelista quiere significar que aunque Juan es precursor de la novedad que constituye Jesús en la historia, su nacimiento y su mensaje marcan también el umbral de un tiempo nuevo. De ahí también la ruptura con la tradición en la elección de su nombre. No será llamado por el nombre de su padre, como espera el clan, sino con el nombre que Dios le ha otorgado: Juan. Lucas incorpora a la narración hechos extraordinarios para significar su ministerio profético desde su origen, como bendecir a Dios al recibir su nombre. Por eso declara al final del texto que *la mano del Señor estaba con él*. Como comunidades cristianas, ¿qué motivos tenemos hoy para bendecir a Dios y entre quiénes lo hacemos? ¿Dónde reconocemos que *la mano de Dios* está puesta sobre nosotros y nosotras, sobre nuestro mundo hoy?

Gracias, Señor, porque pones tu mano cuidadosa sobre la humanidad y nos llamas a ser cauce de tu misericordia actuante.

Luciano; Adela; Delfín; Paula Isabel Cerioli

IV de Adviento
Oficio del día
Misa matutina: 2Sam 7,1-5.8b-12. 14a.16 / Sal 88 / Lc 1,67-79

Lucas 1,67-69

En aquel tiempo, Zacarías, padre de Juan, se llenó de Espíritu Santo y profetizó diciendo: «"Bendito sea el Señor, Dios de Israel", porque ha visitado y "redimido a su pueblo", suscitándonos una fuerza de salvación en la casa de David, su siervo, según lo había predicho desde antiguo por boca de sus santos profetas. Es la salvación que nos libra de nuestros enemigos y de la mano de todos los que nos odian; realizando la "misericordia que tuvo con nuestros padres, recordando su santa alianza" y "el juramento que juró a nuestro padre Abrahán" para concedernos que, libres de temor, arrancados de la mano de los enemigos, le sirvamos con santidad y justicia, en su presencia, todos nuestros días. Y a ti, niño, te llamarán profeta del Altísimo, porque irás delante "del Señor a preparar sus caminos", anunciando a su pueblo la salvación por el perdón de sus pecados. Por la entrañable misericordia de nuestro Dios, nos visitará el sol que nace de lo alto, para iluminar a los que viven en tinieblas y en sombra de muerte, para guiar nuestros pasos por el camino de la paz».

Dar a luz nueva humanidad

El silencio de Zacarías, expresión de la debilidad de su fe y su resistencia a que todo tiempo es fecundo para Dios, se torna en canto de esperanza agradecida y reconocimiento de su fidelidad y acción en la historia. Jesús es *el sol que nace de lo alto,* la misericordia entrañable de Dios, que se hace carne, mundo, historia, para ser *misericordia en acción, misericordia en relación.* Esta noche *se encarna nuestra esperanza,* que estalla como luz y calor en las oscuridades de nuestra vida y en las del mundo. Esta noche, sostenidos en el acontecimiento y la memoria de Belén, somos urgidos y urgidas a dirigir nuestros pasos hacia el camino de la reconciliación y de la paz, a dar a luz nueva humanidad.

Gracias, Señor, por tu encarnación en Belén.

Natividad del Señor, s.
Nª Sra. de Belén

Oficio de la s.
Medianoche:
Is 9,1-6 / Sal 95 / Tit 2,11-14 / Lc 2,1-14
Día: Is 52,7-10 / Sal 97 / Heb 1,1-6 / Jn 1,1-18 (breve: Jn 1,1-5.9-14)

Juan 1,1-18

En el principio existía el Verbo, y el Verbo estaba junto a Dios, y el Verbo era Dios. Él estaba en el principio junto a Dios. Por medio de él se hizo todo, y sin él no se hizo nada de cuanto se ha hecho. En él estaba la vida, y la vida era la luz de los hombres. Y la luz brilla en la tiniebla, y la tiniebla no lo recibió. Surgió un hombre enviado por Dios, que se llamaba Juan: este venía como testigo, para dar testimonio de la luz, para que todos creyeran por medio de él. No era él la luz, sino el que daba testimonio de la luz. El Verbo era la luz verdadera, que alumbra a todo hombre, viniendo al mundo. En el mundo estaba; el mundo se hizo por medio de él, y el mundo no lo conoció. Vino a su casa, y los suyos no lo recibieron. Pero a cuantos lo recibieron, les dio poder de ser hijos de Dios, a los que creen en su nombre. Estos no han nacido de sangre, ni de deseo de carne, ni de deseo de varón, sino que han nacido de Dios. Y el Verbo se hizo carne y habitó entre nosotros, y hemos contemplado su gloria: gloria como del Unigénito del Padre, lleno de gracia y de verdad. Juan da testimonio de él y grita diciendo: «Este es de quien dije: el que viene detrás de mí se ha puesto delante de mí, porque existía antes que yo». Pues de su plenitud todos hemos recibido, gracia tras gracia. Porque la ley se dio por medio de Moisés, la gracia y la verdad nos han llegado por medio de Jesucristo. A Dios nadie lo ha visto jamás: Dios unigénito, que está en el seno del Padre, es quien lo ha dado a conocer.

La Palabra creadora de Dios asume la condición humana desde cerca, desde dentro y desde abajo para liberarla. Señor, que nosotros ayudemos a su liberación.

S. Esteban, f.
Dionisio; Zósimo; Marino

Oficio de la f.
He 6,8-10; 7,54-59 / Sal 30 / Mt 10,17-22

Mateo 10,17-22

En aquel tiempo, dijo Jesús a sus discípulos: «¡Cuidado con la gente!, porque os entregarán a los tribunales, os azotarán en las sinagogas y os harán comparecer ante gobernadores y reyes por mi causa, para dar testimonio ante ellos y ante los gentiles. Cuando os entreguen, no os preocupéis de lo que vais a decir o de cómo lo diréis: en aquel momento se os sugerirá lo que tenéis que decir, porque no seréis vosotros los que habléis, sino que el Espíritu de vuestro Padre hablará por vosotros. El hermano entregará al hermano a la muerte, el padre al hijo; se rebelarán los hijos contra sus padres y los matarán. Y seréis odiados por todos a causa de mi nombre; pero el que persevere hasta el final, se salvará».

El que persevere se salvará

La ternura del Dios hecho Niño que celebramos en Navidad contrasta con la violencia y la injusticia estructural naturalizada con la que convivimos. Pero también son muchas las personas y grupos comprometidos con la búsqueda de alternativas para hacer la vida más sostenible y justa. Personas y grupos que intentan humanizar la vida y *«buenearla»* desde estilos de vida sencillos, no violentos, apostando por el valor de lo comunitario frente al individualismo o la desagregación que se nos impone. Son *minorías persistentes,* con el espíritu de Jesús, que nos siguen recordando hoy que vivir de este modo es *posible* porque él nos sostiene y ofrece su aliento y vigor para permanecer fieles a su utopía hasta el fin.

Gracias, Señor, por las personas y grupos que «buenean» la vida y la humanizan.

Juan; Fabiola; Geraldo; Godofredo

Oficio de la f.
Eclo 3,2-6.12-14 / Sal 127 / Col 3,12-21 (o bien: Gén 15,1-6; 21,1-3 / Sal 104 / Heb 11,8.11-12. 17-19) / Lc 2,22-40 (breve: Lc 2,22. 39-40)

Eclesiástico 3,2-6.12-14

El Señor honra más al padre que a los hijos y afirma el derecho de la madre sobre ellos. Quien honra a su padre expía sus pecados, y quien respeta a su madre es como quien acumula tesoros. Quien honra a su padre se alegrará de sus hijos y cuando rece, será escuchado. Quien respeta a su padre tendrá larga vida, y quien honra a su madre obedece al Señor. Hijo, cuida de tu padre en su vejez y durante su vida no le causes tristeza. Aunque pierda el juicio, sé indulgente con él y no lo desprecies aun estando tú en pleno vigor. Porque la compasión hacia el padre no será olvidada y te servirá para reparar tus pecados.

Salmo 127,1bc-2.3.4-5

R. Dichosos los que temen al Señor y siguen sus caminos.

Colosenses 3,12-21

Hermanos: Como elegidos de Dios, santos y amados, revestíos de compasión entrañable, bondad, humildad, mansedumbre, paciencia. Sobrellevaos mutuamente y perdonaos cuando alguno tenga quejas contra otro. El Señor os ha perdonado: haced vosotros lo mismo. Y por encima de todo esto, el amor, que es el vínculo de la unidad perfecta. Que la paz de Cristo reine en vuestro corazón: a ella habéis sido convocados en un solo cuerpo. Sed también agradecidos. La Palabra de Cristo habite entre vosotros en toda su riqueza; enseñaos unos a otros con toda sabiduría; exhortaos mutuamente. Cantad a Dios, dando gracias de corazón, con salmos, himnos y cánticos inspirados. Y todo lo que de palabra o de obra realicéis, sea todo en nombre de Jesús, dando gracias a Dios Padre por medio de él. Mujeres, sed sumisas a vuestros maridos, como conviene en el Señor. Maridos, amad a vuestras mujeres, y no seáis ásperos con ellas. Hijos, obedeced a vuestros padres en todo, que eso agrada al Señor. Padres, no exasperéis a vuestros hijos, no sea que pierdan el ánimo.

Lucas 2,22-40

Cuando se cumplieron los días de la purificación, según la ley de Moisés, los padres de Jesús lo llevaron a Jerusalén para presentarlo al Señor, de acuerdo con lo escrito en la ley del Señor: «Todo varón primogénito será consagrado al Señor», y para entregar la oblación, como dice la ley del Señor: «un par de tórtolas o dos pichones». Había entonces en Jerusalén un hombre llamado Simeón, hombre justo y piadoso, que aguardaba el consuelo de Israel; y el Espíritu Santo estaba con él. Le había sido revelado por el Espíritu Santo que no vería la muerte antes de ver al Mesías del Señor. Impulsado por el Espíritu, fue al templo. Y cuando entraban con el niño Jesús sus padres para cumplir con él lo acostumbrado según la ley, Simeón lo tomó en brazos y bendijo a Dios diciendo: «Ahora, Señor, según tu promesa, puedes dejar a tu siervo irse en paz. Porque mis ojos "han visto a tu Salvador", a quien has presentado ante todos los pueblos: "luz para alumbrar a las naciones" y gloria de tu pueblo Israel». Su padre y su madre estaban admirados por lo que se decía del niño. Simeón los bendijo y dijo a María, su madre: «Este ha sido puesto para que muchos en Israel caigan y se levanten; y será como un signo de contradicción –y a ti misma una espada te traspasará el alma–, para que se pongan de manifiesto los pensamientos de muchos corazones». Había también una profetisa, Ana, hija de Fanuel, de la tribu de Aser, ya muy avanzada en años. De joven había vivido siete años casada, y luego viuda hasta los ochenta y cuatro; no se apartaba del templo, sirviendo a Dios con ayunos y oraciones noche y día. Presentándose en aquel momento, alababa también a Dios y hablaba del niño a todos los que aguardaban la liberación de Jerusalén. Y, cuando cumplieron todo lo que prescribía la ley del Señor, Jesús y sus padres volvieron a Galilea, a su ciudad de Nazaret. El niño, por su parte, iba creciendo y robusteciéndose, lleno de sabiduría; y la gracia de Dios estaba con él.

Ayúdanos, Señor, a acoger con misericordia y respeto la diversidad de las familias que hoy nos rodean.

lunes

Los Santos Inocentes, f.
Abel; Gaspar del Búfalo

Oficio de la f.
1Jn 1,5–2,2 /
Sal 123 /
Mt 2,13-18

Mateo 2,13-18

Cuando se retiraron los magos, el ángel del Señor se apareció en sueños a José y le dijo: «Levántate, toma al niño y a su madre y huye a Egipto; quédate allí hasta que yo te avise, porque Herodes va a buscar al niño para matarlo». José se levantó, tomó al niño y a su madre, de noche, se fue a Egipto y se quedó hasta la muerte de Herodes para que se cumpliese lo que dijo el Señor por medio del profeta: «De Egipto llamé a mi hijo». Al verse burlado por los magos, Herodes montó en cólera y mandó matar a todos los niños de dos años para abajo, en Belén y sus alrededores, calculando el tiempo por lo que había averiguado de los magos. Entonces se cumplió lo dicho por medio del profeta Jeremías: «Un grito se oye en Ramá, llanto y lamentos grandes; es Raquel que llora por sus hijos y rehúsa el consuelo, porque ya no viven».

Violencia contra los inocentes

Como tantas familias migrantes y refugiadas, José y María toman la determinación de abandonar su lugar de origen, escapando de noche y atravesando fronteras hasta llegar a Egipto. Lo hacen para salvar la vida de Jesús de un genocidio infantil decretado por Herodes. Aunque se duda de la historicidad de este hecho, lo relevante es su sentido: la identificación de Jesús con los más inocentes y la denuncia de quienes son responsables de su sufrimiento. Como comunidades cristianas no podemos ser ajenos a esta realidad cotidiana en nuestro mundo: la violencia contra los niños y niñas, la pederastia, la explotación de la mano de obra infantil, el tráfico de menores y su desaparición por parte de las mafias de trata de personas en las fronteras, etc. Jesús, en medio de la angustia nocturna que le empuja hacia la frontera, nos reta a ponernos de su parte, acoger y proteger a la infancia, especialmente a la más herida y vulnerada, sea cual sea su sexo, su lugar de nacimiento o el color de su piel.

Ayúdanos, Señor, a comprometernos como comunidades cristianas en la protección a la infancia más herida y vulnerada.

Sto. Tomás
Becket, c.
David; Domingo;
Bonifacio

Octava de Navidad
Oficio del día
1Jn 2,3-11 /
Sal 95 /
Lc 2,22-35

Lucas 2,22-35

Cuando se cumplieron los días de la purificación, según la ley de Moisés, los padres de Jesús lo llevaron a Jerusalén para presentarlo al Señor, de acuerdo con lo escrito en la ley del Señor: «Todo varón primogénito será consagrado al Señor», y para entregar la oblación, como dice la ley del Señor: «un par de tórtolas o dos pichones». Había entonces en Jerusalén un hombre llamado Simeón, hombre justo y piadoso, que aguardaba el consuelo de Israel; y el Espíritu Santo estaba con él. Le había sido revelado por el Espíritu Santo que no vería la muerte antes de ver al Mesías del Señor. Impulsado por el Espíritu, fue al templo. Y cuando entraban con el niño Jesús sus padres para cumplir con él lo acostumbrado según la ley, Simeón lo tomó en brazos y bendijo a Dios diciendo: «Ahora, Señor, según tu promesa, puedes dejar a tu siervo irse en paz. Porque mis ojos "han visto a tu Salvador", a quien has presentado ante todos los pueblos: "luz para alumbrar a las naciones" y gloria de tu pueblo Israel». Su padre y su madre estaban admirados por lo que se decía del niño. Simeón los bendijo y dijo a María, su madre: «Este ha sido puesto para que muchos en Israel caigan y se levanten; y será como un signo de contradicción –y a ti misma una espada te traspasará el alma–, para que se pongan de manifiesto los pensamientos de muchos corazones».

Luz para alumbrar a las naciones

Las promesas de Dios se han cumplido en Jesús. Como Simeón, también nosotros y nosotras podemos reconocerle como el *Dios humanado,* hecho carne, que nos anuncia con su vida entregada que la fraternidad humana y el banquete de la inclusión son posibles. Su amor universal es *luz para alumbrar a las naciones* y conducirnos hacia los caminos de la paz y la justicia de las que tan sediento está nuestro mundo. Conocerle y reconocerle nos convierte en hombres y mujeres testigos de esa luz en nuestros ambientes. Él aviva nuestra esperanza. Él es nuestra consolación porque su compasión y misericordia no tiene límites.

miércoles

Sabino; Honorio; Liberio; Rainiero

Octava de Navidad
Oficio del día
1Jn 2,12-17 /
Sal 95 /
Lc 2,36-40

Lucas 2,36-40

En aquel tiempo, había una profetisa, Ana, hija de Fanuel, de la tribu de Aser, ya muy avanzada en años. De joven había vivido siete años casada, y luego viuda hasta los ochenta y cuatro; no se apartaba del templo, sirviendo a Dios con ayunos y oraciones noche y día. Presentándose en aquel momento, alababa también a Dios y hablaba del niño a todos los que aguardaban la liberación de Jerusalén. Y, cuando cumplieron todo lo que prescribía la ley del Señor, Jesús y sus padres volvieron a Galilea, a su ciudad de Nazaret. El niño, por su parte, iba creciendo y robusteciéndose, lleno de sabiduría; y la gracia de Dios estaba con él.

Alabar y comunicar a Dios

La Navidad es tiempo de asombro y admiración, sin embargo, con el paso de los años, no es fácil cultivar estas actitudes. La profetisa Ana las mantuvo como talante vital. Por eso pudo, siendo anciana, abrirse a la novedad de Dios y reconocer en Jesús el cumplimiento de la promesa y la liberación del pueblo. Su boca se hizo alabanza y comunicación de la Buena Noticia. ¿Cómo es nuestra capacidad de asombro en este momento de nuestra vida? ¿Dónde y cómo descubrimos la Promesa hecha carne hoy en nuestros ambientes? ¿Cómo comunicamos a Dios? ¿Cuál es en esta Navidad nuestra alabanza?

Ayúdanos, Señor, a recuperar en nuestra vida el asombro y la admiración.

S. Silvestre I, c.
Columba; Fabián;
Flor; Melania

Octava de Navidad
Oficio del día
1Jn 2,18-21 /
Sal 95 /
Jn 1,1-18

Juan 1,1-18

En el principio existía el Verbo, y el Verbo estaba junto a Dios, y el Verbo era Dios. Él estaba en el principio junto a Dios. Por medio de él se hizo todo, y sin él no se hizo nada de cuanto se ha hecho. En él estaba la vida, y la vida era la luz de los hombres. Y la luz brilla en la tiniebla, y la tiniebla no lo recibió. Surgió un hombre enviado por Dios, que se llamaba Juan: este venía como testigo, para dar testimonio de la luz, para que todos creyeran por medio de él. No era él la luz, sino el que daba testimonio de la luz. El Verbo era la luz verdadera, que alumbra a todo hombre, viniendo al mundo. En el mundo estaba; el mundo se hizo por medio de él, y el mundo no lo conoció. Vino a su casa, y los suyos no lo recibieron. Pero a cuantos lo recibieron, les dio poder de ser hijos de Dios, a los que creen en su nombre. Estos no han nacido de sangre, ni de deseo de carne, ni de deseo de varón, sino que han nacido de Dios. Y el Verbo se hizo carne y habitó entre nosotros, y hemos contemplado su gloria: gloria como del Unigénito del Padre, lleno de gracia y de verdad. Juan da testimonio de él y grita diciendo: «Este es de quien dije: el que viene detrás de mí se ha puesto delante de mí, porque existía antes que yo». Pues de su plenitud todos hemos recibido, gracia tras gracia. Porque la ley se dio por medio de Moisés, la gracia y la verdad nos han llegado por medio de Jesucristo. A Dios nadie lo ha visto jamás: Dios unigénito, que está en el seno del Padre, es quien lo ha dado a conocer.

Gracias, Señor, por tanta vida regalada.

Abbón de Fleury, 13-XI
Abdías, 19-XI
Abel, 28-XII
Abrahán, 9-X
Absalón, 2-III
Abundio, 2-IV
Abundio, 11-VII
Abundio de Como, 31-VIII
Acacio de Armenia, 22-VI
Acisclo, 17-XI
Adalberón de Wurzburgo, 6-X
◆ Adalberto, 23-IV
Adamnán, 23-IX
Adán, 29-VII
Adaucto, 30-VIII
Adela, 14-VII
Adela, 24-XII
Adelaida, 11-VI
Adelaida, 16-XII
Adelelmo (Lesmes) de Burgos, 30-I
Adelina, 20-X
Adeodato, 8-XI
Adolfo, 28-IX
Adón de Vienne, 16-XII
Adoración, 6-I
Adrián, 5-III
Adrián, 8-IX
Adrián III, 8-VII
Adrián de Canterbury, 9-I
Afraates, 7-IV
África, Nª Sra. de, 5-V
Agapito, 16-III
Agapito I, 20-IX
Agatón, 10-I
Ageo, 4-VII
Agrícola, 4-XI
Agripina, 23-VI
◆ Águeda, 5-II
◆ Agustín, 28-VIII
◆ Agustín de Canterbury, 27-V
Agustín Novello, 19-V
Agustín Zhao Rong, 9-VII
Aida, 2-II
Aidano, 31-VIII
Alba, Nª Sra. del, 15-VIII
Albano, 22-VI
Albertina, bta., 14-VI
Alberto, 25-VII
Alberto Chmielowski, 17-VI
Alberto de Cashel, 8-I
Alberto de Trápani, 7-VIII
Alberto Hurtado Cruchaga, 18-VIII
◆ Alberto Magno, 15-XI
Albina, 16-XII
Alejandro, 17-III
Alejandro, 26-VIII
Alejandro, 11-X
Alejandro I, 3-V
Alejandro de Alejandría, 26-II
Alejandro de Constantinopla, 28-VIII
Alejandro de Fiesole, 6-VI
Alejandro de Jerusalén, 30-I
Alejandro Hales, 21-VIII
Alejo, 17-VII
Alfonso, bto., 10-IX
◆ Alfonso María de Ligorio, 1-VIII
Alfonso María del Fusco, 6-II
Alfonso Rodríguez, 17-XI
Alina, 16-VI
Almudena, Sta. María la Real, 9 -XI
Alojzije Viktor Stepinac, bto., 10-II
Alonso, bto., 10-IX
Alonso de Orozco, 19-IX
Alonso Pacheco, 7-IX
Alonso Rodríguez, 31-X
Altagracia, Nª Sra. de, 21-I
Altman, 8-VIII
Álvaro de Córdoba, bto., 19-II
Álvaro del Portillo, bto.,12-V
Amador, 30-IV
Amancio, 19-III
Amancio, 8-IV
Amancio, 10-VI
Amando, 6-II
Amando, 8-VII
Amato Ronconi, 8-V
Ambrosio, 4-IV
◆ Ambrosio, 7-XII
Amelia, 31-V
◆ Ana, 26-VII
Ana de los Ángeles Monteagudo, bta., 10-I
Ana de San Bartolomé, bta., 7-VI
Ana Mª Giannetti Taigi, bta., 9-VI
Ana Mª Janer, 11-I
Anacleto, 13-V
Ananías Donato, 25-I
Anastasia, 15-IV
Anastasia, 28-X
Anastasio I, 19-XII
Anastasio de Antioquía, 21-IV
Anastasio el Persa, 22-I
◆ Andrés, 30-XI
Andrés Avelino, 10-XI
Andrés Bobola, 16-V
Andrés Carlos Ferrari, 1-II
Andrés Corsini, 4-II
Andrés de Soveral, 3-X
◆ Andrés Dung-Lac, 24-XI
Andrés Hibernon, bto., 18-IV
◆ Andrés Kim, 20-IX
Andrés Salos, 28-V
Ángel de Acri, 30-x
Ángela de Foligno, bta., 4-I
Ángela de la Cruz, 5-XI
Ángela de Mérici, 27-I
Ángela Salawa, bta., 12-III
Ángeles Custodios, 2-X
Ángeles de San José, bta., 20-XI
Ángeles, Nª Sra. de los, 2-VIII
Angélico, bto., 18-II
Angelina de Montegiove, 15-VII

Angustias, Nª. Sra. de las, 15-XI
Aniano, 25-IV
Aniano, 10-XI
Aníbal María de Francia, 1-VI
Aniceto, 17-IV
Anna Katharina Emmerich, bta., 9-II
Anna Schaffer, 5-X
Anón, 4-XII
◆ Anselmo de Canterbury, 21-IV
Anselmo de Luca, 18-III
Anselmo Polanco, bto., 7-II
Antelmo de Chignin, 26-VI
Antero, 3-I
Antolín, 2-IX
Antonia de Florencia, bta., 28-II
Antonia Mesina, bta., 17-V
Antonino, 7-III
Antonino de León, 28-IX
◆ Antonio abad, 17-I
Antonio de Florencia, 10-V
◆ Antonio de Padua, 13-VI
Antonio de Sta. Ana, 23-XII
Antonio Leszczewicz, bto., 17-II
◆ Antonio María Claret, 24-X
Antonio María Gianelli, 7-VI
Antonio María Pucci, 12-I
◆ Antonio María Zaccaría, 5-VII
Antonio Primaldo, 14-VIII
Antonio Rosmini, bto., 1-VII
Antonio Swiadek, 4-IV
◆ Anunciación del Señor, 25-III
◆ Apolinar, 20-VII
Apolonia, 9-II
Apolonio, 18-IV
◆ Aquiles, 12-V
Arabia, 13-III
Araceli, Nª Sra. de, 2-V
Arbogastro, 21-VII
Arcángel Tadini, 20-V
Arialdo, 27-VI
Arnaldo Janssen, 15-I
Arnulfo de Metz, 16-VIII
Arnulfo de Soissons, 16-VIII
Arsenio el Grande, 19-VII
Artémide Zatti, bto., 13-XI
Ascanio Nicanor, bto., 10-VII
Ascensión del Corazón de Jesús, bta., 24-II
◆ Ascensión del Señor, dom. anterior a Pentecostés (24-V)
Asunción de la Virgen María, 15-VIII
Atanasia, 14-VIII
◆ Atanasio, 2-V
Atanasio de Nápoles, 8-XI
Atilano, 5-X
Atilano Cruz, 1-VII
Atocha, Nª Sra. de, 10-VII
Atón, 22-V
Audoeno, 24-VIII
Audomaro, 9-IX
◆ Augurio, 20-I
Augusto Chapdelaine, 28-II
Áurea, 19-VII
Aurelia de Estrasburgo, 15-X
Aureliano de Arles, 16-VI
Aurelio de Córdoba, 27-VII
Aurelio, 20-X
Aurelio de Vinalesa, bto., 28-VIII
Austreberta, 10-II
Auxilio de los Cristianos, Nª Sra., 2-I
Avito de Vienne, 5-II
Azarías, 3-II

Babilas, 24-I
Baltasar, 6-I
Bárbara, 4-XII
Bartolo Longo, bto., 6-X
◆ Bartolomé, 24-VIII
Bartolomé de S. Gimignano, 12-XII
Bartolomé de Simeri, 19-VIII
Bartolomé el Joven, 11-XI
◆ Basilio Magno, 2-I
Basilio Velychowskyj, bto., 30-VI
Basilisa, 15-IV
Batilde, 30-I
Bautista Spagnoli, 30-III
Beatriz, 29-VII
Beatriz de Nazaret, 29-VIII
Beatriz de Silva, 17-VIII
◆ Beda el Venerable, 25-V
Begoña, Nª Sra. de, 11-X
Behnam, 10-XII
Belén, Nª. Sra. de, 25-XII
Benedetta Bianchi, bta., 23-I
Benedicta, 6-V
Benedicta, 29-VI
Benedicto II, 7-V
Benedicto XI, 7-VII
Benigno, 28-VI
Benildo Pedro Romançon, 13-VIII
◆ Benito, 11-VII
Benito, 1-X
Benito Africano, 4-IV
Benito Biscop, 12-I
Benito de Aniano, 11-II
Benito José Labre, 16-IV
Benito Menni, 24-IV
Benón, 16-VI
◆ Bernabé, 11-VI
Bernaldo, 30-XI
Bernardino de Feltre, 28-IX
◆ Bernardino de Siena, 20-V
Bernardino Realino, 2-VII
Bernardita Soubirous, 16-IV
◆ Bernardo, abad, 20-VIII
Bernardo Calbó, 25-X
Bernardo de Alcira, 23-VII
Bernardo de Tirón, 14-IV
Bernardo Francisco Hoyos, bto., 29-XI
Bernardo Tolomei, 19-VIII
Bernwardo de Hildesheim, 20-XI
Bibiana, 2-XII
Blanca, Nª Sra., la Virgen, 5-VIII

◆ Blas, 3-II
Boleslava María Lament, bta., 29-I
Bonifacia Rodríguez Castro, 6-VI
◆ Bonifacio, 5-VI
Bonifacio, 29-XII
Bonifacio I, 4-IX
Bonifacio IV, 8-V
Boris, 2-V
Braulio de Zaragoza, 26-III
Braulio María Corres, 30-VII
Brígida de Kildare, 1-II
◆ Brígida de Suecia, 23-VII
Bruno, 18-VII
◆ Bruno, 6-X
Bruno, 21-XII
Bruno de Colonia, 11-X
Bruno de Querfurt, 15-X
Bruno de Wurzburgo, 27-V
Bucardo I, 14-X
Buen Consejo, Nª Sra. del, 26-IV
Buen Suceso, Nª Sra. del, último domingo de octubre (25-X)
◆ Buenaventura, 15-VII
Buenaventura de Barcelona, bto., 11-IX
Buenaventura de Pistoia, 14-XII
Buenaventura de Potenza, bto., 26-X

Calisto Caravario, 25-II
◆ Calixto I, 14-X
Calógero, 18-VI
Camila Bautista, 31-V
Camila de San José Rolón, 16-II
◆ Camilo de Lelis, 14-VII
Camino, Nª Sra. del, 15-IX
Candelaria, Nª Sra. de, 2-II
Cándida María de Jesús, 9-VIII
Canuto IV, 19-I
Capitón, 4-III
Caridad, 1-VIII
Caridad, bta., 27-II
Caridad, Nª Sra. de la, 1-IV
◆ Carlos Borromeo, 4-XI
Carlos de Foucauld, bto., 1-XII
Carlos de S. Andrés Houben, 5-I
Carlos el Bueno, bto., 2-III
◆ Carlos Luanga, 3-VI
Carmela García Moyón, bta., 30-I
Carmelo Bolta, 10-VII
◆ Carmen, Virgen María del, 16-VII
Carmen Sallés, 6-XII
Casiano, 13-VIII
Casilda, 9-IV
◆ Casimiro, 4-III
Casio, 29-VI
Casio, 10-X
Catalina, 15-IX
◆ Catalina de Alejandría, 25-XI
Catalina de Bolonia, 9-III
Catalina de Ricci, 13-II
◆ Catalina de Siena, 29-IV
Catalina de Suecia, 24-III
Catalina Irigoyen, bta., 10-X
Catalina Kasper, 1-II
Catalina Labouré, 28-XI
Catalina Tekakwitha, 17-IV
Catalina Tomás, 28-VII
◆ Cátedra de san Pedro, 22-II
Catrina, 5-X
◆ Cayetano, 7-VIII
Cayetano Catanoso, 4-IV
Cayo, 22-IV
◆ Cecilia, 22-XI
Cecilio, 1-II
Ceferino, 26-VIII
Ceferino Agostini, bto., 6-IV
Ceferino Giménez Malla, bto., 4-V
Celedonio, 3-III
Celestino I, 6-IV
Celestino V, 19-V
Celia, 21-X
Celina, 21-X
Celso, 1-IV
Celso, 28-VII
Centola, 13-VIII
César, 15-IV
Cesáreo de Arles, 27-VIII
Cinta, Nª Sra. de la, 1-IX
◆ Cipriano, 16-IX
Cipriano de Antioquía, 26-IX
Cira, 3-VIII
Ciriaco, 18-VII
Ciriaco de Roma, 8-VIII
Ciriaco Elías Chavara 3-I
Ciriaco Mª Sancha, bto., 28-II
◆ Cirilo, 14-II
◆ Cirilo de Alejandría, 27-VI
Cirilo de Antioquía, 22-VII
◆ Cirilo de Jerusalén, 18-III
◆ Clara de Asís, 11-VIII
Clara de Montefalco, 17-VIII
Claudina Thévenet, 3-II
Claudio, 23-VIII
Claudio, 30-X
Claudio, 3-XII
Claudio de la Colombière, 15-II
Clelia Barbieri, 13-VII
◆ Clemente I, 23-XI
Clemente Augusto von Halen, bto., 22-III
Clemente de Ochrida, 27-VII
Clemente María Hofbauer, 15-III
Clementina Anwarite, bta., 1-XII
Clotilde, 3-VI
Coleta Boylet, 6-III
Colomán, 17-VII
Columba, 17-IX
Columba, 31-XII
Columba Marmion, bto., 3-X
◆ Columbano, 23-XI
Concepción Cabrera de Armida, bta., 3-III
Conrado, 26-XI

Conrado Confalonieri, 19-II
Conrado de Offida, 12-XII
Conrado de Parzham, 21-IV
Consolación, Nª Sra. de la, 4-IX
Constantino, 12-IV
Contardo Ferrini, bto., 17-X
◆ Conversión de san Pablo, 25-I
◆ Cornelio, 16-IX
Cornelio de Armagh, 4-VI
Cosme, 15-I
◆ Cosme, 26-IX
Crescencia, 15-VI
Crescencio, 14-IX
Crisanto, 25-X
Crispín, 25-X
Crispina, 5-XII
Crispiniano, 25-X
Críspulo, 10-VI
Cristeta, 27-X
Cristina, 11-VIII
Cristina de Bolsena, 24-VII
Cristóbal, 10-VII
Cristóbal de Santa Catalina, bto, 24-VII
Cristóbal, 20-VIII
◆ Cristóbal Magallanes, 21-V
Crodegango de Metz, 6-III
Cromacio, 2-XII
Cruz, 14-IX
Cucufate, 27-VII
Cunegunda, 24-VII
Cunegunda de Luxemburgo, 3-III
Cutberto Mayne, 30-XI
Czestochowa, Nª Sra. de, 26-VIII

◆ Dámaso, 11-XII
◆ Damián, 26-IX
Damián de Molokai, 10-V
Daniel, 21-VII
Daniel Comboni, 10-X
Daniel de Padua, 3-I
Daría, 25-X
David, 29-XII
David Carlos, bto., 28-VII
David de Gales, 1-III
David de Tesalónica, 26-VI
Delfín, 24-XII
Demetria, 21-VI
Demetrio, 9-IV
Demetrio de Tesalónica, 8-X
Deodato de Rodez, 14-XI
Deogracias, 22-III
Desiderio (Didier) de Vienne, 26-V
Deusdedit, 15-VII
Dictino de Astorga, 2-VI
Didier, 15-XI
Diego de Alcalá, 13-XI
Diego José de Cádiz, bto., 24-III
Diego Ventaja Millán, bto., 30-VIII
Digna, 11-VIII
Dina Bélanger, bta., 4-IX
◆ Dionisio, 9-X
Dionisio, 17-XI
Dionisio, 26-XII
Dionisio de Corinto, 8-IV
Dionisio Pamplona, bto., 22-IX
Divina Pastora, Nª. Sra. la, sáb. antes del IV Dom. de Pascua (2-V)
◆ Dolores, Nª Sra. de los, 15-IX
Domingo, 26-IV
Domingo, 29-XII
◆ Domingo de Guzmán, 8-VIII
Domingo de la Calzada, 12-V
Domingo de Silos, 20-XII
Domingo de Sora, 22-I
Domingo Henares, 25-VI
Domingo Iturrate, bto., 11-V
Domingo Savio, 6-V
Domnina, 12-X
Donato, 7-IV
Donato de Fiesole, 22-X
Dorotea, 6-II
Doroteo, 28-III
Doroteo, 5-VI
Dulce María, 12-IX
Duna, 24-X

Edmundo Campion, 1-XII
Edmundo Rich, 16-XI
Eduardo el Confesor, 13-X
Eduardo Poppe, bto., 10-VI
Eduardo Powell, bto., 30-VII
◆ Eduvigis, 16-X
◆ Efrén, 9-VI
Egidio de Asís, 23-IV
Elena, 18-VIII
Elena Guerra, bta., 11-IV
Eleuterio, 20-II
Eleuterio, 26-V
Eleuterio, 4-VIII
Eleuterio, 2-X
Elia, 20-VII
Elia de San Clemente, bta., 29-V
Elías, 20-VII
Elisa, 5-XII
Eliseo, 14-VI
Elizabeth Hesselblad, 4-VI
Eloy, 1-XII
Elredo de Rievaulx, 12-I
Elvira, 25-I
Elzeario, 27-IX
Emerenciana, 23-I
Emeterio, 3-III
Emilia, 5-IV
Emilia, 3-V
Emilia de Vialar, 24-VIII
Emilia María Guillermina de Rodat, 19-IX
Emiliana, 19-V
Emma, 29-II
Engracia, 13-II
Engracia de Braga, 17-II
◆ Enrique, 13-VII

Enrique Angelelli, bto., 4-VIII
Enrique de Ossó y Cervelló, 27-I
Enrique Kaczorowski, bto., 6-V
Enrique Suso, bto., 25-I
Enrique Walpole, 7-IV
Epifanio de Salamina, 12-V
Erasmo de Formia, 2-VI
Erico IX Jedvarsson, 18-V
Ervedo, 17-V
Escolástica, 10-II
Esmeralda, 16-III
Esperanza, 1-VIII
Esperanza, Nª Sra. de la, 18-XII
◆ Estanislao, 11-IV
Estanislao de Jesús y María, 17-XII
Estanislao de Kostka, 13-XI
◆ Esteban, 26-XII
Esteban I, 2-VIII
◆ Esteban de Hungría, 16-VIII
Esteban de Obazine, 8-III
Esteban Harding, 28-III
Ester, 24-V
Ester, 1-VII
Estíbaliz, Nª Sra. de, 12-IX
Estrella, Nª Sra. de la, 30-III
Etelberto, 17-X
Etelredo, 17-X
Eufemia, 20-III
Eufrasio, 15-V
Eufrosina, 8-XI
Eugenia, 25-XII
Eugenia Joubert, bta., 2-VII
Eugenio, 13-XII
Eugenio, 20-XII
Eugenio III, 8-VII
Eugenio de Mazenod, 21-V
Eulalia de Mérida, 10-XII
◆ Eulogio, 20-I
◆ Eulogio de Córdoba, 9-I
Eusebia, 16-III
Eusebia Palomino, bta., 9-II
Eusebio, 5-III
Eusebio, 14-VIII
◆ Eusebio de Vercelli, 2-VIII
Eustaquio, 12-X
Eustasio, 29-III
Eustoquia Calafato, 20-I
Eustracio, 13-XII
Eutimio, 11-III
Eutimio el Grande, 20-I
Eutiquiano, 3-VII
Eutiquiano, 7-XII
Eutiquio, 29-IX
Eutropio de Orange, 27-V
Eva, 19-XII
Evagrio, 12-X
Evaristo, 26-X
◆ Exaltación de la Sta. Cruz, 14-IX
Ezequiel, 10-IV
Ezequiel, bto., 3-IV
Ezequiel Moreno, 19-VIII

◆ **F**abián, 20-I
Fabio, 11-V
Fabio, 31-VII
Fabiola, 21-III
Fabiola, 27-XII
Fándila, 13-VI
◆ Fátima, Virgen María de, 13-V
Faustina Kowalska, 5-X
Faustino, 15-II
Faustino, 5-VI
Faustino Míguez, 8-III
Faustino Villanueva, bto, 30-VII
Fausto, 24-VI
Fe, 1-VIII
Federico Janssoone, bto., 5-VIII
Federico Ozanam, 8-IX
Federico Rubio, 30-VII
Felicia, 21-V
◆ Felicidad, 7-III
Felicísimo de Cartago, 26-X
◆ Felipe, 3-V
Felipe Benizi, 22-VIII
◆ Felipe Neri, 26-V
Felipe Ripoll, bto., 7-II
Felipe Smaldone, 4-VII
Felisa, 11-V
Félix, 30-V
Félix, 30-VIII
Félix, 11-IX
Félix III, 1-III
Félix IV, 22-IX
Félix de Cantalicio, 18-V
Félix de Nola, 14-I
Félix de Valois, 20-XI
Fermín, 11-III
Fermín, 24-VI
Fermín, 7-VII
Fermina, 24-XI
Fermo, 9-VIII
◆ Fernando, 30-V
Fidel, 7-II
Fidel, 23-III
◆ Fidel de Sigmaringa, 24-IV
Filemón, 21-III
Filemón, 22-XI
Filiberto, 20-VIII
Filipina Rosa Duchesne, 18-XI
Filomena, 5-VII
Filomeno, 29-XI
Flaviano, 18-II
Flavio, 18-XII
Flora, 27-XI
Florencio, 3-I
Florencio, 23-II
Florencio, 25-VII
Florencio, 10-X
Florentina, 14-III
Florentina, 20-VI
Florentino, 12-IV
Florentino, 27-IX
Florentino Asensio, bto., 9-VIII

Fortunato, 11-VI
Fortunato, 28-VIII
Francesco Mª Greco, bto., 13-I
Francisca Aldea, bta., 20-VII
Francisca Ana de los Dolores de María, bta., 27-II
◆ Francisca Romana, 9-III
Francisca-Javier Cabrini, 22-XII
Francisco Bandrés, bto., 3-VIII
Francisco Caracciolo, 4-VI
Francisco Coll, 2-IV
Francisco Dardán, bto., 2-IX
◆ Francisco de Asís, 4-X
◆ Francisco de Borja, 3-X
Francisco de Capillas, 15-I
Francisco de Jerónimo, 11-V
◆ Francisco de Paula, 2-IV
Francisco de Posadas, bto., 22-IX
◆ Francisco de Sales, 24-I
Francisco Díaz, bto., 3-VI
Francisco Faà di Bruno, bto., 27-III
Francisco Gálvez, bto., 4-XII
Francisco Gárate, bto., 10-IX
◆ Francisco Javier, 3-XII
Francisco Javier Bianchi, 31-I
Francisco Mª de Camporosso, 17-IX
Francisco Marto de Fátima, 20-II
Francisco Palau Quer, bto., 7-XI
Francisco Pinazo, 10-VII
Francisco Rogaczewski, bto., 11-I
Francisco Solano, 14-VII
Francisco Spinelli, 6-II
Fredián de Luca, 18-XI
Fridolino, 6-III
Froilán, 5-X
Fructuoso de Braga, 16-IV
◆ Fructuoso de Tarragona, 20-I
Frumencio, 27-X
Frutos, 25-X
Fuencisla, Nª Sra. de la, 25-IX
Fulgencio, 1-I

◆ **G**abriel, 29-IX
Gabriel de la Dolorosa, 27-II
Gabriel Lallemant, 17-III
Gabriel María Nicolás, 27-VIII
Gala, 5-X
Galdino de la Sala, 18-IV
Galgano, 3-XII
Galo, 16-X
García, 25-XI
Gaspar, 6-I
Gaspar del Búfalo, 28-XII
Gaspar Luis Bertoni, 12-VI
Gaudencio, 22-I
Gaudencio de Brescia, 25-X
Gelasio I, 21-XI
Gema Galgani, 16-V
Geminiano, 31-I
Genoveva, 3-I
Genoveva Torres Morales, 4-I
Geraldo de Aurillac, 13-X
Gerardo, 24-IX
Gerardo de Brogne, 3-X
Gerardo de los Tintori, 6-VI
Gerardo Mayela, 16-X
Germán, 12-V
Germán, 23-X
Germán de Auxerre, 31-VII
Germán de París, 28-V
Germana Cousin, 15-VI
Geroncio, 26-VIII
◆ Gertrudis, 16-XI
Gertrudis de Nivelles, 17-III
Gervasio, 19-VI
Gianna Beretta, 28-IV
Gil, 1-IX
Gildas, 29-I
Ginés de Arles, 25-VIII
Giovanni Antonio Farina, 4-III
Giovanni Piamarta, 25-IV
Gisela, 7-V
Gisela, 21-V
Gladys, 29-III
Gleb, 2-V
Glicerio, 21-XII
Godofredo, 27-XII
Gontrán, 28-III
Gonzalo, 25-XI
Gotardo, 4-V
Gracia, 23-VI
Gracia de Alcira, 23-VII
Gracia, Nª Sra. de, 5-V
Graciano, 18-XII
Gregorio, 26-IV
Gregorio II, 11-II
Gregorio III, 10-XII
◆ Gregorio VII, 25-V
Gregorio X, 9-I
Gregorio de Elvira, 24-IV
Gregorio de la Berruela, 9-V
Gregorio de Nisa, 9-III
Gregorio de Tours, 17-XI
Gregorio el Iluminador, 30-IX
Gregorio Escribano, 17-VII
Gregorio Juan Barbarigo, 18-VI
◆ Gregorio Magno, 3-IX
◆ Gregorio Nacianceno, 2-I
Griselda, 21-X
◆ Guadalupe, Virgen María de, 12-XII
Guadalupe Ortíz de Landázuri, bta., 16-VII
Gúdula, 8-I
Guido de Anderlecht, 12-IX
Guido María Conforti, bto., 5-XI
Guillermo de Hirsau, 5-VII
Guillermo de Malavalle, 10-II
Guillermo de Vercelli, 25-VI
Guillermo de Volpiano, 1-I
Gundisalvo Gonzalo, bto., 4-VIII
Gundleus, 29-III
Gustavo, 3-VIII

Habacuc, 15-I
Héctor, 9-X
Heliodoro, 6-V
Henar, Nª Sra. del, 12-IX
Heraclio, 11-III
Heriberto, 16-III
Hermelinda, 28-X
◆ Hermenegildo, 13-IV
Higinio, 11-I
Hilaria de Constantinopla, 16-I
Hilario, 27-IX
Hilario, 29-II
◆ Hilario de Poitiers, 13-I
Hildegarda de Bingen, 17-IX
Hilarión de Gaza, 21-X
Hilarión de Georgia, 19-XII
Hipólito, 13-VI
◆ Hipólito, 13-VIII
Hipólito, 30-X
Homobono, 13-XI
Honesto de Nimes, 28-XI
Honorato, 22-XII
Honorio, 30-IX
Honorio, 30-XII
Hormisdas, 6-VIII
Hugo, 17-XI
Hugo de Cluny, 29-IV
Hugo de Grenoble, 1-IV
Humildad de Faenza, 22-V

Ia, 4-VIII
Ida, 19-III
Ida de Boulogne, bta., 13-IV
Ida de Lovaina, bta., 13-IV
Ifigenia, 21-IX
◆ Ignacio de Antioquía, 17-X
Ignacio de Azevedo, bto., 16-VII
Ignacio de Constantinopla, 23-X
◆ Ignacio de Loyola, 31-VII
◆ Ildefonso, 23-I
Ildefonso Schuster, bto., 30-VIII
Iluminada, 29-XI
Indalecio, 15-V
◆ Inés, 21-I
Inés de Asís, 16-XI
Inés de Montepulciano, 20-IV
Inés de Praga, 2-III
◆ Inmaculada Concepción de la Virgen María, 8-XII
Inocencio I, 28-VII
Inocencio V, 22-VI
Inocencio XI, 12-VIII
◆ Inocencio de la Inmaculada, 6-XI
Inocencio de Mérida, 21-VI
◆ Inocentes, Santos, 28-XII
Íñigo, 1-VI
Irene, 18-IX
Irene, 20-X
Ireneo de Lyon, 28-VI
Isaac, 25-III
◆ Isaac Jogues, 19-X
Isabel, 5-XI
Isabel Ana Bayley Seton, 4-I
Isabel Canori Mora, bta., 5-II
◆ Isabel de Hungría, 17-XI
Isabel de la Trinidad, 8-XI
◆ Isabel de Portugal, 4-VII
Isabel de Schönau, 16-VI
Isacio, 21-IX
Isaías, 6-VII
Isidoro Bakanja, bto., 12-VIII
◆ Isidoro de Sevilla, 26-IV
◆ Isidro Labrador, 15-V
Ismael, 17-VI
Ivan Ziatyk, bto., 17-V
Ivo de Bretaña, 19-V
Ivo de Chartres, 20-V

Jacinta Marto de Fátima, 20-II
Jacinto, 3-VII
Jacinto Castañeda, 7-XI
Jacinto de Polonia, 17-VIII
Jacinto Orfanell, bto., 10-IX
Jacob, 15-XII
Jacques Berthieu, 8-VI
Jaime Hilario Barbal, 18-I
Jasón, 3-XII
Jenara, 2-III
Jenaro, 11-VII
◆ Jenaro, 19-IX
Jenaro Sánchez Delgadillo, 17-I
Jeremías, 1-V
◆ Jerónimo, 30-IX
◆ Jerónimo Emiliani, 8-II
Jerónimo Hermosilla, 31-X
Jerzy Kaszyra, 18-II
◆ Jesús (Stmo. Nombre), 3-I
Jesús Méndez, 5-II
◆ Joaquín, 26-VII
Joaquín Royo, bto., 29-X
◆ Joaquina Vedruna, 22-V
Job, 10-V
Joel, 13-VII
John Henry Newman, bto., 10-VIII
John Sullivan, bto., 19-II
Jonás, 29-III
Jonás, 21-IX
Jordán de Pisa, 19-VIII
Jordán de Sajonia, 13-II
Jordán Forzaté, 7-VIII
◆ Jorge, 23-IV
Jorge Preca, 9-V
◆ Josafat, 12-XI
◆ José, esposo de la Virgen, 19-III
José Allamano, bto., 16-II
José Benito Cottolengo, 30-IV
José Benito, bto., 25-IX
José Bilczewski, 20-III
José Cafasso, 23-VI
José de Anchieta, 9-VI
◆ José de Calasanz, 25-VIII
José de Cupertino, 18-IX

José de Tesalónica, 15-VII
José el Himnógrafo, 3-IV
José Fernández de Ventosa, 12-VII
José Gabriel Brochero, 16-III
José Gerard, bto., 29-V
José Kowalski, bto., 29-V
José Manyanet, 17-XII
José María Díaz Sanxurxo, 20-VII
José María Robles Hurtado, 26-VI
José María Rubio, 4-V
José María Yermo y Parres, bto., 20-IX
José Moscati, 16-XI
◆ José Obrero, 1-V
José Olallo Valdés, bto., 7-III
José Oriol, 23-III
José Pignatelli, 14-XI
José Sánchez del Río, 10-II
José Sebastián Pelczar, 28-III
José Tous Soler, bto., 27-II
José Vaz, 16-I
◆ Josefina Bakhita, 8-II
Josefina Calduch Rovira, bta., 14-IV
Josemaría Escrivá de Balaguer, 26-VI
Josué, 1-IX
Jovita, 15-II
Jozef Zaplata, 19-II
Juan, 19-III
Juan, 12-VII
Juan, 28-IX
◆ Juan I, 18-V
Juan XXIII, 11-X
◆ Juan Bautista (Martirio), 29-VIII
◆ Juan Bautista (Natividad), 24-VI
Juan Bautista de la Concepción, 14-II
◆ Juan Bautista de La Salle, 7-IV
Juan Bautista Turpin du Cormier, bto., 21-I
Juan Bono, 23-X
◆ Juan Bosco, 31-I
Juan Calabria, 4-XII
Juan Casiano, 23-VII
Juan Clímaco, 30-III
Juan Colombini, 31-VII
◆ Juan Crisóstomo, 13-IX
◆ Juan Damasceno, 4-XII
◆ Juan de Ávila, 10-V
◆ Juan de Brébeuf, 19-X
◆ Juan de Capistrano, 23-X
Juan de Cetina, 19-V
◆ Juan de Dios, 8-III
Juan de Gorze, 27-II
Juan de Hólar, 23-IV
◆ Juan de Kety, 23-XII
◆ Juan de la Cruz, 14-XII
Juan de Lodi, 7-IX
Juan de Mata, 8-II
Juan de Matera, 20-VI
Juan de Ortega, 2-VI
Juan de Palafox, bto., 16-X
Juan de Ribera, 14-I
Juan de Ruysbroeck, 2-XII
Juan de Sacramenia, 17-XII
Juan de Sahagún, 12-VI
◆ Juan Diego Cuauhtlatoatzin, 9-XII
Juan Duns Scoto, bto., 8-XI
Juan el Limosnero, 23-I
◆ Juan Eudes, 19-VIII
◆ Juan Evangelista, 27-XII
◆ Juan Fisher, 22-VI
Juan Gabriel Perboyre, 11-IX
Juan Grande, 3-VI
Juan Gualberto, 12-VII
Juan José de la Cruz, 5-III
◆ Juan Leonardi, 9-X
Juan Macías, 16-IX
◆ Juan María Vianney, 4-VIII
Juan Martorell, bto., 10-VIII
Juan Nepomuceno, 16-V
Juan Nepomuceno Neumann, 5-I
Juan Nepomuceno Zegrí, bto., 17-III
Juan Ogilvie, 10-III
◆ Juan Pablo II, 22-X
Juan Paine, 2-IV
Juana Antida Thouret, 23-V
Juana de Arco, 30-V
Juana de Aza, 8-VIII
Juana de Lestonnac, 2-II
Juana de Orvieto, 23-VII
Juana de Valois, 4-II
Juana Emilia de Villeneuve, 3-X
◆ Juana Francisca de Chantal, 12-VIII
Juana Jugan, 30-VIII
Juana María Condesa Lluch, bta., 16-I
◆ Judas, 28-X
Judit, 6-V
Judit, 17-IX
Julia, 1-X
Julia Rodzinska, 20-II
Julián, 18-X
Julián de San Agustín, bto., 23-V
Julián el Hospitalario, 29-I
Juliana, 9-VII
Juliana de Cornillon, 5-IV
Juliana de Norwich, bta., 13-V
Juliana Falconieri, 19-VI
Julio I, 12-IV
Julita, 16-VI
Junípero Serra, 28-VIII
Justa, 17-VII
Justina, 7-X
Justina, 30-XI
Justino, 1-VI
Justino Orona, 1-VII
Justo, 2-VII
Justo, 6-VIII
Justo de Auxerre, 18-X
Juvenal, 3-V

Katharine Drexel, 3-III
Kenneth, 11-X

Ladislao, 27-VI
Lamberto de Zaragoza, 16-IV
Lancelot, 17-VI
Lanfranco de Canterbury, 28-V
Laura de Santa Catalina, 21-X
Laura Vicuña, bta., 22-I
Laureano, 4-VII
Lázaro, 17-XII
Lea, 22-III
◆ Leandro, 13-XI
Leocadia, 9-XII
León, 20-II
León, 1-III
León, 14-III
León II, 3-VII
León III, 12-VI
León IV, 17-VII
León IX, 19-IV
León de Asís, 14-XI
◆ León Magno, 10-XI
Leonardo de Noblat, 6-XI
Leonardo de Porto Mauricio, 26-XI
Leonardo Murialdo, 18-V
Leoncio, 13-I
Leoncio, 18-VII
Leonia Aviat, 10-I
Leonila, 17-I
Leonor, 22-II
Leopoldo III, 15-XI
Leopoldo de Alpandeire, bto., 9-II
Leopoldo de Castelnuovo, 12-V
Leovigildo, 20-VIII
Lía, 22-XII
Liberio, 23-IX
Liberio, 30-XII
Librada, 18-I
Librado, 20-XII
Lidia, 23-III
Lidia, 27-III
Lidia, 3-VIII
Liduvina, 14-IV
Lindalva Justo de Oliveira, bta., 9-IV
Lino, 23-IX
Lisberto, 23-VI
Longinos, 24-VI
◆ Lorenzo, 10-VIII
◆ Lorenzo de Brindis, 21-VII
Lorenzo Justiniano, 5-IX
Lorenzo Ruiz, 28-IX
Loreto, Nª Sra. de, 10-XII
Lot, 9-X
◆ Lourdes, Virgen María de, 11-II
Lucas, 22-IV
Lucas Estilita, 11-XII
◆ Lucas Evangelista, 18-X
◆ Lucía, 13-XII
Lucía Filippini, 25-III
Lucía Yi Zhenmei, 19-II
Luciano, 24-X
Luciano, 24-XII
Luciano de Antioquía, 7-I
Lucio I, 4-III
Lucio Martínez Mancebo, bto, 29-VII
Lucrecia, 23-XI
Ludano, 12-II
Ludmila, 16-IX
Ludovico da Casoria, 30-III
Ludovico Pavoni, 1-IV
Luis, 30-IV
Luis Bertrán, 9-X
Luis Biraghi, bto., 28-V
Luis Boccardo, bto., 9-VI
Luis Ceferino Moreau, bto., 24-V
◆ Luis Gonzaga, 21-VI
Luis Guanella, bto., 24-X
◆ Luis María Grignion de Montfort, 28-IV
Luis Martin, 12-VII
Luis Orione, 12-III
◆ Luis, rey de Francia, 25-VIII
Luis Scrosoppi, 3-IV
Luis Versiglia, 25-II
Luisa de Marillac, 9-V
Lupicinio, 21-III
Lupicinio, 31-V
Lutgarda, 16-VI
Luz, Nª. Sra. de la, 1-VI

Macario, 15-I
Macario, 8-XII
Macario de Jerusalén, 10-III
Macedonio, 12-IX
Mácula, 29-III
Macuto, 15-XI
Madre Esperanza, bta., 8-II
Magdalena Catalina Morano, bta., 26-III
Magdalena de Canossa, 8-V
Magdalena Sofía Barat, 25-V
Magina, 3-XII
Magno, 6-IX
Mainardo, 14-VIII
Malaquías, 14-I
Malaquías, 3-XI
Mamés, 17-VIII
Manuel, 1-I
Manuel Domingo y Sol, bto., 29-I
Manuel Lozano «Lolo», bto., 3-XI
Manuel González García, 4-I
Manuel Medina Olmos, bto., 30-VIII
Maravillas, Nª Sra. de, 10-IX
Marcel Callo, bto., 19-IV
Marcela, 28-VI
Marcelina, 17-VII
Marcelino, 26-IV
◆ Marcelino, 2-VI
Marcelino Champagnat, 6-VI
Marcelo, 30-X
Marcelo I, 16-I
Marcelo de Apamea, 14-VIII
Marcelo Spínola, bto., 19-I
Marcial, 30-VI

Marciano, 24-X
Marcos, 19-III
Marcos, 27-IX
Marcos, 3-X
Marcos, 22-XI
Marcos Criado, 25-IX
◆ Marcos, evangelista, 25-IV
Mardonio, 23-XII
Margarita de Cortona, 22-II
◆ Margarita de Escocia, 16-XI
Margarita de Hungría, 18-I
◆ Margarita María Alacoque, 16-X
Margarita María López de Maturana, bta., 23-VII
Margarita Rutan, bta., 9-IV
María, 29-VII
María, 27-XI
◆ María (Madre de Dios), 1-I
◆ María (Natividad), 8-IX
◆ María (Dulce Nombre), 12-IX
María Alfonsina Danil Ghattas, 25-III
María Ana de Jesús, bta., 17-IV
María Ana Mogas, bta., 6-X
María Antonia Bandrés, bta., 27-IV
María Antonia de S. José, 7-III
María Auxiliadora, 24-V
María Bertila, 20-X
María Cándida de la Eucaristía, bta., 14-VI
María Celia Guérin, 12-VII
María Cleofé, 9-IV
María Cristina Brando, 20-I
María Crucificada di Rosa, 15-XII
María de Alcira, 23-VII
María de Cervelló, 19-IX
María de Jesús Crucificado, 25-VIII
María de Jesús López de Rivas, bta., 23-IX
María de la Cabeza, 9-IX
María de Matías, 20-VIII
María de S. José Alvarado, bta., 2-IV
María del Divino Corazón de Jesús, bta., 8-VI
María del Pilar de San Francisco de Borja, bta., 24-VII
María Dolores Rodríguez Sopeña, bta., 10-I
María Dominica Mazzarello, 13-V
María Egipciaca, 2-IV
María Encarnación Rosal, bta., 24-VIII
María Eufrasia Pelletier, 24-IV
María Eugenia Milleret, 10-III
María Francisca de Jesús, bta., 6-VIII
María Gabriela Sagheddu, bta., 22-IV
◆ María Goretti, 6-VII
María Guadalupe García Zavala, 24-VI
María Josefa del Corazón de Jesús, 18-V
María Josefa Naval, bta., 24-II
María Josefa Roselló, 7-XII
María Karlowska, bta., 24-III
María Leonia Paradis, bta., 3-V
María Luisa Montesinos Orduña, bta., 28-I
◆ María Magdalena, 22-VII
◆ María Magdalena de Pazzi, 25-V
María Magdalena Postel, 16-VII
María Maravillas de Jesús, 11-XII
María Margarita Dufrost, 16-X
◆ María Micaela del Santísimo Sacramento, 15-VI
María Pía Mastena, bta., 28-VI
María Pilar Izquierdo, bta., 27-VIII
María Purísima de la Cruz, 18-IX
María Rafols, bta., 5-XI
María Riquelme y Zayas, bta., 10-XIII
María Romero Meneses, bta., 7-VII
María Rosa Molas, 11-VI
María Teresa Chiramel Mankidiyan, bta., 8-VI
María Teresa Haze, bta., 7-I
María Teresa Scherer, bta., 16-VI
◆ María Virgen Reina, 22-VIII
◆ María Virgen, Madre de la Iglesia, lunes después de Pentecostés (1-VI)
Mariana de Jesús Paredes, 26-V
Mariana Cope de Molokai, 9-VIII
Mariano de Jesús Euse, bto., 12-VII
Mariano de la Mata, bto., 5-IV
Marina, 18-VI
Marino, 3-IX
Marino, 26-XII
Marón, 9-II
◆ Marta, 29-VII
Marta de Astorga, 23-II
◆ Martín I, 13-IV
Martín de Braga, 20-III
Martín de Finojosa, 5-V
◆ Martín de Porres, 3-XI
Martín de San Nicolás, 12-XII
◆ Martín de Tours, 11-XI
Martirio, Nª Sra. del, 14-X
Marutas, 4-XII
◆ Mateo, evangelista, 21-IX
Mateo Correa Magallanes, 6-II
Materno, 13-IX
◆ Matías, 14-V
Matilde, 14-III
Mauricio, 10-VI
Mauricio Tornay, bto., 11-VIII
Mauro, 22-XI
Mauro, 5-XII
◆ Maximiliano María Kolbe, 14-VIII
Maximino, 29-V
Máxima, 23-III
Máximo de Jerusalén, 5-V
Máximo de Turín, 25-VI
Máximo el Confesor, 13-VIII

Medalla Milagrosa, Nª Sra. de la, 27-XI
Melchor, 6-I
Melecio, 12-II
Melecio, 21-IX
Melquíades, 10-XII
Menelao, 3-VII
Merced, Virgen María de la, 24-IX
Mercedes de Jesús, bta., 12-VI
◆ Metodio, 14-II
Metodio el Confesor, 14-VI
Michal Kozal, bto., 26-I
◆ Miguel, 29-IX
Miguel Agustín Pro, bto., 23-XI
Miguel de los Santos, 10-IV
Miguel Febres Cordero, 9-II
Miguel Garikoitz, 14-V
Miguel Hu Dinh Hi, 22-V
Miguel Rúa, bto., 29-X
Mildred, 20-II
Mildred, 13-VII
Miles, 22-IV
Millán, 12-XI
Minervo, 23-VIII
Modesto, 12-II
Modesto, 24-II
Modesto, 15-VI
Modesto Andlauer, 19-VI
Moisés, 4-IX
Monaldo, bto., 9-XI
◆ Mónica, 27-VIII
Montana, 1-X
Montano, 26-III
Montserrat, Nª Sra. de, 27-IV
Muciano María Wiaux, 30-I

Nahún, 1-XII
Nancto, 22-X
Narcisa Martillo Morán, 9-XII
Narciso, 29-X
Natalia Tulasiewicz, bta., 30-III
◆ Natividad del Señor, 25-XII
Nazaria Ignacia March, 6-VII
Nazario, 28-VII
Nemesio, 18-VII
◆ Nereo, 12-V
Néstor, 26-II
Nicandro, 5-VI
Nicéforo, 13-III
Nicetas, 20-III
Nicodemo, 3-VIII
Nicolás, 10-IX
Nicolás I, 13-XI
◆ Nicolás de Bari, 6-XII
Nicolás de Flüe, 25-IX
Nicolás Owen, 22-III
Nicolás Saggio de Longobardi, 10-VIII
Nicomedes, 15-IX
Nieves, Nª Sra. de las, 5-VIII
Nilo, 12-XI
Ninfa, 10-XI
Noé, 10-XI
Noël Pinot, bto., 21-II
◆ Norberto, 6-VI
Numeriano, 5-VII

O, Nª Sra. de la, 18-XII
Obdulia, 5-IX
Odilón, 1-I
Odorico de Pordenone, 14-I
Olav II, 29-VII
Olegario, 6-III
Olegario, 2-X
Olga, 11-VII
Olimpia, bta., 28-I
Olimpio, 26-VII
Oliverio Plunkett, 1-VII
Olivia, 3-II
Orencio, 1-V
Orestes, 13-XII
Oroncio, 27-VIII
Orosia, 25-VI
◆ Óscar, 3-II
Óscar Romero, 24-III
Oseas, 4-VII
Osvaldo de Worcester, 29-II
Otilia, 13-XII
Otmaro, 16-XI
Otón, 2-VII
Otto Neururer, bto., 30-V
Ovidio, 23-VIII

◆ **P**ablo, 29-VI
◆ Pablo VI, 29-V
◆ Pablo Chong, 20-IX
Pablo de Constantinopla, 7-VI
◆ Pablo de la Cruz, 19-X
Pablo Ermitaño, 15-I
◆ Pablo Miki, 6-II
Paciano, 9-III
Paciencia, 1-V
Pacífico de San Severino, 24-IX
Pacomio, 9-V
Pafnucio, 24-IX
Palmira, Domingo de Ramos (5-IV)
Paloma, Nª Sra. de la, 15-VIII
◆ Pancracio, 12-V
Pantaleón, 27-VII
Papías, 22-II
Parmenio, 22-IV
Pascual I, 11-II
◆ Pascual Bailón, 17-V
Pastor, 29-III
Pastor, 6-VIII
◆ Patricio, 17-III
Patrocinio de María, 6-XI
Paula, 18-VII
Paula, 10-VIII
Paula Frasinetti, 12-VI
Paula Isabel Cerioli, 24-XII
Paula Montal, 26-II
Paula Romana, 26-I

Paulina del Corazón Agonizante de Jesús, 9-VII
Paulino de Aquilea, 11-I
◆ Paulino de Nola, 22-VI
Paulino de Tréveris, 31-VIII
Paulino de York, 10-X
Paulo I, 28-VI
Paz, Nª Sra. de la, 24-I
Pedro, 14-III
Pedro, 30-IV
◆ Pedro, 2-VI
◆ Pedro, apóstol 29-VI
Pedro ad Vincula, 1-VIII
Pedro Armengol, 27-IV
Pedro Calungsod, 2-IV
Pedro Canisio, 21-XII
◆ Pedro Claver, 9-IX
◆ Pedro Crisólogo, 30-VII
◆ Pedro Chanel, 28-IV
Pedro Damasceno, 4-X
◆ Pedro Damián, 21-II
◆ Pedro de Alcántara, 19-X
Pedro de Osma, 2-VIII
Pedro de San José de Betancur, 24-IV
Pedro de Verona, 29-IV
Pedro de Zúñiga, bto., 17-VIII
Pedro el Venerable, 5-XI
Pedro Fabro, 1-VIII
Pedro Fourier, 9-XII
◆ Pedro Julián Eymard, 2-VIII
Pedro Mesonero, bto., 10-VIII
Pedro Nolasco, 28-I
Pedro Pascual, 6-XII
◆ Pedro Poveda, 6-XI
Pedro Regalado, 13-V
Pedro Sanz Jordá, 26-V
Pedro To Rot, bto., 7-VII
Pedro Verhun, bto., 7-II
◆ Pelayo, 26-VI
Pere Tarrés Claret, bto., 31-VIII
Peregrino, 1-V
Perfecto, 18-IV
◆ Perpetua, 7-III
Perpetuo Socorro, Nª. Sra. del, 27-VI
Petra de San José, bta., 16-VIII
Petronila, 31-V
Petronio de Bolonia, 4-X
Piedad, Nª. Sra. de la, 21-XI
Piedad de la Cruz Ortiz, bta., 26-II
Pier Giorgio Frassati, bto., 4-VII
Pierina Morosini, bta., 6-IV
◆ Pilar, Virgen María del, 12-X
Pina Soriano, bta., 19-V
Pío I, 11-VII
◆ Pío V, 30-IV
Pío IX, bto., 7-II
◆ Pío X, 21-VIII
◆ Pío de Pietrelcina, 23-IX
Platón, 22-VII
Plauto, 29-IX
◆ Policarpo de Esmirna, 23-II
Pomposa, 19-IX
◆ Poncio, 13-VIII
Práxedes, 21-VII
◆ Presentación de la Virgen, 21-XI
◆ Presentación del Señor, 2-II
Prisca, 18-I
Priscila, 16-I
Próspero, 25-VI
Protasio, 19-VI
Protasio Chong Kukbo, 20-V
◆ Protomártires Romanos, 30-VI
Prudencio, 28-IV
Puerto, Nª Sra. del, 8-IV
Pueyo, Nª Sra. del, 13-IV
Puig, Nª Sra. del, 1-IX

Queremón, 4-X
Queremón, 21-XII
Quintiliano, 13-IV
Quintín, 31-X
Quirico, 16-VI

◆ **R**afael, 29-IX
Rafael Arnáiz, 26-IV
Rafael de S. José Kalinowski, 19-XI
Rafaela María Porras, 18-V
Rafaela Santina, bta., 23-VI
Rafaela Ybarra, bta., 23-II
Raimundo de Fitero, 15-III
◆ Raimundo de Peñafort, 7-I
Rainiero, 17-VI
Rainiero, 30-XII
Rais, 28-VI
Ramiro, 11-III
Ramón de Roda, 21-VI
Ramón Llull, bto., 27-XI
Ramón Nonato, 31-VIII
Refugio de los Pecadores, Nª Sra., 28-II
Regina, 7-IX
Régula, 11-IX
Remi Isoré, 19-VI
Remigio, 13-I
Remigio, 1-X
Renato, 12-XI
Revocato, 7-III
Reyes, Nª Sra. de los, 15-VIII
Ricardo de St. Vanne, 14-VI
Rita Amada de Jesús, bta., 6-I
◆ Rita de Casia, 22-V
Rita Dolores Pujalte, bta., 20-VII
◆ Roberto Belarmino, 17-IX
Roberto de Arbrissel, bto., 25-II
Roberto de la Chaise-Dieu, 17-IV
Roberto de Molesmes, 29-IV
Rocío, Nª. Sra. del, lunes después de Pentecostés (1-VI)
Rodolfo, 21-VI
Rodrigo, 13-III
Rogaciano, 26-X
Rogelio, 16-IX
Rogerio, 22-XI

Román, 28-II
◆ Romualdo, 19-VI
Roque, 16-VIII
◆ Rosa de Lima, 23-VIII
Rosa de Viterbo, 4-IX
Rosa Venerini, 7-V
Rosalía, 4-IX
◆ Rosario, Virgen María del, 7-X
Rosendo, 1-III
Rubén, 4-VIII
Rufina, 17-VII
Rufino, 28-II
Rufino, 7-IV
Rufino, 11-VIII
Ruperto, 27-III
Ruperto Mayer, bto., 3-XI
Rústico, 9-VIII

Sabas, 14-I
Sabas, 5-XII
Sabina, 29-VIII
Sabina, 27-X
Sabino, 11-VII
Sabino, 30-XII
Salomé, 22-X
Salomón, 13-III
Salomón Leclercq, 2-IX
Salud, Nª Sra. de la, 8-V
Salustia, 14-IX
Salustiano, 8-VI
Salvador de Horta, 18-III
Salvador Huerta, bto., 3-IV
Salvador Lilli, 22-XI
Samuel, 17-VI
Samuel, 20-VIII
Sancha, 13-III
Sancha Szymkowiak, bta., 18-VIII
◆ Santiago, 3-V
◆ Santiago apóstol, 25-VII
Santiago Alberione, bto., 26-XI
Santos, Todos los, 1-XI
Sara, 13-VII
Sara, 9-X
Sara, 12-IX
Sara, 10-XII
◆ Sarbelio Makhluf, 24-VII
Sátiro, 17-IX
Saturio, 2-X
◆ Sebastián, 20-I
Sebastián de Aparicio, 25-III
Secundino, 21-II
Serafín de Sarov, 2-I
Serapión, 21-III
Sergio de Radonez, 25-IX
Servando, 23-X
Serviano, 20-IV
Servideo, 16-IX
Severino, 8-I
Severino, 21-XII
Severo, 1-II
Sidonio, 21-VIII
◆ Siete Santos Fundadores, 17-II
Sigfrido, 22-VIII
Silas, 13-VII
Silverio, 20-VI
Silvestre, 26-XI
◆ Silvestre, 31-XII
Silvia, 3-XI
Símaco, 19-VII
Simeón, 8-X
Simeón el Teólogo, 12-III
Simeón Estilita el Viejo, 1-IX
Simeón Lukac, bto., 22-VIII
Simón de Rojas, 28-IX
◆ Simón, 28-X
Simplicio, 2-III
Simplicio, 18-VI
Sinesio, 21-V
Sinforiano Félix Ducki, bto., 11-IV
Sinforosa, 2-VII
Sira, 23-XII
Siricio, 26-XI
Siro, 12-IX
Siro de Génova, 29-VI
Sisebuto, 9-II
Sisenando, 24-VII
Sisinio, 23-XI
◆ Sixto, 7-VIII
Sixto I, 3-IV
Sixto III, 28-III
Sofía, 18-IX
Sofonías, 3-XII
Sofronio, 11-III
Sofronio, 8-XII
Soledad, Nª Sra. de la, Sábado santo 11-IV
◆ Soledad Torres Acosta, 11-X
Sonsoles, Nª. Sra. de, 6-VII
Sotero, 22-IV
Suceso, 8-XII
Sulpicio, 20-IV
Sulpicio Pío, 17-I
Susana, 24-V
Susana, 19-XII
Susana, 11-VIII

Tarsicio, 15-VIII
Tatiana, 12-I
Tecla, 23-IX
Telesforo, 5-I
Telmo, 4-IV
Telmo, 20-IV
Teobaldo, 30-VI
Teobaldo, 18-X
Teodomiro, 9-XI
Teodora Guerin, 14-V
Teodoro, 12-VII
Teodoro, 26-VIII
Teodoro, 9-XI
Teodoro Estudita, 11-XI
Teodulfo, 24-VI
Teódulo, 8-XII

Teódulo de Sión, 16-VIII
Teófanes, 27-XII
Teófilo, 5-III
Teófilo, 22-VII
Teófilo, 20-XII
Teófilo de Antioquía, 13-X
Terencio, 27-IX
◆ Teresa Benedicta de la Cruz, 9-VIII
Teresa Casini, bta., 29-X
Teresa Couderc, 26-IX
Teresa de Calcuta, 5-IX
◆ Teresa de Jesús, 15-X
Teresa de Jesús de los Andes, 12-IV
◆ Teresa de Jesús Jornet, 26-VIII
◆ Teresa del Niño Jesús, 1-X
Teresa Margarita Redi, 7-III
Teresa María de la Cruz, bta., 23-IV
Tertuliano, 4-VIII
Tiburcio Arnaiz, bto., 18-VII
◆ Timoteo, 26-I
Timoteo, 10-VI
Timoteo Giaccardo, bto., 19-X
Tirso, 24-I
◆ Tito, 26-I
Tito Brandsma, bto., 26-VII
Tobías, 13-IX
Tobías Borrás, bto., 11-II
Tobit, 13-IX
◆ Tomás, apóstol, 3-VII
◆ Tomás Becket, 29-XII
◆ Tomás de Aquino, 28-I
Tomás de Hereford, 25-VIII
Tomás de Tolentino, 1-IV
◆ Tomás de Villanueva, 10-X
◆ Tomás Moro, 22-VI
Toribio de Astorga, 16-IV
◆ Toribio de Mogrovejo, 23-III
◆ Transfiguración del Señor, 6-VIII

Ubaldo, 16-V
Udalrico, 4-VII
Ulrike Nish, bta., 8-V
Urbano II, 29-VII
Urbano V, bto., 19-XII
Urbez, 15-XII
Úrsula, 21-X
Úrsula Ledochowska, 29-V

Valente, 26-VII
Valentín, 14-II
Valentín de Berriochoa, 4-VII
Valentín Palencia, bto., 15-I
Valentina, 25-VII
Valero, 29-I
Valvanera, Nª Sra. de, 13-IX
Venancio Fortunato, 14-XII
Ventura, 5-X
Veremundo de Irache, 8-III
Verísimo, 1-X
Verónica Giuliani, 9-VII
Vicenta de Coria, 15-III
Vicenta María López Vicuña, 25-V
◆ Vicente, 22-I
Vicente, 27-X
Vicente de Lérins, 24-V
◆ Vicente de Paúl, 27-IX
◆ Vicente Ferrer, 5-IV
Vicente Pallotti, 22-I
Vicente Romano, 20-XII
Vicente Vilar David, bto., 15-II
Víctor, 14-IX
Víctor I, 28-VII
Víctor III, 16-IX
Víctor de Marsella, 21-VII
Víctor de Milán, 8-V
Victoria, 10-XI
Victoria, 17-XI
Victoria, Nª Sra. de la, 7-V
Victoria Díez, bta., 12-VIII
Victoria Rasoamanarivo, bta., 21-VIII
Victoriano, 20-X
Vidal, 28-IV
Vidal, 4-XI
Vincenzo Grossi, 7-XI
Violeta, 3-V
Virginia, 14-VIII
Virila, 3-X
◆ Visitación de la Virgen María, 31-V
Vitaliano, 27-I
Vito, 15-VI
Vitoria, 23-XII
Vivencio, 13-I
Vladimiro, 15-VII

Walburga, 25-II
Walfrido, 12-X
◆ Wenceslao, 28-IX
Werner, 18-IV
Wilmar, 31-V

Xenia, 24-I

Yolanda, 17-XII

Zacarías, papa, 22-III
Zacarías, 6-IX
Zacarías, 5-XI
Zaqueo, 20-VIII
Zenobio, 30-X
Zenón, 23-VI
Zita de Luca, 27-IV
Zoe, 2-V
Zósimo, 30-XI
Zósimo, 26-XII

Señal de la cruz

Por la señal de la santa cruz,
de nuestros enemigos líbranos,
Señor, Dios nuestro.

En el nombre del Padre, y del Hijo,
y del Espíritu Santo. Amén.

Padrenuestro

Padre nuestro, que estás en el cielo,
santificado sea tu Nombre;
venga a nosotros tu reino;
hágase tu voluntad
en la tierra como en el cielo.
Danos hoy nuestro pan de cada día;
perdona nuestras ofensas,
como también nosotros perdonamos
a los que nos ofenden;
no nos dejes caer en la tentación,
y líbranos del mal. Amén.

Avemaría

Dios te salve, María,
llena eres de gracia; el Señor es contigo;
bendita tú eres entre todas las mujeres,
y bendito es el fruto de tu vientre, Jesús.
Santa María, madre de Dios,
ruega por nosotros, pecadores,
ahora y en la hora de nuestra muerte.
Amén.

Ángelus

El ángel del Señor anunció a María.
Y ella concibió por obra del Espíritu Santo.
Dios te salve, María...

Aquí está la esclava del Señor.
Hágase en mí según tu palabra.
Dios te salve, María...

Y la Palabra se hizo carne.
Y habitó entre nosotros.
Dios te salve, María...

V/. Ruega por nosotros, santa Madre de Dios.
R/. Para que seamos dignos de alcanzar las promesas de nuestro Señor Jesucristo.

Oremos: Derrama, Señor, tu gracia sobre nosotros, que, por el anuncio del ángel, hemos conocido la encarnación de tu Hijo, para que lleguemos, por su pasión y su cruz, a la gloria de su resurrección. Por el mismo Jesucristo, nuestro Señor. Amén.

Gloria al Padre...

Gloria al Padre

Gloria al Padre, y al Hijo,
y al Espíritu Santo.
Como era en el principio, ahora y siempre,
por los siglos de los siglos. Amén.

Yo confieso

Yo confieso ante Dios todopoderoso
y ante vosotros, hermanos,
que he pecado mucho
de pensamiento, palabra,
obra y omisión.
Por mi culpa, por mi culpa,
por mi gran culpa.
Por eso ruego a santa María,
siempre Virgen,
a los ángeles, a los santos
y a vosotros, hermanos,
que intercedáis por mí ante Dios,
nuestro Señor.

Reina del cielo

Reina del cielo, alégrate, aleluya,
porque el Señor, a quien mereciste
llevar, aleluya,
ha resucitado, según su palabra, aleluya.
Ruega al Señor por nosotros, aleluya.

V/. Alégrate y goza, Virgen María, aleluya.
R/. Porque ha resucitado el Señor, aleluya.

Oremos: Oh Dios, que por la resurrección
de tu Hijo, nuestro Señor Jesucristo,
has llenado el mundo de alegría,
concédenos, por intercesión de su
madre, la Virgen María, llegar a
alcanzar los gozos eternos.
Por el mismo Jesucristo,
nuestro Señor. Amén.

Salve

Dios te salve,
Reina y Madre de misericordia,
vida, dulzura y esperanza nuestra;
Dios te salve.
A ti llamamos los desterrados hijos de Eva;
a ti suspiramos, gimiendo y llorando,
en este valle de lágrimas.
Ea, pues, Señora, abogada nuestra,
vuelve a nosotros
esos tus ojos misericordiosos;
y después de este destierro
muéstranos a Jesús,
fruto bendito de tu vientre.
¡Oh clementísima, oh piadosa,
oh dulce Virgen María!
Ruega por nosotros, santa Madre de Dios,
para que seamos dignos
de las promesas de Cristo. Amén.

Oración de san Bernardo

Recuerda, bondadosa Virgen María,
que jamás se ha oído decir
que haya sido abandonado
ninguno de cuantos han acudido a ti,
implorando tu ayuda.
Animado con esta confianza,
acudo a ti, madre, Virgen por excelencia,
y, arrepentido de mis pecados,
me atrevo a presentarme ante ti.
No deseches mis súplicas,
Madre de la Palabra encarnada;
antes bien, escúchalas
y acógelas con bondad. Amén.

Gloria

Gloria a Dios en el cielo,
y en la tierra paz a los hombres
que ama el Señor.
Por tu inmensa gloria
te alabamos,
te bendecimos,
te adoramos,
te glorificamos,
te damos gracias,
Señor Dios, Rey celestial,
Dios Padre todopoderoso.
Señor, Hijo único, Jesucristo.
Señor Dios, Cordero de Dios,
Hijo del Padre;
tú que quitas el pecado del mundo,
ten piedad de nosotros;
tú que quitas el pecado del mundo,
atiende nuestra súplica;
tú que estás sentado
a la derecha del Padre,
ten piedad de nosotros;
porque solo tú eres Santo,
solo tú, Señor,
solo tú Altísimo, Jesucristo,
con el Espíritu Santo
en la gloria de Dios Padre. Amén.

Credo

Creo en un solo Dios, Padre todopoderoso,
Creador del cielo y de la tierra,
de todo lo visible y lo invisible.
Creo en un solo Señor, Jesucristo,
Hijo único de Dios, nacido del Padre
antes de todos los siglos:
Dios de Dios, Luz de Luz,
Dios verdadero de Dios verdadero,
engendrado, no creado,
de la misma naturaleza del Padre,
por quien todo fue hecho;
que por nosotros los hombres
y por nuestra salvación bajó del cielo,
y por obra del Espíritu Santo
se encarnó de María, la Virgen,
y se hizo hombre;
y por nuestra causa fue crucificado
en tiempos de Poncio Pilato:
padeció y fue sepultado,
y resucitó al tercer día,
según las Escrituras, y subió al cielo,
y está sentado a la derecha del Padre;
y de nuevo vendrá con gloria
para juzgar a vivos y muertos,
y su reino no tendrá fin.

Creo en el Espíritu Santo,
Señor y dador de vida,
que procede del Padre y del Hijo,
que con el Padre y el Hijo
recibe una misma adoración y gloria,
y que habló por los profetas.

Creo en la Iglesia, que es una, santa,
católica y apostólica.
Confieso que hay un solo Bautismo
para el perdón de los pecados.
Espero la resurrección de los muertos
y la vida del mundo futuro. Amén.

Credo apostólico

Creo en Dios, Padre todopoderoso,
creador del cielo y de la tierra.
Creo en Jesucristo, su único Hijo,
nuestro Señor;
que fue concebido
por obra y gracia del Espíritu Santo,
nació de santa María Virgen;
padeció bajo el poder de Poncio Pilato,
fue crucificado, muerto y sepultado;
descendió a los infiernos,
al tercer día resucitó de entre los muertos;
subió a los cielos
y está sentado a la derecha de Dios,
Padre todopoderoso;
desde allí ha de venir
a juzgar a vivos y muertos.
Creo en el Espíritu Santo,
la santa Iglesia católica,
la comunión de los santos,
el perdón de los pecados,
la resurrección de la carne
y la vida eterna. Amén.

Acto de esperanza

Dios mío,
por tus promesas y por los méritos
de Jesucristo, nuestro Salvador,
espero de tu bondad la vida eterna
y las gracias necesarias
para merecerla con las buenas obras
que debo y quiero hacer.
Señor, que goce de ti eternamente.

Los diez Mandamientos de la Ley de Dios

1º Amarás a Dios sobre todas las cosas.
2º No tomarás el nombre de Dios en vano.
3º Santificarás las fiestas.
4º Honrarás a tu padre y a tu madre.
5º No matarás.
6º No cometerás actos impuros.
7º No robarás.
8º No darás falso testimonio ni mentirás.
9º No consentirás pensamientos ni deseos impuros.
10º No codiciarás los bienes ajenos.

Se resumen en dos:
1º Amarás al Señor, tu Dios, con todo tu corazón, con toda tu alma y con toda tu mente.
2º Amarás al prójimo como a ti mismo.

Los cinco Mandamientos de la Iglesia

1º Oír misa entera todos los domingos y fiestas de guardar.
2º Confesar los pecados mortales al menos una vez al año, y en peligro de muerte, y si se ha de comulgar.
3º Comulgar al menos por Pascua de Resurrección.
4º Ayunar y abstenerse de comer carne cuando lo manda la Santa Madre Iglesia.
5º Ayudar a la Iglesia en sus necesidades.

Acto de contrición

Señor mío, Jesucristo,
Dios y hombre verdadero,
Creador, Padre y Redentor mío;
por ser Vos quien sois, Bondad infinita,
y porque os amo sobre todas las cosas,
me pesa de todo corazón
haberos ofendido.
Ayudado de vuestra divina gracia,
propongo firmemente nunca más pecar,
confesarme y cumplir la penitencia
que me fuere impuesta.
Amén.

Alma de Cristo

Alma de Cristo, santifícame.
Cuerpo de Cristo, sálvame.
Sangre de Cristo, embriágame.
Agua del costado de Cristo, lávame.
Pasión de Cristo, confórtame.
Oh buen Jesús, óyeme.
Dentro de tus llagas, escóndeme.
No permitas que me aparte de ti.
Del maligno enemigo, defiéndeme.
En la hora de mi muerte, llámame.
Y mándame ir a ti.
Para que con tus santos te alabe
por los siglos de los siglos.
Amén.

Bendito sea Dios

Bendito sea Dios.
Bendito sea su santo nombre.
Bendito sea Jesucristo, verdadero Dios
y verdadero hombre.
Bendito sea el nombre de Jesús.
Bendito sea su sacratísimo Corazón.
Bendita sea su preciosísima Sangre.
Bendito sea Jesús en el santísimo
Sacramento del altar.
Bendito sea el Espíritu Santo Paráclito.
Bendita sea la excelsa Madre de Dios,
María santísima.
Bendita sea su santa
e inmaculada Concepción.
Bendita sea su gloriosa Asunción.
Bendito sea el nombre de María,
virgen y madre.
Bendito sea san José, su castísimo esposo.
Bendito sea Dios en sus ángeles
y en sus santos.

Antes de las comidas

Bendícenos, Señor,
y bendice el alimento que vamos a tomar,
para perseverar en tu servicio.
Jesús, «pan partido» en la Eucaristía,
aliméntanos de tu misma vida
y haz que compartamos diariamente
en el amor el pan
que tu providencia nos regala.

Oración de san Francisco

Señor, haz de mí un instrumento de tu paz.
Donde haya odio, ponga yo amor;
donde haya ofensa, ponga yo perdón;
donde haya discordia, ponga yo armonía;
donde haya error, ponga yo verdad;
donde haya duda, ponga yo fe;
donde haya desesperación,
ponga yo esperanza;
donde haya tinieblas, ponga yo luz;
donde haya tristeza, ponga yo alegría.
Que no me empeñe tanto
en ser consolado como en consolar;
en ser comprendido
como en comprender;
en ser amado como en amar:
porque dando, se recibe;
olvidando, se encuentra;
perdonando, se es perdonado;
muriendo, se resucita a la Vida.

Ángel de Dios

Ángel de Dios, que eres mi custodio:
ya que la bondad de Dios
me ha encomendado a ti,
ilumíname, guíame y protégeme.
Amén.

Después de las comidas

Te damos gracias, Señor,
por el alimento que nos has dado.
Haz que nos sirva siempre para el bien.
Te damos gracias, Padre nuestro,
por esta comida fraternal,
signo de nuestra comunion
en la realización de la obra
que nos has encomendado.

V/. Dios mío, ven en mi auxilio.
R/. Señor, date prisa en socorrerme.

V/. Gloria al Padre, y al Hijo, y al Espíritu Santo.
R/. Como era en el principio, ahora y siempre, por los siglos de los siglos. Amén.

V/. Ruega por nosotros, santa Madre de Dios.
R/. Para que seamos dignos de alcanzar las promesas de nuestro Señor Jesucristo.

Acto de gratitud

Te damos gracias por todos tus beneficios,
Dios todopoderoso, que vives y reinas
por los siglos de los siglos.
Amén.

Santo Rosario

Misterios Gozosos (lunes y sábado)

1. El arcángel Gabriel anuncia a la Virgen María la encarnación de Jesucristo y su elección para ser la madre de Dios.
2. La Virgen María va con solicitud a visitar y servir a su prima santa Isabel.
3. Nacido en Belén, Jesús es colocado en un pesebre en la más absoluta pobreza.
4. Aunque no obligados, María y José presentan a Jesús en el templo y cumplen todo lo que estaba prescrito para la purificación.
5. Jesús, adolescente, se queda tres días en el templo, entre los doctores, para escucharlos e interrogarlos sobre las cosas de su Padre.

Misterios Dolorosos (martes y viernes)

1. En el huerto de Getsemaní, Jesús suda sangre y ora al Padre con humildad, confianza y perseverancia; el ángel lo conforta.
2. Jesús, atado a la columna, es cruelmente azotado para reparar las inmoralidades de los hombres.
3. Jesús es coronado de espinas y despreciado por causa de nuestros pensamientos y sentimientos malos.
4. Jesús, condenado a muerte, lleva la pesada cruz al Calvario.
5. Jesús es crucificado, agoniza durante tres horas y muere para salvarnos.

Misterios Gloriosos (miércoles y domingo)

1. Jesucristo resucita glorioso del sepulcro. Esta resurrección es signo de nuestra resurrección en el último día.
2. El Salvador asciende al cielo con admirable gloria y triunfo.
3. El Espíritu Santo desciende sobre los apóstoles para iluminarlos, confortarlos y santificarlos.
4. La Virgen María, después de su peregrinación terrena, es elevada al cielo con admirable gloria y triunfo.
5. María es coronada reina del cielo y de la tierra, mediadora de la gracia y madre nuestra amabilísima.

Misterios Luminosos (jueves)

1. Jesús es bautizado por Juan en el río Jordán.
2. Jesús convierte el agua en vino por intercesión de su madre.
3. Jesús anuncia el reino de Dios invitando a la conversión.
4. Jesús se transfigura delante de sus apóstoles en el monte Tabor.
5. Jesús instituye la Eucaristía en la última Cena.

Letanías de la Virgen

Señor, ten piedad.	Señor, ten piedad.
Cristo, ten piedad.	Cristo, ten piedad.
Señor, ten piedad.	Señor, ten piedad.
Cristo, óyenos.	Cristo, óyenos.
Cristo, escúchanos.	Cristo, escúchanos.
Dios Padre celestial,	ten misericordia de nosotros.
Dios Hijo, redentor del mundo,	ten misericordia de nosotros.
Dios Espíritu Santo,	ten misericordia de nosotros.
Trinidad Santa, único Dios,	ten misericordia de nosotros.
Santa María,	ruega por nosotros.
Santa madre de Dios,	ruega por nosotros.
Santa Virgen de las vírgenes,	ruega por nosotros.
Madre de Cristo,	ruega por nosotros.
Madre de la divina gracia,	ruega por nosotros.
Madre de la Iglesia,	ruega por nosotros.
Madre purísima,	ruega por nosotros.
Madre castísima,	ruega por nosotros.
Madre y virgen,	ruega por nosotros.
Madre santa,	ruega por nosotros.
Madre inmaculada,	ruega por nosotros.
Madre amable,	ruega por nosotros.
Madre admirable,	ruega por nosotros.
Madre del buen consejo,	ruega por nosotros.
Madre del Creador,	ruega por nosotros.

Madre del salvador, ruega por nosotros.
Virgen prudentísima, ruega por nosotros.
Virgen digna de veneración, ruega por nosotros.
Virgen digna de alabanza, ruega por nosotros.
Virgen poderosa, ruega por nosotros.
Virgen clemente, ruega por nosotros.
Virgen fiel, ruega por nosotros.
Ideal de santidad, ruega por nosotros.
Morada de la sabiduría, ruega por nosotros.
Causa de nuestra alegría, ruega por nosotros.
Templo del Espíritu Santo, ruega por nosotros.
Honor de los pueblos, ruega por nosotros.
Modelo de entrega a Dios, ruega por nosotros.
Rosa escogida, ruega por nosotros.
Fuerte como la torre de David, ruega por nosotros.
Hermosa como torre de marfil, ruega por nosotros.
Casa de oro, ruega por nosotros.
Arca de la nueva alianza, ruega por nosotros.
Puerta del cielo, ruega por nosotros.
Estrella de la mañana, ruega por nosotros.
Salud de los enfermos, ruega por nosotros.
Refugio de los pecadores, ruega por nosotros.
Consoladora de los afligidos, ruega por nosotros.
Auxilio de los cristianos, ruega por nosotros.
Reina de los ángeles, ruega por nosotros.
Reina de los patriarcas, ruega por nosotros.
Reina de los profetas, ruega por nosotros.
Reina de los apóstoles, ruega por nosotros.
Reina de los mártires, ruega por nosotros.
Reina de las vírgenes, ruega por nosotros.
Reina de todos los santos, ruega por nosotros.
Reina de los que viven su fe, ruega por nosotros.
Reina concebida sin pecado original, ruega por nosotros.
Reina elevada al cielo, ruega por nosotros.
Reina del santísimo rosario, ruega por nosotros.
Reina de la paz. ruega por nosotros.

Benedictus (Lc 1,68-79)

Bendito sea el Señor, Dios de Israel,
porque ha visitado y redimido a su pueblo,
suscitándonos una fuerza de salvación
en la casa de David, su siervo,
según lo había predicho desde antiguo
por boca de sus santos profetas.

Es la salvación que nos libra
de nuestros enemigos
y de la mano de todos los que nos odian;
realizando la misericordia
que tuvo con nuestros padres,
recordando su santa alianza
y el juramento que juró
a nuestro padre Abrahán.

Para concedernos que, libres de temor,
arrancados de la mano de los enemigos,
le sirvamos con santidad y justicia,
en su presencia, todos nuestros días.
Y a ti, niño, te llamarán profeta
del Altísimo,
porque irás delante del Señor
a preparar sus caminos,
anunciando a su pueblo la salvación,
el perdón de sus pecados.

Por la entrañable misericordia
de nuestro Dios,
nos visitará el sol que nace de lo alto,
para iluminar a los que viven en tinieblas
y en sombra de muerte,
para guiar nuestros pasos
por el camino de la paz.

Alegre la mañana

Alegre la mañana que nos habla de ti.
Alegre la mañana.

En nombre del Dios Padre, del Hijo
y del Espíritu,
salimos de la noche y estrenamos la aurora,
saludamos el gozo de la luz que nos llega
resucitada y resucitadora.

Tu mano acerca el fuego a la sombría tierra
y el rostro de las cosas se alegra
en tu presencia;
silabeas el alba igual que una palabra,
tú pronuncias el mar como sentencia.

Regresa desde el sueño,
el hombre a su memoria,
acude a su trabajo, madruga a sus dolores;
le confías la tierra, y a la tarde la encuentras
rica de pan y amarga de sudores.

Y tú te regocijas, oh Dios y tú prolongas
en sus pequeñas manos tus manos
poderosas;
y estáis de cuerpo entero
los dos así creando,
los dos así velando por las cosas.

¡Bendita la mañana que trae
la gran noticia
de tu presencia joven en gloria y poderío,
la serena certeza con que el día proclama
que el sepulcro de Cristo está vacío!
Amén.

Secuencia de Pascua

Ofrezcan los cristianos
ofrendas de alabanza
a gloria de la Víctima
propicia de la Pascua.

Cordero sin pecado
que a las ovejas salva,
a Dios y a los culpables
unió con nueva alianza.

Lucharon vida y muerte
en singular batalla,
y, muerto el que es la Vida,
triunfante se levanta.

«¿Qué has visto de camino,
María, en la mañana?».
«A mi Señor glorioso,
la tumba abandonada,

los ángeles testigos,
sudarios y mortaja.
¡Resucitó de veras
mi amor y mi esperanza!

Venid a Galilea,
allí el Señor aguarda;
allí veréis los suyos
la gloria de la Pascua».

Primicia de los muertos,
sabemos por tu gracia
que estás resucitado;
la muerte en ti no manda.

Rey vencedor, apiádate
de la miseria humana
y da a tus fieles parte
en tu victoria santa.

Magníficat (Lc 1,46-55)

Proclama mi alma la grandeza del Señor,
se alegra mi espíritu en Dios, mi salvador,
porque ha mirado la humildad
de su esclava.

Desde ahora me felicitarán
todas las generaciones
porque el Poderoso ha hecho obras
grandes en mí:
su nombre es santo,
y su misericordia llega a sus fieles
de generación en generación.
Él hace proezas con su brazo:
dispersa a los soberbios de corazón,
derriba del trono a los poderosos
y enaltece a los humildes;
a los hambrientos los colma de bienes
y a los ricos los despide vacíos.

Auxilia a Israel, su siervo,
acordándose de la misericordia
–como lo había prometido a nuestros
padres– en favor de Abrahán
y su descendencia por siempre.

Gloria al Padre...

Ven, Espíritu divino

Ven, Espíritu divino,
manda tu luz desde el cielo.
Padre amoroso del pobre;
don en tus dones espléndido;
luz que penetra las almas;
fuente del mayor consuelo.

Ven, dulce huésped del alma,
descanso de nuestro esfuerzo,
tregua en el duro trabajo,
brisa en las horas de fuego,
gozo que enjuga las lágrimas
y reconforta en los duelos.

Entra hasta el fondo del alma,
divina luz, y enriquécenos.
Mira el vacío del hombre,
si tú le faltas por dentro;
mira el poder del pecado,
cuando no envías tu aliento.

Riega la tierra en sequía,
sana el corazón enfermo,
lava las manchas, infunde
calor de vida en el hielo,
doma el espíritu indómito,
guía al que tuerce el sendero.

Reparte tus siete dones,
según la fe de tus siervos;
por tu bondad y tu gracia,
dale al esfuerzo su mérito;
salva al que busca salvarse
y danos tu gozo eterno. Amén.

Que la lengua humana

Que la lengua humana
cante este misterio:
la preciosa sangre
y el precioso cuerpo.
Quien nació de Virgen,
Rey del universo,
por salvar al mundo,
dio su sangre en precio.

Se entregó a nosotros,
se nos dio naciendo
de una casta Virgen;
y, acabado el tiempo,
tras haber sembrado
la palabra al pueblo
coronó su obra
con prodigio excelso.

Adorad postrados
este sacramento.
Cesa el viejo rito,
se establece el nuevo.
Dudan los sentidos
y el entendimiento:
que la fe lo supla
con asentimiento.

Himnos de alabanza,
bendición y obsequio;
por igual la gloria
y el poder y el reino;
al eterno Padre con el Hijo eterno
y el divino Espíritu
que procede de ellos. Amén.

Nunc dimittis (Lc 2,29-32)

Ahora, Señor, según tu promesa,
puedes dejar a tu siervo irse en paz.

Porque mis ojos han visto a tu Salvador,
a quien has presentado ante
todos los pueblos:

luz para alumbrar a las naciones
y gloria de tu pueblo Israel.

Gloria al Padre...

Te Deum

A ti, oh Dios, te alabamos,
a ti, Señor, te reconocemos.

A ti, eterno Padre,
te venera toda la creación.

Los ángeles todos, los cielos
y todas las potestades te honran.
Los querubines y serafines
te cantan sin cesar:

Santo, Santo, Santo es el Señor,
Dios del universo.

Los cielos y la tierra
están llenos de la majestad de tu gloria.

A ti te ensalza el glorioso coro
de los apóstoles,
la multitud admirable de los profetas,
el blanco ejército de los mártires.
A ti la Iglesia santa,
extendida por toda la tierra,
te proclama:

Padre de inmensa majestad,
Hijo único y verdadero,
digno de adoración,
Espíritu Santo, Defensor.
Tú eres el Rey de la gloria, Cristo.

Tú eres el Hijo único del Padre.

Tú, para liberar al hombre,
aceptaste la condición humana
sin desdeñar el seno de la Virgen.

Tú, rotas las cadenas de la muerte,
abriste a los creyentes el reino del cielo.
Tú te sientas a la derecha de Dios
en la gloria del Padre.

Creemos que un día
has de venir como juez.
Te rogamos, pues,
que vengas en ayuda de tus siervos,
a quienes redimiste con tu preciosa
sangre.
Haz que en la gloria eterna
nos asociemos a tus santos.

Salva a tu pueblo, Señor,
y bendice tu heredad.

Salmo 23

El Señor es mi pastor, nada me falta:
en verdes praderas me hace recostar,
me conduce hacia fuentes tranquilas
y repara mis fuerzas.

Me guía por el sendero justo,
por el honor de su nombre.
Aunque camine por cañadas oscuras,
nada temo, porque tú vas conmigo:
tu vara y tu cayado me sosiegan.

Preparas una mesa ante mí,
enfrente de mis enemigos;
me unges la cabeza con perfume,
y mi copa rebosa.
Tu bondad y tu misericordia
me acompañan
todos los días de mi vida,
y habitaré en la casa del Señor
por años sin término.

Gloria al Padre...

Examen de conciencia del papa Francisco

El papa Francisco ha insistido una y otra vez en que tenemos la magnífica noticia de ser hijos de un Dios que no se cansa de perdonar, pero también insiste en la necesidad de reconocernos hombres y mujeres necesitados de perdón porque somos pecadores. De ahí que un ejercicio espiritualmente saludable sea el ponernos delante de Dios y desandar tramos del camino de nuestra vida sin cerrar los ojos en aquellos trechos en los que aparecen baches, es decir, fallos o pecados que a veces nos cuesta reconocer. Y para hacer este ejercicio de revisión de vida o examen de conciencia –un ejercicio aconsejable al final del día o antes de hacer una buena confesión–, el papa Francisco nos propone 30 preguntas a la luz de nuestra relación con Dios, con el prójimo y con nosotros mismos.

En relación con Dios

1. ¿Solo me dirijo a Dios en caso de necesidad?
2. ¿Participo regularmente en la Misa los domingos y días de fiesta?
3. ¿Comienzo y termino mi jornada con la oración?
4. ¿Blasfemo en vano el nombre de Dios, de la Virgen, de los santos?
5. ¿Me he avergonzado de manifestarme como católico?
6. ¿Qué hago para crecer espiritualmente, cómo lo hago, cuándo lo hago?
7. ¿Me revelo contra los designios de Dios?
8. ¿Pretendo que Él haga mi voluntad?

En relación con el prójimo

9. ¿Sé perdonar, tengo comprensión, ayudo a mi prójimo?
10. ¿Juzgo sin piedad tanto de pensamiento como con palabras?
11. ¿He calumniado, robado, despreciado a los humildes y a los indefensos?
12. ¿Soy envidioso, colérico, o parcial?
13. ¿Me avergüenzo de mis hermanos, me preocupo de los pobres y de los enfermos?
14. ¿Soy honesto y justo con todos o alimento la cultura del descarte?
15. ¿Incito a otros a hacer el mal?
16. ¿Observo la moral conyugal y familiar enseñada por el Evangelio?
17. ¿Cómo cumplo mi responsabilidad en la educación de mis hijos?
18. ¿Honro a mis padres?
19. ¿He rechazado la vida recién concebida?
20. ¿He colaborado a hacerlo?
21. ¿Respeto el medio ambiente?

En relación con nosotros mismos

22. ¿Soy un poco mundano y un poco creyente?
23. ¿Como, bebo, fumo o me divierto en exceso?
24. ¿Me preocupo demasiado de mi salud física, de mis bienes?
25. ¿Cómo utilizo mi tiempo?
26. ¿Soy perezoso?
27. ¿Me gusta ser servido?
28. ¿Amo y cultivo la pureza de corazón, de pensamientos, de acciones?
29. ¿Nutro venganzas, alimento rencores?
30. ¿Soy misericordioso, humilde, y constructor de paz?

Ordinario de la misa

RITOS INICIALES

En el nombre del Padre, y del Hijo, y del Espíritu Santo.
Amén.

La gracia de nuestro Señor Jesucristo, el amor del Padre y la comunión del Espíritu Santo estén con todos vosotros.
Y con tu espíritu.

Hermanos: para celebrar dignamente estos sagrados misterios, reconozcamos nuestros pecados.

Yo confieso ante Dios todopoderoso y ante vosotros, hermanos, que he pecado mucho de pensamiento, palabra, obra y omisión. Por mi culpa, por mi culpa, por mi gran culpa.

Por eso ruego a santa María, siempre Virgen, a los ángeles, a los santos y a vosotros, hermanos, que intercedáis por mí ante Dios, nuestro Señor.

Dios todopoderoso tenga misericordia de nosotros, perdone nuestros pecados y nos lleve a la vida eterna.
Amén.

- Señor, ten piedad. Señor, ten piedad.
- Cristo, ten piedad. Cristo, ten piedad.
- Señor, ten piedad. Señor, ten piedad.

Gloria

Gloria a Dios en el cielo, y en la tierra paz a los hombres que ama el Señor. Por tu inmensa gloria te alabamos, te bendecimos, te adoramos, te glorificamos, te damos gracias, Señor Dios, Rey celestial, Dios Padre todopoderoso. Señor, Hijo único, Jesucristo, Señor Dios, Cordero de Dios, Hijo del Padre; tú que quitas el pecado del mundo, ten piedad de nosotros; tú que quitas el pecado del mundo, atiende nuestra súplica; tú que estás sentado a la derecha del Padre, ten piedad de nosotros. Porque solo tú eres Santo, solo tú Señor, solo tú Altísimo, Jesucristo, con el Espíritu Santo en la gloria de Dios Padre.
Amén.

Oración colecta

LITURGIA DE LA PALABRA

Primera lectura

Palabra de Dios. Te alabamos, Señor.

Salmo responsorial

Segunda lectura

Palabra de Dios. Te alabamos, Señor.

Aleluya

Evangelio

El Señor esté con vosotros. Y con tu espíritu.
Lectura del santo Evangelio según san ... Gloria a ti, Señor.
Palabra del Señor. Gloria a ti, Señor Jesús.

Homilía

Credo

Creo en un solo Dios, Padre todopoderoso,
Creador del cielo y de la tierra, de todo lo visible y lo invisible.
Creo en un solo Señor, Jesucristo, Hijo único de Dios,
nacido del Padre antes de todos los siglos:
Dios de Dios, Luz de Luz,
Dios verdadero de Dios verdadero, engendrado, no creado,
de la misma naturaleza del Padre, por quien todo fue hecho;
que por nosotros, los hombres, y por nuestra salvación bajó del cielo;
y por obra del Espíritu Santo se encarnó de María, la Virgen, y se hizo hombre;
y por nuestra causa fue crucificado en tiempos de Poncio Pilato;

padeció y fue sepultado, y resucitó al tercer día, según las Escrituras,
y subió al cielo, y está sentado a la derecha del Padre;
y de nuevo vendrá con gloria para juzgar a vivos y muertos, y su reino no tendrá fin.
Creo en el Espíritu Santo, Señor y dador de vida,
que procede del Padre y del Hijo,
que con el Padre y el Hijo recibe una misma adoración y gloria,
y que habló por los profetas.
Creo en la Iglesia, que es una, santa, católica y apostólica.
Confieso que hay un solo bautismo para el perdón de los pecados.
Espero la resurrección de los muertos y la vida del mundo futuro. Amén.

Oración de los fieles

LITURGIA EUCARÍSTICA

Bendito seas, Señor, Dios del universo, por este pan, fruto de la tierra y del trabajo del hombre, que recibimos de tu generosidad y ahora te presentamos; él será para nosotros pan de vida.

Bendito seas por siempre, Señor.

Bendito seas, Señor, Dios del universo, por este vino, fruto de la vid y del trabajo del hombre, que recibimos de tu generosidad y ahora te presentamos; él será para nosotros bebida de salvación.

Bendito seas por siempre, Señor.

Orad, hermanos, para que este sacrificio, mío y vuestro, sea agradable a Dios, Padre todopoderoso.

El Señor reciba de tus manos este sacrificio, para alabanza y gloria de su nombre, para nuestro bien y el de toda su santa Iglesia.

Oración sobre las ofrendas

El Señor esté con vosotros. — Y con tu espíritu.
Levantemos el corazón. — Lo tenemos levantado hacia el Señor.
Demos gracias al Señor, nuestro Dios. — Es justo y necesario.

Plegaria eucarística II

En verdad es justo y necesario, es nuestro deber y salvación, darte gracias, Padre Santo, siempre y en todo lugar, por Jesucristo, tu Hijo amado.

Por él, que es tu Verbo, hiciste todas las cosas; tú nos lo enviaste para que, hecho hombre por obra del Espíritu Santo y nacido de María, la Virgen, fuera nuestro Salvador y Redentor.

Él, en cumplimiento de tu voluntad, para destruir la muerte y manifestar la resurrección, extendió sus brazos en la cruz, y así adquirió para ti un pueblo santo.

Por eso con los ángeles y los santos proclamamos tu gloria, diciendo a una sola voz:

Santo, Santo, Santo es el Señor, Dios del Universo.
Llenos están el cielo y la tierra de su gloria.
Hosanna en el cielo. Bendito el que viene en nombre del Señor.
Hosanna en el cielo.

Santo eres en verdad, Señor, fuente de toda santidad; por eso te pedimos que santifiques estos dones con la efusión de tu Espíritu, de manera que se conviertan para nosotros en el Cuerpo y la Sangre de Jesucristo, nuestro Señor. El cual, cuando iba a ser entregado a su Pasión, voluntariamente aceptada, tomó pan; dándote gracias, lo partió y lo dio a sus discípulos diciendo: TOMAD Y COMED TODOS DE ÉL, PORQUE ESTO ES MI CUERPO, QUE SERÁ ENTREGADO POR VOSOTROS.

Del mismo modo, acabada la cena, tomó el cáliz, y, dándote gracias de nuevo, lo pasó a sus discípulos, diciendo:

TOMAD Y BEBED TODOS DE ÉL, PORQUE ESTE ES EL CÁLIZ DE MI SANGRE, SANGRE DE LA ALIANZA NUEVA Y ETERNA, QUE SERÁ DERRAMADA POR VOSOTROS Y POR MUCHOS PARA EL PERDÓN DE LOS PECADOS. HACED ESTO EN CONMEMORACIÓN MÍA.

Este es el Misterio de la fe:

Anunciamos tu muerte, proclamamos tu resurrección. ¡Ven, Señor Jesús!

Así, pues, Padre, al celebrar ahora el memorial de la muerte y resurrección de tu Hijo, te ofrecemos el pan de vida y el cáliz de salvación, y te damos gracias porque nos haces dignos de servirte en tu presencia. Te pedimos, humildemente, que el Espíritu Santo congregue en la unidad a cuantos participamos del Cuerpo y Sangre de Cristo.

Acuérdate, Señor, de tu Iglesia extendida por toda la tierra; y con el Papa... , con nuestro Obispo... y todos los pastores que cuidan de tu pueblo, llévala a su perfección por la caridad.

Acuérdate también de nuestros hermanos que durmieron en la esperanza de la resurrección, y de todos los que han muerto en tu misericordia; admítelos a contemplar la luz de tu rostro.

Ten misericordia de todos nosotros, y así, con María, la Virgen Madre de Dios, su esposo san José, los apóstoles y cuantos vivieron en tu amistad a través de los tiempos, merezcamos, por tu Hijo Jesucristo, compartir la vida eterna y cantar tus alabanzas.

Por Cristo, con él y en él, a ti, Dios Padre omnipotente, en la unidad del Espíritu Santo, todo honor y toda gloria por los siglos de los siglos.

Amén.

Plegaria eucarística III

Santo eres en verdad, Padre, y con razón te alaban todas tus criaturas, ya que por Jesucristo, tu Hijo, Señor nuestro, con la fuerza del Espíritu Santo, das vida y santificas todo, y congregas a tu pueblo sin cesar, para que ofrezca en tu honor un sacrificio sin mancha desde donde sale el sol hasta el ocaso.

Por eso, Padre, te suplicamos que santifiques por el mismo Espíritu estos dones que hemos separado para ti, de manera que se conviertan en el Cuerpo y la Sangre de Jesucristo, Hijo tuyo y Señor nuestro, que nos mandó celebrar estos misterios.

Porque él mismo, la noche en que iba a ser entregado, tomó pan, y dando gracias te bendijo, lo partió y lo dio a sus discípulos diciendo: TOMAD Y COMED TODOS DE ÉL, PORQUE ESTO ES MI CUERPO, QUE SERÁ ENTREGADO POR VOSOTROS.

Del mismo modo, acabada la cena, tomó el cáliz, dando gracias te bendijo, y lo pasó a sus discípulos, diciendo: TOMAD Y BEBED TODOS DE ÉL, PORQUE ESTE ES EL CÁLIZ DE MI SANGRE, SANGRE DE LA ALIANZA NUEVA Y ETERNA, QUE SERÁ DERRAMADA POR VOSOTROS Y POR MUCHOS PARA EL PERDÓN DE LOS PECADOS. HACED ESTO EN CONMEMORACIÓN MÍA.

Aclamemos el Misterio de la fe:

Cada vez que comemos de este pan y bebemos de este cáliz, anunciamos tu muerte, Señor, hasta que vuelvas.

Así, pues, Padre, al celebrar ahora el memorial de la pasión salvadora de tu Hijo, de su admirable resurrección, y ascensión al cielo, mientras esperamos su venida gloriosa, te ofrecemos, en esta acción de gracias, el sacrificio vivo y santo.

Dirige tu mirada sobre la ofrenda de tu Iglesia, y reconoce en ella la Víctima por cuya inmolación quisiste devolvernos tu amistad, para que, fortalecidos con el Cuerpo y la Sangre de tu Hijo y llenos de su Espíritu Santo, formemos en Cristo un solo cuerpo y un solo espíritu.

Que él nos transforme en ofrenda permanente, para que gocemos de tu heredad junto con tus elegidos: con María, la Virgen Madre de Dios, su esposo san José, los apóstoles y los mártires, y todos los santos, por cuya intercesión confiamos obtener siempre tu ayuda.

Te pedimos, Padre, que esta Víctima de reconciliación traiga la paz y la salvación al mundo entero.

Confirma en la fe y en la caridad a tu Iglesia, peregrina en la tierra: a tu servidor, el Papa... , a nuestro Obispo... , al orden episcopal, a los presbíteros y diáconos, y a todo el pueblo redimido por ti.

Reúne en torno a ti, Padre misericordioso, a todos tus hijos dispersos por el mundo.

A nuestros hermanos difuntos y a cuantos murieron en tu amistad, recíbelos en tu Reino, donde esperamos gozar todos juntos de la plenitud eterna de tu gloria, por Cristo Señor nuestro, por quien concedes al mundo todos los bienes.

Por Cristo, con él y en él, a ti, Dios Padre omnipotente, en la unidad del Espíritu Santo, todo honor y toda gloria por los siglos de los siglos. Amén.

RITO DE COMUNIÓN

Fieles a la recomendación del Salvador y siguiendo su divina enseñanza, nos atrevemos a decir:

Padrenuestro

Padre nuestro, que estás en el cielo,
santificado sea tu Nombre; venga a nosotros tu reino;
hágase tu voluntad en la tierra como en el cielo.
Danos hoy nuestro pan de cada día;
perdona nuestras ofensas,
como también nosotros perdonamos a los que nos ofenden;
no nos dejes caer en la tentación, y líbranos del mal.

Líbranos de todos los males, Señor, y concédenos la paz en nuestros días, para que, ayudados por tu misericordia, vivamos siempre libres de pecado y protegidos de toda perturbación, mientras esperamos la gloriosa venida de nuestro Salvador Jesucristo.

Tuyo es el reino, tuyo el poder y la gloria, por siempre, Señor.

Señor Jesucristo, que dijiste a tus apóstoles: «La paz os dejo, mi paz os doy»; no tengas en cuenta nuestros pecados, sino la fe de tu Iglesia y, conforme a tu palabra, concédele la paz y la unidad. Tú que vives y reinas por los siglos de los siglos.

Amén.

La paz del Señor esté siempre con vosotros.

Y con tu espíritu.

Cordero de Dios

Cordero de Dios, que quitas el pecado del mundo, ten piedad de nosotros.
Cordero de Dios, que quitas el pecado del mundo, ten piedad de nosotros.
Cordero de Dios, que quitas el pecado del mundo, danos la paz.

Este es el Cordero de Dios, que quita el pecado del mundo. Dichosos los invitados a la cena del Señor.

Señor, no soy digno de que entres en mi casa, pero una palabra tuya bastará para sanarme.

El Cuerpo de Cristo.

Amén.

Oración después de la comunión

RITO DE CONCLUSIÓN

El Señor esté con vosotros.

Y con tu espíritu.

La bendición de Dios todopoderoso, Padre, Hijo y Espíritu Santo, descienda sobre vosotros.

Amén.

Podéis ir en paz.

Demos gracias a Dios.

Cecilio; Brígida de Kildare; Catalina Kasper; Bto. Andrés Carlos Ferrari

III del T.O.
3ª del salterio
2Sam 12, 1-7a.10-17 / Sal 50 / Mc 4,35-41

DÍA DE LA ACCIÓN CATÓLICA Y DEL APOSTOLADO SEGLAR

COLECTA DEL ÓBOLO DE SAN PEDRO

Catalina Tomás;
Inocencio I; Víctor I;
Nazario y Celso;
Bto. David Carlos

XVII del T.O.
1ª del salterio
Jer 14,17-22 /
Sal 78 /
Mt 13,36-43

S. Alfonso María de Ligorio, m.o.
Fe, Esperanza y Caridad; Pedro ad Vincula; Pedro Fabro

XVII del T.O.
1ª del salterio
Jer 26,11-16.24 / Sal 68 / Mt 14,1-12

JORNADA DE LA SAGRADA FAMILIA

Amén.

Índice

Págs.

Presentación 3

Calendario litúrgico 6

Evangelio diario 18

Santoral 440

Oraciones 454

Oraciones más comunes 454

Santo Rosario 460

Vía Crucis 463

Himnos y salmos 465

Examen de conciencia del papa Francisco 469

Ordinario de la misa 471